Direito do Trabalho

Direito do Trabalho

ESTUDOS

2018

João Zenha Martins
Professor Auxiliar da Faculdade de Direito
da Universidade Nova de Lisboa

DIREITO DO TRABALHO - ESTUDOS
AUTOR
João Zenha Martins
EDITOR
EDIÇÕES ALMEDINA, S.A.
Rua Fernandes Tomás, nºs 76-80
3000-167 Coimbra
Tel.: 239 851 904 · Fax: 239 851 901
www.almedina.net · editora@almedina.net
DESIGN DE CAPA
FBA.
PRÉ-IMPRESSÃO
João Jegundo
IMPRESSÃO E ACABAMENTO
ACD Print, S.A.
Agosto, 2018
DEPÓSITO LEGAL
445389/18

Os dados e as opiniões inseridos na presente publicação são da exclusiva responsabilidade do(s) seu(s) autor(es).
Toda a reprodução desta obra, por fotocópia ou outro qualquer processo, sem prévia autorização escrita do Editor, é ilícita e passível de procedimento judicial contra o infrator.

BIBLIOTECA NACIONAL DE PORTUGAL – CATALOGAÇÃO NA PUBLICAÇÃO

MARTINS, João Zenha

Direito do trabalho : estudos. - (Manuais universitários)
ISBN 978-972-40-7570-9

CDU   349

À Carolina

INDICAÇÕES DE LEITURA

As obras citam-se pelo autor, título, número de edição, volume e/ou tomo, data e página e a primeira citação de títulos inseridos em obra colectiva inclui, à semelhança dos títulos inseridos em publicações periódicas, a indicação da obra colectiva imediatamente a seguir ao título; nas indicações subsequentes omite-se, em princípio, o número de edição, o volume e/ou tomo, fazendo-se referência ao nome do autor como habitualmente é reconhecido, seguido do início do título, da data entre parêntesis e com a indicação de "cit." e da página(s) respectiva(s). A ordenação sequencial dos autores citados em rodapé é feita por ordem cronológica, com excepção dos casos em que a citação de passagem ou a ênfase atribuída aos aspectos tratados implicam sequenciação diversa.

A indicação de disposições legais desacompanhada da menção do respectivo diploma legal refere-se, salva disposição em contrário, ao(s) Código(s) do Trabalho em vigor.

Todas as abreviaturas usadas no texto constam da tabela de abreviaturas.

As traduções para português, em que não tenha sido indicado o nome de um tradutor, são da nossa responsabilidade; as citações *ipsis verbis* de passagens de obras ou publicações periódicas escritas em língua estrangeira são feitas, por razões de fidedignidade, entre aspas, reservando-se, por princípio, o itálico para a utilização de palavras ou expressões em sentido figurado, a que se pretende dar relevo ou que correspondam a grafia estrangeira.

Os algarismos sem indicação reportam-se, consoante o texto, a páginas ou datas.

A bibliografia, consultada e citada, consta do final do trabalho.

Na ausência de menção diferente, a jurisprudência portuguesa citada foi recolhida no Instituto de Tecnologias e Informação da Justiça, na internet, com o seguinte endereço electrónico: www.dgsi.pt., e a jurisprudência estrangeira, na falta de indicação contrária, foi obtida nas seguintes bases de dados: alemã: *Beck-online*; britânica: *HeinOnline*; espanhola: *Aranzadi Online (Westlaw)*; francesa: *Legifrance*; italiana: *De Agostini Giuridica;* norte--americana: *Westlaw.*

RELAÇÃO DE ABREVIATURAS E SIGLAS

AAFDL	–	Associação Académica da Faculdade de Direito de Lisboa
Ac.	–	Acórdão
AC	–	English Law Reports, Appeal Cases
ACE	–	Agrupamento Complementar de Empresas
ACiv	–	Aranzadi Civil
ADL	–	Argomenti di Diritto del Lavoro
ADSTA	–	Acórdãos Doutrinais do Supremo Tribunal Administrativo
AEIE	–	Agrupamento Empresarial de Interesse Económico
AEL	–	*Applied Economics Letters*
AER	–	All England Reports
AJDA	–	L'Actualité Juridique Droit Administratif
AL	–	Actualidad Laboral
Al.	–	Alínea
ALER	–	American Law and Economics Review
ALJR	–	Australian Law Journal Reports
All ER	–	All England Law Reports
APD	–	Archives de philosophie du droit
Ar.	–	Repertorio Aranzadi
AR	–	Assembleia da República
ArbNEdfG	–	Arbeitnehmererfindungsgesetz
ArbZG	–	Arbeitszeitgesetz
Art.	–	Artigo
Arts.	–	Artigos
AS	–	Aranzadi Social
AÜG	–	Arbeitnehmerüberlassungsgesetz
BAG	–	Bundesarbeitsgericht
BAGE	–	Entscheidungen des Bundesarbeitsgerichts
BB	–	Der Betriebsberater
BBiG	–	Berufsbildungsgesetz
BBTC	–	Banca borsa e titoli di credito

BeschFG	–	Beschäftigungsförderungsgesetz
BetrVG	–	Betriebsverfassungsgesetz
BFDUC	–	Boletim da Faculdade de Direito da Universidade de Coimbra
BGB	–	Bürgerliches Gesetzbuch (Alemanha)
BICC	–	Bulletin d'information de la Cour de cassation
BJELL	–	Berkeley Journal of Employment and Labor Law
BJIR	–	British Journal of Industrial Relations
BMJ	–	Boletim do Ministério da Justiça
BMT	–	Boletim do Ministério do Trabalho
BRRG	–	Beamtenrechtsrahmengesetz (Rahmengesetz zur Vereinheitlichung des Beamtenrechts)
BTE	–	Boletim do Trabalho e Emprego
BOA	–	Boletim da Ordem dos Advogados
Bull. civ.	–	Bulletin civil
BUrlG	–	Bundesurlaubsgesetz
BVerfG	–	Bundesverfassungsgericht
BVerfGE	–	Entscheidungen des Bundesverfassungsgerichts
CA	–	Cour d'Appel/ Court of Appeal
Cah. dr. ent.	–	Cahiers de droit de l'entreprise
Cah. prud'h.	–	Cahiers prud'homaux
Cass. Civ.	–	Chambre civile de la Cour de Cassation
Cass. Com	–	Chambre commerciale de la Cour de Cassation
Cass. Soc.	–	Chambre sociale de la Cour de Cassation
Cb	–	Coimbra
CC	–	Código Civil
CCT	–	Contrato Colectivo de Trabalho
CDE	–	Cahiers de Droit Européen
CDFUE	–	Carta dos Direitos Fundamentais da União Europeia
CE	–	Comunidade Europeia
CEDH	–	Convenção Europeia dos Direitos do Homem
CEE	–	Comunidade Económica Europeia
CEEP	–	Centro Europeu das Empresas Públicas
CEF	–	Centro de Estudos Fiscais
CEFEDOP	–	Centro europeo para el Desarrolo de la Formación Profesional
CEJ	–	Centro de Estudos Judiciários
CES	–	Confederação Europeia dos Sindicatos
CESP	–	Conselho Económico e Social
Cfr.	–	confirmar/ confrontar
CIRS	–	Código do Imposto sobre Rendimentos de Pessoas Singulares
Cit.	–	citado/a
CJ	–	Colectânea de Jurisprudência
CJ-ASTJ	–	Colectânea de Jurisprudência-Acórdãos do Supremo Tribunal de Justiça
CLR	–	Commonwealth Law Reports
CNP	–	Classificação Nacional de Profissões

CMLR	–	Common Market Law Reports
CNPD	–	Comissão Nacional de Protecção de Dados
CO	–	Comunicado Oficial
Colect.	–	Colectânea
CONI	–	Comitato Olímpico Nazionale Italiano
CP	–	Código Penal
CPC	–	Código de Processo Civil
CPT	–	Código de Processo do Trabalho
CRCSPSS	–	Código dos Regimes Contributivos do Sistema Previdencial de Segurança Social
CRP	–	Constituição da República Portuguesa
CSBP	–	Les Cahiers Sociaux du Barreau de Paris
CSC	–	Código das Sociedades Comerciais
CSDLEMA	–	Centro studi di Diritto del Lavoro Europeo "Massimo D`Antona"
CT	–	Código do Trabalho
Ctrav.	–	Code du Travail (França)
D.	–	Recueil Dalloz
DAR	–	Diário da Assembleia da República
DB	–	Der Betrieb
DCI	–	Diritto del Commercio internazionale. Pratica internazionale e diritto interno
D&D	–	Desporto & Direito. Revista Jurídica do Desporto
Dig.	–	Digesto
DiS.	–	Diritto e Societa
Dir.	–	O Direito
DL	–	Decreto-Lei
DLa	–	Documentación laboral
DLR	–	Drake Law Review
DLRI	–	Giornale di diritto del lavoro e delle relazioni industriale
DJ	–	Direito e Justiça
DP	–	Droit et Patrimoine
DPL	–	Diritto e Pratica del Lavoro
DPA	–	Data Protection Act (Reino Unido)
DPCE	–	Diritto Pubblico Comparato ed Europeo
DPCI	–	Droit et pratique du commerce international
DPMA	–	Deutsches Patent-und Markenamt
DQP	–	Diritto & Questioni Pubbliche
DS	–	Droit Social
DR	–	Diário da República
DRA	–	Diritto Romano Attuale
DRI	–	Diritto delle relazioni industriali
DRIG	–	Deutsches Richtergesetz
Dr. ouvrier	–	Droit ouvrier
Dr. soc.	–	Droit social

DUDH	–	Declaração Universal dos Direitos do Homem
EAT	–	Employment Appeal Tribunal
EBLR	–	European Law Business Law Review
ECL	–	European Current Law
Ed.	–	Edição
EDP	–	Europa e Diritto Privato
EJIR	–	European Journal of Industrial Relations
EJLE	–	European Journal of Law and Economics
El	–	Employment Law
EMLR	–	Entertainment and Media Law Review
EP	–	Economics and Philosophy
ESC	–	Estudos Sociais e Corporativos
Etc.	–	Et cetera
ET	–	Estatuto de los Trabajadores
EWiR	–	Entscheidungen zum Wirtschaftsrecht
EWCA	–	England and Wales Court of Appeal
EUA	–	Estados Unidos da América
Fest.	–	Festschrift
FDUL	–	Faculdade de Direito da Universidade de Lisboa
FDUNL	–	Faculdade de Direito da Universidade Nova de Lisboa
FDUP	–	Faculdade de Direito da Universidade do Porto
Fest.	–	Festschrift
FSR	–	Fleet Street Reports of Patent Cases
Gaz. Pal.	–	Gazette du Palais
GC	–	Giustizia Civile
GewO	–	Gewerbeordnung
GG	–	Grundgesetz für die Bundesrepublik Deutschland (Alemanha)
GI	–	Giurisprudenza Italiana
GLJ	–	German Law Journal
GJD	–	Guide Juridique Dalloz
HGB	–	Handelsgesetzbuch
HLR	–	Harvard Law Review
HRMR	–	Human Resource Management Review
ICLQ	–	International and Comparative Law Quarterly
ICR	–	Industrial Cases Reports
IDICT	–	Instituto de Desenvolvimento e Inspecção das Condições do Trabalho
IEFP	–	Instituto do Emprego e Formação Profissional
IGT	–	Inspecção Geral do Trabalho
IJCLLIR	–	The International Journal of Comparative Labour Law and Industrial Relations
ILJ	–	Industrial Law Journal
ILLR	–	International Labor Law Reports
ILR	–	Industrial Labour Review
ILRR	–	Industrial & Labor Relations Review

INP	–	Instituto de Novas Profissões
IRCT	–	Instrumento de Regulamentação Colectiva de Trabalho
IRLR	–	Industrial Relations Law Reports
ISLJ	–	International Sports Law Journal
ITR	–	Industrial Tribunal Reports
JC	–	Jurisprudência Constitucional
JCP G	–	Juris-classeur Périodique, édition générale
JCP E	–	Juris-classeur Périodique, édition entreprise
JCP S	–	Juris-classeur Périodique, édition sociale
JEP	–	Journal of Economic Perspectives
JOCE	–	Jornal Oficial das Comunidades Europeias
JPE	–	Journal of Political Economy
JT	–	Jurisprudencia Tributaria (Madrid)
JTT	–	Journal des tribunaux du travail
JZ	–	Juristen Zeitung (Tubinga)
KB	–	King's Bench
LBSS	–	Lei de Bases da Segurança Social
LCA	–	Lei do Contrato de Agência
LCCG	–	Lei das Cláusulas Contratuais Gerais
LCCT	–	Regime jurídico da Cessação do Contrato Individual de Trabalho e da Celebração e Caducidade do Contrato de Trabalho a Termo (DL nº 69 – A/89, de 27 de Fevereiro)
LCT	–	Regime Jurídico do Contrato Individual de Trabalho (DL nº 49 408, de 24.11.1969)
LD	–	Lavoro e Diritto
LDA	–	Le Droit des Affaires
LDT	–	Lei da Duração de Trabalho
LF	–	Law & Finance
LFFF	–	Lei das Férias, Feriados e Faltas
LG	–	Lavoro nella Giurisprudenza
LGTFP	–	Lei Geral do Trabalho em Funções Públicas (Lei nº 35/2014, de 20.06)
LPA	–	Les Petites Affiches
LPDP	–	Lei da Protecção de Dados Pessoais (Lei nº 67/98, de 26.10)
LPFP	–	Liga Portuguesa de Futebol Profissional
LRCT	–	Lei das Relações Colectivas de Trabalho
LS	–	Liaisons Sociales
LTT	–	Lei do Trabalho Temporário
Lx.	–	Lisboa
Mass. Gl	–	Massimario di Giurisprudenza del Lavoro
MchLR	–	Michigan Law Review
MLR	–	Modern Law Review
MSCG	–	Materiali storia cultura giuridica
MTAS	–	Ministerio de Trabajo y Asuntos Sociales
Nº	–	número

N.E.2d	–	North Eastern Reporter, Second Series
NGCC	–	Nuova Giurisprudenza Civile Commentata
NGL	–	Notiziario di giurisprudenza del lavoro
NJW	–	Neue Juristische Wochenschrift
NLJ	–	New Law Journal
n.p.	–	não publicado
NZA	–	Neue Zeitschrift für Arbeitsrecht
OIT	–	Organização Internacional do Trabalho
OGL	–	Orientamenti di giurisprudenza del lavoro
P 2d	–	Pacific Reporter, Second Series
PDT	–	Prontuário de Direito do Trabalho
PE	–	Parlamento Europeu
PGR	–	Procuradoria-Geral da República
Pt.	–	Porto
PRT	–	Portaria de Regulamentação do Trabalho
PSRL	–	Proyecto social: Revista de relaciones laborales
PUF	–	Presses Universitaires de France
QCA	–	Quadro Comunitário de Apoio
QG	–	Questione Giustizia
QB	–	Queen's Bench
QL	–	Questões Laborais (Coimbra)
QDLRI	–	Quaderni di Diritto del Lavoro e delle Relazioni Industriale
RAP	–	Revista de Administración Pública
RBDC	–	Revista brasileira de direito comparado
RC	–	Revue des contrats
RCDDL	–	Rivista critica di diritto del lavoro privato e pubblico
RCTP	–	Relaciones Laborales: Revista crítica de teoría y práctica
RD	–	Real Decreto
RdA	–	Recht der Arbeit. Zeitschrift für die Wissenschaft und Praxis des gesamten Arbeitsrechts (München)
RDAI	–	Revue de droit des affaires internationales
RDC	–	Rivista di Diritto Civile
RDCom	–	Rivista di Diritto Commerciale e del Diritto Generale delle Obligazioni
RDE	–	Revista de Direito e Economia
RDES	–	Revista de Direito e Estudos Sociais (Lisboa)
RDF	–	Revue Droits Fundamentaux
RDI	–	Rivista di Diritto dell'Impresa
RDM	–	Revista de Derecho Mercantil
RDP	–	Rivista di Diritto Processuale
RDPri	–	Rivista di Diritto Privatto
RDS	–	Revista de Derecho Social
RDDS	–	Rivista di Diritto Sportivo
RDT	–	Revue de droit du travail
REDD	–	Revista Española de Derecho Deportivo

REDT	–	Revista Española de Derecho del Trabajo
RFDT	–	Revue Française de Droit Constitutionnel
RFDUL	–	Revista da Faculdade de Direito da Universidade de Lisboa
RFDUC	–	Revista de la Facultad de Derecho de la Universidad Complutense
RGD	–	Revista General de Derecho
RGEC	–	Revista do Gabinete de Estudos Sociais e Corporativos
RGICSF	–	Regime Geral das Instituições de Crédito e Sociedades Financeiras
RGL	–	Rivista giuridica del lavoro
REE	–	Revista de Estudos Europeus
RFTPCJ	–	Revue française de théorie, de philosophie et de culture juridiques
Rel	–	Tribunal da Relação
RGLPS	–	Revista Giuridica del Lavoro e della Previdenza Sociale
RI	–	Relation Industrielles
RIDL	–	Rivista Italiana di Diritto del Lavoro
RIDPC	–	Rivista italiana di diritto pubblico comunitário
RIE	–	Revista de instituciones europeas
RIDC	–	Revue Internationale de Droit Comparé
RIDE	–	Revue Internationale de Droit Économique
RIE	–	Review of International Economics
RIEJ	–	Revue interdisciplinaire d`études juridiques
RIT	–	Révue Internationale du Travail
RJAAFDL	–	Revista Jurídica da Associação Académica da Faculdade de Direito da Universidade de Lisboa
RJCSD	–	Regime Jurídico do Contrato de Serviço Doméstico
RJD	–	Revista Jurídica del Deporte
RJES	–	Révue Juridique et Éconómique du Sport
RJFD	–	Regime Jurídico das Federações Desportivas
RJO	–	Revue Juridique de l'Ouest
RJS	–	Revue de Jurisprudence Sociale
RL	–	Relaciones Laborales
RLJ	–	Revista de Legislação e Jurisprudência
RMP	–	Revista do Ministério Público
RMCUE	–	Revue du Marche Commun et de l`Union Européene
RMUE	–	Revue du Marché Unique Européen
ROA	–	Revista da Ordem dos Advogados
RPAED	–	Real Decreto dos Artistas em Espectáculos Públicos
RPC	–	Reports of Patent, Design and Trade Mark Cases
RPDS	–	Revue pratique de droit social
RPS	–	Revista de Politica Social
RS	–	Révue des Societés
RSAD	–	Regime Jurídico das Sociedades Anónimas Desportivas
RST	–	Revista Sociedade e Trabalho
RT	–	Revista dos Tribunais
RTDC	–	Revue Trimestrelle de Droit Civil

RTDE	–	Revue Trimestrielle de Droit Européen
RTDPC	–	Rivista Trimestrale di Diritto e Procedura Civile
RTSS	–	Revista de Trabajo y Seguridad Social
s. d.	–	sem data
SE 2d	–	South Eastern Reporter, Second Series
Segs.	–	seguintes
SEJ	–	Southern Economic Journal
SI	–	Scientia Ivridica
SJ	–	La Semaine Juridique
SJud.	–	Sub Judice. Justiça e Sociedade
SL	–	Statuto dei Lavoratori (Itália)
SLAP	–	Sports Law Administration & Practice
SLB	–	Sports Law Bulletin
SLJ	–	The Sports Lawyers Journal
SLF	–	Sports Law & Finance
SLJ	–	Sports Lawyers Journal
Soc.	–	Arrêt de la chambre sociale de la Cour de Cassation
SpuRt	–	Zeitschrift für Sport und Recht
SSL	–	Semaine Sociale Lamy
STA	–	Supremo Tribunal Administrativo
STJ	–	Supremo Tribunal de Justiça
STL	–	Stanford Law Review
STS	–	Sentencia del Tribunal Supremo (Sala de lo Social)
STSJ	–	Sentencia del Tribunal Superior de Justicia
T.	–	Tomo
TC	–	Tribunal Constitucional
TCAS	–	Tribunal Central Administrativo do Sul
TE	–	Travail et Emploi
TJ	–	Tribunal de Justiça das Comunidades Europeias
TUE	–	Tratado da União Europeia
TzBfG	–	Gesetz über und Teilzeitarbeit befristete Arbeitsverträge und zur Änderung und Aufhebung arbeitsrechtlicher Bestimmungen
UPLR	–	University of Pennsylvania Law Review
UGT	–	União Geral dos Trabalhadores
UNICE	–	União das Confederações da Indústria e dos Empregadores da Europa
USFLR	–	University of San Francisco Law Review
USLW	–	United States Law Week
USPQ	–	United States Patent Quarterly
UWG	–	Gesetz gegen den unlauteren Wettbewerb
V.	–	Veja
v.g.	–	verbi gratia (por exemplo)
Vd.	–	*Vide*
Vol.	–	Volume
Vs.	–	*Versus*

VSC	–	Victorian Supreme Court
WL	–	West Law
WLLR	–	Washington and Lee Law Review
WLR	–	Weekly Law Reports
WLT	–	Western Law Times
WLVR	–	West Virginia Law Review
WLWP	–	Warwick Law Working Papers
WMLR	–	William and Mary Law Review
WP	–	Working Paper
WULQ	–	Washington University Law Quarterly

NOTA INTRODUTÓRIA

Os textos que agora se editam resultam de algumas das publicações que fiz em periódicos na fase subsequente à discussão da minha tese de doutoramento. Na maior parte dos casos, houve oportunidade para densificar alguns dos enquadramentos desenvolvidos, para explorar novas vias de estudo e, no que ao contrato de trabalho em funções públicas diz respeito, para adequar a análise de muitas das situações a alterações legais entretanto ocorridas.

Os textos têm dois aspetos em comum: incidem sobre temas de Direito do trabalho (o que justifica o título do livro) e foram publicados, embora com alterações, em data recente, procurando refletir os desafios que assomam a enciclopédia laboral moderna.

O trabalho a tempo parcial, a proteção das comunicações eletrónicas ou a qualificação de determinados períodos como tempo de trabalho e/ou tempo de descanso implicam a exploração de instrumentos jurídicos internacionais, com proveniência diversa, a que o Estado português está vinculado. É nesse diálogo entre fontes nacionais e internacionais, também muito presente no tratamento jurídico do texto sobre trabalho forçado ou obrigatório, que surgem estudados alguns dos temas clássicos do Direito do trabalho, lá onde se revisita uma espécie de *Juridik Park*.

Segue-se, agora com enquadramento polarizado na legislação nacional, uma análise sobre a admissibilidade de limitações ao direito de denúncia estabelecidas antes da celebração de um contrato de trabalho, questão que, na sua riqueza analítica, nos conduz à indagação dos freios que a legislação laboral deve prever quanto ao reconhecimento de convenções estabelecidas pelos sujeitos à margem de um contrato de trabalho.

Termina-se com a análise dos mecanismos de mobilidade previstos na Lei Geral do Trabalho em Funções Públicas, contexto em que as diferentes modalidades de vínculo laboral, a par da diferente natureza das entidades públicas implicadas, determinam respostas normativamente diferenciadas, num eixo temático que, longe de se poder considerar estabilizado, suscita interrogações várias e questões muito concretas cujos enquadramentos a prática tem revelado problemáticos.

Na sua essência, estes escritos são produto da reflexão permanente que a docência universitária exige. Eles surgem, em traços largos, como o resultado da preparação que fiz para algumas conferências e para as aulas de Direito do trabalho na Faculdade de Direito da Universidade Nova de Lisboa, que nos últimos anos, em co regência com o Professor Doutor José João Abrantes, venho assegurando. Beneficiaram, em muito, de reflexões desenvolvidas em conjunto com os Alunos, que, na sua larga maioria, revelam uma curiosidade científica que, dando sentido à função de ensinar, atesta a máxima de que "ensinar é sobretudo aprender". Por isso, dedico-lhes também o livro.

Anotação ao Caso *Bărbulescu contra a Roménia*, de 12 de janeiro de 2016, proc. nº 61496/08[1] (Artigo 8º da CEDH – Direito à intimidade da vida privada – Proteção da correspondência – Limitações a direitos de personalidade – Políticas de controlo empresarial das tecnologias da informação e da comunicação)

I. Os factos

1. O Acórdão do TEDH, que opôs *Bărbulescu* à Roménia, desenvolveu-se com base nos seguintes factos:

   a) A pedido do empregador *Bărbulescu* havia criado uma conta num *chat* (*Yahoo Messenger*), com o propósito de, no exercício da sua atividade profissional, dar resposta às solicitações de clientes.

   b) Em sequência, foi informado de que as mensagens trocadas no *chat* foram escrutinadas e de que o empregador, verificando a utilização do *chat*, em violação das regras da empresa, para fins pessoais, tencionava despedi-lo com justa causa, circunstância que, tendo sido negada por *Bărbulescu*, conduziu o empregador à exibição das mensagens pessoais associadas à conta aberta pelo trabalhador.

   c) O despedimento de *Bărbulescu* foi considerado procedente pela jurisdição romena, não obstante o trabalhador haver negado qualquer conhecimento prévio acerca das regras que interditavam essa conduta, tão pouco se tendo feito prova de que a empresa havia comunicado *ex ante* ao trabalhador que a sua atividade iria ser monitorizada, circunstância, contudo, irrelevada no foro doméstico, uma vez que esse controlo era o único meio de que o empregador dispunha para atestar a utilização estritamente profissional do *chat*, não fazendo,

---

[1] Decisão acessível na íntegra em http://hudoc.echr.coe.int/eng?i=001-159906&amp%3B{%22itemid%22%3A[%22001-159906%22]}#{%22itemid%22:[%22001-159906%22]}

além do mais, sentido que uma regra não seja agregada à existência dos necessários mecanismos de controlo.

II. A queixa

2. *Bărbulescu* recorreu para o TEDH, alegando uma violação do artigo 8º da CEDH, que, de entre outros corolários, determina que "qualquer pessoa tem direito ao respeito da sua vida privada e familiar, do seu domicílio e da sua correspondência", invocação que, sendo contrariada pelo governo romeno com base na natureza exclusivamente profissional da conta do *chat*, prejudicaria quaisquer expectativas por parte do trabalhador quanto a uma tutela da sua privacidade, ao que *Bărbulescu*, em insistência, acrescentou a inaceitabilidade de políticas empresariais que, de forma arbitrária, proíbam a realização de comunicações pessoais durante o horário de trabalho.

III. A decisão do TEDH

3. O TEDH, considerando inaplicável o artigo 8º da CEDH, rejeitou o recurso interposto por *Bărbulescu*.

   a) Dando por assente, de um quadrante, que a ação disciplinar se tinha baseado em comunicações do foro pessoal e que, de outro quadrante, existiam regras que interditavam o uso do *chat* para fins privados, o despedimento de *Bărbulescu* não mereceu censura.

   b) Entendeu-se, para o efeito, que uma operação de concordância prática entre os direitos alegados pelos sujeitos laborais consentia a utilização da informação pessoal inserta pelo trabalhador no *chat* para o exercício da ação disciplinar e que a atividade de monitorização desenvolvida pelo empregador tinha cobertura nas regras oportunamente adotadas quanto à obrigação de o *chat* ser utilizado para fins estritamente profissionais.

   c) A afetação dos meios eletrónicos a fins estritamente profissionais prejudica qualquer expectativa conexa com a tutela da intimidade da vida privada.

   d) O voto de vencido aposto ao Acórdão, que contraria o sentido de fundo da decisão e que empresta adequado relevo ao princípio da proporcionalidade, é condensável nas seguintes coordenadas: *(i)* deficiência da informação prestada ao trabalhador quanto à monitorização fazível pelo empregador, *(ii)* ausência de uma política empresarial transparente quanto à monitorização das atividades realizáveis pelos trabalhadores através da *Internet*, *(iii)* desproporção do juízo feito quanto aos direitos em conflito, que, traduzindo uma tutela primaz dos interesses empresariais, viabiliza a adoção de políticas empresariais de controlo da atividade desenvolvida pelos trabalhadores sem quaisquer limites.

IV. Enquadramento

4. A decisão do TEDH, que alcançou grande alcance mediático, traz, no seu cerne, a magna questão do Direito do Trabalho moderno, que está na conciliação dos direitos fundamentais dos trabalhadores com a liberdade de iniciativa privada e de organização da empresa, cuja necessária concordância prática tem implicado a aplicação das coordenadas constitucionais que vinculam o legislador à intersubjetividade imanente à situação laboral[2], dada a analogia, tanto nos fundamentos quanto nos limites, entre as situações jurídicas de poder-sujeição e aquelas em que se topa "com o poder do Estado"[3].

Além disso, suscita um conjunto variado de questões que atravessam historicamente as relações individuais de trabalho, como *(i)* o valor e os limites dos regulamentos internos – quais "actos regulamentares de direito privado"[4], que substanciam um "complexo de normas referentes à organi-

---

[2] DIETER C. UMBACH & THOMAS CLEMENS, *Grundgesetz: Mitarbeiterkommentar und Handbuch*, C. F. Muller, Heidelberg, 2002, § 30, 680-1.

[3] JOSÉ JOÃO ABRANTES, *Contrato de Trabalho e Direitos Fundamentais* Coimbra, Coimbra Editora, 2005, 140 e ADALBERTO PERULLI, "Rationalité et controle des pouvoirs de l'employeur", *Revue de Droit du Travail* 2006, n°s 7/8, 89 (85-91). Se, entre nós, no âmbito civilístico, a operação de otimização é desenvolvida de acordo com as coordenadas inscritas no artigo 335º do CC, a aplicação do critério, que, também entre nós, está ínsito no artigo 18º da CRP para a harmonização dos direitos conflituantes reconduz-se, *summo rigore*, a uma colisão entre princípios, dado que as colisões entre direitos fundamentais ou entre direitos fundamentais e outros bens constitucionais significam colisões entre princípios, como fez notar ROBERT ALEXY, *Teoría de la argumentación jurídica. La teoria del discurso racional como teoría de la fundamentación jurídica* (trad. Manuel Atienza|Isabel Espejo), Centro de Estúdios Políticos y Constitucionales, Madrid, 2007, 64 e ss.. Assim, no "nível de princípios" filiam-se todos os princípios constitucionalmente relevantes para a ponderação e no "nível de regras" condensam-se os resultados da tentativa de ponderação das exigências impostas pelos princípios conflituantes.

[4] A qualificação é de JEAN MOULY, *Droit du Travail* (4ª ed.), Bréal, Paris, 2008, 68, e resulta de categorização empreendida pela *Cour de Cassation*: Cass. Soc. 25.09.1991, *Droit Social* 1992, 27. Em panorâmica de várias das questões subjacentes aos regulamentos internos, veja-se, entre

zação técnica e disciplinar da organização do trabalho na empresa predisposto unilateralmente pelo empregador em extrinsecação do seu poder directivo"[5] –, *(ii)* os meios de prova utilizáveis por parte dos sujeitos laborais para fazerem valer judicialmente uma pretensão, aspeto que traz consigo o da homologia da validade de prova admissível no âmbito de um procedimento disciplinar com a que é aceitável *ope iudicis* ou *(iii)* a criação de instrumentos de transparência e previsibilidade na atuação dos sujeitos laborais, que, sem desfigurarem os direitos que o ordenamento lhes atribui, não convivem com o seu exercício *ex abrupto*, implicando um regime *soft landing*, que permita uma readaptação dos seus comportamentos com vista a não prejudicar o fim do contrato e que, mais fundamentadamente, entroncam no alcance atribuível ao dever de lealdade, ante uma relação alimentada pela confiança recíproca, em que o dever de informação reganha saliência.

5. Assumindo-se, como coordenada genérica, que a tutela dos direitos de cidadania no âmbito da relação de trabalho torna *a priori* inadmissíveis quaisquer "cláusulas pelas quais o trabalhador renuncie aos seus direitos fundamentais"[6], não se poderá, nesta equação, deixar de ter presente que o *status* de cidadão precede o *status* de trabalhador e não o contrário.

Ora, se esta perspetivação implicará que o trabalhador conserve no exercício da atividade laboral os direitos que lhe pertencem enquanto cidadão[7], certo é que, em atenção à existência de direitos específicos subjacentes à situação laboral, têm conhecido voga as leituras que operam uma

---

nós, e por todos, JÚLIO VIEIRA GOMES, *Direito do Trabalho. Volume I: Relações Individuais de Trabalho*, Coimbra Editora, Coimbra, 2007, 633.

[5] As palavras são de FRANCESCO SANTORO-PASSARELLI, *Nozioni di diritto del lavoro* (26ª ed.), Jovene, Nápoles, 1973, 340.

[6] Assim, JOSÉ JOÃO ABRANTES, *Contrato de Trabalho e Direitos Fundamentais*, cit. (2005), 191, que afasta qualquer razão de ser à "prevalência da liberdade contratual, em termos de permitir justificar a renúncia do trabalhador aos seus direitos ou a imposição de limitações à sua liberdade para além do que é estritamente necessário" (231).

[7] Esta formulação para ROSÁRIO PALMA RAMALHO "Contrato de Trabalho e Direitos Fundamentais da Pessoa", *Estudos em Homenagem à Professora Doutora Isabel de Magalhães Collaço*, Vol. II, Coimbra, 2002, 409, é menos satisfatória do que aquela que exclui a possibilidade de o trabalhador, em razão do contrato de trabalho, ver diminuídos os direitos fundamentais que lhe assistem enquanto Pessoa, preferindo, "pese embora a ampla zona de sobreposição dos dois conceitos", o conceito de Pessoa em lugar da referência a cidadão, numa leitura axiologicamente unitária.

separação entre os direitos fundamentais cuja fruição importa garantir: de um lado, os que são instituídos pelos textos com incidência laboral, como o direito à greve ou o direito à liberdade sindical, e, de outro, os direitos fundamentais de todos os cidadãos *adaptados* às relações de trabalho[8], não descuidando que o desenvolvimento de uma relação laboral implica, *per definitionem*, naturais compressões à fruição plena do catálogo de direitos fundamentais associados ao desenvolvimento do Estado de Direito, construções que, no plano teórico, rejeitam, todavia, qualquer refluxo ao século XIX, em que o trabalho, suscitando um enquadramento mercantil, surge envolto por uma conceção transacional em que a liberdade surge mais ao serviço da empresa do que da cidadania[9].

Cuidando-se, em fundo, de superar um conjunto de dificuldades relativas ao encontro de um denominador comum entre a dimensão da pessoa (essencialmente avaliável segundo o registo do *ser*) e os critérios individuais da concorrência e das necessidades empresariais (mensuráveis sob a lógica do *haver*[10]), a questão do grau de tutela atribuível à comunicação de dados no local de trabalho e à privacidade que se encontra subjacente surge agudizada pela compressão das noções de tempo e de espaço[11] associadas aos desenvolvimentos da sociedade de informação (as novas tec-

---

[8] Veja-se CHRISTIAN SAID, "Réflexions sur les garanties concrètes des droit fondamentaux au travail", *Droit ouvrier* 2001, nº 750, 93-98.

[9] Como fez notar GASTON MORIN, *La révolte du droit contre le Code. La révision nécessaire des concepts juridiques (Contrat, responsabilité, propriété)*, Sirey, Paris, 1945, 115, a revolta subsequente contra o *Code Civil* esteve aliás no sentimento de desmercantilização do trabalho e na objetivação da subversão da hierarquia de valores subjacente: "o valor coisa passou a ocupar uma posição inferior ao valor Pessoa". Tratando-se de assunto que convoca bibliografia inabarcável e que entronca, a montante, no enquadramento da prestação assumida pelo trabalhador e no objeto do contrato de trabalho, cabe realçar a sofisticada e difundida construção de FRANCESCO CARNELUTTI, "Natura del contratto di lavoro", *Studi di diritto civile* (Collezione di opere giuridiche ed economiche), Athenaeum, Roma, 1916, 230-1, que objetiva a energia humana para construir o contrato de trabalho ("anche la energia umane, in quanto sono obbietto di un contrato, sono cose"), embora esse isolamento, por natureza, seja impossível: reconhecendo-se ineliminável personalidade ao trabalhador, implicar-se-á, necessariamente, a assunção de que a sua vontade é uma emanação da *sua* personalidade, que influi sobre o *seu* trabalho como objeto.

[10] Assim: NICOLÒ LIPARI, "Diritto e mercato della concorrenza", *Rivista di Diritto Commerciale e del Diritto Generale delle Obligazioni* 2000, nºs 7-10, 317 e ss..

[11] Ainda: JEAN-MARC SALMON, *Um mundo a grande velocidade* (trad. Luís Cabral), Ambar, Porto, 2002, 37.

nologias potenciam fragilidades sociais e materiais, que põem em crise a segurança e a privacidade das pessoas), processo que, trazendo novas técnicas de captação, transmissão, manipulação, gravação, conservação ou comunicação de dados de som e de imagem, suscita também, agora em plano genérico de contramodernidade[12], renovados mecanismos de prevenção do risco, do conflito e do dano associáveis à proteção dos direitos e liberdades de quem trabalha[13].

V. Análise crítica

6. O TEDH, em aplicação da CEDH, visa a proteção dos direitos do Homem relativamente a atos praticados pelo Estado ou da sua responsabilidade[14]. Estando, por princípio, fora do âmbito da CEDH quaisquer atos violadores dos direitos do Homem praticados por particulares, em que o Estado não possa, direta ou indiretamente, ser por eles responsabilizado, ao TEDH não incumbiria, *in casu*, fazer qualquer juízo sobre a conduta do empregador que despediu *Bărbulescu* ou tão pouco apreciar a forma como os sujeitos se relacionaram no decurso do vínculo laboral.

Cabendo-lhe, enquanto *prius*, certificar-se de que os atos violadores dos direitos previstos na CEDH são da responsabilidade do Estado[15], o juízo

---

[12] Inevitável, ULRICH BECK, *Risk Society: Towards a New Modernity* (trad. Mark Ritter), Sage Publications, Londres/Nova Deli, 1992, 11 e ss., que cedo filiou a gestão do risco na caracterização de uma nova ordem global, em que a ciência e a tecnologia acentuam os processos de individualização e em que a forma como os riscos são socialmente percebidos e os modos de reação sofreram alterações significativas, implicando-se, em consequência, novas esferas de partilha do risco.

[13] Certeiramente, refere ALAIN SUPIOT, "Travail, droit et technique", *Droit Social* 2002, 20-1 (13-25), «(l)a question essentielle posée aux juristes par les nouvelles technologies de l'information et de la communication est donc aujourd'hui d'identifier les risques spécifiques qu'ils font courir à l'être humain. Ces risques sont de deux sortes: abolissant le cadre spatio-temporel du travailleur pour le transporter dans un monde virtuel et un «temps réel» (i.e. instantané), ces technologies l'exposent au fantasme de l'ubiquité; inscrivant dans des machines les moindres de ses faits et gestes, elles l'exposent au fantasme de la transparence». Entre nós, ver TERESA COELHO MOREIRA, "A privacidade dos trabalhadores e o controlo electrónico da utilização da internet", *Questões Laborais* 2010, ns. 35-36, 23-82; IDEM, "A privacidade dos trabalhadores e a utilização de redes sociais online: algumas questões", *Questões Laborais* 2013, nº 41, 41-102

[14] Cfr., por todos, JEAN-FRANÇOIS RENUCCI, *Droit Européen des Droits de L'Homme – Droits et Libertés Fondamentaux Garantis par la CEDH* (5ª ed.), LGDJ, Paris, 2013, 33-4.

[15] LAURENCE BURGORGUE-LARSEN, *La Convention européenne des droits de l'homme* (2ª ed.), LGDJ, Paris, 2015, 8 e ss..

decisório feito pela instância jurisdicional romena[16], que concluiu pela procedência da atuação do empregador e pela relevância dos factos apurados no acesso à conta de *chat* de Bărbulescu para afastar qualquer censura sobre o despedimento, não pode ser ignorado no juízo que o TEDH desenvolve acerca da forma como as autoridades nacionais romenas ultrapassaram o conflito entre o direito ao respeito pela vida privada e os direitos de gestão da sua organização que assistem ao empregador – acabando o TEDH, em função dessa ponderação de interesses, por considerar inviolado o artigo 8º da CEDH, cujo âmbito protetivo incide sobre a autonomia da pessoa e se desdobra na vida privada, na vida familiar, no domicílio e na correspondência, em domínios que não se excluem mutuamente –, pois os factos que fundamentam aquele juízo de otimização não são juridicamente neutros e mesmo a qualificação de um facto como juridicamente irrelevante pressupõe um juízo prévio valorativo de natureza jurídica.

Sabendo-se, pois, que um juízo acerca da aplicabilidade das *normas* é sempre recortado a partir da sua relação com o caso concreto e que aquelas *variam* consoante os problemas a que se apliquem (*as applied*), é nesse sentido que, com referência aos factos julgados pelas instâncias romenas, importa começar por fazer uma valoração crítica sobre o encadeado de factos que sustentaram o desfecho conhecido, não esquecendo que a "qualificação obriga à delimitação do objeto a qualificar e a do conceito à luz do qual a qualificação é feita"[17].

7. Nesse plano, a informação transmitida ao trabalhador, em 13.07.2007, de que as suas comunicações haviam sido monitorizadas entre 05.07.2007 e 13.07.2007 permite a assunção de um juízo que quebra o nexo de confiança entre os sujeitos e que, com eficácia *ex nunc*, vulnera a reserva de intimidade da vida privada do trabalhador não só à margem de um ato expressamente renunciativo, como outro tanto, e ainda mais salientemente, à margem da sua ciência ou de qualquer juízo de cognoscibilidade.

---

[16] Já que o TEDH também só pode apreciar queixas por violação dos direitos e liberdades garantidos pela Convenção se o queixoso tiver esgotado, no seu país, todos os meios que a lei lhe faculta para tentar remediar a violação. KAREN REID, *A Practitioner's Guide to the European Convention on Human Rights* (4ª ed.), Sweet & Maxwell, Londres, 2011, 31-6.

[17] ISABEL MAGALHÃES COLLAÇO, *Da qualificação em Direito Internacional Privado*, Lisboa, 1964, 215.

Não se cuidando de apurar se estamos perante uma cláusula informativa[18], o juízo de desvalor fazível quanto à conduta empresarial assumida, em certa leitura, nem estará tanto na monitorização *in abstracto* da utilização da conta de *chat* aberta por *Bărbulescu*, quanto na insusceptibilidade de conhecimento por parte do trabalhador de que as mensagens trocadas no âmbito de uma plataforma interativa, que não é titulada pela empresa e a que se associava um código de acesso pessoal, tinham sido monitorizadas. Aqui, embora sem sobrevalorizar o facto, o código pessoal que titula o acesso à conta que o trabalhador tinha no *chat* não deve ser confundido com a acessibilidade *quivis ex populo* à plataforma *on line* de conversação: a plataforma, ao contrário do sistema de comunicações da empresa, não é propriedade do empregador, o que afasta, desde logo, qualquer referência à sua utilização direta para fins pessoais[19], apesar de o sistema de comunicações que serve de base à utilização do *chat* ser fornecido à empresa *qua tale* e, em suporte físico, estar outro tanto associado a um instrumento fornecido pela empresa (o computador[20]), algo que, em situações precedentes, o TEDH não considerou, todavia, relevante[21].

---

[18] Sobre esta terminologia, cfr. JEAN PÉLISSIER, "Pour un droit des clauses du contrat du travail a partir de l'arrêt Société Leviel", RJS 2005, nº 5, 499-500, que desenvolve uma distinção entre entre *cláusulas contratuais que vinculam ambos os sujeitos e não são alteráveis unilateralmente* (horário de trabalho, duração do trabalho e funções do trabalhador) e *cláusulas informativas, modificáveis unilateralmente pelo empregador* (e cuja operação, traduzindo uma modificação das condições de trabalho, é suscetível de justificar o despedimento do trabalhador em caso de desobediência ao exercício dessa prerrogativa unilateral).

[19] Diferente será já o envio de e-mails, através do endereço eletrónico da empresa, com conteúdo pessoal. Em todo o caso, no Ac. STJ de 05.07.2007 (MÁRIO PEREIRA), proc. 07S043, estabelece-se que " (n)ão é pela simples circunstância de os intervenientes se referirem a aspectos da empresa que a comunicação assume desde logo natureza profissional, bem como não é o facto de os meios informáticos pertencerem ao empregador que afasta a natureza privada da mensagem e legitima este a aceder ao seu conteúdo", o que significará que a definição da natureza particular de uma mensagem é obtenível "por contraposição à natureza profissional da comunicação, relevando para tal, antes de mais, a vontade dos intervenientes da comunicação ao postularem, de forma expressa ou implícita, a natureza profissional ou privada das mensagens que trocam".

[20] A diferença, aparentemente anódina, está, ao menos numa leitura maximalista, na (im) possibilidade de consulta e utilização de um espaço virtual que não é titulado pela empresa mas antes por outra empresa (no caso *Yahoo*), com quem o trabalhador se relaciona, mediante a utilização de uma conta que só a si pertence. E, entre nós, conforme decidiu o Ac. Rl. Lx. de 07.03.2012 (JOSÉ EDUARDO SAPATEIRO), proc. 24163, o "facto das referidas conversas/ mensagens electrónicas se acharem guardadas no servidor central da Ré, a ela pertencente, não lhes retira a sua natureza pessoal e confidencial". Em anotação: TERESA COELHO MOREIRA,

8. Ora, sob este ângulo de análise, ao atribuir-se efeitos retroativos à comunicação feita pela entidade empregadora ao trabalhador quanto à monitorização da sua atividade cibernética e, mais do que isso, quanto ao acesso ao conteúdo dessa atividade, surge coonestada a possibilidade de um ato ilícito fundar um despedimento com justa causa, em nome de um bordão genérico de *necessidades empresariais*, que não logrou ser devidamente provado[22].

Com efeito, estando-se diante de uma limitação a um direito fundamental que se intersecta com uma "relação de poder-sujeição"[23], justificava-se que fosse o empregador a suportar a desvantagem de não conseguir fazer prova da realidade dos factos (os interesses da empresa) que permitiriam a compressão da esfera de liberdade do trabalhador, numa construção que, fundando importantes regras de conduta e de decisão que mitigam *a priori* a margem de incerteza subjacente ao risco de não se alcançar a demonstração da realidade dos factos, assegura, por um lado, a intangibilidade das condições necessariamente restritivas que permitem ao empregador interferir na reserva da intimidade da vida privada, garantindo, por outro lado, que os direitos fundamentais do trabalhador não quedam funcionalizados aos interesses económicos da empresa que justificam esse reconhecimento sistemático, frenando-se, assim, o bordão generalizante da necessidade de proteção dos interesses da empresa como fundamento *a se* para limitar os direitos fundamentais de quem trabalha[24].

"Controlo do messenger dos trabalhadores: anotação ao Acórdão do Tribunal da Relação de Lisboa de 7 de março de 2012", *Prontuário de direito do trabalho* 2012, 135-142.

[21] Esta circunstância, presente no caso *Copland* (03.04.2007), estava na utilização de meios fornecidos pelo *Carmarthenshire College* para o envio de mensagens eletrónicas. Assinalando o aspeto, no sentido em que a utilização de um meio posto à disposição pelo empregador não foi utilizada pelo TEDH para fundamentar a decisão, cfr. Feyrouze Omrani, "La vie privée du travailleur: question choisies, regrad critique", *Droits de la personnalité* (ed. Marc Isgour|Feyrouze Omrani|Jean-Marc Van Gyseghem), Anthemis, Limal, 2013, § 78.

[22] Em desenvolvimento deste enquadramento, que implica especiais exigências de fundamentação para a compressão de direitos fundamentais e que, em última instância, acerta em questões conexas com o ónus de alegação e prova, v. Olivier de Schutter, "Human rights in employment relationships: contracts as power", *The European Convention on Human Rights and the Employment Relations*, Hart Publishing, Oxford, 2013, 105-142.

[23] Renotando o aspeto, José João Abrantes, "Sobre a Constituição e a crise do *favor laboratoris* em Direito do Trabalho", *Estudos de Homenagem ao Prof. Doutor Jorge Miranda*. Vol. II, Coimbra Editora, Coimbra, 2012, 273 (269-284).

[24] Entre nós, ver Maria Regina Redinha, & Maria Raquel Guimarães, "O uso do correio electrónico no local de trabalho: algumas reflexões", *Estudos em homenagem ao Professor Doutor Jorge Ribeiro de Faria*, Coimbra Editora, Coimbra, 2003, 647-671.

Sendo também sob esta perspetiva que muitos entendem que os regulamentos internos não podem conter disposições que, incidindo em direitos fundamentais, não sejam justificadas pela natureza das funções a exercer e proporcionais ao objetivo prosseguido[25] – mais do que um *rudere giuridico e linguistico*[26], os regulamentos, sob essa lente, não se compaginam com a vontade livre, esclarecida e consciente que a assunção de uma autolimitação a um direito fundamental pressupõe[27] –, a ausência de qualquer

---

[25] Ainda CHRISTIAN SAID, "Réflexions sur les garanties concrètes des droit fondamentaux au travail", *Dr. ouvrier* 2001, nº 750, 95 (93-98) e MICHEL MINÉ & DANIEL MARCHAND, *Le droit du travail en pratique* (24ª ed.), Eyrolles, Paris, 2012, 128. Eis porque, e sem que se esqueça que em França nos termos do art. L. 1311-2 do *Code du Travail* os regulamentos internos são obrigatórios para as empresas ou estabelecimentos que empreguem 20 ou mais trabalhadores, a jurisprudência gaulesa, face à exigência de que a vinculação do trabalhador seja clara e isenta de equívocos, tem afastado a validade de cláusulas de mobilidade geográfica insertas em regulamentos internos: PAUL-HENRI ANTONMATTEI, *Les clauses du contrat du travail* (2ª ed.) Liaisons, Paris, 2010, 44-5.

[26] UMBERTO ROMAGNOLI & GIORGIO GHEZZI, *Il rapporto di lavoro* (3ª ed.), Zanichelli, Bolonha, 1995, 188.

[27] Pois, enquanto direito que funda uma posição jurídica subjetiva de que cada um é titular, a problemática suscitada pela eventual disposição deste direito fundamental está no compromisso entre os valores que concorrem para o ato renunciativo e na delimitação do espaço que a ordem jurídica concede para que os trabalhadores possam abdicar, ainda que temporariamente, do exercício desse direito. Cuida-se, no plano jusconstitucional, de uma renúncia *lato sensu* a um direito fundamental, entendendo-se, como tal, toda a vinculação jurídica de um particular que substancie o compromisso de não exercer, temporária ou pontualmente, algumas das pretensões, faculdades ou poderes que integram esse direito – assim: JORGE REIS NOVAIS, "Renúncia a direitos fundamentais", *Perspectivas constitucionais: nos 20 anos da Constituição de 1976. Volume I* (org. Jorge Miranda), Coimbra Editora, Coimbra, 1998, 27. Se este conceito de renúncia a direitos fundamentais, enquanto "poder individual de dispor das posições jurídicas próprias, tuteladas por normas de direitos fundamentais, de cujo exercício resulta, como consequência jurídica, uma diminuição da protecção do indivíduo", corresponde a uma dogmática publicista teoricamente enraizada e jurisprudencialmente sedimentada, já no plano civilístico o compromisso assumido pelo trabalhador recorta-se como uma limitação a um direito de personalidade. Contudo, o problema está, como é bom de ver, na revogabilidade a todo o tempo da limitação, pois será esse o traço que, infirmando o princípio da *irretratabilidade* ou *irrevogabilidade dos vínculos*, torna a renúncia constitucionalmente admissível (...) e permite que a vinculação assumida não se protele no tempo contra a sua vontade, atribuindo à limitação à privacidade uma vinculatividade unilateral (nº 2 do artigo 81º do CC). Eis porque, no rigor dos princípios, um trabalhador poderá desvincular-se de um compromisso em que a sua privacidade surja limitada, sem que, por isso, o empregador possa exercer ação disciplinar, visto que o exercício de um direito que corresponda à fruição do bem personalidade significado pelo trabalho não convive bem com a aplicação de sanções.

censurabilidade por parte do TEDH acerca da impossibilidade de ciência por parte de *Bărbulescu* de que a sua correspondência digital estava a ser escrutinada é solução que escapa ao fio condutor da jurisprudência do Tribunal de Estrasburgo, que, em ocasiões diversas, mas valorativamente similares, raramente deixou de proteger com eficácia o direito à reserva da intimidade da vida privada[28], cuja limitação implica, por princípio, um "acto claro, positivo e desprovido de equívocos"[29]: cuida-se, também em fundo, de garantir que, ante o equilíbrio de interesses exigível, as expectativas do empregador, enquanto declaratário, não se sobrepõem à vontade do trabalhador, ora declarante[30], e que a limitação, à semelhança do enquadramento desenvolvido a propósito de uma renúncia a direitos fundamentais, é expressa de forma "inequívoca"[31], não se compaginando com uma anuência genérica ou "em branco"[32].

---

[28] ALARCÓN CARACUEL & ESTEBAN LEGARRETA, *Nuevas tecnologías de la información y la comunicación y derecho del trabajo*, Bomarzo, Albacete, 2004, 201.

[29] Assim, XAVIER VINCENT, "La théorie prétorienne des périodes de garantie d'emploi, après dix ans de jurisprudence", *Revue de Jurisprudence Sociale* 2009, nº 2, 96, que, com referência à renúncia subjacente a uma cláusula de estabilidade do emprego feita pelo trabalhador, sinaliza as suspeitas geradas por um ato abdicativo assumido por alguém que se encontra em situação de inferioridade económica.

[30] No âmbito civilístico, diante do artigo 236º do CC, alude-se a uma doutrina tendencialmente objetivista, segundo a qual a declaração vale com *o sentido que um declaratário normal, medianamente instruído, sagaz e diligente, colocado na posição do concreto declaratário, a entenderia*, enquadramento que tanto se aplica à declaração expressa quanto à tácita. Como faziam notar PIRES DE LIMA & ANTUNES VARELA, *Código Civil Anotado*, Volume I (4ª ed), Coimbra Editora, Coimbra, 1987, 223, é pacífico que se visa proteger o declaratário, atribuindo-se "à declaração o sentido que seria razoável presumir em face do comportamento do declarante, e não o sentido que este lhe quis efectivamente atribuir"; mas essa "prevalência do sentido objectivo da declaração apenas se explica pela necessidade de proteger as legítimas expectativas do declaratário e não perturbar a segurança do tráfico", *ratio* que, no domínio das limitações a direitos de personalidade, é fortemente estiolada, ante a inexistência, em sentido próprio, de um comércio jurídico e também em razão do regime garantístico que permeia a situação que envolve o consente.

[31] Isto, uma vez que um consentimento que implique uma limitação voluntária a um direito de personalidade deve, por via de regra, ser prestado de forma expressa e, por princípio, face à relação de poder/sujeição subjacente e ao alcance da vinculação assumível, observar uma forma que não suscite dificuldades probatórias. Este alargamento da ponderação de factores necessários à determinação do nexo de concludência, que conduz à assunção de um quadro restritivo quanto à limitação a um direito de personalidade a partir de um comportamento concludente do trabalhador, deve-se, em fundo, à situação de dependência do trabalhador e à inevitável compressão da sua liberdade decisória [entre nós, JORGE REIS NOVAIS, "Renúncia

Com efeito, se aqui o TEDH se louva no facto de o despedimento não ter produzido qualquer lesão à reserva de intimidade da vida privada do trabalhador em razão da existência de uma proibição específica de utilização de meios da empresa para fins pessoais por parte dos trabalhadores – nesta leitura, a adstrição dos meios a fins profissionais não consentirá quaisquer expectativas quanto a uma proteção da intimidade da vida privada, ficando prejudicada a aplicação do artigo 8º da CEDH –, este enquadramento representa uma inflexão significativa do enquadramento seguido no caso *Copland* (03.04.2007)[33], em que o TEDH havia considerado que *(i)* os trabalhadores conservam o seu direito à intimidade mesmo quando os dispositivos utilizados são propriedade do empregador e a sua utilização ocorre durante o horário de trabalho e que *(ii)* as ingerências neste direito promovidas pelo empregador não podem prescindir do consentimento do seu titular ou, em alternativa, devem estar expressamente previstas em lei que as justifique[34], num quadro que, na sua dimensão material, cedo se mostrou generoso quanto à noção de vida privada[35].

---

a direitos fundamentais" (1998), cit., 304, justifica a solução com as especificidades dos interesses em jogo, com a "desigualdade quase natural em que se encontra quem renuncia e quem beneficia da renúncia" ou com "a relevância das consequências jurídicas susceptíveis de serem produzidas na área de reserva absoluta que é a dignidade da pessoa humana"] e, especificamente, ao alcance deste tipo de limitações e às particularidades de uma renúncia a direitos fundamentais que têm inspirado a desaplicação absoluta das regras de Direito civil e que, outro tanto, têm afastado a sua criação a partir de um simples não exercício do direito. Ainda sobre a dissemelhança de planos valorativos entre o não exercício de um direito e a renúncia ao exercício de um direito de que se é titular, v. Luigi Ferrajoli, *Diritti Fondamentali, Un dibattito teórico*, Laterza (col. Libri del Tempo), Bari, 2008, 141, e, abordando a questão à luz do aforismo "la renonciation ne se presume pas", cfr. Frédérique Dreifuss-Netter, "Renonciation", Enciclopédie Dalloz – Civil. Vol. VIII, 1989, 4 (1-8).

[32] Cfr. Muriel Fabre-Magnan, "Le forçage du consentement du salarié", *Dr. Ouvrier* 2012, nº 7, 6-7, que faz referência a uma concordância dirigida "aos termos determinativos de um contrato".

[33] Serge Gutwirth & Paul de Hert, "Data Protection in the Case Law of Strasbourg and Luxemburg: Constitutionalisation in Actions", *Reinventing Data Protection?* (ed. Serge Gutwirth|Yves Poullet|Paul de Hert|Cécile de Terwangne|Sjaak Nouwt), Springer, Heidelberg, 2009, 16 (3-28).

[34] O aresto inscreve-se na linha dos Acórdãos TEDH *Klass v. Alemanha*, de 09.09.1978 (2 EHRR 214), *Malone v. Reino Unido*, de 02.08.1984 (7 EHRR 14), e *Halford v. Reino Unido*, de 25.06.1997 (73/1996/692/884). Na doutrina: Serge Gutwirth & Paul de Hert, "Data Protection in the Case Law of Strasbourg and Luxemburg: Constitutionalisation in Actions", cit., 16 ou Frank Hendrickx & Aline Van Bever, "Article 8 ECHR: judicial patterns of

Tratando-se de moldura que entre nós é seguida, com adaptações, pela CNPD[36] e que conforma a interpretação fazível do artigo 22º do CT, e sem que caiba por ora questionar a validade de uma regra que vede total e absolutamente o uso de instrumentos de trabalho para fins pessoais – embora pareça claro que *num mundo cada vez mais dominado pelas tecnologias de informação e comunicação, em que os meios de comunicação são centrais no trabalho de qualquer empresa ou empregador, não se afigura lógico nem realista que, no contexto da relação de trabalho, se proíba de forma absoluta a utilização de telefones e telemóveis, do correio eletrónico e o acesso à Internet para fins que não sejam estritamente profissionais*[37] –, as expectativas do trabalhador encontram na jurisprudência precedente do TEDH um importante ponto de arrimo[38]:

---

employment privacy protection", *The European Convention on Human Rights and the Employment Relations*, Hart Publishing, Oxford, 2013, 183-208.

[35] Por todos, cfr. *Niemietz* v. *Alemanha*, § 29, *Peck* v. *Reino Unido*, § 57 e *Pretty* v. *Reino Unido*, § 61. Com incidência sobre o artigo 8º da CEDH, têm sido extraídos, de entre vários corolários, de forma por vezes indireta, o *direito à imagem e as fotografias de um indivíduo* (*Von Hannover* v. *Alemanha*, §§ 50-53; *Sciacca* v. *Itália*, § 29; *Reklos* e *Davourlis* v. *Grécia*, § 40); a *reputação* (*Chauvy e outros* v. *França*, § 70; *Pfeifer* v. *Áustria*, § 35; *Petrina* v. *Roménia*, § 28; *Polanco Torres* e *Movilla Polanco* v. *Espanha*, § 40) e a *honra* (*A.* v. *Noruega*, § 64); o *direito ao desenvolvimento pessoal* e à *autonomia pessoal* (*Pretty* v. *Reino Unido*, §§ 61 e 67, sobre a escolha de uma pessoa no sentido de evitar o que, a seu ver, constituiria um fim de vida penoso); o *direito de a pessoa decidir como a sua vida deve ter fim*, na condição de que esteja em condição de formar livremente a sua própria vontade a este respeito e de agir em conformidade (*Haas* v. *Suíça*, § 51); os *documentos ou dados de carácter pessoal ou de natureza pública* (por exemplo, informações relativas à atividade política de uma pessoa), recolhidos e conservados pelos serviços de segurança ou outros órgãos do Estado (*Rotaru* v. *Roménia* [GC], §§ 43 e 44; *Amann* v. *Suíça* [GC], §§ 65-67; *Leander* v. *Suécia*, § 48; sobre *perfis ADN, amostras celulares e impressões digitais* (*S.* e *Marper* v. *Reino Unido* [GC], §§ 68-86); sobre *inscrição num ficheiro judicial nacional de autores de infrações sexuais* (*Gardel* v. *França*, § 58) ou as *informações relativas às convicções religiosas e filosóficas pessoais* (*Folgero e outros* v. *Noruega* [GC], § 98).

[36] Cfr. Deliberação da CNPD nº 1638/2013, de 16.07, aplicável ao *tratamento de dados pessoais decorrentes do controlo da utilização para fins privados das tecnologias de informação e comunicação no contexto laboral*.

[37] Para lá de ALAIN SUPIOT, "Travail, droit et technique", cit., 20, cfr. ainda a posição da CNPD contida na Deliberação da CNPD nº 1638/2013, de 16.07.

[38] Será assim, uma vez que, quem age com ilicitude, não se poderá sortir desse facto para retirar vantagens ou atentar contra direitos de terceiros, em princípio que, não conhecendo fronteiras, aflora o sopro ético-jurídico de qualquer sistema (assim: NEIL ANDREWS, *Contract Law*, Cambridge University Press, Cambridge, 2011, 51). Mesmo que, neste caso, e a jusante, se verifique a inveracidade, propalada pelo trabalhador, acerca da natureza e do conteúdo das mensagens que trocou na plataforma. Aqui, não se tratará tanto de um juízo abolitivo

afigurando-se questionável que, em função do princípio da identidade (*o que é, é*), a objetividade na tutela de um direito seja unicamente assegurada em função das expectativas do seu titular [trata-se, em substância, de uma incorporação da *reasonable expectation privacy* trabalhada, à luz da Quarta Emenda, pelo *Supreme Court*, e que encontrou difusão no conhecido caso *Katz vs US* (1967)[39]], a verdade é que o TEDH já havia associado o sigilo das comunicações ao correio eletrónico no caso *Taylor Sabori* [(22.10.2002), § 18], alertando, ulteriormente, no caso *Caroline Von Hannover* [(24.06.2004), § 70], para a necessidade de incremento de mecanismos de proteção adequados de proteção da vida privada e familiar para fazer face às novas tecnologias de informação e às novas formas captação, armazenagem e reprodução de dados pessoais sobrejacentes[40].

Se, no mais, o TEDH, embora ressalvando que a prática de atos prejudiciais à integridade física ou moral de uma pessoa não implica *ipso jure* uma ofensa ao respeito pela vida privada, tem considerado que um tratamento que não atinge o nível de gravidade suficiente para cair no âmbito do artigo 3º pode ir contra o artigo 8º nos seus aspetos relativos à vida privada, conquanto se produzam suficientes efeitos prejudiciais à integridade física e moral [*Costello-Roberts v. Reino-Unido*, § 36 (25.03.1993)][41] – alargando,

---

acerca da culpa associada à mentira do trabalhador – ainda que o juízo sintético-valorativo subjacente à averiguação dos reflexos produzidos pela eficácia pretérita da comunicação empresarial em relação à conduta assumida *ex post* pelo trabalhador não deva ser baseado em questões de natureza psicológica ou tampouco em factores imediatos, como os que radicam na assunção da iniciativa conducente à cessação do contrato de trabalho, dado que o desvalor incidível sobre a conduta preteritamente intrusiva do empregador possibilitaria, ao menos no ordenamento português, a resolução do contrato com justa causa por banda do trabalhador –, quanto de se admitir que *Bărbulescu* não tinha a obrigação de transmitir com veracidade o conteúdo dos dados, uma vez que, conforme resulta dos autos, não se logrou fazer prova de que *Bărbulescu* conhecia a previsão interditiva e/ou de que estava ciente de que esta se encontrava a ser monitorizada.

[39] Por todos, e em panorâmica, cfr. MAUREEN LOWRY-FRITZ & ARTEMUS WARD, "So Long, Stakeout? GPS Tracking and the Fourth Amendment", *Privacy in the Digital Age: 21st-Century Challenges to the Fourth Amendment. Vol. I* (ed. Nancy S. Lind & Erik T. Rankin), ABC-Clio, Santa Bárbara, 2015, 223-5 (221-242).

[40] HANS-JOACHIM CREMER, *Human Rights and the Protection of Privacy in Tort Law: A Comparison Between English and German Law*, Routledge, Londres, 2011, 87-93.

[41] Cfr. KAREN REID, *A Practitioner's Guide to the European Convention on Human Rights* (2011), cit., 659-660. A intimidade das relações pessoais constitui o quadro clássico da proteção da vida privada. Acontece que, mesmo na sua dimensão pessoal, a noção de vida privada foi sempre entendida com muita latitude e nunca se prestou a uma definição exaustiva: os juízes

assim, sobremaneira, o sentido protetivo do artigo 8º da CEDH –, no caso *Bărbulescu* a questão poderia suscitar juízo axiologicamente diferente se a empresa houvesse comunicado a monitorização e, após a ciência de que as disposições do regulamento interno se encontravam a ser vigiadas, o trabalhador persistisse na utilização da plataforma para enviar mensagens de teor pessoal, circunstância em que, ainda assim, não se poderia consentir, sem mais, um acesso total e irrestrito do empregador às mensagens do trabalhador enviadas sem que, para tanto, existissem fundadas razões que viabilizassem a amputação desse *núcleo essencial* da reserva da intimidade da vida privada, desse reduto "mínimo de valor inatacável" que, note-se, nem o consentimento especificamente dado pelo trabalhador será suficiente sempre que apareçam envolvidas mensagens de terceiros, pois aí o titular do bem jurídico subjacente à inviolabilidade das mensagens é o remetente e não o destinatário, ou seja, um sujeito estranho à relação laboral.

9. Ademais, a realização da monitorização, sem carácter periódico e sem conhecimento de que tenha sido feita com referência a outros trabalhadores, substancia uma vigilância *ad personam*, que, por não ter sido comunicada a quem trabalhava, não deixa incólume o princípio da boa fé – ao qual se ligam as ideias de lealdade, honestidade e confiança no cumprimento dos contratos, ideário que, sendo recebido no universo laboral, limita o exercício de qualquer direito[42] –, princípio que, na sua dimensão operativa, postula uma valoração global dos comportamentos adotáveis pelos sujeitos, que vai não só interagir com a apreciação da indemnidade do objetivo que presidiu à respetiva vinculação, como também com a forma como os direitos, mesmo os que se predestinam à extinção da relação, são exercidos[43].

---

do TEDH consagram assim, de maneira extensiva, o direito ao desenvolvimento pessoal no quadro da vida privada. É, aliás, significativo marcar que, para o TEDH, uma legislação que regulamente a interrupção de gravidez toca na esfera da vida privada: assim que uma mulher esta grávida, a sua vida privada torna-se estreitamente associada ao feto que se desenvolve (TEDH, 20.03.2007, *Tysiac c/ Pologne*, nº 5410/03, D. 2007 Jur. 2648). O Tribunal defende uma visão alargada da vida privada, tentando que esta cubra igualmente o direito de ter ou não um filho (TEDH, 07.032006, *Evans c/ Royaume-Uni*, nº 6339/05, § 57 e TEDH, 14.12.2010, *Ternovsky c/Hongrie*, nº 67545/09, § 22).

[42] Como faz notar GARCIA VIÑA, *La buena fe en el contrato de trabajo*, CES, Madrid, 2001, 82-3.
[43] Veja-se, por exemplo, OLAF MÜLLER & PETER RIELAND, *Arbeitsrecht: Tipps und Taktik*, CF Müller, Munique, 2006, 148-9 ou WOLFGANG DÄUBLER, *Arbeitsrecht – Ratgeber für Beruf, Praxis und Studium* (6ª ed.), Bund-Verlag, Francoforte sobre o Meno, 2006, § 785, 231.

Mais vastamente, e sem que haja espaço para a dissecação da questão, tudo está em saber se a previsão genérica de que os trabalhadores não podem utilizar os meios de comunicação disponibilizados pela empresa para fins pessoais legitima correlativamente um dever de submissão a meios de controlo e vigilância com vista à efetivação da previsão interditiva, questão que, em princípio, embora não sem restrições (já que uma coisa é a verificação da quebra de utilização estritamente profissional, e outra, que se coloca em plano intrusivo diverso, é o acesso indiscriminado ao teor das mensagens), merece resposta afirmativa, embora, à luz do princípio da boa fé, se deva exigir informação previamente transmitida ao trabalhador[44], não se enjeitando, também aqui, que, não obstante a fragilidade das expectativas de um trabalhador quanto a uma omissão de vigilância, "a pessoa que age na vida de relação deve ter o cuidado de controlar as expectativas que, por acção ou omissão, cria nos outros"[45]: no caso, e segundo as regras normais da experiência, o trabalhador não teria enviado as mensagens de teor pessoal que estribaram o seu despedimento se lhe tivesse sido comunicada a vigilância a realizar pelo empregador (a *ausência de expectativas*, que o TEDH incorpora como fundamento, é, por isso, lábil), não sendo ainda necessário recorrer a cálculos de probabilidade para se perceber que em círculos privados e fechados, em que existem relações de confiança pessoal, a crença no sigilo da comunicação permite desabafos sem cunho institucional e/ou de natureza íntima que, correspondendo a um exercício da liberdade de expressão e opinião, só são possíveis em razão da crença de que ninguém terá acesso, em tempo real ou diferido, ao seu teor integral[46].

10. Em sequência, na hipótese de solução confirmativa – i. e., caso se associe a necessidade de meios de controlo empresariais à existência de uma previsão regulamentar –, suscita-se, em adição, a questão de saber

---

[44] Sobretudo, do que se lê no Acórdão, o trabalhador não contava que a sua atividade no ciberespaço estivesse a ser vigiada, circunstância que o tribunal de Estrasburgo não relevou, uma vez que, diante da previsão regulamentar de que a conta no *Yahoo Messenger* era destinada a um uso estritamente profissional, não existiam, na leitura jurisdicional que anotamos, expectativas legitimamente fundadas por parte do trabalhador de que essa atividade não fosse vigiada.

[45] As palavras são de PEDRO PAIS DE VASCONCELOS, *Teoria Geral do Direito Civil*, Almedina, Coimbra, 2010, 21.

[46] Em afloramento do ponto, cfr. Ac. Rl. Lx. de 07.03.2012 (JOSÉ EDUARDO SAPATEIRO), proc. 24163.

se essa monitorização pode ser aleatória ou seletiva, relevando-se o *modus operandi* do controlo e a sua atinência com o princípio da igualdade e despojando-se de importância, como parece ter sucedido no caso que sustenta o Acórdão, o facto de a monitorização não ser exercida sobre todos os trabalhadores, sem que, para tanto, existisse qualquer suspeita que justificasse essa *seletividade vigilante*.

Assim, não havendo suspeita de qualquer atividade ilícita que colocasse em causa interesses comerciais ou industriais da empresa (*v.g.* segredos de negócio), parece, com efeito, esquálido o controlo direcionado a *Bărbulescu*, não se tendo apurado ademais, após o acesso indevido ao teor das comunicações pessoais, que estivesse em causa a transmissão de qualquer informação confidencial relativa à atividade da empresa ou tão pouco quaisquer referências, independentemente da sua índole, a chefias ou a trabalhadores da empresa – que, sendo de teor pessoal, se revelassem suscetíveis de perturbar a organização produtiva *in situ* –, afigurando-se, perante a leitura do Acórdão, que não se adotou um critério que, sendo incompatível com o mero capricho ou o arbítrio, aparecesse fundado na necessidade de reconhecimento de um interesse empresarial digno de tutela a partir da experiência concreta do trabalhador e da sua ligação específica com factos laboralmente relevantes, o qual, segundo parâmetros de razoabilidade, poderá implicar um alargamento da margem de intervenção da empresa quanto ao acesso a situações veiculáveis por parte do trabalhador que são repercutíveis na imagem e/ou no ambiente de trabalho da empresa (*v.g.* transmissão para o exterior de opiniões sobre chefias ou colegas de trabalho), sejam ou não mensagens de teor pessoal[47].

Isto, na ciência de que a pessoalidade da mensagem só é aferível *ex post*, sem que, neste contexto, a falta da referência prévia, expressa e formal à "pessoalidade" da mensagem afaste a tutela implicada pelo direito de reserva e confidencialidade relativamente ao conteúdo das mensagens de natureza pessoal[48] e que, no nosso ordenamento, se estende ao acesso a

---

[47] Cfr., em panorâmica, FRANK HENDRICKX, "Employment Privacy", *Comparative Labour Law and Industrial Relations in Industrialized Market Economies* (ed. Roger Blanpain), Kluwer Law International, The Netherlands, 2007, 419-438.

[48] Neste sentido, com enquadramento que merece seguimento, o Ac. STJ de 05.07.2007 (MÁRIO PEREIRA), proc. 07S043, considerou que "(r)eveste natureza pessoal uma mensagem enviada via *e-mail* por uma secretária de direcção a uma amiga e colega de trabalho para um endereço electrónico interno afecto à Divisão de Após Venda (a quem esta colega acede para

informação de carácter não profissional que o trabalhador receba ou consulte[49], justificando-se, no entendimento do STJ, que o empregador não possa utilizar uma mensagem de natureza pessoal como meio de prova para fundamentar o despedimento de um trabalhador[50].

Entrevendo-se, naquele núcleo de situações, um interesse legítimo para que o empregador sindique a transmissão ou a divulgação de factos conhecidos pelo trabalhador em razão do vínculo laboral, ele delimita-se, contudo, a partir do esquema de interesses que envolve o contrato de trabalho e em função da confiança que molda o seu cumprimento: trata-se de uma lealdade que se reporta às características do vínculo[51], e não de uma lealdade pessoal ao empregador[52], que é conformada pelo princípio

---

ver e processar as mensagens enviadas, tendo conhecimento da necessária *password* e podendo alterá-la, embora a revele a funcionários que a substituam na sua ausência), durante o horário de trabalho e a partir do seu posto de trabalho, utilizando um computador pertencente ao empregador, mensagem na qual a emitente dá conhecimento à destinatária de que vira o Vice-Presidente, o Adjunto da Administração e o Director da Divisão de Após Venda da empresa numa reunião a que estivera presente e faz considerações, em tom intimista e jocoso, sobre essa reunião e tais pessoas".

[49] Assim, o nº 1 do artigo 22º do CT, previsão que, nos termos do nº 2, não prejudica o poder de o empregador estabelecer regras de utilização dos meios de comunicação na empresa, nomeadamente do correio eletrónico. Acerca do enquadramento normativo português, com referência a problemas de natureza vária, veja-se JÚLIO VIEIRA GOMES, *Direito do Trabalho. Volume I: Relações Individuais de Trabalho*, Coimbra Editora, Coimbra, 2007, 367-385.

[50] Ainda Ac. STJ de 05.07.2007 (MÁRIO PEREIRA), proc. 07S043, embora a asserção logre essa amplitude em razão de, no caso contido nos autos, o empregador não ter regulado a utilização do correio eletrónico para fins pessoais, em conformidade com a faculdade aberta pelo nº 2 do artigo 22º do CT.

[51] Nestes exactos termos, quanto ao *dovere di reservatezza*, cfr. GIAMPERO FALASCA, *Manuale di Diritto del Lavoro: Costituzione, svolgimento e risoluzione del rapporto dio lavoro*, IlSole24Ore, Milão 2011, 173.

[52] Entre nós, se na LCT se aludia a "fidelidade", hoje, mantendo-se a redação do CT2003, o CT2009 refere-se "lealdade", embora não seja a substituição da locução que afasta o alcance que o dever de fidelidade lograva nas construções comunitário-pessoais, enquanto dever cuja amplitude englobava a própria prestação: por exemplo, MÁRIO PINTO/PEDRO FURTADO MARTINS/ANTÓNIO NUNES DE CARVALHO, *Comentário às leis do trabalho*, Vol. I, Lex, Lisboa, 1994, 92-3 e ROSÁRIO PALMA RAMALHO, *Da Autonomia Dogmática do Direito do Trabalho*, Almedina, Coimbra, 2000, 279 e ss., 291 e ss.. Se, neste sentido, estão ultrapassadas as construções comunitário-pessoais [pois não só não existe qualquer situação de contitularidade de direitos/interesses entre os sujeitos, como "a conflitualidade latente entre empregadores e trabalhadores" e a "assimetria de posições" justifica a existência do direito à greve, como fazem notar JOSÉ JOÃO ABRANTES, *Contrato de Trabalho e Direitos Fundamentais* (2005),

da boa fé, e em que a possibilidade de acesso por parte do empregador a mensagens e/ou contactos não profissionais produzidos pelo trabalhador se cruza com uma possível quebra do dever de sigilo que pende sobre o trabalhador.

Ora, uma vez que o dever de sigilo corresponde a uma concretização da tutela da confiança (e um dos postulados essenciais, a par da primazia da materialidade subjacente, da boa fé, enquanto princípio de atuação geral, é o da tutela da confiança) e esta confiança e o seu sentido de tutela são tanto mais fortes quanto maior for a personalização da relação, a informação será para o efeito confidencial (*lato sensu*) se a sua divulgação for suscetível de causar prejuízos à empresa e se o empregador tiver essa convicção (a qual é aferível, de acordo com padrões objetivos, a partir de diligências previamente efetuadas com vista à sua reserva[53] e/ou em razão do círculo de pessoas que tomaram conhecimento dos factos que substanciam a informação[54], traçando-se a partir daí a vontade, assente num interesse razoável, de que o conhecimento dos factos continue restrito a

---

cit., 176-7 e Carlos Ferreira de Almeida, *Contratos II. Conteúdo, Contratos de Troca*, Coimbra, Almedina, 2007, 177], cabe todavia notar que a sua valia encontra um forte debate na Alemanha [onde o contrato de trabalho, enquanto modalidade da *Dienstvertrag* que implica uma dependência pessoal do prestador de trabalho relativamente ao credor do serviço, é por vezes lido como gerador de uma lealdade que, vinculando ambos os sujeitos, vai balizar na comunidade empresarial (*Betriebsgemeinschaft*) as múltiplas prestações a que os sujeitos se obrigam com a constituição da situação laboral: Konrad Rusch, *Gewinnhaftung Bei Verletzung Von Treuepflichten*, Mohr Siebeck (109), Tubinga, 2003, 180-4], e outro tanto em Itália, onde o tratamento autónomo do dever de fidelidade, formado sob o influxo das relações comunitário-pessoais, exclui, todavia, uma obrigação de comportamento do trabalhador tão ampla e dilatada ao ponto de, como faz notar Giuseppe Ferraro, *Diritto dei contratti di lavoro*, Il Mulino, Bolonha, 2011, 130, se impor um sacrifício à sua liberdade de comportamento em nome de um superior e impreciso interesse da empresa, qual repristinação de uma ideia da empresa como "comunidade-autoridade". Eis porque, também aí, com referência ao dever de diligência previsto no art. 2104 do *Codice Civile* (em que se faz apelo literal ao "interesse superior da produção nacional"), se considera a disposição, semelhante à que constava da *Carta del Lavoro* (1926), caduca.

[53] BAG 13.02.2007-1 ABR 14/06, NZA 2007, 1121.

[54] Trata-se da vontade em manter sob reserva determinados factos, a qual deve ser expressa com clareza e por meio idóneo a esse fim. Considerando, contudo, que não é de exigir um pedido ou uma diligência do empregador quanto à reserva da informação, Francis Ahner & Jean-Jacques Touati, *Inventions et créations des salariés: Du Code du travail au Code de la proprieté intellectuelle*, Lamy, Paris, 2010, 192.

esse círculo[55]) e conquanto a manutenção da reserva sobre os factos que compõem a informação não seja contrária ao interesse público.

Não foi o que os autos evidenciam, já que não só não existia qualquer suspeita quanto a uma possível quebra do dever de sigilo (que aflora o dever de lealdade[56]), como outro tanto não existiu qualquer indício de que a utilização do *chat* veiculasse mensagens suscetíveis de vulnerar os deveres de urbanidade e probidade do trabalhador para com o empregador, os superiores hierárquicos ou os companheiros de trabalho[57].

11. Contudo, mesmo que a prova tivesse sido feita, legítimo será nutrir dúvidas acerca do âmbito do escrutínio efetuado, ainda que o exame do empregador se tenha cingido à conta do *chat* e não tenha abrangido outros dados armazenados no seu computador.

Uma vez que nas situações jurídicas de poder sujeição "o fundamento e os limites da *Drittwirkung* encontram-se na analogia com o poder do Estado"[58], suscita-se uma operação de otimização destinada à superação do conflito entre o princípio da privacidade e o princípio da autonomia privada[59], e que, de acordo com a construção de Alexy, se reconduz, *summo rigore*, a uma colisão entre princípios, dado que as colisões entre direitos fundamentais significam colisões entre princípios (que, por contraposição às regras, são *mandados de otimização*[60]), em que a resolução de tais proble-

---

[55] Aqui, como faz notar PIETRO RESCIGNO, *Impresa e lavoro*. Vol. IV, Utet/Wolters Kluwer Italia, Turim, 2009, 219-220, é de afastar uma valoração estritamente subjetiva, que desatenda às características objetivas da informação, "seja por referência à sua acessibilidade por parte de terceiros, seja por referência às medidas adotadas para mantê-la reservada".

[56] Por exemplo: ANTONIO VALLEBONA, *Istituzioni di Diritto di Lavoro* (6ª ed.), Giuffrè, Milão, 2008, 136.

[57] Aqui, apesar de se afastar uma análise estritamente etiológica – entre duas coisas diversas não pode existir relação, se não quando uma atua sobre a outra –, certo é que, sem conhecimento prévio das circunstâncias juridicamente verificáveis que comprimiam os seus direitos fundamentais à data dos factos cuja negação conduziu ao seu despedimento, surge rarefeito qualquer juízo de culpabilidade acerca do comportamento do trabalhador. Sobretudo, por comparação com a conduta assumida pelo *seu* empregador, que não logrou provar a comunicação atempada da atividade de monitorização que entretanto realizou.

[58] Ainda: JOSÉ JOÃO ABRANTES, *Contrato de Trabalho e Direitos Fundamentais* (2005), cit., 140 e ADALBERTO PERULLI, "Rationalité et controle des pouvoirs de l'employeur", *Revue de Droit du Travail* 2006, nºs 7/8, 89 (85-91).

[59] LUCIEN FLAMENT, "Le raisonnable en droit du travail", *Droit Social* 2007, nº 1, 16.

[60] ROBERT ALEXY, *Teoría de la argumentación jurídica. La teoria del discurso racional como teoría de la fundamentación jurídica*, cit., 64 e ss..

mas é prosseguida através de uma lei de colisão, que arranca de uma relação de preferência condicionada entre os dois princípios e que se abastece numa ponderação em que as condições sob as quais um princípio prima sobre outro constituem o pressuposto de facto que exprime a consequência jurídica do princípio preferente[61].

Com a *lei de ponderação* a surgir como um reflexo do princípio da proporcionalidade[62], perante uma verdadeira colisão de direitos tem-se como *solutio*, em geral, a prevalência de um deles ou a recíproca limitação dos direitos *prima facie*, segundo um padrão de *harmonização* cuja operatividade vai conformar a "norma de decisão adaptada às circunstâncias do caso", sem que se perca de vista que, como faz notar Persiani, "o direito de iniciativa económica é instrumental à realização do valor da pessoa"[63], pelo que a atuação do empregador, para lá de corresponder uma opção organizacional séria e tecnicamente correta, não poderá aniquilar os espaços

---

[61] Assim, se a prevalência de cada princípio surge sempre referenciada a um concreto círculo problemático – a colisão acontece porque o princípio não é exclusivo, não vale sem exceção –, a teoria externa dos limites dos direitos fundamentais implicada pela construção de ALEXY traz consigo a distinção entre um âmbito de proteção e um âmbito de garantia efetiva, que, para o Autor de Oldenburg, se identifica com a diferenciação entre um direito *prima facie* e um direito definitivo: o primeiro refere-se a um direito com a sua configuração *in natura*, com uma extensão que, sendo determinada pelo bem jurídico a cuja tutela corresponde, é perspetivada sem qualquer interferência de outros direitos; por seu turno, o segundo vai buscar a sua configuração final à necessária convivência com outros direitos, encontrando-se aí o recorte da sua definitividade. É este *distinguo* que, como refere MIGUEL GALVÃO TELES, "Espaços marítimos, delimitação e colisão de direitos", *Estudos em Homenagem ao Prof. Doutor Armando Marques Guedes*, Coimbra Editora, Coimbra, 2004, 626 e ss., permite a prefiguração de um exercício ilícito de um direito, enquanto direito *prima facie* que não é abrangido por um direito definitivo.

[62] Ainda ROBERT ALEXY, *Teoria de la argumentacion juridica: la teoria del discurso racional como teoria de la fundamentacion jurídica* (2007), cit., 351. Aqui, face à centralidade da privacidade e da tutela das comunicações, o percurso trietápico da lei de ponderação implica que, em primeiro lugar, se defina o grau de não satisfação ou de afetação deste princípio, para, de seguida, se estabelecer a importância da satisfação dos interesses empresariais; por último, definir-se-á se a importância dos interesses empresariais e da tutela da propriedade privada subjacente justifica a restrição ou a não satisfação da privacidade do trabalhador, segundo um modelo com três intensidades, que alberga três medidas de valoração: leve, médio ou grave. Ainda: LARS LINDAHL, "On Robert Alexy's Weight Formula for Weighing and Balancing", *Liber Amicorum de José de Sousa Brito*, Almedina. Coimbra, 2009, 363 e ss. (355-376).

[63] MATTIA PERSIANI, "Diritto del lavoro e autorità del punto di vista giuridico", *Contratto e impresa* 2000, nº 3, 1274 (1252-1296).

de liberdade individual reconhecidos ao trabalhador[64], devendo, para o efeito, fazer-se uma tripla e sucessiva verificação: *(i)* necessidade, *(ii)* adequação e *(iii)* justa medida.

Sem repristinarmos o aspeto relativo ao facto de um consentimento tácito a uma informação empresarial de controlo da atividade relacionada com as TIC (*in casu*, não provada) não quadrar com a materialização da renúncia a direitos fundamentais que vai implicada[65], é natural que, no plano da *(i) necessidade*, existam interesses empresariais carecidos de tutela, designadamente de natureza técnica, de índole financeira e de carácter organizativo, estando-se, em última instância, perante a aplicação de instrumentos que, também por razões de produtividade, visam garantir um bom cumprimento do contrato de trabalho, por atinarem ainda com o dever de omitir comportamentos suscetíveis de prejudicar o fim do contrato e outro tanto com a natural funcionalização dos meios empresariais ao desenvolvimento da atividade laboral.

Mas, afigurando-se mais do que questionável, quanto à *(ii) adequação*, a admissão global de uma proibição absoluta de utilização de meios eletrónicos disponibilizados pelo empregador para fins pessoais – questão que, não sendo nova, tem suscitado posições díspares, com ALAIN SUPIOT, em afastamento de uma *robotização* dos trabalhadores, a sinalizar que a necessidade de evitar uma supressão da vida pessoal no local de trabalho há-de implicar uma certa utilização pessoal das TIC na empresa (corolário: apenas uma utilização abusiva dos meios empresariais consentirá a aplicação de sanção disciplinar[66]) –, a política de utilização das TIC identificada nos autos não logra passar este teste, pois qualquer leitura que a partir da propriedade das TIC legitime a sindicabilidade integral do correlativo uso (= absolutização das TIC como ferramenta de trabalho) implicaria a apro-

---

[64] Ainda ADALBERTO PERULLI, "Rationalité et controle des pouvoirs de l'employeur" (2006) cit., 90 e entre nós TERESA COELHO MOREIRA, "As novas tecnologias de informação e comunicação e o poder de controlo electrónico do empregador", *Scientia Ivridica* 2010, nº 323, 553-579.

[65] PAUL-HENRI ANTONMATTEI, "NTIC et vie personnelle au travail", *Droit Social* 2002, nº 1, 40.

[66] Ainda ALAIN SUPIOT, "Travail, droit et technique", cit., 24, que recolhe a posição da *Commission Nationale Informatique et Libertés* (CNIL), que, tendo sido baseada no *rapport* Bouchet, coincide, em substância, com a que, entre nós, tem sido assumida pela CNPD. O documento *La cybersurveillance des salariés dans l'entreprise* encontra-se acessível em <www.assemblee-nat.fr/dossiers/cnil.asp>

vação de situações que, em *simile*, produzem um esvaziamento do direito à reserva da vida privada, bastando, para o efeito, equacionar uma troca de correspondência postal em que os selos fossem fornecidos pelo empregador, circunstância em que, por razões idênticas, estaria legitimado *ipso iure* o acesso integral ao teor dos escritos que o trabalhador recebesse ou enviasse[67].

Desresponsabilizando-se, além do mais, os empregadores em relação à assunção de políticas que prescindem de uma avaliação do impacto quanto aos efeitos produzíveis pelas medidas a adotar no que à privacidade dos trabalhadores diz respeito – para que, de seguida, se possa adotar os meios de controlo menos intrusivos que, em simultâneo, logrem satisfazer os interesses da organização e que encontram nos *sistemas de drenagem de resultado* o modelo mais satisfatório[68] –, também no que respeita à *(iii) justa medida* da atuação do empregador não sobejam dúvidas de que, ante o que precede, a associação da previsão de proibição da utilização do computador para a prática de atos de teor pessoal à irrestrição do controlo fazível pelo empregador viabiliza um juízo de censura do recorte fáctico contido no processo que envolveu *Bărbulescu*[69], verificando-se mesmo que a comprovação exaustiva realizada pelo empregador se revelou suscetível de tocar

---

[67] Veja-se ARIAS DOMÍNGUEZ & F. RUBIO SÁNCHEZ, *El derecho de los trabajadores a la intimidad*, Thomson-Aranzadi, Pamplona, 2006, 157 e ss..

[68] Analogamente, no que aos contactos telefónicos diz respeito, o empregador só estará legitimado para comprovar os destinatários dos contactos e a respetiva duração, sem que possa proceder à audição e/ou gravação das chamadas realizadas. Isto, conquanto o telefone ou o telemóvel fornecido sejam da empresa, já que essa possibilidade está absolutamente vedada no caso de o meio de comunicação ser pertença do trabalhador. Cfr. CHRISTOPHE RADÉ, "Nouvelles technologies de l'information et de la communication et nouvelles formes de sobordination", *Droit Social* 2002, nº 1, 31 (26-36).

[69] Questão diferente, embora conexionável, encontra-se no uso da *Internet* e no acesso aos sítios visitados pelo trabalhador. Sendo proibida a utilização de ferramentas como o VNC (*Virtual Networking Computer*) ou a ESI (*Electronic Stored Information*), que, de forma diversa, permitem a localização e a obtenção dos dados de navegação e mensagens de correio eletrónico nos computadores da organização (que se aproximam da nominada espionagem informática), o controlo realizado pelo empregador será excessivo quando a informação obtenível ultrapassa a que se refere às páginas consultadas, bastando, para tanto, equacionar, embora em situação-limite, o acesso a sítios bancários, em que o historial financeiro do trabalhador se encontra disponível. Tratando-se de informação de que o empregador não poderá dispor, a interferência, nesta situação, com o núcleo essencial da vida privada do trabalhador é manifesta, pelo que a proteção dos interesses empresariais que eventualmente se justificar é proporcionadamente conseguível através da limitação do acesso a determinadas páginas *web*, só assim se logrando

em dados absolutamente privados (alguns deles com confidencialidade reforçada, como os que se referem a informação médica[70]) e em mensagens enviadas por sujeitos estranhos à relação laboral a *Bărbulescu*, não podendo esquecer-se que, em múltiplas situações, a perscrutação das mensagens de terceiros ocorre de forma indireta, já que, diante da estrutura dialógica da conversão, o acesso às mensagens sucessivamente enviadas pelo trabalhador permite desvelar o conteúdo das mensagens de quem interage com o sujeito a quem o controlo se dirige[71].

No confronto entre a pessoalidade e a patrimonialidade dos interesses antinómicos, qualquer meio de controlo normal das TIC jamais poderá ultrapassar a visualização da caixa de entrada (*inbox*) e das mensagens enviadas e eliminadas (remetente e destinatário em caixa), sem possibilidade de acesso ao teor das comunicações, impondo-se arredar qualquer confusão sobre o controlo que a atividade laboral há-de consentir da vigilância sobre o trabalhador *qua tale*[72].

Neste sentido, e uma vez que a evolução dos paradigmas metodológicos na interpretação-aplicação do Direito vem renovar a importância atribuída à argumentação utilizada – a fundamentação dos casos difíceis é, muitas vezes, *consequente*[73], na medida em que se sustenta em argumentos que se dirigem às consequências jurídicas, ou seja, às condutas que são autorizadas ou interditas pela norma corporizada na decisão e aos efeitos que a decisão produz quanto à evolução do sistema –, a via analítica seguida pelo TEDH, para lá de não fazer jus ao fio garantista que tem cunhado a interpretação dos preceitos da CEDH, abre, por um lado, as portas, ao

---

garantir que o meio utilizado passa o filtro da adequação, já que, também aqui, a prevenção será o meio menos lesivo dos direitos dos trabalhadores.

[70] Sobre estes, cfr. PEDROSA ALQUÉZAR, *La vigilancia de la salud en el ámbito laboral*, CES, Madrid, 2005, 119 e ss..

[71] Sobre a importância deste ponto quanto a qualquer posição que quanto ao assunto se assuma, cfr. MARTÍNEZ GAYOSO, "Relación de trabajo y nuevas tecnologías: algunos aspectos problemáticos del uso del correo electrónico por parte de los trabajadores en la empresa", *Tribuna Social* 2007, nº 203, 27-42.

[72] Assim: UMBERTO ROMAGNOLI, "Il diritto del lavoro nell'età della globalizzazione", *Lavoro e Diritto* 2003, nº 4, 570, que acrescenta a necessidade de um "compromisso entre a exigência da empresa (eficiência, produtividade, competitividade) e a salvaguarda dos valores humanos (dignidade, segurança, liberdade) de que é portador o factor trabalho".

[73] Cfr. NEIL MACCORMICK *Legal Reasoning and Legal Theory*, Oxford, Oxford University Press, 1997, 53 e ss.

menos em certa leitura, à imunização de comportamentos empresariais que, ao arrepio do princípio da confiança, utilizam factos que à data da sua verificação não eram juridicamente sindicáveis sem adequada autorização judicial por órgãos de investigação criminal[74] (mais do que isso: o acesso às comunicações pessoais interfere também com o direito à reserva das comunicações pessoais realizadas por terceiros que tenham interagido na plataforma de conversação com o trabalhador), e, por outro, parece legitimar a adoção de políticas empresariais de controlo da atividade profissional por parte dos empregadores no sentido que melhor lhes aprouver, desresponsabilizando-os quanto à assunção de regras transparentes e proporcionadas em atenção aos objetivos a atingir (ausência absoluta de *privacy impact assessment*).

Tão pouco se compreende que, no *iter* decisório, o TEDH não haja relevado as coordenadas normativas de monitorização sobre o tráfego de dados no âmbito das novas tecnologias provindas do Grupo do artigo 29º da Diretiva 95/46/CE[75] – em síntese, uma medida de monitorização tem de passar uma lista de quatro testes: *(i)* transparência, *(ii)* necessidade, *(iii)* equidade e *(iv)* proporcionalidade –, ou a Recomendação CM/Rec(2015)5 do Comité de Ministros do Conselho da Europa sobre o tratamento de dados de natureza pessoal no contexto do emprego, que, no ponto 14,

(i) veda, por princípio, quaisquer interferências por parte do empregador em dispositivos técnicos e TIC usados pelo trabalhador que comprometam a sua privacidade e

---

[74] Nesse sentido, o empregador fica em posição que nem um órgão de investigação criminal logra atingir, dado que, num Estado de Direito, as mensagens pessoais só serão licitamente obtidas mediante adequada intervenção judicial. É que, como o próprio TEDH já decidiu, seja qual for o sistema de vigilância adotado, um tribunal deve certificar-se de que existem garantias suficientes e adequadas contra os abusos, mas esta apreciação é relativa por natureza, já que depende, entre outros, do tipo de recurso colocado à disposição pelos instrumentos de Direito interno; nesse sentido, deve apurar-se se os procedimentos destinados ao controlo da adoção e da aplicação de medidas restritivas permitem assegurar que a ingerência se limita ao que é "necessário numa sociedade democrática".

[75] O Grupo de Trabalho, que é conhecido como o Grupo de proteção das pessoas no que diz respeito ao tratamento de dados pessoais, foi instituído pelo artigo 29º da Diretiva 95/46/CE, assumindo-se como o órgão consultivo independente da UE em matéria de proteção de dados e privacidade. As suas tarefas são definidas no artigo 30º da Diretiva 95/46/CE e no artigo 14º da Diretiva 97/66/CE, sendo o secretariado assegurado pela Comissão Europeia. Em alusão às coordenadas do Grupo sobre o ponto, cfr. FRANK HENDRICKX, "Employment Privacy", cit., 432-9.

(ii) estabelece a necessidade de uma informação adequada e regular quanto a uma eventual monitorização do uso da *Internet* e de outras comunicações eletrónicas, a qual deve incluir a finalidade do tratamento, o prazo de validade dos dados recolhidos, os dados de *login* salvos e o arquivamento de mensagens eletrónicas profissionais.

Em todo o caso, importará renotá-lo, a posição do TEDH não legitima a adoção futura de medidas empresariais de vigilância sobre as comunicações privadas dos trabalhadores, uma vez que o Acórdão, em rigor, apenas se pronuncia sobre o facto de a Roménia, enquanto Estado, cumprir o artigo 8º da CEDH e já não sobre a atuação do empregador que despediu *Bărbulescu*.

Tão-pouco se entrevê alguma valia quanto à invocação de uma possível translação do seu fundo decisório para o ordenamento nacional, pois, também aqui, não só a CNPD já firmou que, "sejam quais forem as regras definidas pela empresa para a utilização do correio eletrónico para fins privados, o empregador não tem o direito de abrir, automaticamente, o correio eletrónico dirigido ao trabalhador[76] – exigindo-se mesmo, à luz da Lei nº 67/98, de 26.10, a notificação de qualquer controlo de TIC a esta entidade administrativa independente –, como também a injeção de direitos fundamentais nas relações laborais desenvolvida pela jurisprudência constitucional não consente uma interpretação do artigo 22º do CT que viabilize a produção de um resultado semelhante ao que envolveu *Bărbulescu*.

V. Conclusões

(i) O Acórdão do TEDH recolocou a proteção de dados pessoais e a reserva de intimidade da vida privada no âmbito das relações laborais na esfera pública, embora com sentido decisório permeável a críticas.

(ii) Na ponderação entre os interesses económicos, associados às necessidades organizativas da empresa, e os interesses pessoais do trabalhador, que enlevam direitos fundamentais como o direito à reserva

---

[76] Deliberação da CNPD nº 1638/2013, de 16.07, mais se lendo que "(n)ão é o facto de certas mensagens ficarem gravadas em servidores da propriedade do empregador que lhe dá o direito de aceder àquelas mensagens, as quais não perdem a sua natureza pessoal ou confidencial, mesmo quando esteja em causa investigar e provar uma eventual infração disciplinar".

de intimidade da vida privada e a proteção da correspondência, conferiu-se primazia aos primeiros, fazendo-se *tábua rasa* de um critério genericamente operativo que sinaliza a tendencial primazia da pessoalidade sobre a patrimonialidade.

(iii) Que o aresto o tenha feito em desconsideração pela dimensão trietápica do princípio da proporcionalidade é também questão que, em razão da inflexão que se entrevê quanto a decisões precedentes do TEDH, potencia leituras reprovatórias com origem diversa e que, em aplicação maximalista, extravasam a intersubjetividade laboral, por acertarem ainda com mensagens de natureza pessoal que, na lógica interativa de um *chat*, foram enviadas (e naturalmente recebidas) por sujeitos estranhos à relação laboral.

(iv) Neste caso, e ao revés do que já sucedeu, o edifício normativo português não consentiria a assunção de uma decisão com esse alcance. Que o sigilo da correspondência e a reserva da intimidade da vida privada mantenham o grau de proteção que a lei e as autoridades nacionais têm desenvolvido eis o que se deseja. E que, perante o vislumbre de tendências para uma funcionalização do trabalhador a meros interesses económicos do empregador[77], o Acórdão do TEDH, nas múltiplas interpretações fazíveis, não apague o mérito da jurisprudência justificadamente garantista que o Tribunal de Estrasburgo tem construído – ora dignificada pelo voto de vencido aposto ao Acórdão – e cujo convite a uma reflexão sobre as conexões entre a *liberdade* e o *trabalho* sugere também a necessidade de uma ponderação coletiva sobre a organização das sociedades contemporâneas, sobre os modelos de relações laborais existentes e, naturalmente, sobre a existência ou não de limites ao funcionamento da autonomia privada, para, a partir daí, se estabelecer o grau de tutela e a medida com que o direito à privacidade é atuado perante a sua potencial colisão com as necessidades das empresas.

---

[77] Em (supra)ordenação estrutural que, entre nós, a jurisprudência constitucional tem considerado incompatível com o valor constitucional da dignidade da pessoa humana. Neste sentido, sobre a insusceptibilidade de os direitos do trabalhador quedarem funcionalizados aos interesses económicos do empregador enquanto ordenação incompatível com o valor constitucional da dignidade da pessoa humana, cfr. Ac. TC nº 581/95, de 31.10 (Assunção Esteves), procs. nº 407/88 e nº 134/89, DR, I Série-A, de 22.01.1996 e Ac. TC nº 306/2003, de 25.06 (Mário Torres), proc. nº 382/03

(v) Se, em abreviação, não se trata tanto de saber *em que sociedade queremos viver* quanto de definir *em que sociedade cremos viver*, os instrumentos internacionais a que Portugal está vinculado, assim como a sua legislação interna, garantem que, *de iure*, "os trabalhadores não abandonam o seu direito à privacidade e à proteção de dados, todas as manhãs, às portas do local de trabalho"[78].

(vi) Não esquecendo a indeclinável existência de fímbrias entre *law in books* e *law in action*, tudo está, pois, em assegurar que essas garantias são, *de facto*, aplicadas.

Adenda[79]

Entretanto, em 06.06.2016, o caso foi devolvido ao *Tribunal pleno* a pedido do requerente.

Assim, o Acórdão de 05.09.2017, tirado em plenário por onze votos contra seis, entendeu que o requerente não tinha sido informado da possibilidade de o empregador ter acesso ao conteúdo das suas comunicações e que o respeito pela vida privada e pela privacidade da correspondência continua a existir, mesmo quando ocorre uma restrição necessária a essa correspondência ou a essas comunicações.

Nesta circunstância, o artigo 8º da CEDH é aplicável, uma vez que as comunicações do requerente no seu local de trabalho estão abrangidas pelos conceitos de "vida privada" e "correspondência" ali previstos.

No plano do mérito da causa, o Tribunal entendeu que, uma vez que o direito dos trabalhadores ao respeito pela sua vida privada e correspondência no local de trabalho não se encontra regulado na grande maioria dos Estados-membros, deve ser conferida aos Estados uma maior margem de apreciação no que respeita à regulação da ingerência do empregador nas comunicações privadas dos seus trabalhadores.

Sem prejuízo, o Tribunal identificou os critérios a ser tomados em consideração pelos tribunais nacionais na apreciação de questões relacionáveis

---

[78] A imagética é utilizada por PAULO PINTO DE ALBUQUERQUE no voto de vencido.

[79] Este texto foi elaborado no mês subsequente ao Acórdão do TEDH de 12.01.2016 (Processo nº 61496/08, *Barbulescu* v. Roménia) e publicado na *Revista do Ministério Público* 145, Janeiro-Março 2016. A decisão da *Grande Chambre*, tendo sido proferida em 05.09.2017, vem ao encontro do que então escrevemos, quadrando com a interpretação que o TEDH seguiu em situações valorativamente similares. Ver http://www.echr.coe.int/Documents/FS_Workplace_surveillance_FRA.pdf.

com a monitorização da correspondência e comunicações dos trabalhadores:

- *i)* O trabalhador foi informado da possibilidade de o empregador controlar a sua correspondência e comunicações? E sobre a aplicação de tal controlo?
- *ii)* Qual a extensão da vigilância levada a cabo pelo empregador e qual o grau de intrusão na privacidade do trabalhador?
- *iii)* O empregador forneceu razões válidas para o controlo das comunicações do trabalhador?
- *iv)* Seria possível estabelecer um sistema de vigilância menos intrusivo do que o acesso direto ao conteúdo das comunicações do trabalhador?
- *v)* Quais as consequências, para o trabalhador, da vigilância das suas comunicações?
- *vi)* O trabalhador tem acesso a garantias adequadas, especialmente quando a vigilância efetuada pelo empregador tem uma natureza intrusiva?

O Tribunal concluiu que no caso *Barbulescu* os tribunais nacionais não apreciaram esses critérios. Deste modo, não obstante a ampla margem de apreciação concedida ao Estado demandado, as autoridades nacionais não asseguraram uma proteção adequada do direito do requerente ao respeito pela sua vida privada e correspondência e, consequentemente, não conseguiram alcançar um justo equilíbrio entre os diferentes interesses em causa. E, nessa circunstância, embora sem que haja sido atribuída qualquer indemnização por danos não patrimoniais, o artigo 8º da CEDH foi violado.

A relevância da data de propositura da ação de insolvência do empregador para a tutela dos créditos salariais por parte do Fundo de Garantia Salarial à luz da jurisprudência do Tribunal de Justiça

Anotação ao despacho do Tribunal de Justiça (Décima Secção), 10 de abril de 2014, "Joaquim Fernando Macedo Maia, António Pereira Teixeira, António Joaquim Moreira David, Joaquim Albino Moreira David, José Manuel Teixeira Gonçalves contra Fundo de Garantia Salarial IP," no processo C-511/12

1. Os factos e a questão prejudicial

O Despacho do Tribunal de Justiça (Décima Secção) analisa, no essencial, a questão de saber se a Diretiva 80/987/CEE do Conselho, de 20.10[80], relativa à aproximação das legislações dos Estados-Membros respeitantes à protecção dos trabalhadores assalariados em caso de insolvência do empregador, deve ser interpretada no sentido de que se opõe a uma legislação nacional que não garante os créditos salariais vencidos mais de seis meses antes da propositura da ação de insolvência do empregador, mesmo quando os trabalhadores tenham proposto, antes do início desse período de seis meses, uma ação judicial contra o seu empregador, com vista à fixação do valor desses créditos e à sua cobrança coerciva.

O caso surge na sequência de um despedimento sem justa causa de trabalhadores que, tendo laborado para o empregador entre 1993 e 1998, viram o seu contrato de trabalho cessado em 14.11.2003, e que, logo em 26.01.2004, intentaram as respetivas ações judiciais no tribunal com vista à fixação do valor dos seus créditos salariais. Julgados procedentes os seus

---

[80] Entretanto alterada pela Diretiva nº 2008/94/CE, do Parlamento Europeu e do Conselho, de 22.10.

pedidos em 05.2004, e após a verificação de que não existiam bens suscetíveis de penhora e de que o empregador havia encerrado a sua actividade, os trabalhadores requereram judicialmente em 07.03.2007 a declaração de insolvência do empregador, obtendo essa declaração do tribunal em 26.09.2007.

Avançando, em 17.04.2008, com um pedido ao Fundo de Garantia Salarial (FGS) destinado à satisfação dos direitos salariais que detinham sobre o seu antigo empregador, a pretensão dos trabalhadores foi indeferida com o fundamento de que os créditos requeridos não se encontravam abrangidos pelo período de referência previsto no nº 1 do artigo 319º da Lei nº 35/2004, de 29.07, ou seja, os seis meses que antecederam a data da propositura da ação de insolvência do empregador.

As reclamações dos recorrentes no processo principal foram indeferidas, tendo a ação judicial por estes intentada contra as decisões de indeferimento sido julgada igualmente improcedente. Mas, na sequência de recurso interposto pelos recorrentes no processo principal do acórdão que julgou a ação improcedente, o Tribunal Central Administrativo Norte lavrou o juízo de que esta decisão trata de forma desigual os trabalhadores que optam por recorrer previamente à execução da decisão judicial que condena o empregador a pagar os seus créditos salariais e os trabalhadores que, mesmo sem terem verdadeiro conhecimento da situação patrimonial da empresa, optam por pedir a insolvência desta.

No entendimento do órgão jurisdicional nacional o facto de o FGS apenas assegurar o pagamento dos créditos emergentes de contratos de trabalho vencidos nos seis meses que antecederam a data da propositura da ação de insolvência – contexto em que só se releva a data do vencimento dos créditos laborais e não a do trânsito em julgado da sentença proferida na ação intentada com vista ao seu reconhecimento judicial – introduz, sem adequado suporte material, uma diferenciação face aos mecanismos de tutela salarial que assistem a quem se apresta a pedir a insolvência do empregador.

A questão prejudicial, implicativa da suspensão da instância, que o Tribunal colocou ao Tribunal de Justiça foi, pois, a de saber se "o Direito da União, neste concreto âmbito de garantia dos créditos salariais em caso de insolvência do empregador, em especial os artigos 4º e 10º da Diretiva [80/987], deve ser interpretado no sentido de que se opõe a [uma] disposição do direito nacional que garanta apenas os créditos que se vencerem nos seis meses antes da propositura da ação de insolvência do seu empregador mesmo quando os trabalhadores hajam acionado no [tribunal de trabalho] aquele seu empregador com vista à fixação judicial do valor em dívida e à cobrança coerciva dessas mesmas quantias?"

Em substância, o problema acomoda-se à *ratio* subjacente à criação do FGS, operada pelo Decreto-Lei nº 219/99, de 15.06, que surgiu como um Fundo que, em caso de incumprimento pela entidade empregadora, assegurava aos trabalhadores o pagamento de créditos emergentes do contrato de trabalho e cuja génese, por impulso da Diretiva 80/987/CEE, remonta ao Decreto-Lei nº 50/85, de 27.02, que instituiu um sistema de garantia salarial com o objetivo de garantir aos trabalhadores o pagamento das retribuições devidas e não pagas pelo empregador declarada extinto, falido ou insolvente.

Saber em que condições procedimentais e qual o momento relevante para a satisfação dos créditos dos trabalhadores é a dificuldade que se suscita quanto à insuficiência nacional *per relationem* com o regime tutelar da Diretiva 80/987/CEE, originariamente envolta pela Carta Comunitária dos Direitos Sociais Fundamentais dos Trabalhadores, que, tendo sido adotada em 09.12.1989, estabelece no ponto 7 que a concretização do mercado interno deve conduzir a uma melhoria das condições de vida e de trabalho dos trabalhadores na Comunidade Europeia e que esta melhoria deve implicar, nos casos em que tal for necessário, o desenvolvimento de certos aspectos da regulamentação do trabalho, designadamente os relacionados com os processos de insolvência, visando-se, embora não assumidamente, proteger os Estados de efeitos de práticas de *dumping social*[81].

2. A jurisprudência do Tribunal de Justiça

O sentido decisório do TJ subjacente à análise da questão *sub specie iuris*, que se condensa no juízo de compatibilidade com o Direito da União de uma disposição do Direito nacional que garanta apenas os créditos que se vencerem nos seis meses antes da propositura da ação de insolvência, não é novo.

---

[81] Nestes termos, cfr. DOMENICO GAROFALO, "Insolvenza dell'Impresa e Tutela Previdenziale del Reddito" *in* MICHEL MARTONE, *Trattato di diritto del lavoro*, Vol. IV (dir. Mattia Persinani/ Franco Carinci), Cedam, Pádua, 2012, 2399.

Embora recordando que a Diretiva 80/987 visa assegurar a todos os trabalhadores assalariados um mínimo de proteção ao nível da União Europeia em caso de insolvência do empregador através do pagamento dos créditos em dívida resultantes de contratos ou de relações de trabalho e que sejam respeitantes à remuneração de um determinado período – neste sentido, o § 35 do acórdão *Barsotti* (2004)[82] e o § 27 do acórdão *Visciano* (2009)[83] –, o TJ já havia salientado, nos §§ 39 e 41 do acórdão *Mustafa* (2013)[84], que, em conformidade com o artigo 3º da Diretiva 80/987, os Estados-Membros têm a liberdade de determinar a data antes e/ou após a qual se situa o período durante o qual os créditos correspondentes a remunerações não pagas são tomados a cargo pela instituição de garantia.

Tratando-se de posição que o TJ, em atenção à diferença de prazos e de tipos de acções existentes nos Estados-Membros, tem também acomodado a um princípio de reserva do possível em matéria de disponibilidade financeira pública, no §26 do acórdão *Gomes Viana Novo* (2013)[85] aparece claramente sublinhada a possibilidade de, ao abrigo dos nºs 1 e 2 do artigo 4º da Diretiva 80/987, os Estados-Membros situarem o período de satisfação dos créditos salariais posteriormente à data de referência judicialmente polarizada, permitindo-se, em acréscimo, que a legislação nacional preveja uma garantia mínima limitada a oito semanas, desde que este período octosemanal se situe num período de referência mais longo, de dezoito meses, no mínimo.

Por isso, à semelhança do enquadramento seguido no que respeita ao caso *sub judice*, o TJ considera, sem folga para dúvidas, que a Diretiva 80/987 não se opõe a que um Estado-Membro fixe como data de início do cálculo do período de referência a data da propositura da ação de insolvência do empregador. De igual modo, se um Estado-Membro decidir fazer uso da faculdade de limitar a garantia através da fixação de um período de referência, pode escolher limitar este período de referência a seis meses, desde que, em sintonia com o § 27 do acórdão *Gomes Viana Novo* (2013), garanta o pagamento da remuneração dos três últimos meses da relação de trabalho.

---

[82] C-19/01, C-50/01 e C-84/01, EU:C:2004:119.
[83] C-69/08, EU:C:2009:468.
[84] C-247/12, EU:C:2013:256
[85] EU:C:2013:774.

Em obediência ao aforismo *tempus regit actum*, o Tribunal de Justiça analisou a questão à luz da Diretiva 80/987/CEE, entretanto alterada pela Diretiva nº 2008/94/CE, do Parlamento Europeu e do Conselho, de 22.10.

A análise baseou-se outro tanto no artigo 336º do Código do Trabalho, aprovado pela Lei nº 7/2009, de 12.02, que previa que o pagamento de créditos emergentes de contrato de trabalho ou da sua violação ou cessação, que não pudessem ser pagos pelo empregador, por motivo de insolvência ou de situação económica difícil, era assegurado pelo FGS, nos termos estabelecidos em legislação específica, que, no essencial, estava prevista nos artigos 317º a 326º da Regulamentação do Código do Trabalho, aprovada pela Lei nº 35/2004, de 29.07[86] e, no plano procedimental, no Regulamento do FGS, aprovado em anexo ao Decreto-Lei nº 139/2001, de 24.04.

Hoje, o novo regime do Fundo de Garantia Salarial, previsto no artigo 336º do Código do Trabalho, aprovado pela Lei nº 7/2009, de 12.02, encontra-se no Decreto-Lei nº 59/2015, de 21.04, que transpôs a Diretiva nº 2008/94/CE, do Parlamento Europeu e do Conselho, de 22.10, relativa à proteção dos trabalhadores assalariados em caso de insolvência do empregador e que, além de ter adaptado a intervenção do FGS ao Programa Revitalizar (2012)[87], alargou, por determinação do Direito da União, a intervenção do FGS aos trabalhadores que exerçam, ou tenham exercido habitualmente, a sua atividade em território nacional, mas ao serviço de empregador com atividade no território de dois ou mais Estados-Membros, ainda que o empregador seja declarado insolvente por tribunal ou autoridade competente de outro Estado-Membro da União Europeia ou do Espaço Económico Europeu (artigo 9º).

Neste sentido, o FGS, que é gerido pelo Instituto de Gestão Financeira da Segurança Social, financiado pelo Estado e por uma parcela da taxa social única paga mensalmente pelas empresas, garante, *ex suficientis*, à luz

---

[86] Alterada pela Lei nº 9/2006, de 20.03, pelo Decreto-Lei nº 164/2007, de 03.05, e pela Lei nº 59/2008, de 11.09, os quais tinham natureza provisória e apenas vigoraram até à aprovação do diploma específico que regulamentou o Fundo [alínea o) do nº 6 do artigo 12º da Lei nº 7/2009, de 12.02]. A saber: o Decreto-Lei nº 59/2015, de 21.04.

[87] Trata-se, com efeito, de criar as garantias necessárias a que, em razão da criação pela Lei nº 16/2012, de 20.04, do Processo Especial de Revitalização (PER) e da aprovação pelo Decreto-Lei nº 178/2012, de 02.08, alterado pelo Decreto-Lei nº 26/2015, de 06.02, do Sistema de Recuperação de Empresas por Via Extrajudicial (SIREVE), o novo regime de Direito interno assegura que os créditos dos trabalhadores em empresas alocadas a esses planos de revitalização ou de recuperação têm acesso ao FGS.

do objectivo social da Diretiva, o pagamento de créditos como salários, subsídios ou compensação por fim do contrato de trabalho, em três situações:

(i) insolvência do empregador[88],
(ii) empresa em Processo Especial de Revitalização[89] e
(iii) empresa em procedimento extrajudicial de recuperação de empresas[90].

À semelhança da legislação nacional que o precedeu, o Decreto-Lei nº 59/2015, de 21.04, não consagra uma forma de pagamento automática, fazendo depender a satisfação dos créditos por parte do FGS de um requerimento do trabalhador, até três meses antes da data em que perde o direito aos pagamentos em dívida. Sendo, de acordo com as regras normais de experiência de vida, o que acontece, regra geral, um ano depois do dia seguinte àquele em que terminou o contrato de trabalho, o pedido dos trabalhadores deve, portanto, ser apresentado antes de terem passado nove meses do fim do contrato[91], já que o Fundo só assegura o pagamento dos créditos quando o pagamento lhe seja requerido até um ano a partir do dia seguinte àquele em que cessou o contrato de trabalho[92], previsão que,

---

[88] O tribunal judicial notifica o FGS da sentença de declaração de insolvência do empregador, que deve ser acompanhada de cópia da petição inicial e de alguns documentos, como a lista de todos os credores e montantes de créditos vencidos (artigo 24º do Código da Insolvência e da Recuperação de Empresas).

[89] O administrador provisório notifica o Fundo da apresentação do requerimento de PER, assim como uma cópia dos documentos acima descritos, e uma cópia do despacho do juiz que o designa como administrador provisório.

[90] Neste caso, o IAPMEI notifica o Fundo da apresentação do requerimento de utilização do Sistema de Recuperação de Empresas por Via Extrajudicial (SIREVE), do despacho de aceitação deste requerimento, da celebração do acordo e da extinção do procedimento.

[91] O Fundo assegura o pagamento de salários, subsídios de férias e indemnizações por cessação de contrato de trabalho em atraso nos seis meses anteriores à data de início dos processos acima referidos, mas com limites. No total, o trabalhador só poderá receber o equivalente a seis meses de retribuição, sendo que o valor mensal máximo que o FGS tem em conta é 1.515 euros (três vezes o valor da retribuição mínima mensal garantida). Ou seja, no total, poderá receber, no máximo, 9.090 euros. Para que o FGS pague os salários em atraso, o trabalhador terá de fazer o respetivo requerimento, em qualquer serviço da segurança social ou no *site* da Segurança Social, preencher o formulário e juntar alguns documentos como a declaração comprovativa dos créditos, emitida pelo administrador de insolvência ou pelo administrador judicial provisório.

[92] Cfr. nº 8 do artigo 2º do Decreto-Lei nº 59/2015, de 21.04.

no entanto, tem de ser compaginada com a regra de que o FGS assegura o pagamento dos créditos que se tenham vencido nos seis meses anteriores à propositura da ação de insolvência ou à apresentação do requerimento do PER ou do procedimento extrajudicial de recuperação de empresas, mantendo-se, numa lógica de estabilidade temporal e de segurança jurídica, este aspeto do regime que a Lei nº 35/2004, de 29.07, já estabelecia e que o TJ, uma vez mais, considerou incólume.

Cuidando-se de ter presente que os Estados-Membros podem estabelecer limites à responsabilidade das instituições de garantia, que devem ser compatíveis com o objectivo social da Directiva e podem tomar em consideração os diferentes valores dos créditos, pode, no entanto, afirmar-se que a polarização do momento processual relevante no período antecedente à ação de insolvência do empregador, ao de empresa em Processo Especial de Revitalização e ao de empresa em procedimento extrajudicial de recuperação de empresas, constitui um encargo excessivo que se faz recair sobre os trabalhadores, estiolando, em parte, o regime de proteção previsto na Diretiva[93].

Se esta perspetiva, que mantém pleno cabimento diante da Directiva sequente, não segmenta o adjectivo do substantivo, e acentua, para este efeito, a irrelevância de qualquer procedimento judicial encetado pelos trabalhadores com vista à fixação do valor desses créditos e à sua cobrança coerciva, a verdade é que o Direito da União erige *(i)* a inibição total ou parcial desse empregador da administração ou disposição de bens e *(ii)* a designação de um síndico, ou de uma pessoa que exerça uma função análoga a condições essenciais à verificação do estado de inaptidão por parte do empregador que releva para a intervenção da instituição pública destinada a garantir a satisfação dos créditos dos trabalhadores[94].

Compreendendo-se que, estando em causa recursos públicos, se verifique, enquanto *ante*, a impossibilidade de o empregador prover à satisfação dos créditos que assistem aos trabalhadores[95] (circunstância *in bonis*),

---

[93] Assinalando o aspecto, v. PILERIO SPADAFORA, "Note a sentenza: Il *decreto legislativo 80/92* ritorna alla Corte di Giustizia Europea", *Informazione previdenziale*, (1), 2001, 75 (69-75).
[94] Assim, o artigo 2º da Directiva 2002/74/CE do Parlamento Europeu e do Conselho.
[95] Eis porque também se consagra agora no Direito interno uma norma antiabuso que determina que o FGS pode recusar o pagamento dos créditos garantidos caso se verifique situação de abuso, nomeadamente conluio ou simulação, permitindo ainda a redução do valor dos créditos, caso se verifique desconformidade dos montantes requeridos com a média

o TJ, embora entendendo que os Estados-Membros têm uma margem de conformação razoável no que à definição das condições processualmente necessárias à intervenção do FGS diz respeito, tem, no entanto, repisado que os casos em que é permitido circunscrever a obrigação de pagamento que cabe às instituições de garantia, como os previstos no artigo 4º da Diretiva 80/987, devem ser objeto de interpretação estrita, estando vedada, conforme se refere de forma enfática no § 34 do acórdão *van Ardennen*[96], a criação de qualquer mecanismo que possa esvaziar de conteúdo a faculdade expressamente reservada aos Estados-Membros de limitarem a referida obrigação de pagamento[97]. *Odiosa sunt restringenda.*

3. Conclusão

O TJ, no seguimento do sentido decisório que entrecorria dos acórdãos *Mustafa* e *Gomes Viana Novo*, considera que o Direito da União não se opõe a que um Estado-Membro fixe como data de início do cálculo do período de referência a data da propositura da ação de insolvência do empregador e não impede a faculdade utilizável de limitar a garantia de créditos laborais através da fixação de um período de referência, balizável em seis meses, conquanto se caucione o pagamento da remuneração dos três últimos meses da relação de trabalho.

Tratando-se de juízo que, em substância, se acomoda à margem de conformação proporcionada pelo Direito da União e a que subjaz um princípio de reserva do possível em matéria de recursos públicos, as hipóteses que se oferecem aos Estados-Membros quanto aos limites à responsabilidade das instituições de garantia têm, em todo o caso, de passar pelo crivo de compatibilidade com o objectivo social da Directiva e, podendo tomar em

---

dos valores constantes das declarações de remunerações dos 12 meses anteriores à data do requerimento, quando as mesmas se refiram a remuneração efetivamente auferida (artigo 7º). Ainda, e também, a novel articulação entre o regime do FGS e os regimes jurídicos do fundo de compensação do trabalho (FCT), do mecanismo equivalente (ME) e do fundo de garantia de compensação do trabalho (FGCT), estabelecidos pela Lei nº 70/2013, de 30.08, que o artigo 6º traz consigo.

[96] C-435/10, EU:C:2011:751.

[97] Com perspectiva semelhante: ALBERTO TAMPIERI, "La tutela dei crediti di lavoro in caso di insolvenza del datore", *Guida al Lavoro*, vol. 40, 2005, 13-14 (12-15). Será o caso em que a Diretiva 80/987 deve ser interpretada no sentido de que se opõe a uma legislação nacional que não garante os créditos salariais vencidos mais de seis meses antes da propositura da ação de insolvência do empregador.

consideração os diferentes valores dos créditos, postulam uma interpretação restrita, cerrando-se, em sequência, a criação de qualquer mecanismo que possa esvaziar de conteúdo a faculdade expressamente reservada aos Estados-Membros de limitarem a referida obrigação de pagamento.

Em torno da (in)admissibilidade de pactos de permanência anteriores ao contrato de trabalho[98]

I. Os pactos de permanência dirigem-se à garantia de que o "contrato dura o suficiente para que certas despesas importantes do empregador fiquem compensadas"[99], sendo, por isso, pactos conformados pela situação laboral subjacente. Esta conformação da autolimitação pela situação laboral em curso assume marcada importância no que respeita à subsistência do acordo: a verificação de alterações na situação laboral pode determinar o desaparecimento do interesse que justifica a limitação à liberdade de trabalho em razão da exigência de que esta só deve vigorar na medida do estritamente necessário[100]. E a dependência existente entre os dois vínculos é unilateral: se o pacto pode cessar ou ser nulo sem que o contrato de trabalho fique afetado, já a nulidade do contrato de trabalho afeta a validade de um pacto de permanência, pois este baseia-se na concretização do próprio vínculo laboral. Sendo o pacto directamente instrumental à execução da *causa função* do contrato de trabalho, não faria sentido

---

[98] O presente texto, escrito segundo o novo acordo ortográfico, surge na sequência da minha intervenção na sessão de formação contínua, subordinada ao tema "Pactos de permanência e de não concorrência", que teve lugar no Centro de Estudos Judiciários em 02.06.2017, visando aprofundar algumas das questões suscitadas no espaço de debate que se seguiu à intervenção.

[99] António Monteiro Fernandes, *Direito do Trabalho* (18ª ed.), Almedina, Coimbra, 2017, 292. Ainda: Joana Vasconcelos, "Pacto de permanência, liberdade de trabalho e desvinculação do trabalhador", *Estudos em Homenagem a Miguel Galvão Teles,* Almedina, Coimbra, 2012, 821-839.

[100] Por exemplo: a formação extraordinária que justificou o pacto de permanência queda descompassada, em razão da mudança de actividade, com o feixe de interesses em que se move a execução do vínculo laboral.

exigir uma permanência ao trabalhador em algo que entretanto cessou ou já não existe (nulidade). Aqui, a liberdade negocial quanto ao afastamento da relação de indissociabilidade entre estes pactos e o contrato de trabalho encontra-se ontologicamente espartilhada, visto que, se assim não fosse, conceber-se-ia um trilho ínvio destinado à extensão de eficácia de um contrato que, sendo contrário às coordenadas básicas do sistema, não pode continuar a produzir efeitos: a declaração de nulidade impede a produção futura de efeitos do contrato de trabalho, inviabilizando a continuidade da situação laboral; a declaração de nulidade efectiva-se; logo, os pactos não podem determinar a continuidade da situação que pressupõe a obrigação de permanência, infirmando o desvalor, cifrado na nulidade, que o ordenamento atribui ao contrato de trabalho[101].

Embora a generalidade dos sistemas não restrinja subjetivamente a validade destes pactos a determinados trabalhadores (*v. g.*: em função das funções exercidas ou da retribuição auferida, como sucede, por exemplo,

---

[101] Diferente é, todavia, o enquadramento que seguimos em relação a um pacto de não concorrência, cujo desenho se encontra no artigo 136º do CT. Assumimos, para este efeito, um critério que se baseia na simultaneidade da execução do contrato de trabalho e do acordo de limitação à liberdade de trabalho, numa formulação lógica que se ampara na sincronia subjacente à execução dos vínculos e que não desconhece, ou não pode desconhecer, que a independência dos negócios que formam a coligação não implica, necessariamente, que o respectivo regime jurídico se mantenha impermeável às vicissitudes que marcam o nexo juridicamente relevante. Na verdade, se o pacto de não concorrência apresenta causas de extinção e de invalidade *a se* que não se comunicam à situação laboral, na situação inversa, em que um vício do negócio-base é sancionado com a nulidade, não se vê razão para operar uma extensão irrestrita de tal invalidade ao pacto: por um lado, este só produz efeitos *de pleno* após a extinção do contrato de trabalho, situação que se acomoda ao regime previsto para a nulidade do contrato de trabalho, em que este vai produzir efeitos como se fosse válido relativamente ao período durante o qual esteve em execução; por outro, não havendo um vício genético do pacto de não concorrência que determine a sua invalidade, não se entrevê a existência de uma razão grave que, justificando a nulidade do pacto, implique a determinação *recta via* de que todo e qualquer pacto de não concorrência é contagiado pela nulidade do contrato de trabalho quando o seu objecto não revela qualquer contrariedade com a lei. Tratando-se de incorporar na ponderação do problema o regime previsto para a nulidade do contrato de trabalho – já que, em fundo, do que se cuida é da delimitação da sua projecção nos pactos acessórios –, é mister afastar a aplicação de juízos mecânicos que, podendo desconsiderar os interesses de que o pacto se faz portador, vêem na nulidade do contrato de trabalho uma fatalidade que se apodera dos pactos acessórios, não atendendo, nessa medida, à eficácia conformativa do princípio da boa fé e às razões que a acomodaram ao regime da nulidade incidente sobre o contrato de trabalho cuja comunicação ao pacto é problematizada (artigo 123º do CT).

no ordenamento belga[102]), é inegável a sua vocação aplicativa a *white-collar workers*, visando-se, assim, uma redução do chamado *substitution effect*[103].

São, por isso, os *core workers*, i.e., aqueles que são fundamentais à empresa e nos quais os empregadores investem recursos substanciais na respectiva formação, os destinatários preferenciais dos mecanismos de permanência[104], havendo sectores de actividade em que estes são um *deux ex machina*. É o caso do sector da aviação, onde, não raro, os tribunais superiores são chamados a pronunciar-se sobre a atendibilidade de pactos de permanência que antecedem a celebração de um contrato de trabalho.

II. A jurisprudência portuguesa tem sido longânime quanto à validade de pactos de permanência que antecedam a existência de um contrato de trabalho, propendendo para a sua admissão. Em ilustração,

(i) em Acórdão do Supremo Tribunal de Justiça de 30.06.2011 (GONÇALVES ROCHA)[105] considerou-se que *(i.i) tendo as partes celebrado um contrato de formação profissional e promessa de contrato de trabalho a termo certo, no qual o trabalhador se obrigou, finda, com aproveitamento, a formação, a exercer a actividade profissional resultante da formação ministrada, durante um período mínimo de três anos a contar da outorga do contrato de trabalho, está-se perante um contrato misto; (i.ii) entre o contrato-promessa de trabalho e o contrato definitivo verifica-se não só uma sequência temporal como também uma interligação, o que significa que o contrato definitivo está condicionado pelo que foi estabelecido no contrato-promessa, mormente quanto ao pacto de permanência, que vincula o trabalhador na vigência do contrato de trabalho; (i.iii) o trabalhador que denuncie o contrato de traba-*

---

[102] Na Bélgica, desde a Lei de 27.12.2006, que é considerada inexistente uma *clause d'écolage* subscrita por um trabalhador cuja remuneração anual é inferior 31.467 € (montante aplicável a 01.01.2012), valor que é aplicado proporcionalmente aos trabalhadores a tempo parcial. Cfr. BERNARD NYSSEN, "Les aménagements conventionnels du droit de démissioner: la clause d'`écolage", *Quelques propos sur la rupture du contrat de travail: hommage à Pierre Blondiau*, Anthemis, Louvain, 2008, 390-1.

[103] Tão decantado nas mais recentes análises económicas sobre o mercado de trabalho: ANNE C. L. DAVIES, *Perspectives on Labour Law*, Cambridge University Press, Cambridge, 2004, 23 e ss..

[104] Cfr. CARLO ZOLI, "Clausole di fidelizzazione e rapporti di lavoro", *Rivista Italiana di Diritto del Lavoro* 2003, nº 4, 449.

[105] Processo nº 2779/07.0TTLSB.L1.S1, http://www.dgsi.pt.

lho antes de esgotado o período de permanência a que se vinculou torna-se responsável pela reparação do prejuízo causado ao empregador.

(ii) em Acórdão do Tribunal da Relação de Lisboa de 27.10.2010 (ISABEL TAPADINHAS)[106] lavrou-se que *(ii.i) o Contrato de Formação Profissional e Promessa de Contrato de Trabalho a Termo Certo é um contrato misto, que reúne, em termos de fusão, elementos próprios de dois contratos distintos – o de formação profissional e o de promessa de contrato de trabalho – mas assumindo-se como um único contrato; (ii.ii) o contrato-promessa de trabalho e o contrato definitivo são contratos coligados em que se verifica não só uma sequência temporal como também uma interligação, razão pela qual a cláusula que consigna o pacto de permanência vincula o trabalhador na vigência do contrato de trabalho.*

(iii) em Acórdão do Tribunal da Relação de Lisboa de 20.11.2013 (PAULA SANTOS)[107] julgou-se que, *(ii.i) verificando-se, no mesmo suporte contratual, cláusulas respeitantes a um acordo de formação e outras consubstanciadoras de uma promessa unilateral de celebração de contrato de trabalho, está-se perante um clausulado atípico, que faz concluir pela existência de uma coligação de contratos, embora ligados por um nexo funcional, que não afecta a sua individualidade; (iii.ii) com a celebração do contrato de trabalho entre Autora e Réu caducou o acordo de formação entre eles vigente, nos termos do disposto no art. 12º nº 3 do Dec. Lei 405/91 de 16.10, mas a cláusula de permanência não faz parte do acordo de formação tal como ele é gizado no diploma legal, antes integrando uma promessa unilateral de celebração de contrato de trabalho, nos termos da qual o trabalhador renunciou, de forma unilateral, ao direito de rescindir o contrato por determinado período.*

III. Sem que, neste contexto, se conheça sinal jurisprudencial que afaste a atendibilidade de uma obrigação de permanência em função da sua ante-

---

[106] Processo 2779/07.0TTLSB.L1-4, http://www.dgsi.pt.

[107] Processo nº 593/09.TTLSB.L1-4, http://www.dgsi.pt. Embora com juízo decisório direcionado à indagação, na falta de elementos bastantes para determinar o montante indemnizatório, da possibilidade de uma condenação ilíquida (juízo procedente, com a consequente remissão do apuramento da responsabilidade para momento posterior, desde que essa segunda oportunidade de prova não incida sobre a existência dos danos, mas apenas sobre o respetivo valor) em sequência de montante inscrito em "acordo de formação", o Ac. STJ de 30-04-2014 (MÁRIO BELO MORGADO), processo nº 593/09.7TTLSB.L1.S1, deu como admitida uma obrigação de permanência inscrita em promessa unilateral de contrato de trabalho.

rioridade em relação a um contrato de trabalho, impõe-se ponderar os argumentos subjacentes a cada um dos enquadramentos possíveis, numa combinação dialógica que entrecorra os diferentes vetores sistemáticos chamados a depor.

O que está em causa com um pacto de permanência é a adoção de uma conduta abstensiva por banda do trabalhador quanto ao exercício do direito de desvinculação *ad nutum*[108], dando-se a esse compromisso foros de uma condição de segurança[109], de natureza compensatória[110]. E o pacto, por princípio, é suscetível de celebração a todo instante[111], podendo *inclusive* tratar-se de um documento autónomo que se junte ao contrato de trabalho[112].

Afastando-se, apenas, por impossibilidade lógica, a celebração de um pacto de permanência após a cessação da relação laboral, e, de molde a garantir a genuinidade da vontade do trabalhador, também um pacto proposto ao trabalhador após o início da formação[113], não é, todavia, claro que se admita a celebração de um pacto que preceda a própria celebração do contrato de trabalho. Pensamos, designadamente, na promessa de contrato de trabalho, que hoje se encontra prevista no artigo 103.º do CT, instrumento que, criando a obrigação de celebrar o contrato definitivo (*contrato*

---

[108] Neste sentido: Júlio Vieira Gomes, *Direito do Trabalho. Volume I: Relações Individuais de Trabalho*, Coimbra Editora, Coimbra, 2007, 624.

[109] François Gaudu & Raymonde Vatinet, *Les contrats du travail: contrats individuels, conventions collectives et actes unilatéraux*, LGDJ, Paris, 2001, 251.

[110] Ainda Marc-Olivier Huchet, "La clause de dédit formation", RJO 2000, n.º 4, 378, que, fazendo apelo à função económico-social do pacto, incorpora a amortização do investimento feito pelo empregador no seu fim último: a fidelização.

[111] Assinalando que "a cláusula de permanência tanto pode ser contemporânea como posterior à conclusão do contrato", v. Jorge Leite, *A Extinção do Contrato de Trabalho por Vontade do Trabalhador*, Coimbra, polic., 1990, 90 e Júlio Vieira Gomes, *Direito do Trabalho* (2007), cit., 627.

[112] Assim, Pedro Romano Martinez, *Direito do Trabalho* (5ª ed.), Almedina, Coimbra, 2010, 692.

[113] Cfr. António Monteiro Fernandes, *Direito do Trabalho* (2017), cit., 294. Cuidando-se ainda de garantir que, perante a caracterização do investimento extraordinário feito pelo empregador como condição de validade material do pacto e simultaneamente como contraprestação, não se confeciona atipicamente uma correspetividade *ex tunc*, essa é a posição seguida pela jurisprudência que se tem pronunciado sobre a questão em diferentes ordenamentos: na Alemanha, v. BAG 24.07.1991, NZA 1992, 405, e, em França, Cass. Soc. 04.02.2004, n.º 01-43.651, RJS 04.04, n.º 438. Ainda: Marc-Olivier Huchet, "La clause de dédit formation", RJO 2000, n.º 4, 377 e, entre nós, com posição idêntica, Júlio Vieira Gomes, *Direito do Trabalho* (2007), cit., 628.

que tem por objeto a celebração de outro contrato), visa, desde logo, a laboração subordinada[114] e que, *in potentia*, pode vir associado a um pacto de permanência, como se verificou nos arestos ora sumariados.

Se aí não se vislumbram obstáculos a que na promessa de contrato de trabalho se preveja a frequência por banda do trabalhador de um curso de formação – condicionando-se até a celebração do contrato de trabalho ao aproveitamento formativo obtido pelo trabalhador[115] –, a admissibilidade de uma obrigação de permanência inscrita em promessa de contrato de trabalho ou, menos nitidamente, a atendibilidade de uma promessa de pacto de permanência associada a uma promessa de contrato de trabalho são configurações negociais que, estando aparentemente isentas de problemas, encontram potencialmente dois importantes freios, que merecem análise detida.

IV. Um primeiro aspeto atina com a consagração, por via legal, de um período experimental, fase em que a formação necessária ao desempenho das funções deve ocorrer, e em que avulta "a preocupação de assegurar uma experiência suficiente para adequação às exigências da função e características do posto de trabalho"[116]. O período experimental, como é

---

[114] ANTÓNIO MENEZES CORDEIRO, *Manual de Direito do Trabalho*, Almedina, Coimbra, 1997, 527.

[115] Verificado o incumprimento por parte do empregador, como se lê no Ac. STJ de 02.12.2008 (SOUSA LAMAS), proc. nº 80/98, *Boletim do Ministério da Justiça* 1999, nº 482, 150-160, "(a) indemnização pelo injustificado incumprimento da promessa do contrato de trabalho terá de ser equivalente, quanto possível, ao prejuízo causado pela não celebração do contrato prometido, medida, por isso, pela diferença entre a situação patrimonial em que o trabalhador ficou em consequência da falta de celebração do contrato de trabalho". E, na fixação da indemnização, "deverá ter-se em conta que o contrato de trabalho prometido estaria sujeito a um período experimental e poderia, durante esse período, ser rescindido por qualquer das partes, sem aviso prévio, sem justa causa e sem direito a qualquer indemnização". Tratando-se de um incumprimento por banda do empregador, "a indemnização pelo não cumprimento ilícito da promessa de contrato de trabalho não pode, em termos equitativos, ser superior àquela que seria devida ao trabalhador se o contrato prometido tivesse sido celebrado e fosse rescindido ilicitamente pela entidade patronal".

[116] *Os Acordos de Concertação Social em Portugal* (II textos), Lisboa, 1993, 99 e ss.. O interesse no estudo do período experimental centra-se aliás, conforme nota JÚLIO VIEIRA GOMES, *Do uso e abuso do período experimental*, RDES, ano XXXXI, nºs 1 e 2, 37, na "sua compatibilização com um direito do trabalho em que a defesa da estabilidade da relação e do emprego desempenha ainda um papel".

frequentemente assinalado, não substancia um período de puras expectativas: as obrigações recíprocas que pautam a relação entre os sujeitos surgem *ab origine*, criando-se condições para aferir, com a concretização factual da relação de trabalho, da compatibilidade do contrato com os respetivos interesses, conveniências ou necessidades[117], contexto em que a aquisição de conhecimentos/habilitações para o exercício de uma atividade assume visível relevância e tem albergado a celebração de acordos de formação, designadamente no sector da aviação[118].

É, aliás, em concretização desta proposição que o nº 1 do artigo 113º do CT, na sequência do que estabelecia o nº 1 do artigo 106º do CT2003, estabelece que a contagem do período experimental começa "a partir do início da execução da prestação do trabalhador, compreendendo ação de formação determinada pelo empregador, na parte em que não exceda metade da duração daquele período".

Esta associação entre formação e período experimental, que corresponde a uma execução do contrato de trabalho e aparece inserida no poder de direção do empregador[119], implica, por um lado, que o empregador disponha de pelo menos metade da duração do período concretamente aplicável ao trabalhador para fazer um juízo acerca da adaptação do trabalhador

---

[117] Assim, entre vários: G. H. CAMERLYNCK, *Droit du Travail. Le contrat de travail*, T. 1 (10ª ed.), Dalloz, Paris, 1982, 175, CECÍLIA ASSANTI, *Corso di Diritto del Lavoro* (2ª ed.), Cedam, Pádua, 1993, 305, LUISA GALANTINO, *Diritto del Lavoro* (5ª ed.), Giappichelli Editore, Turim, 1995, 180, MICHEL MINÉ & DANIEL MARCHAND, *Le droit du travail en pratique* (24ª ed.), Eyrolles, Paris, 2012, 150, e, entre nós, RAÚL VENTURA, *Teoria da Relação Jurídica de Trabalho. Estudo de Direito Privado*, Imprensa Portuguesa, Porto, 1944, 339. Contudo, ao contrário do que referia MARTÍN VALVERDE, *El período de prueba en el contrato de trabajo*, ed. Montecorvo, Madrid, 1976, 141-4, apesar da consideração de que o reconhecimento da faculdade de denúncia livre, que constitui a essência do período experimental, está vocacionado para a defesa dos interesses da entidade empregadora, o período experimental não tem carácter *unilateral*, tal como não tem o contrato de trabalho que o justifica, pelo que deve considerar-se instituído em benefício de ambos os contraentes. Na Lei nº 1952, de 10.03.1937, o período experimental, conforme se podia ler no artigo 12º, encontrava-se desenhado apenas em benefício da entidade patronal; mas, com o Decreto-Lei nº 47.032, de 27.05.1966, com o Decreto-Lei nº 49.408, de 24.11.1969, e agora, também, com o CT, a bilateralidade da *prova* é incontroversa. Ainda ANTÓNIO MENEZES CORDEIRO, *Manual de Direito do Trabalho* (1997), cit., 578 e TATIANA GUERRA DE ALMEIDA, *Do período experimental no contrato de trabalho*, Almedina, Coimbra, 2007, 27 e ss..

[118] Em amostra, v. Ac. STJ de 13.10.2010 (PINTO HESPANHOL), CJ-STJ 2010, Ano XVIII, T. III, 260.

[119] Assim: JÚLIO VIEIRA GOMES, *Direito do Trabalho* (2007), cit., 495 e PEDRO FURTADO MARTINS, *A Cessação do contrato de trabalho* (3ª ed.), Principia, Cascais, 2012, 588-9.

às exigências da função e às características do posto de trabalho – perdendo préstimo o argumento de que a utilidade subjacente à outorga de formação em contexto diverso e anterior ao contrato de trabalho se prende com a impossibilidade de o empregador fazer um juízo de conveniência acerca das capacidades do trabalhador em razão de este se encontrar em formação e de não dispor de oportunidade para avaliar a colocação dos conhecimentos formativos em prática –, e, por outro lado, que um contrato de formação não pode ser utilizado como um expediente materialmente instituinte de um período experimental, tendo em atenção, designadamente, a faculdade desvinculativa que assiste ao empregador nesta fase prodómica da relação laboral.

É, aliás, também por essa razão que, por princípio, se deve considerar afastado ou reduzido o período experimental nos casos em que o contrato de trabalho surge como *subsequens* de um contrato de formação[120], de estágio ou com tessitura similar, embora esse afastamento ou redução não sejam automáticos: o nº 1 do artigo 113º do CT, sendo restrito à formação determinada pelo empregador no decurso do contrato de trabalho, tem, a par do nº 4 do artigo 112º do CT, um importante valor dilucidativo.

Mau grado a jurisprudência afastar a sua aplicação às situações em que a formação teve lugar antes do contrato de trabalho[121], a formação recebida pelo trabalhador para o exercício subsequente de funções de âmbito laboral, sempre que formador e empregador coincidam, não pode ser irrelevada, desconsiderando o juízo aprovatório subjacente à firmação do vínculo laboral.

Embora o contexto de adaptação aos métodos e modos de organização do trabalho da empresa e a atitude exigível não sejam coincidentes com os que caracterizam um contrato de aprendizagem, de estágio ou de formação[122], importa, por um lado, ponderar que o regime incidente sobre os

---

[120] Por exemplo, e à semelhança da previsão ínsita no § 3 do nº 1 do art 14 do ET, no domínio do contrato de trabalho desportivo em que intervenha um futebolista profissional, este enquadramento logrou previsão expressa no nº 3 do artigo 11º do CCT celebrado entre a Liga Portuguesa de Futebol Profissional e o Sindicato dos Jogadores Profissionais de Futebol, ao dispor que "(n)ão é admissível o estabelecimento do período experimental no primeiro contrato de trabalho desportivo celebrado pelo jogador com o clube que lhe deu formação".
[121] Por exemplo: Ac. STJ de 16.11.2010 (Pinto Hespanhol), proc. nº 832/08.1TTSTB.E1.S1
[122] Em utilização destes argumentos: Tatiana Guerra de Almeida, *Do período experimental no contrato de trabalho* (2007), cit., 139 e Pedro Furtado Martins, *Cessação do Contrato de Trabalho* (2012), cit., 588-90.

contratos precedentes se encontra largamente moldado pelo regime aplicável ao contrato de trabalho (direção e orientação da formação ou estágio, período normal de trabalho, descansos diário e semanal, segurança e saúde no trabalho) e, por outro, não perder de vista que a firmação da inafetabilidade do período experimental como regra universal, além de deixar o empregador com o melhor de dois mundos (não pagamento de retribuição em contrato precedente e denunciabilidade do contrato de trabalho durante o período experimental), pode esvaziar o vínculo de confiança subjacente à laboralização da situação, sem que, em muitos casos, se vislumbre uma falha de afinidade valorativa com a massa de hipóteses a que a lei atribui relevância excludente ou redutória (v. g. contrato de prestação de serviços).

Tratando-se de solução que apresenta o inconveniente de não fundar um quadro aprioristicamente seguro quanto à regulação do comportamento dos sujeitos, está-se, por isso, em crer que o juízo da cerca da (in)aplicabilidade do período experimental não pode/deve desatender a factores como a coincidência entre formador/orientador de estágio e empregador (nem sempre existente), a eventual internidade das funções desempenhadas – face à presunção de contextualização com a organização produtiva por parte do ora trabalhador –, e ainda a antiguidade da relação precedente e/ou o conteúdo, necessariamente concreto, do contrato de formação ou de estágio.

Mas a suscetibilidade de afastamento ou redução encontram sinal expresso em alguns instrumentos normativos, harmonizando-se com a previsão contida no nº 4 do artigo 112º do CT, que estabelece a redução ou a exclusão em caso de precedência de contrato a termo para a mesma atividade[123], de trabalho temporário executado no mesmo posto de trabalho ou ainda de contrato de prestação de serviços para o mesmo objeto, com o mesmo empregador, num reflexo político-legislativo que visa evi-

---

[123] Solução que havia sido avançada pela UGT para inclusão no CT2003. Propôs-se o aditamento de um novo número (2) ao artigo 104º do CT (na versão final: artigo 105º) com a seguinte redação: "(o) período experimental compreende contratos a termo prévios, até ao limite de dois terços do período previsto para o período experimental". Ainda antes do CT2003, lendo-se que "em contratos de trabalhos sucessivos – ou quase – celebrados entre as mesmas partes, apenas no primeiro se justifica o período de experiência, a menos que se verifique alteração de funções que expliquem um novo juízo de adequação do trabalhador", cfr. Ac. Rel. Lx. de 25.5.1994 (Dinis Roldão), CJ 1994, Ano XIX, T. III, 171.

tar situações de fraude ao *apertus* exigível para a constituição de situações laborais precárias[124].

Dito isto, não cremos que, sempre que se vise diretamente a laboração subordinada, a formação necessária ao desenvolvimento de uma atividade tenha de aparecer acantonada ao período experimental. Com efeito, o contrato de formação profissional tem uma função específica, sendo legítimo que a formação necessária ao desenvolvimento de uma atividade, de acordo aliás com o *nomen* do contrato, possa ocorrer nesse contexto, em precedência de um contrato de trabalho.

Ora, se, para tanto, confluem motivos conexos com a não assunção dos encargos contributivos subjacentes a uma relação laboral, com o enquadramento fiscal aplicável ou com a ausência de retribuição do formando (...) – aspetos que atinam, sobretudo, com o enquadramento global vigente dos contratos de formação, aliás fragmentário e claramente melhorável –, a formação que o empregador estime necessária para o desempenho de determinadas funções pode ser ministrada, em obediência aos propósitos subjacentes à existência um regime jurídico específico da formação profissional inserida no mercado de emprego, em contrato anterior ao contrato de trabalho que tenha essa finalidade, conquanto aquele contrato respeite os traços tipicizantes previstos na lei e não corresponda *de facto a* uma situação laboral, hipótese em que, sem qualquer singularidade, se aplicará *de iure* o regime laboral pertinente[125].

Esta conexão *ante/post*, entre formação e trabalho, faz parte, aliás, do caldo histórico em que surgiu a formação[126] e, sem prejuízo das novas irra-

---

[124] É aliás esta a linha inspiradora de soluções como a do cômputo de outros contratos com o mesmo trabalhador no período máximo para a contratação a termo (nº 5 do artº 148º) e no contrato de trabalho temporário (nº 5 do artigo 182º), conforme faz notar PEDRO FURTADO MARTINS, *A Cessação do contrato de trabalho* (2012), cit., 583. Mais permissivamente, antes do CT2003, cfr., no entanto, Ac. STJ de 16.05.2000 (DINIZ NUNES), CJ 2000, Tomo II, 269, em que se diz que "(n)ada impede que, após ter cessado um contrato de trabalho, as partes celebraram um outro, e que a este se apliquem as regras do período experimental", e, na mesma linha, embora no quadro do segundo contrato se tenha registado uma "alteração das funções a desempenhar pela autora" (trabalhadora), v. Ac. Rel. Lx. de 26.09.01 (GUILHERME PIRES), CJ 2001, Ano XXVI, Tomo IV, 161.

[125] Neste sentido, acentuando a formação como elemento essencial do contrato, v. também GIANNI LOY, "Contratti formativi", *Dizionari del Diritto Privato: Diritto del Lavoro* (org. Natalino Irti), Giuffrè, Milão, 2008, 128-9.

[126] MARIO NAPOLI, "Disciplina del mercato del lavoro ed esigenze formative", *Revista Giuridica del Lavoro e della Previdenza Sociale* 1997, 263-4 e, entre nós, salientando também o aspeto, JÚLIO VIEIRA GOMES, *Direito do Trabalho* (2007), cit., 561.

diações normativas da formação nos modelos de relações laborais deste século[127], não deve ser degredada, face à lógica de empregabilidade e de valorização da capacidade profissional que perpassa todos os níveis de formação[128] e que, no ordenamento francês, se encontra, com alguma tradição histórica[129], expressamente configurada no *Code du Travail*[130].

V. Um segundo aspeto prende-se com a exigência de que sejam os sujeitos laborais, enquanto tal, a assumir uma obrigação de permanência, evitando que o pacto de permanência conheça aplicação para lá das fronteiras de uma relação laboral e/ou que se poste como um instrumento de reforço à celebração de um contrato de trabalho.

Se a jurisprudência nacional não tem atendido a este argumento, cabe, contudo, salientar que a solução a que os tribunais portugueses têm chegado não se desvia, bem ao contrário, do enquadramento seguido pelo BAG[131], que, por princípio, admite uma cláusula de retorno, inserida em contrato de formação, que se projete em relação laboral subsequente. E o mesmo tem sucedido no Reino Unido, onde as cláusulas de *recovering*

---

[127] FRANCK HÉAS, "Bref état des lieux juridiques des systèmes de formation professionnelle continue dans l'Union européenne", *Les évolutions de la formation professionnelle: regards croisés*, Paris, 2003, 127 e ss..

[128] MASSIMO D'ANTONA, "Il diritto al lavoro nella Costituzione e nell'ordinamento comunitário", *Opere di Massimo D'Antona, Vol. I. Scritti sul metodo e sulla evoluzione del diritto de lavoro. Scritti sul diritto del lavoro comparato e Comunitário* (dir. Caruso/Sciarra), Giuffrè, Milão, 2000, 275.

[129] Cfr. PAUL SANTELMANN, *La formation professionnelle, nouveau droit de l'homme?*, Gallimard, Paris, 2001, 38 e ss..

[130] Assim, PASCAL CAILLAUD & MAGGI-GERMAIN, "Vers un droit personnel à la formation?", *Droit Social* 2007, nº 5, 574-591. Neste quadro, o *Code du Travail* estabelece diferentes patamares de acesso à formação contínua, designadamente com a preparação para o ingresso no mundo do trabalho e com ações de atualização e desenvolvimento dos conhecimentos e de requalificação (art. L 900-2); com as iniciativas para obtenção de uma qualificação (art. L 900-3); com os cursos de alfabetização e aprendizagem de língua francesa (art. L 900-6) e com um conjunto de mecanismos de formação reservados a trabalhadores com contrato de trabalho em curso (art. L 930-1).

[131] BAG 14.01.2009 – 3 AZR 90007, NZA 2009, 666. O BAG, admitindo que a formação tem que ser vantajosa para o formando (o que se verificou), julgou, contudo, a cláusula de reembolso inválida em função da desproporção subjacente ao período de estabilização contratual (cinco anos), fincando-se na unidade substancial e linguística da cláusula e, considerando ainda a eficácia conformativa do princípio da liberdade de trabalho, na ausência de elementos que permitissem, pois, operar a redução.

of training fees, profusamente aplicadas, têm assentado na qualificação dos custos de formação como um empréstimo ao trabalhador e determinado *pari passu* a liquidação dos custos inerentes se o trabalhador se desvincular durante um determinado período ou após a preparação profissional que obteve. Mais: subtraindo-se ao trabalhador o exercício do direito à livre desvinculação no período, acordado pelos sujeitos, que se segue à formação profissional, a celebração destes acordos, que ocorre à margem do contrato de trabalho, visa também garantir que a recuperação do investimento com a formação não é afetada na hipótese em que o empregador viola o contrato de trabalho, cuidando-se, pois, de um esquema que desatende à causa de cessação do contrato[132].

Sem prejuízo, é vítreo que o artigo 137º do CT não alberga um contrato de mútuo («training fees as "loans"»), sendo outro tanto claro que o juízo acerca da imputabilidade da cessação do vínculo laboral não é, entre nós, irrelevante: embora o pacto de permanência incida sobre a manutenção do contrato de trabalho – configurando-se uma coligação funcional e necessária[133] –, a associação da desvinculação ao pagamento das somas despendidas com a formação profissional do trabalhador aparece confinada à hipótese de denúncia do contrato de trabalho[134], ao abandono de trabalho, ao despedimento com justa causa e, assim os sujeitos contemplem também essa possibilidade, às situações de reforma do trabalhador[135], quadro em

---

[132] MARK FREEDLAND, *The personal employment contract*, Oxford University Press, Oxford, 2006, 64-6 e JAMES HOLLAND & STUART BURNETT, *Employment Law*, Oxford University Press, Oxford, 2008, 219-220. Também sobre a admissibilidade do esquema nos EUA, *maxime* no Colorado, v. KAREN E. FORD/ KERRY E. NOTESTINE/RICHARD N. HILL, *Fundamentals of Employment Law* (2ª ed.), Aba Publishing, Chicago, 2000, 392.

[133] Ainda ADRIANO VAZ SERRA, ""União de contratos. Contratos mistos", *Boletim do Ministério da Justiça* 1960, nº 91, 23 e ss..

[134] Assim, quanto às cláusulas *dédit-formation*, FRANÇOIS GAUDU & RAYMONDE VATINET, *Les contrats du travail: contrats individuels, conventions collectives et actes unilatéraux*, LGDJ, Paris, 2001, 251 e ROSÁRIO PALMA RAMALHO, *Direito do Trabalho. Parte II – Situações Laborais Individuais* (3ª ed.), Almedina, Coimbra, 2010, 234. Em sentido que nos parece idêntico, veja-se ainda PEDRO ROMANO MARTINEZ, *Direito do Trabalho* (2010), cit., 692, entendendo que "no fundo, sendo celebrado um pacto de permanência, fica vedado ao trabalhador o recurso à denúncia do contrato de trabalho, ainda que com pré-aviso (artigos 400º e ss. do CT2009), mas não excluídas outras formas de cessação, nomeadamente a resolução", e PEDRO FURTADO MARTINS, *A Cessação do contrato de trabalho* (2012), cit., 551, bem como JOANA VASCONCELOS, "Pacto de permanência, liberdade de trabalho e desvinculação do trabalhador" (2012), cit., 821.

[135] Permita-se a remissão para JOÃO ZENHA MARTINS, *Dos pactos de limitação à liberdade de trabalho*, Almedina, Coimbra, 2016, 447 e ss..

que, por contraste com a tendência anglo-saxónica, a causa de cessação do contrato de trabalho não pode/deve ser desatendida.

Assim, e revertendo à análise de uma obrigação de permanência inscrita em promessa de contrato de trabalho, a perspetiva de que a associação do pacto de permanência à promessa de contrato de trabalho surge em reforço deste instrumento não suscita quaisquer óbices de vulto. Com efeito, indissociando-se o incumprimento da promessa do quadro consequencial aplicável ao trabalhador, esse incumprimento não gera, por princípio, quaisquer danos indemnizáveis em razão da violação do pacto de permanência. Tal acontece, uma vez que a entidade empregadora ainda não realizou quaisquer despesas com a formação extraordinária que funciona como condição da não denúncia exercível pelo trabalhador, estando ausente, em razão desse facto, a hipotização de qualquer obrigação de retorno[136].

O problema está no facto de o reforço da promessa de contrato de trabalho operar, dentro das coordenadas do sistema, através do sinal[137] e não com a sua união a um pacto de permanência, acordo que, *per definitionem*, depende da verificação de uma condição: o início de execução do contrato de trabalho.

Inverificado o argumento conexo com o alegado reforço da promessa de trabalho assumível pelo trabalhador (tratamos, naturalmente, de uma promessa unilateral), a exigência de que o pacto de permanência tem de ser celebrado, enquanto tal, pelos sujeitos laborais afigura-se probante.

Em exegese empreendida a partir do elemento literal, e uma vez que entre nós os pactos de permanência receberam disciplina expressa na lei, o artigo 137º do CT faz alusão à qualidade de trabalhador, afastando, *a contrario*, a assunção de uma autolimitação à liberdade de trabalho que, projetando-se na relação laboral, é adotada por um cidadão que ainda não é, *qua tale*, trabalhador.

Este condicionamento, aparentemente formal, encontra, num plano sistémico, a sua razão de ser na inaplicabilidade dos mecanismos de tutela da posição do trabalhador sempre que se topa com um negócio cuja celebração não foi realizada nessa qualidade. Mais do que isso. Trata-se, ainda, da

---

[136] Luque Parra, "Pactos típicos, nuevas tecnologias y relación laboral", *Relaciones Laborales y Nuevas Tecnologias,* La Ley, Madrid, 2005, 176.
[137] Admitindo esta possibilidade, Pedro Romano Martinez, *Direito do Trabalho* (2010), cit., 463.

insusceptibilidade de atribuição de validade a uma renúncia ao exercício de um direito futuro em sentido estrito, ou seja, a um direito que não se encontra ainda consolidado na esfera jurídica do respetivo titular[138], como o que se verifica com o direito à desvinculação imotivada no quadro de uma situação laboral que ainda não se encontra estabelecida.

Cuidando-se de questão que, na sua essência, nos transporta para o domínio da relevância laboral atribuível a situações com conteúdo patrimonial cuja concretização ocorre antes da execução do contrato de trabalho, não cremos, por isso, ser possível entender-se que a formação prestada ou custeada por uma empresa antes da constituição do vínculo laboral possa relevar para o cumprimento da obrigação formativa estabelecida no artigo 130º do CT.

Se a jurisprudência, a propósito do nº 1 do artigo 113º do CT, tem afastado a sua aplicação às situações em que a formação teve lugar antes do contrato de trabalho[139], é, no reverso, claro que o "direito-dever"[140] subjacente ao nº 1 do artigo 131º[141] do CT implica a execução do contrato de trabalho, incorporando o seu sinalagma[142].

Podendo afirmar-se que, também entre nós, o reconhecimento do direito à formação "é um efeito legal natural do contrato de trabalho"[143], esta quantificação, que é modulável em dois anos nos termos do nº 4 do

---

[138] Nesta direcção: FRANCESCO MACIOCE, *Il negozio di rinuncia nel diritto privato*, Edizioni Scientifiche Italiane, Nápoles, 1992, 188-9 e, entre nós, FRANCISCO PEREIRA COELHO, *A renúncia abdicativa no Direito Civil (Algumas notas tendentes à definição do seu regime)*, Studia Iuridica 8, Coimbra Editora, Coimbra, 1995, 150, que insere ainda na categoria dos direitos futuros *stricto sensu* os designados direitos eventuais, incluindo os direitos a que corresponde uma simples expectativa, bem como todos aqueles que, vindo apenas a surgir no futuro, decorrem todavia de uma relação contratual mais ampla já em execução.

[139] Por exemplo: Ac. STJ de 16.11.2010 (PINTO HESPANHOL), proc. nº 832/08.1TTSTB.E1.S1

[140] JÚLIO VIEIRA GOMES, *Direito do Trabalho* (2007), cit., 561.

[141] Anteriormente: artigo 124º do CT2003 e artigo 162º da RCT 2003. Hoje atribui-se a cada trabalhador "um direito individual à formação", a efetivar através de um número mínimo de horas, que, em função do contrato de trabalho em curso, não pode ser inferior a trinto e cinco horas de formação contínua nos casos de contratos sem termo ou, em aplicação de um critério elástico, nos casos de termo por período igual ou superior a três meses, num mínimo que deve ser proporcional à duração desse contrato (nº 2 do artigo 131º do CT).

[142] Salientando este sinalagma à luz do artigo 58º da CRP, v. J. J. GOMES CANOTILHO & VITAL MOREIRA, *Constituição Portuguesa da República Anotada. Artigos 101º a 107º* (4ª ed.), Coimbra Editora, Coimbra, 2007, 765.

[143] A expressão é de MARIO NAPOLI, "Disciplina del mercato del lavoro ed esigenze formative", RGLPS 1997, 274.

artigo 131º do CT, caso não seja concretizada no período de referência considerado transforma-se em crédito de horas de igual número para formação por iniciativa do trabalhador (nº 1 do artigo 132º do CT), cuja fruição, sendo de natureza potestativa, concede um direito à retribuição e conta como tempo de serviço efetivo (nº 2 do artigo 132º do CT).

Não obstante o crédito de horas para formação não utilizado caducar passados três anos sobre a sua constituição[144] – previsão não despicienda, que estiola em parte o regime de tutela desenhado e que não encontra qualquer dissemelhança quanto aos fundamentos que inspiram o artigo 337º, preceito cuja aplicação seria suscitada caso não existisse disposição específica –, cessado o contrato de trabalho opera-se uma transformação do crédito de horas em retribuição: o trabalhador tem direito a receber a retribuição correspondente ao número mínimo anual de horas de formação que não lhe tenha sido proporcionado ou ao crédito de horas para formação de que seja titular à data da cessação (artigo 134º do CT). E, para esse efeito, será irrelevante a formação propiciada ao trabalhador antes do início de execução do contrato de trabalho, pois é enquanto sujeito-trabalhador que se suscita a aplicação do princípio da tutela da profissionalidade em todas as suas dimensões[145], implicando-se, em sequência, um dever do empregador quanto à promoção da formação profissional[146].

---

[144] Cfr. nº 6 do artigo 132º do CT. Esta disposição contrasta com o artigo 337º do CT, que prevê que o crédito de empregador ou de trabalhador emergente de contrato de trabalho, da sua violação ou cessação prescreve decorrido um ano a partir do dia seguinte àquele em que cessou o contrato de trabalho e que, ante a ausência de previsão específica como a que o nº 6 do artigo 132 do CT contém, se aplicaria aos créditos de horas não utilizados.

[145] Nestes termos, porque a tutela da profissionalidade, à luz da Constituição e dos arts. 2082 e 2094 do *Codice Civile*, é um valor fundamental, v. LUISA GALANTINO, "Le politiche formative e la qualità del lavoro", *Studi in onore di Mattia Persiani. Diritto del lavoro, I nuovi problemi, vol. I*, Cedam, Pádua, 2005, 997 e, muito marcadamente, UMBERTO ROMAGNOLI, "Il diritto del secolo. E poi?", Il *diritto del mercato del lavoro*. T. II, Esi, Nápoles, 1999, 238, afirmado que "il contratto di lavoro realizza uno scambio tra professionalità e retribuzione". De forma mitigada, ANTONIO LOFFREDO, "Considerazioni su diritto alla formazione e contratto di lavoro", *Problemi giuridici del mercato del lavoro* (dir. Rusciano), Jovene, Nápoles, 2004, 136, considera tratar-se de um dever de carácter acessório na economia interna da estrutura causal do contrato.

[146] Por isso, além das contra ordenações graves previstas para o seu incumprimento (assim: nº 10 do artigo 131º e nº 3 do artigo 133º do CT2009 e nº 5 do artigo 13º e nº 3 do artigo 14º da Lei nº 105/2009, de 14.09), o Código dota a formação contínua de um regime que compele o empregador à sua concretização: a não promoção da formação por banda do empregador até ao termo dos dois anos posteriores ao seu vencimento atribui ao trabalhador um direito à sua

VI. Da mesma forma, e sem que se perca de vista que tratamos do eventual reconhecimento feito pelo sistema quanto à assunção de uma putativa obrigação de permanência feita antes do contrato de trabalho, não é possível atribuir relevância a uma atribuição patrimonial feita antes do contrato de trabalho com vista à sua qualificação como retribuição, nos termos e com os efeitos previstos no artigo 278º do CT.

Tratando-se, aliás, de situação que o artigo 279º do CT, em razão da especial natureza do crédito que o salário constitui, procura salvaguardar, "bem se compreendem as preocupações restritivas neste domínio evidenciadas pelas leis do trabalho"[147]: o estreitamento da autonomia privada em Direito do trabalho implica que não se esteja perante um campo em que o Estado deva deixar funcionar o mercado sem balizas. Competindo-lhe, designadamente por via legal, criar condições para tornar o direito ao trabalho factível, a atuação estatal é prediata por duas coordenadas: garantir, por um lado, que os princípios fundamentais do mercado de trabalho, que exprimem valores fundamentais, são respeitados (= preservação da liberdade de organização e de ordenação dos meios institucionais necessários para se iniciar e desenvolver uma atividade económica privada), e assegurar, por outro, que os direitos fundamentais são protegidos, numa coordenada do direito ao trabalho que, sendo relida em conjugação com um exercício da liberdade de iniciativa "nos quadros definidos pela Constituição e pela lei, tendo em conta o interesse geral"[148], implica a criação

---

efetivação, cuja iniciativa opera mediante comunicação ao empregador com a antecedência mínima de 10 dias, prazo cuja exiguidade pode transportar dificuldades não só quanto à organização do trabalho como também em relação a uma eventual substituição temporária do trabalhador que vai iniciar a formação. Se esta circunstância convida o empregador a prover *motu proprio* à formação prevista na lei no período de referência inscrito no nº 1 do artº 132º do CT, o facto de, por um lado, a formação escolhida pelo trabalhador poder implicar um custo financeiro superior e de, por outro, a frequência da formação poder ser considerado trabalho suplementar (dado que, *ex vi* da al./d do nº 3 do artigo 226º do CT, só não se compreende na noção de trabalho suplementar o direito que for executado fora do horário de trabalho que não exceda duas horas diárias), aparelham o desígnio da formação profissional com mecanismos particularmente eficazes, face aos interesses de ordem pública que concorrem para a sua saliência regulativa.

[147] A expressão é de João Leal Amado, "Crédito Salarial, compensação e cessação (nótula sobre os artsº 270º e 271º do Código do Trabalho", *Prontuário de Direito do Trabalho* 2005, nº 72, 56.

[148] Essa é a formulação textual do nº 1 do artigo 61º: "(a) iniciativa económica privada exerce-se livremente nos quadros definidos pela Constituição e pela lei e tendo em conta o interesse geral".

de mecanismos destinados à tutela da *profissionalidade* – que, na assunção civilizacional de que "o trabalho é, na sua essência, plena realização de si"[149], estão para lá do sinalagma contratual[150] –, devendo a lei traduzir, a final, o reconhecimento constitucional dos trabalhadores como "um grupo socialmente homogéneo tendencialmente mais débil"[151].

Ora, as naturais compressões à autonomia privada que cunham a execução do contrato de trabalho não podem ser torneadas pela admissão de acordos que, surgindo ao abrigo da autonomia contratual, são transportados *in futuro* para a execução do vínculo laboral, condicionando *a se stante* a sua manutenção, abrindo-se, desse modo, e em figuração, a janela ao que a porta não deixa entrar.

Assim, se na fase em que o compromisso de permanência é subscrito não há parâmetro material que permita sindicar a extraordinariedade das despesas com a formação – o contrato de trabalho é, à data, uma eventualidade, e, por isso, a quantificação formativa que flui do artigo 131º do CT não existe –, cabe salientar que a desconstrução desse enquadramento, atributivo de relevância a um pacto de permanência outorgado em precedência de um contrato de trabalho, é ainda evidenciada pela impossibilidade lógica de o pacto de permanência não poder "ser" e "não-ser" em simultâneo: duas proposições são contraditórias quando a alternatividade que essa relação determina for de tal sorte que a veracidade de uma implica o falecimento da outra[152], significando-se, *in casu*, que, para haver permanência na relação laboral, esta tem que existir.

Admitir que o pacto de permanência *proprio sensu* valha sem uma relação laboral em curso é assumir um *oxymoron*. Incumprido o contrato-promessa de trabalho por banda do trabalhador não há relação laboral. Não havendo relação laboral, falha a proposição do pacto, uma vez que,

---

[149] Ainda DOMINIQUE MEDA, *O Trabalho – Um valor em vias de extinção*, Fim de Século, Lisboa, 1999, 123.

[150] Desenvolvendo esta perspectiva a partir de uma "técnica de tutela da dimensão existencial do trabalhador", v. PIETRO LAMBERTUCCI, "Il diritto al lavoro tra principi costituzionali e discipline di tutela: brevi apunti", *Rivista Italiana di Diritto del Lavoro* 2010, nº 1, 111 e ss..

[151] As palavras são de GUILHERME DRAY, "Autonomia privada e igualdade na formação e execução de contratos individuais de trabalho", *Estudos do Instituto de Direito do Trabalho*. Vol. I, Almedina, Coimbra, 2001, 25 (nota 2).

[152] Nestes termos: ANTOINE JEAMMAUD, *Des oppositions de normes en droit privé interne*, Thése, Lyon III – Jean Moulyn, 1973, 91.

em operação de redução ao fundamento, só se pode permanecer no que existe[153].

Considerando-se, assim, irrelevante, para este efeito, a formação extraordinária prestada para lá das fronteiras em que se move a execução do contrato de trabalho, a assunção deste enquadramento impede não apenas a incorporação por um (pretenso) pacto de permanência da formação recebida pelo trabalhador noutra qualidade, como atalha ainda à possibilidade de atribuição de relevância a uma formação recebida *ex ante* para dar cumprimento formal à formação contínua exigida pelo artigo 130º do CT, já que, tanto num caso como noutro, se está perante uma formação que deve constituir um instrumento funcionalizado à execução do contrato de trabalho, cuja existência é um *definens* lógico e no seio da qual a formação deve concretizar-se.

VII. Chegados aqui, cabe rejeitar a impossibilidade de uma promessa de pacto de permanência. Com efeito, o instrumento deve ser admitido, conquanto seja celebrado pelos sujeitos laborais *qua tale* e se as despesas avultadas exigidas por lei e a formação que lhes vai associada forem realizadas no decurso da relação laboral[154].

Sem que se desatenda, por um lado, à existência de um pacto cuja definição legal se posta como o meio exclusivo para a obrigação de não denúncia do contrato de trabalho (*apertus* nas limitações à liberdade de trabalho) e, por outro, à proteção dos interesses legítimos de quem custeia uma formação no pressuposto de que a amortização se processa(rá) através de uma atividade laboral futura[155], entendemos que, por princípio, o pagamento de uma formação realizada à margem do contrato de trabalho não pode condicionar *per si* a relação laboral, mesmo que se intersecte com os interesses que conformam a execução do contrato de trabalho. Todavia,

---

[153] Sobre este percurso lógico da coerência narrativa sofista, v. OLIVIER REBOUL, *Introduction à la rhétorique, Théorie et pratique* (2ª ed.), PUF, Paris, 1994, 67.

[154] Por isso, não nos parece que a situação apreciada pelo Supremo, no já citado Ac. de 30.06.2011 (GONÇALVES ROCHA), configure "uma verdadeira promessa bilateral de trabalho com pacto de permanência". Em sentido que nos parece convergente com o que defendemos, v. ANTÓNIO MONTEIRO FERNANDES, *Direito do Trabalho* (2017), cit., 293, afirmando que "o facto de terem sido feitas despesas de formação não releva – fora desse caso – para a quantificação dos prejuízos que o trabalhador deve indemnizar, por romper irregularmente o contrato, nos termos dos arts. 399º e 401º".

[155] BAG 24.07.1991 – 5 AZR 430/90, NZA 1992, 405.

a análise que tais situações convocam deve feita de acordo com o princípio da boa fé[156] – o que já levou o BAG a paralisar a suscitação do reembolso por parte do empregador num caso em que os prazos previstos para a resolução do contrato de trabalho eram diferentes e contendiam com o §§ 622 (5)[157] –, atendendo-se, para tanto, à eficácia conformativa do princípio do "respeito pelas expectativas legítimas de outrem" e à existência de um processo temporal contínuo em que se estabelece uma confiança recíproca, na base da qual se cristalizam, de forma progressiva, obrigações.

Tratando-se de uma intersubjetividade produtora de confiança e condicionada pela boa fé, admite-se, pois, que, em relação a prestações patrimoniais feitas antes do contrato de trabalho, e com respeito pelas coordenadas que balizam um contrato de formação, os sujeitos encontrem revestimentos contratuais diversos (*v. g.* contrato de financiamento ou de mútuo), suscitando-se, em caso de incumprimento, os mecanismos gerais de responsabilidade civil[158].

Contudo, a sua projeção operativa no contrato de trabalho encontra-se condicionada pelas garantias impreteríveis que a lei confere ao trabalhador – por exemplo, face ao "carácter alimentar" do salário[159]: limitações à renúncia, à compensação, à cessão ou à penhora da retribuição[160] –, e a subsunção direta deste núcleo de situações a um pacto de permanência *stricto sensu* contraria a essência funcional deste acordo, pois exige-se a verificação de uma relação laboral tanto para a sua celebração como para a verificação dos pressupostos que concorrem para sua admissão.

---

[156] BAG 04.12.1997 – 2 AZR 799/96, NZA 1998, 420.
[157] BAG 1972.03.09 – 1 AZR 165/71, DB 1972, 2216.
[158] Não nos parece, todavia, probante a aposição de uma cláusula de permanência ao contrato de formação, uma vez que, neste caso, o objeto do contrato justapõe-se às despesas avultadas subjacentes à formação extraordinária que o empregador tem de suportar. Embora se possa aplicar analogicamente a regulação prevista no artigo 137º do CT, não se deverá, contudo, considerar que o feixe de obrigações que imanam a uma *species* contratual (= deveres de formação no contrato de formação) serve, por si, para legitimar um acordo cujos pressupostos são necessariamente restritivos. Em sentido diverso, admitindo um pacto de permanência associado a um *contrato en prácticas*, cfr. LUQUE PARRA, "Pactos típicos, nuevas tecnologias y relación laboral" (2005), cit., 171-2, louvando-se em jurisprudência [STSJ Madrid 18.09.2001 (R. 17672001)].
[159] JOÃO LEAL AMADO, "A Protecção do Salário", Separata do vol. XXXIX do Suplemento ao BFDVC, Coimbra, 1993, 21.
[160] Veja-se, nomeadamente, os artigos 279º e 280º do CT.

Em conclusão, se a obrigação de permanência, como tal, não existe enquanto não se houver iniciado a prestação de trabalho, o pacto de permanência pode estar, todavia, sujeito a uma condição suspensiva[161] [situação em que haverá um hiato entre a celebração do pacto e a execução da obrigação de permanência (*ad interim*), na pressuposição de que já existe contrato de trabalho] ou, nos termos que se viram, sem que para tanto se entrevejam óbices, configurar-se uma promessa de pacto de permanência, conquanto a formação extraordinária e as despesas implicadas sejam efetivadas no decurso da relação laboral.

---

[161] Abrindo também as portas a esta possibilidade, cfr. STS de 18.05.1990, Aranzadi 4360 in ALBIOL MONTESINOS/ALFONSO MELLADO/BLASCO PELLICER/GOERLICH PESET, *Normas laborales – concordadas com la jurisprudencia de los Tribunales Constitucional y Supremo*, Tirant Lo Blanch Laboral, Valencia, 2000, 193. Em todo o caso, falhando uma argumentação homológica entre o termo e a condição, não poderá ser uma qualquer condição, pois existe uma diferença radical na maneira de conceber o negócio jurídico, consoante o facto futuro seja certo ou incerto, impondo-se, assim, atender ao *modus operandi* da condição e arredar a sua verificabilidade do simples arbítrio do empregador.

Tempo de trabalho e tempo de repouso: qualificação e delimitação de conceitos

I. Enquadramento

1. A evolução digital que se vem conhecendo, sem prejuízo das suas múltiplas vantagens, tem implicado uma fragmentação do trabalho, tanto no que se refere aos aspectos espaciais quanto no que diz respeito aos aspectos temporais: as fronteiras entre a vida profissional e a pessoal estiolam, as novas tecnologias de informação destroem a definição de quadros espácio-temporais definidos[162], não sendo recente, nesta "compactagem do espaço-tempo"[163], a ideia de "tempo de descanso que não é tempo de repouso absoluto" e/ou a emergência de "empresas sem pessoal"[164].

A tecnologia digital abre novas possibilidades de monitorização do tempo de trabalho e a dispersão de locais de trabalho é progressiva, aumentando as prestações de trabalho marcadamente intelectuais, realizáveis a partir de qualquer lugar. As vantagens oferecidas por novas formas de emprego como o trabalho por carteira e o trabalho móvel com recurso a tecnologias no que respeita às aspirações de uma organização do trabalho mais flexível são contrapesadas por riscos efectivos de aumento do tempo

---

[162] Interroga JEAN EMMANUEL RAY, "Les Libertés dans L'entreprise", *Pouvoirs* 2009, nº 130, 142: «"(p)our un travailleur du savoir", c'est la liberté qui est désormais source de productivité: peu importe son temps ou son lieu de travail, si le résultat est là. Mais avec son Blackberry et son ordinateur portable lui permettant de travailler "où il veut, quand il veut", liberté ou servitude volontaire?».

[163] A expressão é de JEAN-MARC SALMON, *Um mundo a grande velocidade* (trad. Luís Cabral), Ambar, Porto, 2002, 29.

[164] GÉRARD LYON CAEN, "La crise du droit du travail", *In Memoriam Sir Otto Kahn-Freund*, C.H. Beck, Munique, 1980, 517.

de trabalho, comprometendo-se, com isso, a saúde e a segurança dos trabalhadores.

Se *as pessoas são cada vez mais livres, mas estão reféns da tecnologia (oximóron)*[165], hoje trabalha-se mais horas e por mais anos. A quarta revolução industrial, geralmente associada a uma «economia 24.7» (24 horas por dia, 7 dias por semana), veio agudizar a competição entre empresas. Deu também novas feições binárias às teorias *insider/outsider*[166]: a exclusão de um conjunto significativo de pessoas do mercado de trabalho deve-se, em larga medida, ao facto *(i)* de se trabalhar mais horas, *(ii)* de os custos associados ao prolongamento da *jornada normal de trabalho* serem reduzidos *(iii)* e de, em latitudes diversas, se verificar um aumento genérico da idade de reforma, que alarga os ciclos produtivos de quem se encontra a laborar.

Em fundo, os novos padrões de consumo postulam respostas imediatas e a todo o tempo por parte das empresas (*just in time*)[167]: a "flexibilidade na gestão de recursos humanos" (utilização variável, qualitativa e quan-

---

[165] Assinalando o aspecto e aludindo às «realidades da *"gaiola de ferro"* em que o homem moderno se encontra confinado», v. ANTHONY GIDDENS, *Capitalismo e Moderna Teoria Social* (trad. Maria do Carmo Cary), Presença, Lisboa, 1990, 322.

[166] Cfr. ERIC LECLERCQ, *Les théories du marché du travail*, La pensés économique contemporaine, Éditions du Seil, Paris, 1999, 218 e 246 e ss., PIETRO ICHINO, *Il Contratto di Lavoro. I*, Giuffrè, Milão, 2000, 11-2, ANNE C. PETERSEN & JEYLAN T. MORTIMER, *Youth Unemployment and Society* (ed. By Anne C. Petersen & Jeylan T. Mortimer), Cambridge University Press, Cambridge, 2006, 122-3, LEFTERIS TSOULFIDIS *Competing schools of economic thought*, Springer, Heidelberg, 2010, 371 e CLEMENTE MASSIMIANI, *La qualitá del Lavoro Nell'Esperienza Dell'OIL e Nelle Politiche Sociali Europee*, Lulu Press, Raleigh, 2010, 170. Para os autores da construção (cfr. ASSAR LINDBECK & DENNIS J. SNOWER, "Insiders versus Outsiders", *Journal of Economic Perspectives* 2001, Vol. 15, 165-188 e antes: *The Insider-Outsider Theory of Employment and Unemployment*, MIT Press, Cambridge, 1989), o proteccionismo que subjaz ao Direito laboral potencia o interesse egoístico dos trabalhadores que têm uma ocupação, constituindo, *hoc sensu*, uma barreira de acesso a todos os que se encontram desocupados. A preocupação obsessiva com o garantismo, além de efeitos economicamente desincrementalistas (perda de competitividade económica), mostra-se inequitativa, pois os mais necessitados (*outsiders*), ante a exiguidade de recursos cada vez mais rivais, ficam privados da mudança de *statu quo*. Concluindo, nesta perspectiva: o funcionamento do mercado deve corresponder a um interesse partilhado de *insiders* e *outsiders*, buscando-se ganhos de eficiência social e obviando-se a taxas de desocupação de longa duração.

[167] Tanto se trata de dar resposta imediata à inovação tecnológica, quanto de dar resposta solícita às demandas verificáveis, em fenómeno de ajustamento permanente entre a oferta e a procura (*just in time*), como fazia salientar HANS BERTENS, "The Sociology of Postmodernity", *International Postmodernism: Theory and Literary Practice* (ed. Johannes Willem Bertens/Douwe Fokkema) John Benjamins Publishing Co, Amesterdão, 1997, 111 (103-120).

titativa, do capital humano[168], que envolve aspectos relativos ao tempo de trabalho, à qualificação e à adaptação dos trabalhadores[169]) é exaltada sob o pretexto de que é necessário *trabalhar mais e mais depressa*, face à imponderabilidade das tarefas e dos turnos, que, para um em cada três europeus, compromete o equilíbrio da conciliação entre trabalho e vida pessoal[170]. O Direito do Trabalho não tem permanecido indiferente aos fenómenos[171]. Muitos dos aspectos associados à regulação do tempo de trabalho, mesmo permanecendo formalmente intocados, tendem a sofrer variações interpretativas em razão das alterações registadas na regulação do contrato de trabalho, incorporando os efeitos da segmentação do mercado de trabalho, da especificidade dos vínculos laborais e do alargamento do espaço da autonomia individual que, com matizes e cambiantes, têm redesenhado a enciclopédia laboral moderna e reconformado a "dimensão ou medida quantitativa da prestação de trabalho".

As políticas relativas ao tempo de trabalho aparecem, tal como outrora, como um importante estímulo à empregabilidade[172] e, em simultâneo, como um instrumento eficaz de redução dos custos com o factor trabalho[173]. Mas elas ligam-se, antes do mais, à necessária tutela da dignidade da

---

[168] Expressão defenestrada por ALAIN SUPIOT, "Le travail, liberté partagée", *Droit Social* 1993, nºs 9/11, 721 (715-724), que sustenta o tratamento do trabalhador como um sujeito, "ao serviço do qual o Estado e as empresas devem estar *subordinadas*".
[169] Veja-se a Comunicação da Comissão ao Parlamento Europeu, ao Conselho, ao Comité Económico e Social Europeu e ao Comité das Regiões, *Revisão da Directiva «Tempo de Trabalho»* (primeira fase da consulta dos parceiros sociais a nível da União Europeia, nos termos do artigo 154º do TFUE) – COM (2010), 106, de 24.3.2010, 4.
[170] Eurofound, *Sexto Inquérito Europeu sobre as Condições de Trabalho: Relatório de síntese*, 2015.
[171] ANTÓNIO NUNES DE CARVALHO, "Notas sobre o regime do tempo de trabalho na revisão do Código do Trabalho", *Código do Trabalho – A Revisão de 2009* (coord. Paulo Morgado de Carvalho), Coimbra Editora, 2011, 328-9.
[172] Nesta perspectiva, ALAIN SUPIOT, *Le Droit du Travail* (8ª ed.), PUF, Paris, 2004, 54, dá relevo à consagração de sistemas de reforma obrigatória, políticas de redução uniforme do tempo de trabalho ou de promoção do trabalho a tempo parcial.
[173] Entre nós, evidenciando o aspecto a partir da diminuição da remuneração do trabalho suplementar, do aumento do tempo de trabalho – substanciado na eliminação de feriados, no encurtamento das férias – e na diminuição das compensações por cessação do contrato de trabalho, v. ANTÓNIO MONTEIRO FERNANDES, "A reforma laboral de 2012 – observações em torno da Lei nº 23/2012, de 25 de Junho", *Revista da Ordem dos Advogados* 2012, T. II/III, 551 e ss. e JÚLIO VIEIRA GOMES, "Algumas reflexões sobre as alterações introduzidas no Código do Trabalho pela Lei nº 23/2012, de 25 de Junho", *Revista da Ordem dos Advogados* 2012, T. II/III, 579 e ss..

pessoa humana e à protecção da integridade física e psicológica do trabalhador[174], bem se compreendendo, por isso, a impreteribilidade dos objectivos legais referentes à limitação do *período normal de trabalho*[175] e a inerente necessidade de preservação de espaços de repouso destinados à recomposição de energias dos trabalhadores[176], enquadramento que, mostrando atinência com a ordem pública[177], foi renovadamente consolidado com o nº 2 do artigo 31º da Carta dos Direitos Fundamentais da União Europeia[178].

2. No Direito interno, as limitações ao tempo de trabalho resultam, antes do mais, do direito "ao repouso e aos lazeres, a um limite máximo da jornada de trabalho, ao descanso semanal e a férias periódicas pagas" e do direito "à prestação do trabalho em condições de higiene e segurança" [previstos no artigo 59º, nº 1, als. c) e d) da Constituição], direitos que, por sua vez, aparecem ligado ao direito à saúde (artigo 64º), conjugando-se

---

[174] Com indicação acerca da multitude de textos nacionais e internacionais que se relacionam com os limites à duração de trabalho, v. FRANCISCO LIBERAL FERNANDES, *O tempo de trabalho*, Coimbra Editora, Coimbra, 2012, 55-8.

[175] Conceito que define o tempo de trabalho que o trabalhador se obriga a prestar, medido em número de horas por dia e por semana, sendo o "horário de trabalho" determinado pelas horas do início e do termo do período normal de trabalho diário, incluindo a determinação dos intervalos de descanso. O período normal de trabalho não pode exceder oito horas por dia nem quarenta horas por semana. Sendo este o regime-regra regra, o CT contem excepções estabelecíveis quer por IRCT, quer por acordo entre empregador e trabalhador, designadamente: (i) a redução dos limites máximos, sem diminuição da retribuição (nº 4 do artigo 203º); (ii) a adaptabilidade (artigo 204º); (iii) a adaptabilidade individual (artigo 205º); (iv) a adaptabilidade grupal (artigo 206º); (v) o banco de horas (artigo 208º) ou (vi) o horário concentrado (artigo 209º). Mas, quais sejam os limites permitidos pelas excepções enunciadas, a duração média do trabalho semanal, incluindo o trabalho suplementar, não pode exceder 48 horas, num período de referência fixado em IRCT, não devendo, em caso algum, ultrapassar 12 meses ou, na falta de fixação em IRCT, num período de referência de quatro meses, que, em determinadas situações, pode ser de seis meses (artigo 211º).

[176] Como faz notar JORGE LEITE, *Direito do Trabalho*, vol. I, Serviço de textos da U. C., Coimbra, 1998, 88, a limitação legal da duração diária e semanal do trabalho está ligada à protecção da saúde física e psíquica do trabalhador bem como à protecção da auto-disponibilidade do seu tempo segundo os seus interesses e preferências, em actividades familiares, recreativas, sociais, cívicas, culturais ou outras.

[177] Nestes termos: PHILIPPE WAQUET, *L'entreprise et les libertés du salarié - Du salarié-citoyen au citoyen salarié*, Liaisons, Paris, 2003, 195.

[178] Cfr., por exemplo, ROSÁRIO PALMA RAMALHO, "Comentário ao artigo 31º", *Carta dos Direitos Fundamentais da União Europeia Comentada* (coord. Alessandra Silveira e Mariana Canotilho), Almedina, Coimbra, 2013, 375-383.

não só com "o direito a constituir família e o direito à conciliação da vida profissional com a vida familiar e pessoal" (artigos 36º e 59º, al./b), mas também, mais genericamente, com a liberdade pessoal e o direito ao livre desenvolvimento da personalidade (artigo 26º).

Se o "direito a um limite máximo de jornada de trabalho é um direito fundamental de natureza análoga aos direitos, liberdades e garantias e, por isso, beneficia do seu regime"[179], a regulamentação legal da duração do trabalho começou entre nós com a Lei de 23.03.1891, que fixou o período de trabalho de oito horas para os manipuladores de tabacos. O Decreto de 14.04.1891 estabeleceu os limites do período normal de trabalho dos menores nos estabelecimentos industriais. O Decreto de 03.08.1907 impôs a concessão de descanso semanal para todas as classes trabalhadoras, em movimento crescente que, acompanhando a socialidade do Direito do Trabalho, não foi, bem ao contrário, interrompido com a proclamação da República[180].

As questões relacionadas com o tempo de trabalho não podem, por isso, ser dissociadas das primeiras preocupações ordenadoras relacionadas com o trabalho[181], não sendo também por acaso que a primeira directiva

---

[179] Ac. TC nº 368/97 de 14.05.1997 (FERNANDA PALMA), proc. nº 21/95, acrescentando-se, em sequência, que "tem aplicabilidade directa, independentemente da eventual intervenção do legislador; vincula imediatamente os poderes públicos e as entidades privadas; sujeita as leis restritivas aos princípios da exigibilidade ou necessidade, da adequação e da proporcionalidade; e vê salvaguardada a extensão do seu conteúdo essencial perante leis restritivas".

[180] Já depois da proclamação da República, com o avolumar das reivindicações operárias no sentido da adopção obrigatória do horário de trabalho, o Decreto-Lei nº 5516, de 10.05.1919, fixou os limites máximos do período do trabalho para a generalidade do comércio e indústria, estabelecendo o máximo de trabalho em oito horas diárias e quarenta horas semanais, com excepção dos relativos aos empregados de estabelecimentos de crédito de câmbios e de escritórios, que já tinham, desde a publicação da Lei nº 295, de 22.01.1915, um período normal de trabalho de sete horas por dia. Pouco tempo volvido, em 1928, Portugal, através do Decreto nº 15361, de 03.4.1928, aprovou para ratificação a Convenção nº 1 da Organização Internacional do Trabalho (OIT) relativa à duração do trabalho (indústria), de 1919, a qual estabelecia, como regra, oito horas por dia e 48 horas por semana (artigo 2º).

[181] ROSÁRIO PALMA RAMALHO, *Tratado de Direito do Trabalho, Parte II – Situações laborais individuais*, 4ª edição revista e actualizada, 2012, 496. Antes disso, é comum associar-se a prefiguração grosseira de um conceito de tempo de trabalho socialmente necessário ao desenvolvimento medieval das cidades [o espaço da cidade liberta (*Stadtluft macht frei*)] e à expansão do comércio urbano (o *tempo* dos mercadores). Na alegoria de JACQUES DE GOFF, *Du silence à la parole, Une histoire du droit du travail des années 1830 à nos jours*, Presses Universitaires de Rennes, Rennes, 2004, 215 e ss., a introdução de sinos nos centros urbanos operou uma transição do "tempo

de aplicação geral no domínio do tempo de trabalho foi adoptada há quase um quarto de século (Directiva 93/104/CE)[182]. Hoje, a directiva relativa ao tempo de trabalho (Directiva 2003/88/CE) é um elemento-chave do acervo da União Europeia, estando no âmago do Estado social europeu. O seu processo de revisão tem conhecido avanços e recuos, avultando, nesse âmbito, os problemas conexos com o pluriemprego e a adopção de um critério normativo que contabilize o tempo de trabalho *ad personam* e não, como sucede entre nós, num padrão de aferição *per vinculum*[183], já que as ameaças à integridade física e psicológica do trabalhador são efectivas e podem favorecer o aparecimento de situações nebulosas, que defraudam

da igreja" para um "tempo mercantil", aludindo-se também, e por associação, a uma transição do "tempo medieval" para um "tempo moderno". Este processo acompanhou a difusão do relógio mecânico, inventado por Giovanni Dondi (século XIV), o qual trouxe a hora de 60 minutos e, com ela, o dia como unidade do tempo de trabalho e a autonomia da medição do tempo em relação ao tempo natural. Cfr. FEDERICO ARBORIO-MELLA *La misura del tempo nel tempo: dall'obelisco al cesio*, Ulrico Hoepli Editore, Milão, 1990, 56-7 e ALAIN CORBIN, *História dos Tempos Livres* (trad. Telma Costa), Teorema, Lisboa, 1995, 147-8, 152.

[182] Sem prejuízo da essencialidade da Directiva 93/104/CE do Conselho, de 23.11.1993, relativa a determinados aspetos da organização do tempo de trabalho (JO L 307 de 13.12.1993, 18) – que foi modificada pela Diretiva 2000/34/CE –, as preocupações da UE em matéria de duração do tempo de trabalho refluem a 1975, então CEE, com a Recomendação 75/457/CEE do Conselho, de 22.07.1975 (JOUE L 199 de 30.07.1975, 32-3), relativa ao princípio da semana de quarenta horas e ao princípio das quatro semanas anuais de férias pagas.

[183] O tempo de trabalho tem conformado a posição da doutrina alemã acerca da (in)admissibilidade de uma segunda actividade que conflitue com o § 2. I ArbZG, que, prevendo a possibilidade de o trabalhador exercer mais do que uma actividade, determina a agregação dos diversos períodos de trabalho, estabelecendo, por conjugação, a inultrapassibilidade genérica do limite de oito horas diárias e de quarenta e oito horas semanais (§ 3 ArbZG): entre outros, PETER HANAU & KLAUS ADOMEIT, *Arbeitsrecht*, Luchterhand, Munique, 2005, § 726, 218. Contudo, se a violação daquela disposição injuntiva, qual *norma imperfeita*, deixa em aberto o destino do contrato de trabalho supérstite (nulidade, redução proporcional do segundo contrato de trabalho ou reconhecimento ao trabalhador do direito de optar pelo contrato que quer manter) – mas legitima, sem preocupações especiais quanto à sua estipulabilidade, a inserção no contrato de trabalho de cláusulas que proíbam o exercício de outras actividades que impliquem a ultrapassagem do limite de horas de trabalho previsto no § 3 I ArbZG –, não há no ordenamento português, com excepção da regulação atinente à soma dos períodos de trabalho de menor em caso de pluriemprego, disposição similar, havendo fundadas razões para, embora sem descurar as preocupações com a dignidade e a saúde do trabalhador, afastar um critério *ad laborem*, que desconsidere o critério *per vinculum* que historicamente moldou a legislação sobre o tempo de trabalho em Portugal. Cfr. JOÃO ZENHA MARTINS, *Dos pactos de limitação à liberdade de Trabalho*, Almedina, Coimbra, 2016, 470-7.

os objectivos legais de limitação do *período normal de trabalho* e aniquilam os espaços de repouso necessários.

Mas os desafios regulativos que assomam o tempo de trabalho não passam apenas pela garantia *ex lege* de um tempo mínimo de repouso e pela necessária preservação do emprego. Atravessam também uma miríade de questões relacionadas com a qualidade do (e no) trabalho. É o caso do trabalho intermitente, dos contratos com carga horária muito reduzida ou dos contratos "zero horas", também conhecidos como *pay as you work contracts*, que no Reino Unido têm larga disseminação no sector terciário[184], e que, estando historicamente associados a fórmulas contra-recessivas[185], não podem ser desligados da essência do tempo de trabalho.

Nesta perspectiva, em que os diferentes padrões de trabalho atípico podem curto-circuitar as preocupações comunitárias com o tempo de trabalho e em que a deslocalização de estruturas produtivas se intensifica, é importante não perder de vista que a Directiva 96/71/CE, relativa ao destacamento de trabalhadores, hoje complementada pela Directiva 2014/67/UE, estabelece que os Estados-Membros devem assegurar que, independentemente da lei aplicável à relação de trabalho, os períodos máximos de trabalho e os períodos mínimos de descanso previsto pela lei do país anfitrião são respeitados (artigo 1º)[186].

---

[184] Segundo GERBRAND THOLEN, *The Changing Nature of the Graduate Labour Market: Media, Policy and Ploitical discourses in the UK*, The Palgrave, Hampshire, 2014, 39, este tipo contratual abrande mais de um milhão de trabalhadores, estendendo-se ao serviço nacional de saúde. Ainda: JOÃO ZENHA MARTINS, «Da convivência entre as cláusulas de exclusividade e o trabalho a tempo parcial: reflexão a propósito da proibição de exclusividade no Reino Unido para os contratos "zero horas"», *Revista do Ministério Público 2015*, nº 142, 59-77.

[185] A utilização dos *zero hour contracts* remonta aos anos 80, correspondendo, com cambiantes, à fórmula germânica vulgarmente conhecida como *Arbeit auf Abruf*, desenvolvida à luz do § 12 da *Gesetz über Teilzeitarbeit und befristete Arbeitsverträge* (= Teilzeit-und Befristungsgesetz – TzBfG), cuja inscrição no catálogo de instrumentos flexibilizantes é comumente apontada, ante a derrogação à lógica de partilha de risco que caracteriza o § 615 s. 3 BGB. Com desenvolvimentos: GANGOLF KERN, "Arbeit auf Abruf", *Variationen im Recht: Festbeigabe für Franz Jürgen Säcker* (Katharina V Boesche/Jens Th Füller/Maik Wolf), BWV, Berlim, 2007, 279-284 e THOMAS MUSCHIOL, *Praxiswissen Arbeitsrecht* (2ª ed.) Haufe, Friburgo, 2015, 343-5.

[186] Tratando-se de evitar práticas de *dumping* social e de garantir que as regulamentações nacionais sobre o emprego não são enfraquecidas, existe, em acréscimo, conforme apontou o TJ no Acórdão *Laval un Partneri Ltd v Svenska Byggnadsarbetareförbundet*, de 18.12.2007, proc. C-341/05, um "efeito barreira", já que a Directiva protege não só os trabalhadores e os mercados nacionais de emprego, como também os empregadores que destaquem os seus

3. Uma das conquistas mais salientes da revolução francesa foi a separação entre o tratamento jurídico do trabalho e da pessoa, cortando-se com as concepções precedentes que indistinguiam trabalho e trabalhador[187]. Esta autonomização, que veio de par com a cisão entre produtores e meios de produção[188], fez lastro na dogmática juslaboral[189], encontrando na garantia de preservação da vida pessoal do trabalhador (e também na intangibilidade das liberdades públicas) um dos seus principais corolários[190].

A disposição da força de trabalho durante um determinado tempo envolve um estado de dependência, retendo-se, na fórmula usada pelo TJ

trabalhadores para outro Estado, impedindo que um Estado *ad quem* expanda a sua legislação laboral a um trabalhador destacado.

[187] Não obstante a referência de que o *Code* de 1804, codificação primeira da Revolução, "não era o código do trabalho nem o código dos trabalhadores", salientando esse legado de racionalidade jurídica: JORGE LEITE, *A extinção do contrato de trabalho por iniciativa do trabalhador*. Vol. II, Polic., Coimbra, 1990, 44-5, e também ALESSANDRO SOMMA, *Introduzione critica al diritto europeo dei contratti*, Giuffrè, Milão, 2007, 67.

[188] Salientando o ponto: BERNARDO LOBO XAVIER, "Direito do Trabalho", *Polis. Vol. II: Enciclopédia Verbo da Sociedade e do Estado*, Verbo, Lisboa, 1984, 582 e ANTÓNIO MENEZES CORDEIRO, *Manual de Direito do Trabalho*, Almedina, Coimbra, 1997, 50 e ss..

[189] Que surge condensada na conhecida afirmação de RIVERO, "Les libertés publiques dans l'entreprise", DS 1982, nº 5, 423: *"au contrat, le salarié met à la disposition de l'employeur sa force de travail, mais non sa personne"*, mas, antes disso, na sofisticada e difundida construção de FRANCESCO CARNELUTTI, "Natura del contratto di lavoro", *Studi di diritto civile* (Collezione di opere giuridiche ed economiche), Athenaeum, Roma, 1916, 230-1, que objectiva a energia humana para construir o contrato de trabalho (*"anche la energia umane, in quanto sono obbietto di un contratto, sono cose"*), embora esse isolamento, por natureza, seja impossível: reconhecendo-se ineliminável personalidade ao trabalhador, implicar-se-á, necessariamente, a assunção de que a sua vontade é uma emanação da respetiva personalidade, que influi sobre o seu trabalho como objecto. Por isso, ainda na perspectiva de que o trabalho humano não é uma mercadoria negociável, destaca-se, neste âmbito, as palavras de GÉRARD LYON-CAEN "Les clauses restrictives de la liberté du travail (Clauses de non-concurrence oude non réembauchage)", *Droit Social* 1963, nº 2, 88: *"l`objet même étant la faculté de travailler aurait peut être considérée comme hors du commerce"*.

[190] Por exemplo: JEAN-EMMANUEL RAY, "Les Libertés dans L'entreprise", *Pouvoirs* 2009, nº 130, 133 e, entre nós, ROSÁRIO PALMA RAMALHO, *Tratado de Direito do Trabalho, Parte II – Situações laborais individuais* (4ª edição revista e actualizada), 2012, 387, salientando que «um dos elementos de maior singularidade deste contrato reside no envolvimento da personalidade do trabalhador no vínculo, que decorre da dificuldade de estabelecer uma delimitação clara entre a prestação de trabalho e a pessoa do prestador. Esta dificuldade, conjugada com o carácter continuado da situação jurídica e com o grau de indeterminação da prestação de trabalho ao longo da execução do contrato, torna particularmente vulneráveis os direitos de personalidade do trabalhador na vigência do contrato, bem como os direitos fundamentais que lhe assistem na qualidade de cidadão».

para definir o conceito de *trabalhador* com o conhecido acórdão *Lawrie--Blum* v *Land Baden-Württemberg*[191], que a característica essencial da relação de trabalho está na *circunstância de uma pessoa realizar, durante certo tempo, em benefício de outra e sob a sua direção, prestações em contrapartida das quais recebe uma remuneração*.

O elemento temporal é, por isso, essencial na definição de uma situação laboral, dado que não há intersubjectividade laboral onde não existe uma noção de tempo heteronomamente objectivável, necessariamente expressável em unidades de tempo, ou seja, em dias, horas e/ou suas fracções[192]. Efeitos primeiros deste enquadramento são *(i)* a exclusão dos trabalhadores independentes e nalguns casos dos trabalhadores autónomos – *(i.i)* o prestador obriga-se por si, com autonomia e sem subordinação, à obtenção de um resultado, cuja efectivação finalística prejudica o conceito de tempo de trabalho *proprio sensu*, e *(i.ii)* o tempo de trabalho não é medível e/ou predeterminável como um todo[193] por alguns trabalhadores autónomos[194] –, e *(ii)* a objectivação de um conceito que, pelas razões que o determinam, não é susceptível de afastamento pela vontade dos sujeitos laborais, estando, em princípio, subtraídas quaisquer possibilidades de disposição convencional que desfigure o seu sentido.

---

[191] Caso 66/85, ECR 2121. Cfr. ALINA KACZOROWSKA, *European Union Law* (3ª ed.), Routledge, Londres/Nova Iorque, 2013, 652-3.
[192] Veja-se o considerando 5 da Directiva 2003/88/CE e, entre nós, o artigo 198º do CT.
[193] Acórdão de 14.10.2010, *Union Syndicale Solidaires Isère* contra *Premier ministre e outros*, C-428/09, ECLI:EU:C:2010:612, n.º 41.
[194] Quanto aos trabalhadores autónomos, o nº 1 do artigo 17º da Directiva 2003/88/CE estabelece a seguinte derrogação: "1. Respeitando os princípios gerais de proteção da segurança e da saúde dos trabalhadores, os Estados-Membros podem estabelecer derrogações aos artigos 3.º a 6.º, 8.º e 16.º, sempre que, em virtude das características especiais da actividade exercida, a duração do tempo de trabalho não seja medida e/ou predeterminada ou possa ser determinada pelos próprios trabalhadores e, nomeadamente, quando se trate: a) De quadros dirigentes ou de outras pessoas que tenham poder de decisão autónomo; b) De mão de obra de familiares; ou c) De trabalhadores do domínio litúrgico, das igrejas e das comunidades religiosas". Mas existem trabalhadores que não se incluem nestas categorias e podem ser também elegíveis, desde que, em virtude das características especiais da actividade exercida, o seu tempo de trabalho não seja medido e/ou predeterminado, ou possa ser determinado por eles próprios.

II. A definição de tempo de trabalho

4. Em sintonia com a Directiva 2003/88/CE, o Código do Trabalho, em linha com o passado[195], adopta um sistema dicotómico: o tempo é de trabalho ou de descanso. Não há uma categoria intermédia. Ela existe para os transportadores rodoviários: a Directiva 2002/15/CE do Parlamento Europeu e do Conselho, de 11.03.2002[196], consagra um tempo de disponibilidade, mas com recorte insusceptível de ser transposto para o modelo de frequência média. Essa insusceptibilidade verifica-se não só em função do âmbito da aplicação da Directiva 2002/15/CE, como também em razão de a Directiva 2003/88/CE[197] visar a proteção da segurança e da saúde dos trabalhadores, mediante o estabelecimento de prescrições mínimas de segurança e de saúde em matéria de organização do tempo de trabalho que, sendo vinculativas, não convivem com uma categoria conceptual intermédia[198], embora esta, nas margens consentidas pela Directiva 2003/88/CE,

---

[195] Por exemplo: JORGE LEITE, "Trabalho é trabalho, descanso é descanso ou o modo de ser do direito", *Questões Laborais* 1998, nº 12, 218.

[196] Relativa à organização do tempo de trabalho das pessoas que exercem actividades móveis de transporte rodoviário, complementada pelo Regulamento (CE) n.º 561/2006 do Parlamento Europeu e do Conselho, de 15.03.2006, relativo à harmonização de determinadas disposições em matéria social no domínio dos transportes rodoviários, que altera os Regulamentos (CEE) n.º 3821/85 e (CEE) n.º 2135/98 do Conselho e revoga o Regulamento (CEE) n.º 3820/85 do Conselho. O Decreto-Lei nº 237/2007, de 19.06, que procedeu *à transposição para a ordem jurídica interna da Directiva nº 2002/15/CE de 11/03, relativa à organização do tempo de trabalho das pessoas que exerçam actividades móveis de transporte rodoviário*, dispõe no artigo 5º que o tempo de disponibilidade não é considerado tempo de trabalho, sendo que a al/c do artigo 2º define *tempo de disponibilidade "como qualquer período, que não seja intervalo de descanso, descanso diário ou descanso semanal, cuja duração previsível seja previamente conhecida pelo trabalhador, nos termos previstos em convenção colectiva ou, na sua falta, antes da partida ou imediatamente antes do início efectivo do período em questão, em que este não esteja obrigado a permanecer no local de trabalho, embora se mantenha adstrito à realização da actividade em caso de necessidade, bem como, no caso de trabalhador que conduza em equipa, qualquer período que passe ao lado do condutor ou num beliche durante a marcha do veículo"*.

[197] O nº 1 do artigo 14.º estabelece igualmente que *«(a)s disposições da presente directiva não se aplicam na medida em que outros instrumentos comunitários contenham disposições mais específicas em matéria de organização do tempo de trabalho relativamente a determinadas ocupações ou actividades profissionais"*.

[198] Entre outros, cfr. § 26 do Acórdão no processo C-266/14, JO C 282, de 25.8.2014. Sem prejuízo, a Comissão Europeia avançou em 2005 com uma proposta para o tempo de permanência [COM (2005) 246 final de 31.5.2005], que se afastava do parecer do Parlamento Europeu e que visava a qualificação expressa desse tempo como tempo de trabalho. A proposta da Comissão, que entretanto não teve seguimento, passava pela possibilidade de pré fixar, por

e mediante determinadas condições (infra), possa ser criada no âmbito dos diferentes Estados-Membros, excluindo-se porém desse âmbito períodos que, também na leitura do TJ, não podem deixar de ser qualificados como tempo de trabalho.

Entrevendo-se vantagens na confecção legal de um *tertium genus*, cabe não perder de vista que o carácter mínimo das disposições da Directiva significa que os Estados-Membros podem aplicar ou introduzir disposições mais favoráveis à proteção da segurança e da saúde dos trabalhadores. Hoje, isso implica que, por um lado, tanto no espaço de transposição legal reconhecido aos Estados-Membros quanto na interpretação fazível das disposições nacionais sobre o tempo de trabalho ou mesmo por via da autonomia colectiva ou individual não se possa considerar que o tempo de disponibilidade é tratável como tempo de descanso[199], e que, por outro lado, existe, à luz da definição do artigo 2º da Directiva 2003/88/CE, um conceito de tempo de trabalho mínimo que pode ser alargado, mas não comprimido[200].

O artigo 199º do CT recorta o tempo de descanso a partir de uma perspectiva excludente: onde não existe período de trabalho existe período de descanso. O primeiro desfecho da técnica seguida, que não está isenta de críticas[201], encontra-se, pois, na delimitação do que é período de trabalho para, com isso, ficar recortado o tempo de descanso.

---

acordo ou convenção, esse período inactivo que não seria considerado tempo de trabalho, com base numa média ou proporção do tempo de permanência. A limitação reportava-se à exclusão dos períodos inactivos do tempo de permanência do cálculo dos períodos de descanso diário e semanal, não relevando, assim, como tempo de trabalho, nem como tempo de repouso.

[199] Giovanni Amoroso/Vincenzo di Cerbo/Arturo Maresca, *Diritto del lavoro. Volume I – La Costituzione, il Codice civile e le leggi speciali* (3ª ed.), Giuffrè, Milão, 2009, 933.

[200] Cfr. Alfredo Casotti & Maria Rosa Gheido, *Orario di lavoro*, Ipsoa, Trieste, 2009, 7-8. Nos termos do artigo 15.º da Directiva, não se impede *"os Estados-Membros de aplicarem ou introduzirem disposições legislativas, regulamentares ou administrativas mais favoráveis à proteção da segurança e da saúde dos trabalhadores, ou de promoverem ou permitirem a aplicação de convenções coletivas ou acordos celebrados entre parceiros sociais mais favoráveis à proteção da segurança e da saúde dos trabalhadores."*

[201] A definição de período de descanso surge após a definição de "período normal de trabalho e não, como antes de 2009, em sequência do conceito de tempo de trabalho, sem que se discirna razão para tanto. Como fez notar António Nunes de Carvalho, "Notas sobre o regime do tempo de trabalho na revisão do Código do Trabalho", cit., 336, a noção de período de descanso contrapõe-se à de tempo de trabalho e não à de período normal de trabalho.

Tratando-se de fixar um *conceito-quadro*, que vai conformar a noção de período normal de trabalho (artigo 198º do CT) e acomodar os limites do período normal de trabalho ou o trabalho suplementar, o problema está na existência de zonas cinzentas que, à luz da formulação utilizada no nº 1 do artigo 197º do CT, podem ser qualificadas como tempo de trabalho, embora o trabalhador não desenvolva com efectividade qualquer actividade. Não é uma indefinição exclusiva da legislação nacional. Não obstante a definição de tempo de trabalho e período de descanso aparecer decalcada da que se encontrava na Diretiva 93/104/CE, ela atravessa também o artigo 2º da Directiva, com a jurisprudência do TJ a assumir um papel axial[202]. Esse papel tem sido tão mais importante quanto existem descoincidências nas versões linguísticas do artigo 2º da Directiva: é conhecido o afastamento na versão inglesa da redação exacta da Directiva, sendo, por exemplo, claro que o sentido do sintagma francês *"le travailleur est au travail"*, oficialmente adoptado na versão francesa, não é igual à expressão *"le travailleur travaille"* e que a conjunção coordenativa de natureza disjuntiva que, na versão portuguesa, antecede a referência de que o trabalhador *se encontra à disposição da entidade patronal e no exercício da sua actividade ou das suas funções* não está em todas as versões[203]. Existindo diferenças evidentes entre a natureza copulativa ou disjuntiva da conjunção utilizável, o tempo de trabalho na versão oficial da tradução portuguesa da Directiva aparece definido como *"qualquer período durante o qual o trabalhador está a trabalhar ou se encontra à disposição da entidade patronal e no exercício da sua actividade ou das suas funções, de acordo com a legislação e/ou a prática nacional"*.

5. A jurisprudência comunitária oferece três critérios cujo preenchimento cumulativo não deixa margem para outra solução legal, regulamentar ou convencional que não seja a de que esse período tem que ser considerado tempo de trabalho, já que essa construção heurística tem em vista as consequências jurídicas que nela se coenvolvem, nomeadamente as que se referem à aplicação dos limites máximos ao período normal de trabalho.

[202] Entre outros, cfr. VITO LECCESE, *La disciplina dell'orario di lavoro nel d.lgs. n. 66/2003, come modificato dal d.lgs. n. 213/2004*, Facoltà di Giurisprudenza – Università di Bari, Centro Studi di Diritto del Lavoro Europeo "Massimo D'Antona", 2006, 30.
[203] Entre nós, sobre este aspecto, veja-se JÚLIO VIEIRA GOMES, *Direito do Trabalho* (2007), cit., 655.

a) O primeiro critério é de natureza espacial, correspondendo à expressão "o trabalhador está a trabalhar". Para tanto, e como se enfatiza no Parecer do advogado-geral Yves Bot[204], o trabalhador tem de estar no seu local de trabalho ou em local determinado pelo empregador.

Foi assim que no processo C-303/98 (§ 48), conhecido como Acórdão SIMAP[205], o TJ considerou que as duas primeiras condições do tempo de trabalho («está a trabalhar» e «à disposição da entidade patronal») estavam preenchidas no caso do tempo dedicado à actividade de guarda no estabelecimento de saúde. Nesta hipótese, a actividade dos médicos compreendia *(i)* períodos de exercício de actividade no estabelecimento de saúde, *(ii)* períodos de guarda com permanência obrigatória no estabelecimento de saúde e *(iii)* períodos de guarda ambulatória, em que os médicos, embora tivessem que estar disponíveis para as urgências e acorrer à chamada, não tinham que estar no estabelecimento de saúde.

Não obstante a existência de condições de descanso que o empregador disponibilize no âmbito da sua organização produtiva – emblematicamente: processo C-151/02, conhecido como Acórdão *Jaeger*, em que o facto de os médicos poderem descansar no estabelecimento de saúde durante os períodos de permanência, com camas para o efeito, não afastou a qualificação do período de disponibilidade como tempo de trabalho –, o relevante, para este efeito, está na *adstrição física dos trabalhadores ao local de trabalho*[206], em linha com o decidido no processo C-397/01, conhecido como Acórdão *Pfeiffer*[207], e conforme enquadramento reiterado no processo C-437/05, também conhecido como Acórdão *Vorel*[208].

---

[204] Parecer de 11.06.2015, *Federación de Servicios Privados del sindicato Comisiones obreras (CC. OO.)* contra *Tyco Integrated Security SL e Tyco Integrated Fire & Security Corporation Servicios SA.*, C-266/14, ECLI:EU:C:2015:391, §§ 31 e 48.
[205] Col. I-7963.
[206] Acórdão de 09.09.2003, *Landeshauptstadt Kiel* contra *Norbert Jaeger*, C-151/02, ECLI:EU:C:2003:437. Em sentido concordante, ainda: Vito Leccese, *La disciplina dell'orario di lavoro nel d.lgs. n. 66/2003, come modificato dal d.lgs. n. 213/2004*, cit., 31.
[207] Acórdão de 05.10.2004, *Bernhard Pfeiffer, Wilhelm Roith, Albert Süß, Michael Winter, Klaus Nestvogel, Roswitha Zeller e Matthias Döbele* contra *Deutsches Rotes Kreuz, Kreisverband Waldshut eV*, C-397/01 a C-403/01, ECLI:EU:C:2004:584.
[208] Acórdão de 11.01.2007, *Jan Vorel* contra *Nemocnice Český Krumlov*, C-437/05, ECLI:EU:C:2007:23.

Com fundamentação idêntica, no processo C-266/14, conhecido como Acórdão *Tyco*[209], o TJ entendeu, a respeito da aplicação do critério *"está a trabalhar"* aos trabalhadores que se deslocam de/para um cliente, que "o local de trabalho desses trabalhadores não pode ser reduzido aos locais de intervenção física dos mesmos junto dos clientes da entidade patronal" (§3). Recordando-se que o processo disse respeito a técnicos contratados para instalar e manter em pleno funcionamento aparelhos de segurança em vários locais numa área geográfica que lhes fora atribuída[210], o elemento essencial na determinação do tempo de trabalho radicou no facto de os trabalhadores serem obrigados a estar fisicamente presentes no local determinado pelo empregador (§35). Mas se a determinação desse local não tem que ser coincidente com o local de trabalho, não se pode também irrelevar a imediaticidade com que o trabalhador deve acorrer à determinação do empregador. Relevante será, pois, que o trabalhador se encontre à disposição para fornecer de imediato as prestações adequadas, em caso de necessidade (§35), retendo-se que, no concreto, o TJ considerou que as deslocações dos trabalhadores às instalações dos clientes designados pelo seu empregador constituíam um instrumento necessário à prestação dos seus serviços técnicos aos clientes, firmando, em desfecho lógico, que esses períodos deveriam ser considerados como períodos durante os quais os trabalhadores exercem a sua actividade ou as suas funções (§34).

Essa lógica de imediaticidade, quando combinada com a heterodisponibilidade do trabalhador, postulará que esse tempo seja considerado tempo de trabalho, incluindo-se nesse perímetro o tempo de deslocação. Sem que se trate de arvorar *in genere* o tempo de deslocação em tempo de trabalho, o factor relevante estará na inexistência de um local de trabalho fixo (por exemplo: deslocação à casa de clientes ou reparação de cabos elétricos, em formato de piquete), já que a falta de habitualidade do itinerário, ao envolver a perda de capacidade de um trabalhador para determinar livremente a distância que separa a sua residência do local habitual de

---

[209] Acórdão de 10.09.2015, *Federación de Servicios Privados del sindicato Comisiones obreras (CC. OO.)* contra *Tyco Integrated Security SL, Tyco Integrated Fire & Security Corporation Servicios SA*, C-266/14, ECLI:EU:C:2015:578.

[210] Estes trabalhadores deslocavam-se pelo menos uma vez por semana aos escritórios de uma agência logística de transportes para recolher o equipamento de que necessitavam para as suas intervenções. Nos outros dias, deslocavam-se diretamente da sua residência para os locais onde deviam realizar as suas actividades.

início e de fim do dia de trabalho (§44), postula que o tempo de trabalho desse trabalhador não apareça reduzido ao tempo passado nas instalações do empregador ou dos clientes[211].

b) O segundo critério é de natureza qualitativa, correspondendo à previsão de que "o trabalhador está à disposição da entidade patronal". Este segmento, que não pode ignorar que a disponibilidade do trabalhador implicada pelo contrato de trabalho não é total ou absoluta[212] (em rigor, trata-se da disponibilidade da força de trabalho oferecida pelo trabalhador e não da disposição do trabalhador *qua tale*), diz respeito ao facto de, em caso de necessidade, o trabalhador estar à disposição para fornecer de imediato as prestações adequadas. Cuida-se, em substância, de um elemento de autoridade, que não existe quando se está perante um tempo de descanso.

Se no Acórdão *Tyco* foi com base no facto de os trabalhadores receberem um itinerário para as suas deslocações e não poderem dispor livremente do seu tempo e dedicar-se aos seus próprios interesses durante esse período que se considerou verificado que *os trabalhadores estavam à disposição do empregador*, (§§35 e 39) – ainda que, em leitura crítica, se possa entender que o TJ torneou a *quaestio* relativa à abrangência do *locus executionis*, assumindo uma premissa de infixidez do local de trabalho para daí extrair uma componente de imprevisibilidade conducente, a final, à caracterização do elemento *estar à disposição do empregador* –, como se enfatiza no § 48 do Acórdão *Dellas* (processo C-14/04)[213], aquele elemento existirá sempre que os trabalhadores estão juridicamente obrigados a obedecer às instruções do empregador e a exercer a sua actividade por conta desta. *A contrario*, quando se verifique que os trabalhadores podem gerir o seu tempo sem grandes constrangimentos e consagrar-se aos seus próprios interesses está--se, na boa formulação do §50 do Acórdão SIMAP (processo C-303/98), perante um elemento revelador de que o período em causa não pode ser considerado tempo de trabalho[214].

---

[211] No mesmo sentido, à luz do *Code du Travail*, cfr. VÉRONIQUE BAUDET-CAILLE, *Le droit du travail dans les associations*, ed. Liaisons, Rueil-Malmaison, 2007, 109.
[212] Acompanhamos ROSÁRIO PALMA RAMALHO, *Direito do Trabalho. Parte II*, cit., 122.
[213] Acórdão de 01.12.2005, *Abdelkader Dellas e outros* contra *Premier ministre e Ministre des Affaires sociales, du Travail et de la Solidarité*, C-14/04, ECLI:EU:C:2005:728.
[214] Por isso, ALBINO MENDES BAPTISTA, "Tempo de trabalho efectivo, tempos de pausa e tempo de terceiro tipo", *Revista de Direito e Estudos Sociais* 2002, Ano XLIII, 41, sustentou,

Esta orientação específica do TJ reitera o enquadramento seguido nos Acórdãos *Jaeger* (processo C-151/02) e *Dellas* (processo C-14/04), com o TJ a considerar que o tempo de permanência dos trabalhadores em serviços de urgência deve ser considerado na sua totalidade como tempo de trabalho na acepção da Directiva, se esses serviços envolverem a sua presença no local de trabalho. Foi assim, dado que os trabalhadores em causa deviam estar à disposição para prestar serviço num local determinado pelo empregador durante a totalidade do período[215].

Em movimento circular de ir e vir, que combinou o alcance da disponibilidade dos trabalhadores com as consequências associáveis à putativa qualificação desse período como tempo de descanso, as razões para o enquadramento perfilhado pelo TJ são basicamente condensáveis em dois pontos: *(i)* os trabalhadores estão sujeitos a limitações intensas, uma vez que têm de ficar afastados do seu meio familiar e social e beneficiam de uma menor margem para gerir o tempo durante o qual os seus serviços profissionais não são requeridos, *(ii)* a exclusão da noção de tempo de trabalho do período de guarda prestado no regime de presença física seria susceptível de pôr seriamente em causa o objectivo de garantir a segurança e a saúde dos trabalhadores, que lhes permite beneficiar de períodos mínimos de descanso e de períodos de pausa adequados.

c) O terceiro critério prende-se com o facto de *o trabalhador dever estar no exercício da sua actividade ou das suas funções*. A formulação não é isenta de folgas interpretativas. Devendo ler-se a referência à "actividade ou às funções" à luz de um princípio de tutela da profissionalidade – a disponibilidade do trabalhador encontra-se funcionalizada ao exercício das suas funções e não a quaisquer outras, estando esse exercício associado a um

---

no ordenamento português, que *"o conceito de trabalho efectivo deve ser construído tendo por base as ideias de disponibilidade e de presença física na empresa, sem prejuízo de uma abordagem específica para as profissões de exercício itinerante e do trabalho realizado pelo trabalhador no seu domicílio"*, mais salientando que *"se o trabalhador permanece no local de trabalho e está disponível para trabalhar, esse período de tempo deve considerar-se como tempo de trabalho; mas já se o trabalhador permanece fora do seu local de trabalho, por exemplo em casa, em que pode ainda que de uma forma limitada gerir os seus próprios interesses e desenvolver, até, actividades à margem da relação laboral que mantém com a entidade empregadora, apesar de se encontrar disponível para trabalhar para esta, como regra esse período de tempo não pode considerar-se tempo de trabalho."*

[215] Ainda VITO LECCESE, *La disciplina dell'orario di lavoro nel d.lgs. n. 66/2003, come modificato dal d.lgs. n. 213/2004*, cit., 31.

conjunto específico de saberes, que compõem a sua capacidade produtiva no seio do "trabalho" e através da qual o trabalhador se realiza enquanto cidadão[216] –, a lógica de adstrição funcional que está subjacente ao critério não consente a atribuição de relevância ao facto de "o interessado não exercer uma actividade profissional contínua", pois "ainda que a actividade efectivamente desenvolvida varie consoante as circunstâncias, a obrigação que é imposta aos trabalhadores de estarem presentes e disponíveis nos locais de trabalho com vista à prestação dos seus serviços profissionais deve ser considerada como inserindo-se no exercício das suas funções"[217].

Não sendo, por princípio, relevantes as interrupções que nesse contexto organizativo se verifiquem, é também despojado de qualquer significado, no que à qualificação como tempo de trabalho diz respeito, saber se o trabalho produz algum resultado ou mesmo medir a sua intensidade: à luz do §46 do Acórdão no processo C-14/04, o tempo de permanência tem o estatuto de tempo de trabalho, independentemente das prestações de trabalho realmente efectuadas pelo interessado durante esse período de permanência e/ou da inclusão de tempos de descontinuidade.

Dado que tanto a intensidade das actividades realizadas quanto a sua interrupção são irrelevantes, não há razão para afastar deste critério um conjunto de situações em que o trabalhador está presente no seu local de trabalho e disponível para o exercício das suas funções, ainda que em desenvolvimento de um conjunto de actos preparatórios ou instrumentais, de que podem ser exemplo o fardamento/desfardamento no local de trabalho ou a abertura/fecho de instalações[218].

---

[216] O tema é objecto de afloramento por JÚLIO VIEIRA GOMES, *Direito do Trabalho*, cit., 99-100, que, a propósito da dissecação do objecto do contrato de trabalho e do conteúdo da prestação devida pelo trabalhador, prefigura a profissionalidade como uma espécie de pressuposto do contrato, salientando a existência de um direito à profissionalidade no âmbito das relações de trabalho e, naturalmente, a necessidade de uma tutela efectiva. Acompanhando GIANNI LOY, "La professionalità", *Revista Giuridica del Lavoro e della Previdenza Sociale* 2003, nº 4, 765, a profissionalidade é definível como "a capacidade de desenvolver uma actividade própria com competência e eficiência".

[217] §93 do Acórdão nos processos apensos C-397/01 a C-403/01.

[218] Em diálogo que se pode estabelecer desde já com a jurisprudência portuguesa, veja-se, porém, em sentido contrário, o Ac. da Rl. Pt. de 02.07.2011 (MACHADO DA SILVA), proc. nº 636/09.4TTPRT-P1, onde "um período de permanência" de 45 minutos para preparação da abertura da sala de jogos ou mudança de turno não foi considerado tempo de trabalho; mas, no sentido preconizado, ver, entretanto, Ac. da Rl. Lx. de 06.12.2017 (LEOPOLDO SOARES),

6. Feito o balanço do que cabe no artigo 2º da Directiva e que, à luz dos critérios enunciados, haverá de ser qualificado como tempo de trabalho, é fundamental não perder de vista que, de um quadrante, não se pode prescindir do exame das condições que, na prática, se aplicam ao tempo de trabalho do trabalhador em questão (§50 do Despacho *Grigore*, C-258/10[219]), e que, de outro quadrante, renunciando-se a enunciados geométricos e acabados, há zonas cinzentas, em que os diferentes critérios podem virtualmente abrogar-se. Basta pensar em alguém que, tendo a obrigação profissional de estar em reunião no estrangeiro, faz, para o efeito, um voo de longo curso; dormindo durante a viagem, está, no país de destino, em reunião durante o dia, aproveitando outro tanto a viagem de regresso para dormir. Será que o tempo subjacente ao voo de longo curso deve ser considerado tempo de trabalho? Por um lado, a viagem foi feita para local indicado pelo empregador, estando compreendida nas funções atribuídas ao trabalhador; durante esse período, o trabalhador encontra-se impossibilitado de contactar com familiares ou amigos e não pode sair do avião, deslocando-se para o local (inabitual) que o exercício das suas funções implica. Por outro lado, o trabalhador é livre de fazer o que lhe aprouver durante a viagem, estando incontactável; logo, durante esse período, pode gerir o seu tempo sem grandes constrangimentos e consagrar-se aos seus próprios interesses, incluindo dormir, sem que exista a possibilidade de receber indicação em contrário do empregador.

Visto que os acórdãos do TJ recenseados viabilizam, consoante as respectivas razões de decidir, folgas para leituras diferentes, a resposta, como salientava Umberto Eco[220], não deve prescindir da ideia de que todas as coisas são semelhantes quando encaradas com base numa certa relação. Sem prejuízo, e em atenção ao objetivo de garantir a segurança e a saúde dos trabalhadores, a similitude com o enquadramento desenvolvido no Acórdão *Tyco* (processo C-266/14) é densa (§3), parecendo também não

---

proc. nº 26263/16.1T8LSB-4, podendo ler-se que "(o)s períodos que se mostrem indispensáveis à preparação do exercício da actividade laboral, nomeadamente o tempo gasto com especiais cuidados de saúde, segurança e higiene no trabalho exigidos pela sua própria natureza ou pelas normas legais ou convencionais aplicáveis integram-se no conceito de tempo de trabalho" e que "o mesmo se dirá dos períodos em que os trabalhadores à saída efectuam as operações inversas".

[219] EU:C:2011:122.
[220] UMBERTO ECO, *O pêndulo de Foucault* (trad. de J. Barreiros), Difel, Lisboa, 1989, 533.

haver razão para tratar de forma diferente as situações em que a deslocação para um local de trabalho inabitual é feita a expensas do empregador ou do trabalhador. Tão pouco haverá justificação para considerar que circunstâncias estocásticas ou acidentais, como as que se referem ao meio de transporte utilizado ou à respectiva condução, possam interferir, de forma decisiva, na qualificação a fazer desse tempo.

O que parece decisivo é que, em razão de um contrato de trabalho, o trabalhador tem de ficar afastado do seu meio familiar e social, predestinando o seu tempo ao cumprimento de uma obrigação profissional. Com isso, o trabalhador não dispõe de margens para conformar, com significativa liberdade, o que fazer durante esse período (gestão da auto-disponibilidade do *seu* tempo segundo os *seus* interesses e preferências, em actividades familiares, recreativas, sociais, cívicas, culturais ou outras), estando estreitada, desde logo, a possibilidade de escolher o local onde quer estar.

A ligação daquelas concretas condições de tempo e lugar à prestação de trabalho inviabilizará, por isso, a qualificação desses períodos como tempo de descanso[221].

III. O conceito de tempo de repouso

7. A disponibilidade implicada pelo contrato de trabalho não é total ou absoluta[222] e a subordinação jurídica tem limitações funcionais e temporais impreteríveis. Muitos dirão que os paradoxos existem: há trabalhadores que laboram em tempo de descanso, havendo outros que descansam no tempo de trabalho. Mas o tempo de repouso ou de descanso, como inculca o substantivo, corresponde a um tempo em que o trabalhador descansa ou em que pode descansar. Ou, mais amplamente, consagrar-se ao ócio. É um tempo que convoca o conceito de vida privada[223], em que o trabalhador

---

[221] Sendo essa a solução que, face à jurisprudência do TJ, melhor quadra com o artigo 2º da Directiva, será também esse o desfecho a que se chegará à luz do CT2009. Por exemplo, Ac. Rl. Cb. de 10.03.2016 (Paula do Paço), proc. nº 250/13.0TTCTB.C1.
[222] Acompanhamos Rosário Palma Ramalho, *Direito do Trabalho. Parte II*, cit., 122. Com excepção dos regimes especificamente estabelecidos para os *praticantes desportivos* (art. 1.2, RD nº 1006/1985), para o *pessoal de alta direcção* (art. 8.1, RD 1382/1985) e os *artistas* (art. 6.4, RD 1435/1985), também em Espanha um trabalhador pode ser titular de vários contratos de trabalho, face ao princípio da liberdade de trabalho e ao direito à livre escolha de profissão que fluem do art. 35.1 da Constituição e do art. 4.1 do ET.
[223] Cabendo recordar que, para o Tribunal Europeu dos Direitos do Homem, *"la notion de vie privée est une notion large, non susceptible d'une définition exhaustive, qui recouvre l'intégrité physique*

adquire a gestão da sua vida, lá onde, sem prejuízo das irradiações do dever de lealdade (trata-se de uma lealdade que se reporta às características do vínculo, e não de uma lealdade pessoal ao empregador, que é conformada pelo princípio da boa fé), se desprende do esquema de interesses em que se move a execução do contrato de trabalho. É aí que o trabalhador encontra as "indispensáveis oportunidades de disponibilidade pessoal, de lazer e de libertação dos constrangimentos impostos pela actividade laboral"[224].

Se tal não suceder, então, por princípio, estar-se-á perante situação em que o trabalhador permanece *adstrito à realização da prestação*, de acordo com a formulação do artigo 197º do CT[225], que vem considerar como "tempo de trabalho qualquer período durante o qual o trabalhador exerce a actividade ou permanece adstrito à realização da prestação"[226].

Não obstante a identidade binária entre a Directiva e o CT e a técnica utilizada para recortar o tempo de trabalho e o tempo de descanso – o tempo de descanso aparece sempre prefigurado em remanescência[227] –, a previsão que nº 1 do artigo 197º alberga é mais ampla do que aquela que o nº 1 do artigo 2º da Directiva contém, ao menos nos termos em que o TJ a vem densificando.

---

et morale de la personne. Elle peut donc englober de multiples aspects de l'identité physique et sociale d'un individu": CEDH, 04.12.2008, Marper c. Royaume-Uni, req. 30562/04. Cfr. THOMAS HAMMARBERG, *Droits de l'homme en Europe: la complaisance n'a pas sa place*, Conselho da Europa, Estrasburgo, 2011, 305.

[224] BERNARDO LOBO XAVIER, *Iniciação ao Direito do Trabalho* (3ª ed.), Verbo, Lisboa, 2005, 371.

[225] Parece-nos ser também esse o enquadramento feito por JOAO LEAL AMADO, "Tempo de trabalho e tempo de vida: sobre o direito à desconexão profissional", *Trabalho sem fronteiras? O papel da regulação* (coord. Manuel Roxo) Almedina, 2017, 122.

[226] A redação é semelhante à que foi adoptada no artigo 155º do CT/2003, diferindo, contudo, da que se encontrava na al./a do nº 1 do artigo 2º da Lei nº 73/98, de 10.11, que previa *apenas* "(...) qualquer período durante o qual o trabalhador está a trabalhar ou se encontra à disposição da entidade empregadora e no exercício da sua actividade ou das suas funções".

[227] Este sistema binário é reiteradamente acentuado pela doutrina e pela jurisprudência nacionais. Entre vários, veja-se, respectivamente, FRANCISCO LIBERAL FERNANDES, "Sobre o conceito de tempo de trabalho no Código do Trabalho", *Questões laborais* 2006, nº 13, 137, MARIA DE FÁTIMA RIBEIRO, "Breves notas críticas sobre a evolução de alguns aspectos do regime da duração e organização do tempo de trabalho", *Questões Laborais* 2006, nº 28, 220, LUÍS MENEZES LEITÃO, *Direito do Trabalho*, Almedina, Coimbra, 2010, 308-9, MARIA LUÍSA TEIXEIRA ALVES, "As fronteiras do tempo de trabalho", *Estudos de direito do trabalho* (org. António Monteiro Fernandes), Coimbra Editora, Coimbra, 2011, 165-257, e Ac. STJ de 19.11.2008 (SOUSA GRANDÃO), proc. nº 08S0930.

Uma vez que não existe qualquer entrave a um alargamento do conceito de tempo de trabalho por parte dos Estados-Membros, o pressuposto de adstrição à realização da prestação que o CT utiliza em alternativa ao exercício da actividade abrangerá as situações em que o trabalhador está em local à sua escolha (*v.g.* domicílio), mas de sobreaviso para acorrer a uma prestação determinada pelo empregador, ficando, para o efeito, obrigado a estar contactável a qualquer momento.

Se, nestas situações, também designadas por *tempo de prevenção*, o TJ entende que apenas o tempo relacionado com a prestação efectiva dos serviços (incluindo, porém, o tempo necessário para chegar ao local onde estes serviços são prestados) deve ser considerado como tempo de trabalho na acepção da Directiva – fundamentalmente em razão de os trabalhadores, por força da liberdade de escolha do local onde podem permanecer, terem a possibilidade de gerir o seu tempo com menos constrangimentos e consagrar-se aos seus próprios interesses (§50 do Acórdão SIMAP C-303/98) –, não há razão para estreitar a letra do artigo 197º do CT no que à qualificação destas situações como tempo de trabalho diz respeito, embora, por vezes, se tenda a identificar o do nº 1 do artigo 197º com o nº 1 do artigo 2º da Directiva, desmerecendo-se tanto a diferença de redacções quanto o alcance do artigo 15º da Directiva, em movimento exegético que, no mais, também fez curso em Itália a propósito da *obbligo di reperibilità* estabelecida por contratação colectiva, não obstante a maior estreiteza dos pressupostos subjacentes à concretização da figura[228].

Não havendo entre nós um *tertium genus* similar às *astreintes*[229] previstas no art. L. 3125-5 do *Code du Travail* – período durante o qual o trabalhador

---

[228] Como fazem notar Giovanni Amoroso/Vincenzo di Cerbo/Arturo Maresca, *Diritto del lavoro. Volume I – La Costituzione, il Codice civile e le leggi speciali* (3ª ed.), cit., 936, a *obbligo di reperibilità*, fixada por instrumento de contratação colectiva, consiste num vínculo em que o trabalhador, sem estar adstrito à permanência em sítio fixo, tem de permanecer contactável durante o "tempo de repouso" (qual *contradictio in terminis*) para dar cumprimento a solicitação que lhe seja feita em caso de urgência (sublinhado nosso). A jurisprudência tem atribuído aos períodos subjacentes à *obbligo di reperibilità* efeitos diferentes tanto no plano remuneratório quanto nos descansos compensatórios, fundando um "tratamento inferior que deve ser proporcionado à menor restrição à liberdade do trabalhador".

[229] Cfr. Véronique Baudet-Caille, *Le droit du travail dans les associations*, ed. Liaisons, Rueil-Malmaison, 2007, 109-110, que, antes da *Loi Travail* (2016), explicava a *astreinte* como o período durante o qual o trabalhador está à disposição permanente e imediata do trabalhador, com a obrigação de permanecer na habitação ou em local geográfico que permita desenvolver

está à disposição permanente e imediata do empregador –, e sem que se esqueça que a "qualificação obriga à delimitação do objecto a qualificar e a do conceito à luz do qual a qualificação é feita"[230], esta classificação deve-se, no essencial, a duas ordens de razões.

Em primeiro lugar, cuida-se da interpretação que melhor quadra com *(i)* o direito ao repouso e aos lazeres, *(ii)* o direito à conciliação da vida profissional com a vida familiar e pessoal e *(iii)* as irradiações do direito ao livre desenvolvimento da personalidade, direitos que, tendo acentuado relevo no catálogo constitucional (supra), cobram proeminência exegética na qualificação dos chamados tempos de prevenção. Uma vez que a "conformidade com a Constituição" é um critério de interpretação que não suscita quaisquer dúvidas científicas de base[231], a qualificação dos tempos de prevenção como tempo de trabalho permite a consecução do *punctus optimus* de equilíbrio menos restritivo entre direitos ou bens constitucionalmente protegidos, acomodando-se a um *postulado de maximização das normas constitucionais*, que, para lá de encontrar também expressão no (sub)princípio de interpretação conforme com os direitos fundamentais[232], tem conhecido na jurisprudência do Comité Europeu dos Direitos Sociais (CEDS) que interpreta o artigo 2º da Carta Social Europeia Revista (CSER)[233], tam-

---

a prestação requerida pelo empregador, sem que, conferido esse quadro circunstancial, o trabalhador fique impedido de preencher esse tempo da forma que lhe aprouver. Criticamente, PHILIPPE WAQUET, "Paradoxe nº 7: Pouvoirs Libertés", *13 paradoxes en droit du travail*, Lamy, Paris, 2012, 239-241, questionava esta opção legal, lá onde o "tempo de trabalho efectivo" aparece definido no *Code du Travail* como *"temps pendant lequel le salarié est à la disposition de l'employeur et se conforme à ses directives sans pouvoir vaquer librement à des occupations personnelles"*.

[230] ISABEL MAGALHÃES COLLAÇO, *Da qualificação em Direito Internacional Privado*, Lisboa, 1964, 215.

[231] Entre vários, veja-se KARL LARENZ *Metodologia da Ciência do Direito* (trad. José Lamego), 3ª ed., Fundação Calouste Gulbenkian, Lisboa, 1989, 480.

[232] J.J. GOMES CANOTILHO, "Anotação ao Ac. TC nº 70/90 – Processo nº 229/89", *Revista de Legislação e de Jurisprudência* nº 3972, ano 123, 1990-1991, 89-96; na jurisprudência, Ac. TC nº 411/99 (MARIA HELENA BRITO), DR, II, nº 59, 10.04.2000, 4752-4754, onde o princípio da interpretação conforme com a Constituição, na vertente de maximização do direito fundamental em causa, compôs a fundamentação da decisão.

[233] Com epígrafe "Direito a condições de trabalho justas", o preceito dispõe que "com vista a assegurar o exercício efetivo do direito a condições de trabalho justas, as partes comprometem-se: (i) a fixar uma duração razoável ao trabalho diário e semanal, devendo a semana de trabalho ser progressivamente reduzida, tanto quanto o aumento da produtividade e os outros fatores em jogo o permitam e (ii) a assegurar um descanso semanal que coincida, tanto quanto

bém ratificada pelo Comité de Ministros[234], um importante conforto[235]: após reclamação colectiva apresentada pela *Confédération Générale du Travail* (CGT) contra o Estado francês, fundamentada em violação dos n°s 1 e 5 do artigo 2º da Carta, acerca de o regime das *astreintes* não prever, com excepção do tempo correspondente ao período da intervenção efectiva do trabalhador, a contabilização do período subjacente para efeitos de descanso diário e semanal, o CEDS entendeu que equiparação entre períodos de chamada/localização e períodos de descanso constitui uma violação do direito a "uma duração razoável ao trabalho" (nº 1 do artigo 2º), havendo outro tanto uma eventual violação adicional da garantia de "um descanso semanal que coincida, tanto quanto possível, com o dia da semana reconhecido como dia de descanso pela tradição ou pelos usos do país ou da região", sempre que os períodos de chamada ocorram ao domingo (nº 5 do artigo 2º)[236].

Ressuscitando-se, em fundo, os riscos de um conflito entre a Carta Social Europeia – já mencionada pelo TJ, em associação ao Conselho da Europa, como um farol essencial quanto à identificação dos direitos fundamentais reconhecidos no seio da ordem jurídica comunitária[237] – e os instrumentos de Direito da União Europeia (diálogo que pode operar, não

---

possível, com o dia da semana reconhecido como dia de descanso pela tradição ou pelos usos do país ou da região".

[234] Sobre este processo confirmativo, veja-se JORGE MIRANDA, *Direito Internacional Público*, Principia, Cascais, 2006, 318-9. O Comité de Ministros constitui o órgão supremo de decisão política, sendo composto pelo Ministro dos Negócios Estrangeiros de cada Estado membro do Conselho da Europa, competindo-lhe, além da decisão sobre Recomendações dirigidas ao Estado infractor, supervisionar a execução das sentenças do Tribunal Europeu dos Direitos do Homem.

[235] Entre nós, por todos, cfr. CATARINA DE OLIVEIRA CARVALHO, "O impacto da jurisprudência do Comité Europeu de Direitos Sociais em matéria laboral no ordenamento jurídico português", *Revista Jurídica de los Derechos Sociales – Lex Social*, Monográfico 1 (2017), 211-243.

[236] Ainda CAROLINE NIVARD, "La contribution de la France a la Charte Sociale Europeenne", *Droits fondamentaux*, n° 15, janvier 2017 – décembre 2017, 3-4 [http://droits-fondamentaux.u-paris2.fr] e CATARINA DE OLIVEIRA CARVALHO, "O impacto da jurisprudência do Comité Europeu de Direitos Sociais em matéria laboral no ordenamento jurídico português", cit., 226.

[237] O TJ, nos acórdãos *Viking* (Acórdão de 11.12.2007, processo C-438/05) *Laval un Partneri Ltd* (Acórdão de 18.12.2007, processo C-341/05), sinalizou a Carta Social Europeia como uma das fontes de inspiração que permite essa identificação, embora fazendo apenas referência à Carta Social Europeia (1961) e não à Carta revista (1996).

raro, em direcções antitéticas[238]), a verdade é que, se a importância atribuída à Carta Social Europeia Revista aniquila a ideia de que os direitos sociais são *direitos fundamentais secundários* (qual *contradictio in adiecto*)[239], também a jurisprudência oferecida pelo TJ é segmentável, havendo *nuances* relativamente ao sentido, alcance e dimensão do conceito de *descanso*.

Se, por exemplo, para o TJ os períodos equivalentes de descanso compensatório devem "caracterizar-se pelo facto de, durante esses períodos, o trabalhador não estar sujeito, face à entidade patronal, a qualquer obrigação susceptível de o impedir de se dedicar, livre e ininterruptamente, aos seus próprios interesses, para neutralizar os efeitos do trabalho na segurança e na saúde do interessado" (§94 do Acórdão *Jaeger* e §50 do Acórdão *Union Syndicale Solidaires Isère*)[240], a insusceptibilidade de o trabalhador estar em regime de «prevenção» durante esse período conflitua com o facto de o TJ considerar a prevenção/localização um período de descanso.

Não obstante o reconhecimento de que, durante o período de descanso, o trabalhador deve *poder dedicar-se, livre e ininterruptamente, aos seus próprios interesses* – argumento que incompatibiliza os períodos de prevenção com o descanso compensatório –, tal vai significar que o conceito de descanso sufragado pelo TJ varia em função dos diferentes segmentos normativos da Directiva, não existindo um conceito univocamente sedimentado que cubra todos os problemas relacionados com a *necessária dedicação livre e ininterrupta do trabalhador aos seus interesses*, espaço conceptual que, formando um espaço de auto-disponibilidade incomprimível, tem sido outrossim extraído do artigo 2º da Convenção nº 30 da OIT, de 28.08.1930, relativa à duração do trabalho no comércio e serviços[241].

---

[238] Sobre este *problema*, veja-se CORINNE SACHS-DURAN, "Comparaison de la Charte sociale européenne et des règles sociales de l'Union européenne", *Les droits sociaux dans les instruments européens et internationaux. Défis à l'échelle mondiale* (coord. Nikitas Aliprantis), Bruylant, Bruxelas, 2008, 253-265.

[239] Como informa CAROLINE NIVARD, "La contribution de la France a la Charte Sociale Europeenne", cit., 4, os tribunais franceses têm recorrido amiúde à CSER para enquadrar disposições legais com incidência laboral, assumindo saliência o juízo jurisprudencial de que a legislação sobre a função pública que não contempla pausas de aleitamento viola o nº 3 do artigo 8º da CSER.

[240] No §95 do Acórdão *Jaeger*, o TJ salientou que "o trabalhador deve beneficiar da possibilidade de se retirar do seu ambiente de trabalho" e que esta possibilidade deve "permitir ao interessado descontrair-se e eliminar a fadiga inerente ao exercício das suas funções".

[241] Neste sentido, cfr. FRANCISCO LIBERAL FERNANDES, "O tempo de trabalho num mundo em transformação", *Transformações recentes do Direito do trabalho ibérico – Livro Razão* (coord.

Em sequência, e revertendo ao Direito português, trata-se ainda de não ignorar que o artigo 199º do CT tem o significado de que o trabalhador não está numa situação de permanente disponibilidade e que, por isso, o empregador só pode interferir com o gozo do tempo de descanso nos casos previstos na lei[242].

Essa insusceptibilidade genérica de interferência pressuporá, assim o trabalhador o queira, o *direito a não ser contactado*. A contactabilidade do trabalhador, quando configurada como dever, pressupõe que o contrato de trabalho se encontra em execução durante esse período. Se o trabalhador, durante o tempo de prevenção, desligar o meio de contacto através do qual pode receber a indicação do empregador para desenvolver uma prestação, incumpre o contrato de trabalho. A equação do incumprimento só ganha sentido na premissa de que existe um estado de dependência subjacente a um contrato, que está, durante esse período, em produção de efeitos[243].

F. Liberal Fernandes e M. Regina Redinha), Universidade Porto edições, Porto, 2016, 106, informando que "(n)o âmbito daquela Convenção, tem-se admitido que o conceito estar à disposição do empregador abrange tanto as situações em que os trabalhadores estão adstritos nesse período à realização de uma obrigação laboral, como os casos em que o trabalhador permanece à disposição do empregador até que lhe seja indicada a actividade a realizar". Em todo o caso, a Convenção não foi ratificada por Portugal.

[242] Francisco Liberal Fernandes, *O tempo de trabalho* (2012), cit., 42.

[243] Aqui, o argumento de que o trabalhador está no seu domicílio e de que, com isso, pode consagrar-se à gestão dos seus interesses pessoais e familiares durante o período de prevenção não deve, em face das similitudes estabelecíveis com o teletrabalho, ser sobrevalorizado, uma vez que, no limite, a actividade desenvolvida em regime de teletrabalho não relevaria outro tanto para o preenchimento do conceito de tempo de trabalho, num contexto em que o CT, e bem, protege a privacidade do teletrabalhador, desde logo no que tange às visitas patronais ao local de trabalho (artigo 170º), como faz notar João Leal Amado, *Contrato de trabalho*, Almedina, 2016, 120-4. Por isso, embora o argumento de que o "trabalhador está fora do seu local de trabalho ou do local controlado pelo empregador (por exemplo, no seu domicílio)" seja utilizado para sustentar a reconducão dos períodos de disponibilidade ao tempo de repouso – em exemplo, veja-se o Ac. STJ de 19.11.2008 (Sousa Grandão), proc. nº 08S0930, quando, no plano factual, a trabalhadora em causa estava obrigada a atender os telefones em domicílio que, sendo propriedade do empregador, ficava no primeiro andar do edifício da sede da empresa –, é relevante sinalizar que essa susceptibilidade de controlo do local pelo empregador não só não é absoluta na economia do regime sobre o teletrabalho que o CT oferece, como também acentuar que a reversão da delimitação geográfica em elemento essencial na qualificação de um período como tempo de trabalho pode não considerar aspectos relativos ao conteúdo material do estado de dependência em que o trabalhador se encontra. Por último, será importante não esquecer que existem actividades que, pela sua imaterialidade, são desempenháveis em qualquer lugar, sem que este corresponda à área

Esse argumento, essencial na economia decisória do processo C-258/10, conhecido como Acórdão *Grigore*[244], acarretará, na falta de uma categoria intermédia, a recondução dos períodos de guarda ou de disponibilidade ao conceito de tempo de trabalho.

Refluindo ao Acórdão *Grigore*, o enquadramento, do qual o TJ não extraiu os devidos corolários em decisões subsequentes, é o seguinte: se *Grigore*, que era guarda florestal, tinha um horário de trabalho em que prestava oito horas diárias de trabalho, a cláusula do seu contrato de trabalho que o responsabilizava por quaisquer danos que atingissem a floresta, fosse em que momento fosse, não se coadunava com o conceito de autodisponibilidade relevante de um trabalhador que subjaz ao conceito de tempo de descanso. Em enunciação simplificada: a responsabilização de *Grigore* implica a violação de um dever de vigilância; esse dever decorre da existência de um contrato de trabalho; as consequências ligáveis à inobservância desse dever pressupõem que o contrato de trabalho se encontra a ser executado *de pleno*; logo, também o cumprimento desse dever pressuporá que o trabalhador exerce uma actividade que, correspondendo ao esquema de interesses que ditam a execução do contrato, não pode ser dissociada do conceito de tempo de trabalho.

É certo que o exacerbamento de questões de regime contratual traduz um processo de inversão metodológica, visto que serão a natureza do conceito de tempo de trabalho e os limites que este traz consigo que deverão conformar o regime que os sujeitos podem convencionar e não o contrário. Mas, cobrando-se a relevância contratual de determinada conduta assumível pelo trabalhador a partir da consequência jurídica que lhe está ajustada, consegue-se, em formulação indiciária, determinar se o período subjacente deve ser considerado tempo de trabalho. E essa parece ser, no sistema português, a qualificação a tributar aos tempos de prevenção ou de chamada[245], não sendo necessário transitar os três requisitos que,

---

onde o evento é produzido (por exemplo: comércio electrónico) – algo que mais não é do que um efeito da globalização dos mercados e, por associação, do definhamento do arquétipo tradicional de local de trabalho –, quadro que, nessa perspectiva, afasta qualquer pressuposto de permanência do trabalhador no *seu* local de trabalho.

[244] Ac. *Nicuşor Grigore* contra *Regia Naţională a Pădurilor Romsilva – Direcţia Silvică Bucureşti*, C-258/10, ECLI:EU:C:2011:122.

[245] Neste sentido, atendendo à alternatividade dos critérios previstos no nº 1 do artigo 197º, cfr. também Luís Menezes Leitão, *Direito do Trabalho* (2010), cit., 309, que afasta a permanência

à luz do nº 1 do artigo 2º da Directiva, o TJ tem aplicado cumulativamente[246].

Em segundo lugar, e para lá de a responsabilização do trabalhador fundar um quadro consequencial que não pode/deve ser desatendido no processo qualificativo dos tempos de prevenção ou chamada, é fundamental não perder de vista que, à luz do artigo 197º do CT, bastará que *o trabalhador permaneça adstrito à realização da prestação*[247], na ciência de que o dever principal que cabe ao trabalhador por força da celebração do contrato de

---

do trabalhador no local de trabalho como elemento essencial da qualificação, FRANCISCO LIBERAL FERNANDES, "O tempo de trabalho num mundo em transformação" (2006), cit., 106 ou MARIA LUÍSA TEIXEIRA ALVES, "As fronteiras do tempo de trabalho" (2011), cit., 218. Contudo, em sentido diverso, cfr. Ac. STJ de 19.11.2008 (SOUSA GRANDÃO), proc. nº 08S0930 ("a disponibilidade relevante, para efeitos da sua qualificação como tempo de trabalho, pressupõe que o trabalhador permaneça no seu local de trabalho"), Ac. STJ de 23.02.2005 (FERNANDES CADILHA), proc. nº 04S3164 ("encontrando-se um trabalhador em regime de disponibilidade permanente para prestar serviços de clínica veterinária, em certos dias de descanso semanal e complementar, só o tempo de serviço efectivamente prestado nessas funções é que é remunerado como trabalho suplementar"), Ac. Rel. Ev. de 30.08.2012 (JOÃO NUNES), proc. nº 155/11.9T2SNS.E1 ("para efeitos de qualificação de tempo de trabalho a disponibilidade que releva do trabalhador pressupõe que ele permaneça no seu local de trabalho"), Ac. Rl. Pt de 17.12.2014 (ISABEL TAPADINHAS), proc. nº 715/13.3TTVFX.L1-4 ("o tempo de disponibilidade não é tempo de trabalho pelo que a sua remuneração não é retribuição, porque não remunera nem trabalho nem tempo de trabalho").

[246] Rememorando este processo, o TJ, no Acórdão *Tyco*, considerou que os três critérios do conceito de tempo de trabalho estavam preenchidos: *(i)* considerou que as deslocações dos trabalhadores às instalações dos clientes designados pela sua entidade patronal eram um instrumento necessário à prestação dos seus serviços técnicos aos clientes e que, portanto, esses períodos deviam ser considerados como períodos durante os quais os trabalhadores exercem a sua actividade ou as suas funções, *(ii)* considerou que os trabalhadores estavam durante nesse período à disposição do empregador, dado que recebiam um itinerário para as suas deslocações e não podiam dispor livremente do seu tempo e dedicar-se aos seus próprios interesses durante esse período, *(iii)* considerou que os trabalhadores, nas deslocações que efectuavam para o domicílio do cliente ou de regresso daquele, estavam a trabalhar durante esses trajetos, encontrando-se, portanto, no exercício das suas funções. O problema está, como se vê, na translação do terceiro critério para o ordenamento nacional, lá onde a letra do nº 1 do artigo 197º do CT parece ser mais abrangente, pois o TJ entende que o trabalhador tem de se encontrar no exercício *de facto* da actividade correspondente ao objecto do seu contrato.

[247] O vocábulo adstrição, quando relacionado com o trabalho humano, tem uma conexão historicamente estreita com a servidão: adstrição à terra (*adscriptus glebae*) e adstrição ao senhor (*adscriptus personam*) selada com um juramento (*hominium*), embora os servos, por contraste com os escravos, fossem titulares de direitos, como o direito de arrendar terras para subsistência, não sendo, *qua tale*, isoladamente vendáveis. Cfr., entre outros, BORRAJO DA

trabalho não compreende apenas o desenvolvimento da actividade laboral, abrangendo outrossim o seu estado de disponibilidade para o recebimento de uma concreta indicação no sentido do exercício de uma qualquer prestação conexa com o trabalho devido[248].

Afastada a relevância outrora atribuída à teoria da incorporação ou às concepções comunitário-pessoais, o sentido da adstrição refere-se à realização da prestação, não aparecendo directamente relacionado com a prestação. Abrange-se, por isso, as situações que integram uma referência objectiva ao exercício do poder de direcção por parte do empregador, nestas se incluindo as etapas de um percurso racionalmente ordenado à realização de uma prestação, independentemente da dimensão espacial associável à dependência jurídica em que trabalhador se encontre[249].

Os períodos em que o trabalhador se encontra sujeito ao exercício do poder de direcção têm um fim imediato próprio, que se traduz em compressões à gestão da sua vida pessoal, concorrendo mediatamente para atingir a finalidade do tempo de prevenção, i. e., a actividade de prestar, que vai funcionar, ainda que em termos eventuais, como o resultado jurídico unitário da disponibilidade subjacente a esse período. E a subordinação jurídica, que tem vindo a ser entendida como um *estado de dependência* do trabalhador face ao empregador, é uma realidade potencial, bastando-se com o poder de o empregador dar instruções e ordens ao trabalhador, ainda que, em concreto, o não faça[250]: na formulação expressiva do STJ "a subordinação jurídica existirá sempre que ocorra a mera possibilidade de ordens e direcção, bem como quando a entidade patronal possa de algum

---

CRUZ, *Introducción al Derecho del Trabajo* (10ª ed.), Tecnos, Madrid, 1999, 65-6 e JOSÉ MATTOSO, *Fragmentos de uma composição medieval*, Estampa, Lisboa, 1990, 116.

[248] ANTÓNIO MENEZES CORDEIRO, *Manual de Direito do Trabalho*, cit., 129.

[249] Em sentido próximo, cfr. Ac. Rl. Pt. de 15.02.2016 (PAULA MARIA ROBERTO), proc. nº 1116/14.1T8PNF.P1, qualificando-se, assim, o "abono de prevenção" *sub specie iuris* como retribuição. À luz do CT2003, bem salientava LUÍS MIGUEL MONTEIRO *in* PEDRO ROMANO MARTINEZ, [et. al.] – *Código do Trabalho Anotado*, Almedina, Coimbra, 2003, 273, que "(o) conceito de tempo de trabalho é construído pela combinação de três critérios: o do tempo em que efectivamente se realiza a prestação, o da disponibilidade para o efeito, com ou sem presença no posto de trabalho, e o da interrupção da prestação normativamente assimilada às anteriores".

[250] Por exemplo: ROSÁRIO PALMA RAMALHO, "Delimitação do contrato de trabalho e presunção de laboralidade no novo Código do Trabalho – breves notas", *Trabalho subordinado e trabalho autónomo: presunção legal e método indiciário*, 2016, CEJ, Lisboa, 60.

modo orientar a actividade laboral em si mesma, ainda que só no tocante ao lugar ou ao momento da prestação"[251].

Tratando-se da recondução dos períodos de vigilância ou disponibilidade ao conceito de tempo de trabalho, a qualificação, perante o acréscimo da compressão à liberdade de circulação de um trabalhador, valerá, *a fortiori*, para os designados *tempos de localização* (esta designação, na sequência do Acórdão SIMAP, tem conhecido voga na jurisprudência do STJ[252]), em que o trabalhador tem de permanecer no domicílio ou na proximidade do local de trabalho, sem que se possa esquecer que, perante as vozes na doutrina que se insurgiam contra o recorte legal das *astreintes,* a Lei conhecida como *Loi Travail* ou *Loi El Khomri* (2016)[253] veio extirpar do art. L. 3121-5 do *Code du Travail* qualquer referência à necessidade de permanência no domicílio ou em local próximo[254], face ao estado de dependência em que o trabalhador quedava e diante das limitações efectivamente produzidas à sua liberdade de circulação.

Admitindo-se, agora, que, mesmo perante uma categoria intermédia legalmente tipificada no *Code du Travail*, as situações em que o trabalhador está compelido a permanecer no domicílio ou em área próxima do local de trabalho não podem, ainda que não seja chamado a exercer *de facto* uma prestação, deixar de ser reconduzidas ao conceito de tempo de trabalho ou, pelo menos, não podem ser consideradas tempo de descanso[255] – estará aí o efeito útil da eliminação em 2016 dessa obrigação da *factis species* da

---

[251] Entre vários, veja-se o Ac. STJ de 20.06.2001 (Almeida Deveza), proc. n.º 01S1060, embora a formulação haja percorrido diferentes arestos do Tribunal. Com enquadramento próximo, veja-se o Ac. STJ de 18.05.2017 (Ferreira Pinto), proc. n.º 859/15.7T8LSB.L1.S1, onde se pode ler que "a subordinação jurídica implica uma posição de supremacia do credor da prestação de trabalho e a correlativa posição de subordinação do trabalhador cuja conduta pessoal na execução do contrato está necessariamente dependente das ordens, regras ou orientações ditadas pelo empregador dentro dos limites do contrato e das normas que o regem, não se exigindo, contudo, que elas sejam efectivamente dadas, <u>bastando apenas que o possam ser, estando o trabalhador sujeito a recebê-las e a cumpri-las</u>" (sublinhado nosso).
[252] Em amostra: Ac. STJ de 23.02.2005 (Fernandes Cadilha), proc. n.º 04S3164 e Ac. STJ de 19.11.2008 (Sousa Grandão), proc. n.º 08S0930.
[253] Oficialmente: *Loi n° 2016-1088 du 8 août 2016, relative au travail, à la modernisation du dialogue social et à la sécurisation des parcours.*
[254] Cfr. Yvan Loufrani, *Droit du travail – Tome 3: Travail, rémunération, repos et congés*, col. Tripalium, Editions Management et Société, Caen, 2016, 9.
[255] Caroline Nivard, "La contribution de la France a la Charte Sociale Europeenne", cit., 3-4.

astreinte, a que não terá sido por certo alheia a jurisprudência do CEDS relativa ao artigo 2º da CSER[256], visto que esta, não impondo a qualificação do tempo de localização como tempo de trabalho, impede a sua subsunção ao conceito de período de descanso –, subordinação jurídica e tempo de trabalho formam uma díade que, salva solução técnica e/ou legal devidamente fundamentada, não deve ser afastada[257].

Será assim, *(i)* visto que a delimitação do tempo de trabalho, em movimento biunívoco, constitui também a delimitação do tempo de subordinação[258] e *(ii)* dado que o *distinguo,* de natureza inclusiva, entre tempo de trabalho e tempo de trabalho efectivo *stricto sensu*[259] é, para este efeito, irrelevante, não obstante a assimilação nocional tantas vezes estabelecida[260], lá onde não se pode esquecer que "o conceito técnico-jurídico de tempo de trabalho não coincide com o conceito naturalístico de tempo de trabalho"[261].

8. Outro aspecto, com relevância assinalável, por vezes tratado de forma distorcida, diz respeito à contabilização das deslocações para o local de trabalho como tempo de trabalho.

Segundo o Acórdão *Tyco,* o tempo que os trabalhadores sem um local de trabalho fixo despendem na deslocação entre a sua residência e o pri-

---

[256] Ainda, CAROLINE NIVARD, "La contribution de la France a la Charte Sociale Europeenne", cit., 4.
[257] Cfr. FRANCISCO LIBERAL FERNANDES, "Sobre o conceito de tempo de trabalho no Código do Trabalho", cit., 135-7.
[258] Assim, EMMANUEL DOCKES, "Le pouvoir dans les rapports de travail, essor juridique d'une nuisance économique", *Droit Social* 2004, 620-1 e JÚLIO VIEIRA GOMES, *Direito do Trabalho,* cit., 650.
[259] A distinção, de forma simples, opera a partir do reconhecimento de que o tempo de trabalho compreende dois módulos diferentes: *(i)* o tempo de trabalho efectivo (nº 1 do artigo 197º) e *(ii)* os períodos de inactividade equiparados a tempo de trabalho (interrupções e intervalos previstos no nº 2 do artigo 197º), ao que acrescerão *(iii)* os períodos de ausência que a lei, mediante ficção, trata como trabalho efectivo, de que são exemplo os créditos de horas de que beneficiam os trabalhadores eleitos para as estruturas de representação colectiva dos trabalhadores (artigo 408º).
[260] Salientando este ponto no ordenamento transalpino, GIOVANNI AMOROSO/VINCENZO DI CERBO/ARTURO MARESCA, *Diritto del lavoro. Volume I – La Costituzione, il Codice civile e le leggi speciali* (3ª ed.), cit., 934-5, aludem, por contraste com o d.lgs. n. 66/2003, à definição outrora prevista no rdl nº 692 de 1923 ("*lavoro qui richieda un'applicazione assidua e continnuativa*").
[261] JOÃO LEAL AMADO, *Contrato de trabalho,* cit., 216.

meiro cliente e entre o último cliente e a sua residência pode ser considerado "tempo de trabalho".

Por identidade de razão, o conceito de tempo de trabalho abrangerá também tanto as deslocações entre locais de trabalho durante o dia de trabalho quanto as deslocações de trabalhadores que, em vez de se dirigirem para o seu principal local de trabalho, se dirigem diretamente para o local de um compromisso ou para outro local de trabalho a pedido do empregador[262], em caracterização que, aliás, a *Cassation* já havia desenvolvido no âmbito das *astreintes*[263].

O denominador comum entre estas situações está no facto de os trabalhadores serem enviados pelo empregador para um lugar diferente daquele onde habitualmente trabalham[264].

Ora, se o elemento habitualidade ganha uma importância nodal no que se refere à contabilização das deslocações como tempo de trabalho, resulta claro que o tempo de deslocação diária de um trabalhador para um local de trabalho fixo não deve ser considerado tempo de trabalho, dado que a perda de capacidade de determinar livremente a distância que separa a sua residência do local habitual de início e de fim do dia de trabalho, tão exaltado no §44 do Acórdão *Tyco* para justificar o cômputo das deslocações no tempo de trabalho, não se verifica.

Esta interpretação, que combina normalidade e normatividade e dá expressão a regras da experiência crivadas pela racionalidade, será também a que melhor corporiza os dados fornecidos sistema português, significando-se, assim, que este conjunto de situações fica para lá do artigo 197º do CT, sem prejuízo do enquadramento específico previsto para os acidentes *in itinere*.

De acordo com os valores de certeza e previsibilidade que devem inspirar os quadros que orientam as opções dos sujeitos laborais (desde logo no momento da contratação), existe um cálculo feito ou facilmente fazível pelo trabalhador quanto à distância que separa a sua residência do seu local de

---

[262] Igualmente: MARIE-FRANÇOISE VOLPELIER & ANNE LE NOUVEL, *Droit du travail*, Nathan, Paris, 2011, 125.

[263] Cass. soc., 31 oct. 2007, nº 06-43.834, CHLM c/ Lacoste, *Juris-classeur Périodique, édition sociale* 2007, 1953: "*le temps de déplacement accompli lors de périodes d'astreintes fait partie intégrante de l'intervention et constitue un temps de travail effectif*".

[264] Na jurisprudência nacional, em aplicação deste critério, veja-se, por exemplo, o Ac. Rl. Cb. de 04.05.2006 (SERRA LEITÃO), proc. nº 261/06.

trabalho, enquadramento que, perante alguma tergiversação da jurisprudência francesa, aparece hoje explicitado com a *Loi n° 2016-1088* no art. L. 3121-4 do *Code du Travail*[265], embora com possibilidade, em circunstâncias limitadas[266], de benefício de uma compensação que tanto pode consistir em tempo de repouso quanto em valores pecuniários[267].

Com efeito, um trabalhador com um local de trabalho fixo, para lá de poder utilizar e organizar livremente o seu tempo no trajeto de e para o local de trabalho para se consagrar aos seus próprios interesses, tem outro tanto *a priori* a possibilidade de determinar a distância que separa a sua residência do local de trabalho.

Havendo, em função da fixidez do local do trabalho, um apelo a padrões de previsibilidade, essa será também a solução que, à partida, *(i)* melhor consegue evitar a interferência de factores contingenciais (*v.g.* mudança ulterior de residência por parte do trabalhador)[268], *(ii)* a que melhor convive com o equilíbrio da distribuição de riscos que uma relação laboral convoca[269] *(iii)* e também a única que viabiliza a assunção de um quadro de análise solidamente escorado, face às margens substanciais de programação da vida pessoal, familiar e social que se associam ao pressuposto

---

[265] Cfr. MURIEL BELLIVIER, *Aide-mémoire – Droit du travail dans le secteur social et médico-social*, Dunod, Paris, 2016, 208-9.

[266] Tratamos do caso em que o tempo de trajecto ultrapassa o tempo normal de viagem no quadro de um regime de localização em que a solicitação ao trabalhador é feita fora do horário normal de trabalho.

[267] Com a alteração introduzida pela *Loi n° 2016-1088* de 08.08.2016, prevê-se hoje que "*Le temps de déplacement professionnel pour se rendre sur le lieu d'exécution du contrat de travail n'est pas un temps de travail effectif. Toutefois, s'il dépasse le temps normal de trajet entre le domicile et le lieu habituel de travail, il fait l'objet d'une contrepartie soit sous forme de repos, soit sous forme financière. La part de ce temps de déplacement professionnel coïncidant avec l'horaire de travail n'entraîne aucune perte de salaire*".

[268] No limite, a introdução de factores estocásticos impediria a contratação de trabalhadores com domicílio que estivesse para lá do raio geográfico do local de trabalho habitual. Designadamente em determinados centros urbanos, onde os preços da habitação são elevados, forjar-se-ia uma limitação implícita no acesso ao mercado de trabalho, potencialmente caracterizável como um novo factor de discriminação económica e social; a saber: a proximidade geográfica entre a residência e o local de trabalho.

[269] O contrato de trabalho é, como qualquer contrato, um instrumento de organização e de gestão dos riscos, que, por definição, na sua relação com o mercado, põe em "jogo uma certa constituição económica que estabelece os pressupostos estruturais deste e regula o seu modo de funcionamento", conforme salienta JOAQUIM DE SOUSA RIBEIRO, *O Problema do Contrato. As Cláusulas Contratuais Gerais e o Princípio da Liberdade Contratual*, Almedina, Coimbra, 1999, 12.

de fixidez do *locus executionis*[270], qual "referência para que o trabalhador organize o seu *modus vivendi*"[271]. Não por acaso, o local de trabalho, que faz parte do objecto do contrato, é um elemento relevante para a situação sócio-profissional do trabalhador, para a sua posição contratual e "um factor básico no processo de formação da vontade contratual, quer do empregador, quer do trabalhador"[272].

9. Essa (in)susceptibilidade de programação encontra-se, agora ao contrário, presente nas situações em que o trabalhador está em casa, mas prestes a ser chamado a qualquer momento.

O dever de acorrer com imediaticidade à determinação do empregador inviabiliza qualquer juízo de programação, envolvendo, embora por vezes de forma reflexa, importantes limitações à liberdade de circulação[273].

Implicando-se, segundo as regras normais de vida, a presença do trabalhador em área geográfica que viabilize o cumprimento da prestação (ligação entre disponibilidade e exigibilidade da prestação), o trabalhador vê-se amputado da possibilidade de gerir esse período com a liberdade que um tempo de descanso, necessariamente consagrável à gestão dos seus interesses, postula.

Lá onde o trabalhador não pode conformar a sua vida pessoal e familiar com autonomia haverá fundamento válido para se considerar que esse período não corresponde a um tempo de descanso, incorporando-se, para o efeito, no modelo de decisão suscitado pelo problema em presença a

---

[270] JEAN-EMMANUEL RAY, *Droit du Travail: Droit Vivant* (17ª ed.), Liaisons, Paris, 2008, 134-5.
[271] Nestes termos: Ac. STJ de 25.11.2010 (SOUSA GRANDÃO), proc. nº 411/07.0TTSNT.L1.S1.
[272] ANTÓNIO MONTEIRO FERNANDES, *Direito do Trabalho* (18ª edição), Almedina, Coimbra, 2017, 501-2.
[273] Relevando o facto, cfr. PHILIPPE WAQUET, "Le temps de repôs", *Droit Social* 2000, nº 3, 288. Por exemplo, se alguém, que reside e trabalha em Lisboa, perante um compromisso familiar em Viana do Castelo a um sábado, se compromete a estar disponível para prestar trabalho nesse dia entre as 12h e as 20h assim o empregador o requeira (tempo de prevenção), resulta clara a artificialidade da qualificação desse período como tempo de descanso. A qualificação de um período como tempo de descanso não convive com as fortes limitações à vida pessoal e familiar produzíveis pela necessidade de permanência em local que permita ao trabalhador responder no imediato às solicitações do empregador, sendo indiferente se esse local de permanência é ou não determinado pelo empregador. Relevante será, no caso, a frustração de um compromisso familiar, cuja partilha, ao implicar uma deslocação que inviabilizaria o cumprimento da determinação do empregador com a imediaticidade requerida, traduziria um incumprimento do contrato de trabalho.

garantia de que a autodisponibilidade do trabalhador que caracteriza o tempo de descanso não é objecto de tutela estritamente formal e, por associação, que os desígnios de segurança e saúde no trabalho, que não convivem com a perspectiva de que o Homem apenas existe para o trabalho[274], são acompanhados de garantias efectivas de repouso. Sob pena de, no limite, e perante a desconsideração desse período de prevenção como tempo de trabalho, a disponibilidade para acorrer em período nocturno ou aos fins-de-semana a solicitações do empregador passar a ser, ao arrepio de jurisprudência historicamente fundamentada[275], um *deus ex machina*: a verificar-se a obrigação de o trabalhador estar disponível sem quaisquer

---

[274] Sem prejuízo da caracterização do trabalho como "facto social total" (assim, em explanação da essencialidade do trabalho enquanto poder que todos devem ter de exprimir a sua própria personalidade e de manifestar a sua própria dignidade, veja-se Dominique Meda, *O Trabalho – Um valor em vias de extinção*, Fim de Século, Lisboa, 1999, 25), a dimensão instrumental do trabalho e a realização do homem como ser integral não permitem outra leitura que a não a de que o trabalho existe para o Homem e não o inverso.

[275] Assim, Ac. STJ de 07.02.1991 (Sousa Macedo), proc. nº 003159, onde, aparecendo tratada a situação de um guarda de passagem de nível, se entendeu, com preclareza, que *"um horario que obrigue o trabalhador a permanecer num local determinado 24 horas por dia, mesmo que em trabalho acentuadamente intermitente, permitindo o repouso do trabalhador, é inconstitucional, por não respeitar o direito ao lazer"*, aresto que, não obstante várias decisões em sentido contrário, quadra com o enquadramento definido no Ac. STJ de 18.12.1991 (Prazeres Pais), proc. nº 003176, onde já se havia considerado que *"a fixação de horário de trabalho que obrigue o trabalhador a permanecer no seu local de trabalho, ainda que em trabalho acentuadamente intermitente, mesmo que permita o repouso do trabalhador (caso dos guardas de passagem de nível da C.P.), e inconstitucional, por não respeitar o direito ao lazer e origina trabalho extraordinário".*

Todavia, recentemente, embora não tivesse sido questionada pelo trabalhador a validade de uma cláusula do seu contrato que o obrigava a um regime de disponibilidade de 24 horas por dia, o Supremo desconsiderou esta estipulação, lá onde, *ex vi* do artigo 280º do Código Civil, a cláusula parece ser nula por ofensa à ordem pública. Com efeito, se "o princípio jurídico que faz apelo à ordem pública tem sido utilizado, designadamente, para impedir negócios jurídicos que exijam esforços desmesurados ao devedor ou que restrinjam demasiado a sua liberdade pessoal ou económica" – assim: Guilherme Dray, "O ideal de justiça contratual e a tutela do contraente mais débil", *Estudos em Homenagem ao Prof. Doutor Inocêncio Galvão Telles*. Vol. I, Almedina, Coimbra, 2002, 101 –, a invalidade da cláusula seria declarável oficiosamente pelo Tribunal, mas o Ac. STJ de 19.11.2008 (Sousa Grandão), proc. nº 08S0930, também sinalizado por Catarina de Oliveira Carvalho, "O impacto da jurisprudência do Comité Europeu de Direitos Sociais em matéria laboral no ordenamento jurídico português", cit., 229, nota 76, utilizou justamente *"o facto de o trabalhador estar fora do seu local de trabalho ou do local controlado pelo empregador (por exemplo, no seu domicílio)"* para sustentar a insusceptibilidade de reconducão dos períodos de disponibilidade ao tempo de repouso.

limites durante todos os dias do ano em período subsequente ao do tempo de laboração efectiva, parece claro que a recondução desse período ao conceito de tempo de descanso desnatura a essência do conceito[276].

Com efeito, a leitura que opera a recondução do tempo de prevenção/localização ao tempo de descanso sempre que não tenha havido solicitação do empregador destinada à prestação efectiva de trabalho faz eco da lógica compromissória subjacente à Directiva 2003/88/CE[277], atendendo, para o efeito, e sobretudo, à dimensão remuneratória do tempo de trabalho (embora a *praxis* revele a existência de compensações pecuniárias, geralmente enquadradas por *"subsídios de disponibilidade"*), sem considerar, com a relevância devida, a dimensão dos limites ao tempo de trabalho e as preocupações que a conformam[278]. É que, mesmo no ordenamento francês,

---

[276] Em acréscimo, conforme faz notar PHILIPPE WAQUET, *L'entreprise et les libertés du salarié - Du salarié-citoyen au citoyen salarié*, cit., 70, apaga também as coordenadas genéricas relativas à saúde e segurança no trabalho, havendo boas razões para rememorar a passagem do Ac. TC nº 368/97 de 14.05.1997 (FERNANDA PALMA), proc. nº 21/95: "(n)a verdade, uma permanente disponibilidade do trabalhador para acorrer a uma qualquer solicitação decorrente da sua actividade profissional consubstanciaria uma privação do período de autodeterminação e de descanso, constitucionalmente inadmissível".
Refira-se, contudo, que, no que respeita ao momento em que o período equivalente de descanso compensatório deve ser concedido, o TJ clarificou esta obrigação no que diz respeito ao descanso diário, indicando, no §94 do Acórdão *Jaeger*, que este deve seguir-se imediatamente ao tempo de trabalho que se destina a compensar; na formulação do §95 do Acórdão, as horas de descanso "*devem não só ser consecutivas mas também imediatamente subsequentes a um período de trabalho*", sendo que, em contrapartida, "*uma série de períodos de trabalho cumpridos, sem que entre eles seja intercalado o tempo de descanso necessário, é suscetível, eventualmente, de causar danos ao trabalhador ou, pelo menos, provoca o risco de ultrapassar as suas capacidades físicas, pondo assim em perigo a sua saúde e a sua segurança, pelo que um tempo de descanso concedido depois desses períodos não é suscetível de assegurar corretamente a proteção dos interesses em causa*" (§96).

[277] Sobre o desenvolvimento do Direito Social da União Europeia que, nesta, como noutras matérias, tem sido desenvolvido em precário equilíbrio entre o valor da tutela dos trabalhadores e dos interesses de gestão, revelando uma inequívoca natureza compromissória, veja-se ROSÁRIO PALMA RAMALHO, *Direito Social da União Europeia*, Almedina, Coimbra, 2009, 105 e ss..

[278] Encontra-se, contudo, na jurisprudência enquadramento que, embora reconduza os tempos de prevenção ou localização a tempos de descanso, opera uma distinção entre os efeitos remuneratórios e os efeitos dos limites ao tempo de trabalho, designadamente para efeito de descanso compensatório. Veja-se, por exemplo, a sentença sindicada, e entretanto revogada, no Ac. Rl. Pt de 17.12.2014 (ISABEL TAPADINHAS), proc. nº 715/13.3TTVFX.L1-4, não obstante as diferenças impostas pela situação laboral dos transportadores rodoviários, face ao conceito de tempo de disponibilidade.

onde existe tipificação legal de que determinados períodos de disponibilidade não são recortáveis como tempo de trabalho (*astreintes*), o afastamento da remuneração correspondente ao período de disponibilidade *in totum* estabelecido em função da não subsunção ao conceito de tempo de trabalho e o seu consequente confinamento às intervenções pontualmente realizadas pelo trabalhador[279] não prejudicam, bem ao contrário, a aplicação do regime dos períodos de descanso (art. L. 3121-6 do *Code du Travail*), circunstância em que a disponibilidade é, embora apenas para este efeito, ficcionada como tempo de trabalho, com a jurisprudência a invocar, em reiteração, o direito à protecção da saúde e o par. 11 do preâmbulo da Constituição[280].

IV. Espaço contratual e metalepse exegética

Atendendo às preocupações remuneratórias que este enquadramento suscita, existem, no sistema português, possibilidades ao alcance dos sujeitos laborais que, sem prejuízo das garantias conexas com a saúde e segurança dos trabalhadores, podem mitigar o alcance deste contexto normativo.

Se, por um lado, na recondução dos tempos de prevenção ou disponibilidade ao conceito de tempo de trabalho não deve ser esquecida a inultrapassibilidade dos limites ao período normal de trabalho, por outro lado, a remuneração prevista para esses tempos não tem de ser idêntica à que vai prevista para os tempos de laboração efectiva, em que o trabalhador desenvolve *de facto* uma prestação.

Sob o ângulo dos limites ao tempo de trabalho, cabe, antes do mais, ter presente que, *de iure condendo*, o regime instituído pela Directiva não é absolutamente incompatível com um enquadramento proporcionado, de base percentual, do tempo de prevenção como tempo de trabalho.

Embora o TJ, em lógica de *judicial self restraint*, não tenha definido um rácio para a compatibilização do tempo de permanência como tempo de trabalho – limitando-se, neste âmbito, a firmar, no Acórdão *Dellas* (processo C-14/04), a inatendibilidade de um critério atributivo de 3 horas de tempo de trabalho a 9 horas de vigilância –, entreabriu as portas à possi-

---

[279] Em aplicação: *Cassation Soc.* 03.06.1998 *in* BERNARD TEYSSIÉ, *Code du Travail*, Lexis Nexis, Paris, 2014, 912.

[280] Por exemplo: *Cassation Soc.* 22.06.2011 *in* BERNARD TEYSSIÉ, *Code du Travail*, cit., 913, embora esse enquadramento remonte ao século passado: Cass. soc., 4 mai 1999, *Dinoto c/ Sté Ambulances bourguignonnes*, RJS 6/99, nº 820.

bilidade de os diferentes EM estabelecerem contabilizações proporcionais dos tempos de vigilância (e *a fortiori* dos tempos de prevenção) como tempo de trabalho[281].

Isto significa que, no que respeita à utilização de sistemas de equivalência em que é estabelecido um rácio para a contabilização do tempo de permanência, o TJ declarou que se tais sistemas não garantirem a conformidade com os requisitos mínimos de segurança e saúde são incompatíveis com a Directiva (§63), juízo de desconformidade que, *a contrario*, não encontra sustento sempre que o rácio para a contabilização do tempo de permanência seja proporcionado, garantindo-se, com isso, os requisitos mínimos de saúde e segurança[282], conforme deixa também entrever o Acórdão *Tyco*.

Contudo, tratando-se de reflexão de política legislativa, essa contabilização só é estabelecível *ex lege*, encontrando-se, para já, à semelhança do que tem sido entendido no ordenamento francês[283], fora do âmbito da autonomia contratual, quer individual, quer colectiva[284].

---

[281] Essa possibilidade já era sustentada, em quadrantes diferentes, antes do Acórdão *Dellas*. Por exemplo, ALFREDO CASOTTI & MARIA ROSA GHEIDO, *Orario di lavoro*, Ipsoa, Trieste, 2009, 14, referindo-se ter sido essa a posição assumida pelo Parlamento Europeu ainda na década passada, que, com referência à Directiva, propôs um conjunto de alterações, designadamente o *opt-out* e a inclusão de um preceito destinado a regular as situações de pluriemprego, tendo em vista a aplicação do limite máximo do tempo de trabalho por trabalhador.

[282] Com ousadia, será possível avançar que, com base na fundamentação do Acórdão *Dellas*, dificilmente assegurará a intangibilidade dos requisitos mínimos de segurança e saúde contidos na Directiva um sistema legal de equivalência em que seja estabelecido um rácio para a contabilização do tempo de permanência inferior a 50% como tempo de trabalho.

[283] Este regime existe no *Code du Travail* com o art. L. 3121-9, mas, em razão da ausência *ex ante* de um parâmetro material, a sua conformidade com o Acórdão de 01.12.2005, *Abdelkader Dellas e outros* contra *Premier ministre e Ministre des Affaires sociales, du Travail et de la Solidarité*, C-14/04, ECLI:EU:C:2005:728, tem sido questionada. Embora o art. L. 3121-9, que funda uma norma-quadro, seja inaplicável aos trabalhadores a tempo parcial (*Cass. soc.* 08.11.1995, n° 92-40116 *Recueil Dalloz*), ao que se conhece, a sua aplicação encontra-se hoje cingida aos trabalhadores do sector automóvel, com o *Décret* 2005-40 de 20.01.2005. Isto, porque essa equivalência não pode ser estabelecida por contrato de trabalho ou por instrumento de regulamentação colectiva, conforme entendimento jurisprudencial reiterado. Em amostra: *Cass. soc.* 29.06.1999, *Droit Social* 1999, 771.

[284] Esta impossibilidade não prejudica, bem ao contrário, que, em reconhecimento da essencialidade temática do tempo de trabalho, a matéria encontre um campo privilegiado de regulação na negociação colectiva, assumindo mesmo carácter prioritário em sede negocial. Por isso, o n° 1 do artigo 488° do CT prevê que *"(a)s partes devem, sempre que possível, atribuir*

Agora sob o ângulo remuneratório, há margem para que, tanto a autonomia individual quanto a autonomia colectiva, possam flexibilizar o regime de retribuição horária, estabelecendo um critério que diferencie os valores em função da intensidade da disponibilidade do trabalhador e da efectividade da prestação de trabalho, em harmonia, aliás, com as coordenadas genéricas de que na determinação do valor da retribuição deve ter-se em conta a quantidade, a natureza e a qualidade do trabalho (artigo 270º do CT) e também em sintonia com a Directiva 2003/88/CE, que, atento o disposto no nº 5 do artigo 153.º do Tratado sobre o Funcionamento da União Europeia[285], não trata, com excepção da remuneração que deve ser assegurada durante as férias anuais dos trabalhadores[286], de qualquer aspecto atinente à remuneração, incluindo o nível dos salários e os métodos de remuneração, bem como as várias taxas de remuneração que podem ser estabelecidas a nível nacional[287].

Sem que a solução forjável por IRCT ou através do contrato de trabalho possa prescindir do princípio *"para trabalho igual ou de valor igual, salário igual"*, dos vectores injuntivos que conformam a retribuição ou de normas socialmente impreteríveis – *v.g.* garantia de retribuição mínima mensal garantida –, não se trata, em todo o caso, de confecionar uma categoria intermédia que, à margem da lei, fraccione o conceito de tempo de trabalho. O reconhecimento dessa maleabilidade contratual pressupõe, ao contrário, a referenciação desses períodos à noção de tempo de trabalho[288].

---

prioridade à negociação da retribuição e da duração e organização do tempo de trabalho, tendo em vista o ajuste do acréscimo global de encargos daí resultante, bem como à segurança e saúde no trabalho", sendo nesse contexto que o CT admite que certos aspectos e modalidades da organização do tempo de trabalho quando regulados por IRCT beneficiem de condições diferentes, como sucede com a adaptabilidade ou o banco de horas.

[285] Correspondente ao artigo 137º do TCE.

[286] Esta garantia decorre também do artigo 24º da DUDH, que prevê que *"(t)oda a pessoa tem direito ao repouso e aos lazeres, especialmente, a uma limitação razoável da duração do trabalho e as férias periódicas pagas"* e da al./d do artigo 7º do PIDESC, que contempla *"(r)epouso, lazer e limitação razoável das horas de trabalho e férias periódicas pagas, bem como remuneração nos dias de feriados públicos."* Isto, para lá da Convenção nº 132 da OIT, sobre férias remuneradas (revista), de 1970, ratificada pelo Decreto nº 52/80, de 29.07, D. R. I Série nº 173 de 29.07.80.

[287] Em exemplo: §§ 48 e 49 do Acórdão *Tyco* (processo C-266/14).

[288] Na formulação do §32 do Despacho Vorel, de 11.012007, proc. C-437/05, "as Diretivas 93/104 e 2003/88 não se opõem à aplicação, por parte de um Estado-Membro, de uma legislação que, para efeitos da remuneração do trabalhador e relativamente às permanências por ele realizadas no próprio local de trabalho, tome em conta de forma diferente os períodos

Por isso, do que se trata é de, com base em critério que diferencie o valor da retribuição horária[289], estabelecer um montante contra-prestacional diverso em função de factores objectivamente relacionáveis com a intensidade do estado de dependência do trabalhador e com a sua actividade.

A jurisprudência, embora com diferentes graus de explicitude, é clara: "os períodos de descanso correspondem, em princípio, a períodos de tempo em que o trabalhador não está vinculado à prestação de trabalho e é livre de dispor do seu tempo como bem entender – seja para descansar, seja para tomar refeições, seja para tratar de assuntos da sua vida pessoal e/ou familiar e não devem relevar para o cálculo do período normal de trabalho"[290]. Recentemente, e de forma impressiva, foi sinalizada a absolutidade do domínio da vida privada do cidadão/trabalhador como o critério que separa o tempo de trabalho do tempo de descanso: "a linha de fronteira entre o *tempo de trabalho* e o *tempo de descanso* situa-se naquele momento em que o trabalhador adquire o domínio absoluto e livre da gestão da sua vida privada"[291].

Sem apelo a padrões de intensidade, a níveis de compressão da vida privada, a escalas variáveis de liberdade ou a factores necessariamente aleatórios ou de cunho espacial tantas vezes oscilante e casuístico, o pêndulo

---

em que são realmente realizadas prestações de trabalho e aqueles durante os quais nenhum trabalho efetivo é realizado, desde que esse regime assegure na íntegra o efeito útil dos direitos conferidos aos trabalhadores pelas referidas diretivas destinados a assegurar a proteção eficaz da sua saúde e da sua segurança".

[289] Quanto à relevância do valor da retribuição horária e aos efeitos que esta produz, veja-se, entre outros, João Leal Amado, *Contrato de trabalho*, cit., 258, nota 280, destacando-se os que se prendem com o correspondente desconto na retribuição dos períodos de faltas injustificadas dadas pelo trabalhador.

[290] Ac. STJ de 05.07.2007 (Mário Pereira), proc. n.º 06S2576, acrescentando-se que há *"momentos em que o trabalhador não está a exercer as funções que constituem o objecto da sua prestação laboral, mas que devem ser considerados como tempo de trabalho, vg. para efeitos remuneratórios"*; com enquadramento idêntico, embora versando os pressupostos da qualificação dos intervalos para refeição como tempo de trabalho, Ac. Rl. Pt de 22.10.2012 (António José Ramos), proc. n.º 487/09.6TTBCL.P1, sendo justamente em relação à al./d do artigo 197.º do CT, incidente sobre os intervalos de refeição, que Luís Menezes Leitão, *Direito do Trabalho*, cit., 309, entrevê um sinal confirmativo quanto à recondução dos períodos de prevenção ao tempo de trabalho, uma vez que o simples facto de o trabalhador poder ser chamado a prestar trabalho normal em caso de necessidade durante os intervalos para refeição basta para que estes sejam qualificados como tempo de trabalho.

[291] Ac. Rl. Cb. de 10.03.2016 (Paula do Paço), proc. n.º 250/13.0TTCTB.C1.

do sistema binário que o CT acolhe está na delimitação de um espaço absoluto de auto-domínio da vida pessoal, de *"do not disturb* patronal"[292], que vai funcionar como pressuposto da qualificação a fazer. O *iter* argumentativo percorrido pela jurisprudência comunitária e nacional comprova-o. Embora com referência premissal diversa, o TJ recorre à possibilidade de o trabalhador poder gerir o seu tempo sem grandes constrangimentos e consagrar-se aos seus próprios interesses para afastar a qualificação genérica dos períodos de disponibilidade como tempo de trabalho (§§ 36 e 37 do Acórdão *Tyco*, e, antes, §50 do Acórdão SIMAP), o mesmo sucedendo com o STJ, ao louvar-se, não raro, no considerando de que "(o)s períodos de descanso correspondem, em princípio, a períodos de tempo em que o trabalhador não está vinculado à prestação de trabalho e é livre de dispor do seu tempo como bem entender"[293] para fundear o conceito de tempo de trabalho.

Isto significa que existe um conceito material, que se desloca numa trajetória circular, mas que se orienta para o centro da circunferência de análise: há um reduto de vida privada que, não sendo comprimível por um contrato de trabalho, é indesligável da consideração de que há um cidadão que pré-existe ao conceito de trabalhador[294], cabendo-lhe, enquanto *dominus,* uma gestão sem constrições da auto-disponibilidade do *seu* tempo segundo os *seus* interesses e preferências de forma ininterrupta, num contexto em que, a jusante, se tem suscitado a criação de instrumentos que sancionem as violações directas ou indirectas desse tempo[295].

A diferença essencial entre tempo de descanso e tempo de trabalho exprime-se numa relação de contrários e, no quadro de um sistema binário, é em função da própria relacionalidade-negatividade do conceito de tempo de descanso que se tem desenhado *a contrario* o conceito de tempo de trabalho, em concretização do *tertium non datur.*

---

[292] A expressão é de JOÃO LEAL AMADO, "Tempo de trabalho e tempo de vida: sobre o direito à desconexão profissional", cit., 122.
[293] Ainda, Ac. STJ de 05.07.2007 (MÁRIO PEREIRA), proc. nº 06S2576.
[294] JOSÉ JOÃO ABRANTES, *Contrato de Trabalho e Direitos Fundamentais*, cit., 48 e ss..
[295] Entre nós, JOÃO LEAL AMADO, "Tempo de trabalho e tempo de vida: sobre o direito à desconexão profissional", cit., 127, que avança, *de iure condendo*, com a possibilidade de assédio moral sempre que se verifique uma intrusão no período de desconexão profissional (autodisponibilidade do trabalhador), propondo *inclusive* nova redação para o artigo 199º do CT.

Sem a completude dialéctica dos conceitos de tempo de trabalho e do tempo de descanso não haveria unidade na delimitação. Mais: um não é recortável sem o outro, já que, de outro modo, não haveria necessidade de os delimitar. Interligando-se no plano nocional *descanso* e *limites máximos da jornada de trabalho*, a assunção de que o tempo de descanso corresponde a um período em que o trabalhador tem o domínio absoluto e livre da gestão da sua vida privada implica um processo hermenêutico desenvolvido a dois tempos: *(i)* mediante a firmação de um princípio de absolutidade na gestão da vida pessoal, social e familiar, estreita-se o perímetro qualificativo de muitos períodos, comprimindo-se a aplicação conceptual do tempo de descanso; *(ii)* o processo *a inclusione unius ad exclusionem alterius* determina, em sequência, que o tempo de trabalho seja recortado por referência ao tempo de descanso[296], ao invés da cronologia sinalizada no artigo 199º do CT.

Tratando-se de um *momento exegeticamente angular*, a relação lógica entre o artigo 197º e o artigo 199º do CT operará, assim, em metalepse: se o trabalhador, em razão de um contrato de trabalho, não tiver a possibilidade de gerir de forma livre a sua vida privada então está adstrito à realização da prestação. Essa desadstrição apenas se verifica quando o trabalhador retoma a absolutidade desse domínio. Logo, a não verificação da possibilidade de gestão livre da sua vida por razões conexas com a situação laboral faz presumir que esse tempo não é de descanso. E, num sistema binário, o que não é tempo de descanso de descanso, será, necessariamente, tempo de trabalho. Sendo a partir da exclusão que se logra recortar a inclusão, o conceito de tempo de trabalho só é, por isso, nitidamente delimitável depois de se encontrar estabelecido o sentido do artigo 199º do CT.

---

[296] PHILIPPE WAQUET, "Le temps de repôs" (2003), cit., 288-294.

Convivência entre cláusulas de exclusividade e trabalho a tempo parcial e alguns aspetos do critério *pro rata temporis*: reflexões sobre a proibição genérica de exclusividade no Reino Unido para os contratos "zero horas" e a jurisprudência do Tribunal de Justiça sobre o tempo parcial

O Direito do Trabalho tem conhecido mutações profundas. A permeação desta área do ordenamento às novas exigências da economia implicou que, em latitudes diferentes e com dimensões desiguais, se iniciasse um processo de adaptação a uma realidade crescentemente heterogénea, com o contrato individual a reganhar importância[297], em simultâneo com movimentos de redefinição do mosaico de relações entre fontes[298].

As relações de trabalho tendem a personalizar-se à medida que vão irrompendo as diferenças ligadas a uma multiplicidade de situações subjetivas[299], num contexto em que os contratos a termo, a par dos contratos a tempo parcial, contratos pontuais, contratos «zero horas», contratos propostos a trabalhadores recrutados através de empresas de trabalho temporário ou dos contratos de trabalho *freelance*, ainda vão recebendo tratamento como trabalho *atípico*[300].

Com as fronteiras entre a vida profissional e a pessoal a definharem e as novas tecnologias de informação, através da emergência de *networkers*, a estilhaçarem a definição de quadros espácio-temporais definidos, têm-se verificado alterações expressivas na duração e na organização do tempo de trabalho, sendo evidentes as repercussões negativas no tempo de que os

---

[297] Cruz Villalón, *Estatuto de los Trabajadores Comentado*, Tecnos, Madrid, 2003, 80.
[298] Umberto Romagnoli, "El Derecho del Trabajo ante la crisis", RDS 2012, nº 58, 23.
[299] Umberto Romagnoli, "Las desigualdades en el mundo del trabajo", RDS 2010, nº 52, 18.
[300] *Livro Verde da Comissão Europeia – Modernizar o direito do trabalho para enfrentar os desafios do século XXI*, de 22.11.06, 8 e ss..

trabalhadores dispõem para descansar ou para dedicarem à respetiva vida familiar[301] e/ou as dificuldades emergentes na programação da sua vida pessoal, num processo de despojamento progressivo da gestão do *seu* tempo.

Se, em fundo tensional, se contrapõem efetividade e inefetividade, de um lado, em processo centrípeto, assiste-se à remoção da dualização emprego público/emprego privado[302]. De outro, em processo centrífugo, caminha-se para uma polarização da normação no elemento *contratual* tipificante através de *statutory standards*[303]: a flexibilização processa-se agora através de uma diversificação interna do tipo contratual associado ao *modelo de frequência ordinária*[304], seja por referência à estrutura organizativa (*v.g.* regras específicas para pequenas empresas), seja através de factores objetivos referentes ao trabalhador ou às funções que desempenha (*v.g.* qualificação profissional/funções de confiança ou de responsabilidade), verificando-se, em escala diversa, que as dificuldades ressentidas pelas velhas formulações *do* contrato de trabalho em relação à emergência de uma ordem social complexa e à dissemelhança de situações que envolviam os sujeitos laborais cedo se revelaram incompatíveis com uma construção tipologicamente unitária da vinculação[305]. Esta fragmentação da tipologia contratual clássica, estruturalmente apegada à ideia do trabalho padronizado em grandes unidades fabris que esteou o aparecimento do Direito do Trabalho, encontra na individualização dos tempos de trabalho um campo de evidência marcante, destacando-se a figura do con-

---

[301] CATARINA DE OLIVEIRA CARVALHO, "A desarticulação do regime legal do tempo de trabalho", *O Tempo de Trabalho* (col. Jurisdição e Empresa), CEJ, Lisboa, 2014, 17-8.

[302] Salientando este movimento tendencialmente unificante em Itália, MARCO BIAGI & MICHELE TIRABOSCHI, *Istituzioni di diritto del lavoro* (5ª ed.), Giuffrè, Milão, 2012, 117.

[303] GUY MUNDLAK, "Generic or Sui-generis Law of Employment Contracts?", IJCLLIR 2000, nº 16, 335.

[304] A expressão é de NUNO CABRAL BASTO, "Contratos Especiais de Trabalho", ESC 1969, nº 31, 70.

[305] Nesse âmbito, e com referência à LCT – que, não obstante a sua inspiração no *Codice Civile* de 1942, assentava numa construção tipologicamente unitária do contrato de trabalho (afora o trabalho a bordo) –, as dificuldades ressentidas pelas velhas formulações *do* contrato de trabalho em relação à emergência de uma ordem social complexa e à dissemelhança de situações que envolviam os sujeitos laborais nem derivavam tanto dos enunciados utilizados quanto da metodologia subjacente, que operava, nas palavras de MÁRIO PINTO, *Direito do Trabalho. Introdução e Relações Colectivas de Trabalho*, UCP, Lisboa, 1996, 113, um "reducionismo sistémico da enorme riqueza que é o conjunto das variantes contratuais da prestação de trabalho, através das quais se realiza uma fundamental e diversificada função social".

trato de trabalho a tempo parcial, lá onde, em cruzamento das subnoções de tempo parcial horizontal e vertical, surgem os subconceitos de tempo parcial substancial (21-35 horas), de curta duração (até 20 horas) ou marginal (inferior a 15 horas).

Sobrelevando feições de promoção da eficiência económica e de *favorecimento de uma concorrência leal e regulada*[306] e novas necessidades de repartição do risco[307], e metaforizando-se o mercado de trabalho a partir do *mercado de uma vila*[308], no Reino Unido houve notícia recente quanto à iniciativa de proibição de obrigações de exclusividade associáveis a um "zero hour contract". A sua utilização, enquanto fórmula contrarecessiva, remonta aos anos 80, correspondendo, embora com matizes e cambiantes, à fórmula germânica vulgarmente conhecida como *Arbeit auf Abruf*, desenvolvida à luz do § 12 da *Gesetz über Teilzeitarbeit und befristete Arbeitsverträge (= Teilzeit-und Befristungsgesetz – TzBfG)*[309] e cuja inscrição no catálogo de instrumentos flexibilizantes, ante a derrogação à lógica de partilha de risco que caracteriza o § 615 s. 3 BGB, é comummente apontada[310].

No Reino Unido, este tipo contratual, que conhece larga disseminação no sector terciário[311], consiste, essencialmente, no seguinte: à luz do *Employment Rights Act*, o trabalhador disponibiliza-se para trabalhar no

---

[306] Sobre esta corrente de pensamento: Lord Wedderburn, "Common Law, labour law, global law", *Social and labour Rights in a global Context – International and Comparative Perspectives*, (ed. Bob Hepple) Cambridge University Press, Cambridge, 2002, 27 (19-55) e Adrián Goldin, "Global Conceptualizations And Local Constructions of the Idea of Labour Law", *The Idea of Labour Law* (ed. Guy Davidov & Brian Langille) Oxford University Press, Oxford, 2011, 73.

[307] Acentuando este aspecto, Pietro Ichino, *Il Contratto di Lavoro. I*, Giuffrè, Milão, 2000, 17-8, associa a limitação à faculdade de desvinculação dos sujeitos a uma *"distribuzione migliore del rischio"* como um dos eixos políticos frequentemente avançados para uma optimização da regulação do mercado de trabalho, embora, adiante, se polarize na impossibilidade de desvinculação actuável pelo empregador.

[308] A afirmação e a alegoria são de François Gaudu, *Droit du Travail*, 2ª ed., Dalloz, Paris, 2007, 56.

[309] Com desenvolvimentos: Gangolf Kern, "Arbeit auf Abruf", *Variationen im Recht: Festbeigabe für Franz Jürgen Säcker* (Katharina V Boesche/Jens Th Füller/Maik Wolf), BWV, Berlim, 2007, 279-284.

[310] Em exemplo: Thomas Muschiol, *Praxiswissen Arbeitsrecht* (2ª ed.) Haufe, Friburgo, 2015, 343-5.

[311] Segundo Gerbrand Tholen, *The Changing Nature of the Graduate Labour Market: Media, Policy and Political discourses in the UK*, The Palgrave, Hampshire, 2014, 39, este tipo contratual abrange mais de um milhão de trabalhadores, estendendo-se ao serviço nacional de saúde.

dia em que o empregador o informa da atividade a desenvolver, recebendo tão só a remuneração correspondente ao serviço efetivamente prestado, sendo, por isso, conhecido como *"low-hour contract"* ou como *"pay as you work contract"*[312].

Não havendo qualquer compensação pela disponibilidade permanente que caracteriza esta *species* contratual, há uma *reserva* estável de trabalhadores que as empresas vão utilizando em função das necessidades de mercado, repristinando-se, em paradoxo, a metáfora da *Place de Gréve* – encontrando-se aí a génese da expressão francesa greve cedo assumida em Portugal, a referência pictórica diz respeito à aglutinação naquela praça parisiense de trabalhadores que eram recrutados em função das necessidades empresariais e que apenas eram pagos em função das horas efetivamente trabalhadas, estando aí o sentido da eponímia[313] – e a ideia de exército industrial[314], que, de entre outros factores, esteve na génese do Direito do Trabalho[315], enquanto ramo do Direito que, na conhecida descrição de Gallart Folch[316],

---

[312] Na pena de HENRY SCROPE & DANIEL BARNETT, *Employment Law Handbook* (4th ed.), Law Society, Londres, 2008, 26 e ss., os *"workers under zero hour contracts"* são aliás considerados pela doutrina como um dos tipos *estatutários* de trabalhadores, a par dos *"civil servants"*, dos *"apprentices"*, dos *"company directors"*, dos *"homeworkers"* ou dos *"agency workers"*.

[313] Cfr. ROBERT CASTEL, *From Manual Workers to Wage Laborers: Transformation of the Social Question*, Transaction Publishers, Nova Jersey, 2002, 136 (nota 124).

[314] As massas que emigravam do campo para as cidades, tendo em vista a sua colocação como operários industriais, não podiam discutir com os patrões, que tinham, por regra, abundante mão-de-obra ao seu dispor (o *Lumpenproletariat* de que falava Marx), e, como fez notar JOSÉ BARROS MOURA, *A Convenção Colectiva de Trabalho entre as Fontes de Direito do Trabalho. Contributo Para a Teoria da Convenção Colectiva de Trabalho no Direito Português*, Almedina, Coimbra, 1984, 39, "o trabalhador apenas exerce a sua «liberdade» de trabalhar sob as ordens de outrem porque, despojado de meios de produção, necessitava de meios de sobrevivência".

[315] Tratando-se de tema com produção científica inabarcável, e assumindo-se o prolóquio de LACORDAIRE ("entre o forte e o fraco, entre o rico e o pobre, é a liberdade que escraviza e é a lei que liberta"), entre outros, factores como o declínio da filosofia do individualismo liberal, o desenvolvimento dos ideários cooperativista e socialista, o catolicismo social, a introdução do sufrágio universal, o crescimento dos movimentos sociais e sindicais, a emergência de correntes filantrópicas, caritativas e humanitárias e os progressos técnicos criaram o caldo para o aparecimento do Direito do trabalho e, com ele, embora não sem intermitências, a reconcepção de que o trabalho, ante a dimensão pessoalíssima da atividade implicada, é o resultado de uma decisão livre e consciente, heteronomamente regulada.

[316] GALLART FOLCH, *Derecho Español del Trabajo* (prólogo Excmo. Sr. Don Pedro Sangro y Ros de Olano), Labor, Barcelona, 1936, 16.

visou "compensar, com uma superioridade jurídica, a inferioridade económica do trabalhador" [ou, em formulação aparentada, "tratar desigualmente os desiguais com o escopo de os fazer mais iguais"], assumindo-se, para o efeito, que a "verdadeira justiça só será a que se recusa a cobrir com o equilíbrio aparente das justificações formais as verdadeiras injustiças dos desequilíbrios reais"[317].

A impossibilidade de associação entre um contrato zero-horas e um acordo de exclusividade operará mediante previsão no *Small Business, Enterprise and Employment Bill*, que transporta nova secção para o *Employment Rights Act*, estando-se, na sequência de consulta pública, perante projeto submetido à Câmara dos Comuns[318].

As novas coordenadas regulativas, destinadas a reprimir abusos e a garantir direitos mínimos aos trabalhadores, apresentam, como regra-geral, a inexequibilidade de pactos de exclusividade associados a estes contratos, estabelecendo-se, para tanto

(i) que os trabalhadores não podem ter qualquer prejuízo em razão de laborarem para outro empregador,
(ii) que, se esse prejuízo se verificar[319], os trabalhadores têm direito ao seu ressarcimento,
(iii) que os empregadores que sancionarem, seja por que via for, os trabalhadores por não cumprirem a obrigação de exclusividade, para lá da compensação devida, incorrem em sanções civis, aplicáveis à luz do *Employment Tribunals Act*.

Procurando obviar a que a obrigação de exclusividade seja assumida a *troco de nada* (ainda o *take it or leave it* na fase de contratação laboral), mas sem descuidar que a sua aplicabilidade pode encontrar justificação em determinados sectores de atividade ou em associação a funções específicas, o projeto prevê em acréscimo que a aponibilidade de cláusulas de exclusividade a contratos de trabalho não pode operar de forma irrestrita,

---

[317] António Castanheira Neves, *Questão-de-facto-questão-de-direito ou o problema metodológico da juridicidade (Ensaio de uma reposição crítica) I – A crise*, Coimbra, 1967, 508.
[318] O projeto encontra-se acessível em https://www.gov.uk/government/organisations/department-for-business-innovation-skills.
[319] *V.g. penalty clause* para o caso de (alegado) incumprimento do pacto de exclusividade por parte do trabalhador ou despedimento na sequência da verificação dessa circunstância.

estabelecendo freios a esta limitação contratual à liberdade de trabalho, baseando-se, para tanto, na remuneração auferível pelo trabalhador.

Buscando-se um *minimum* de equilíbrio, prevê-se, assim, que a exclusividade laboral só pode operar se o trabalhador receber pelo menos 20 libras por hora, estendendo-se o vício de nulidade a todos os pactos a que, de acordo com as regras da experiência que moldam o valor de referência, não se encontre associada uma retribuição justa e apta à garantia de mínimos de sustento.

Sejam quais forem os argumentos mobilizados para a inadmissibilidade de tipos contratuais com esta amplitude na generalidade dos ordenamentos continentais e em especial no português – desde logo: as múltiplas implicações jurídico-constitucionais de um princípio de tutela da profissionalidade[320] (que, na assunção civilizacional de que "o trabalho é, na sua essência, plena realização de si"[321] e *expressão da essência humana*[322], implica mecanismos que estão para lá do sinalagma contratual[323]), e, mais salientemente, as múltiplas irradiações do princípio da dignidade da pessoa humana[324] –, entre nós não sobejam dúvidas que no plano intracodicístico

---

[320] A profissionalidade, acompanhando GIANNI LOY, "La professionalità", RGLPS 2003, nº 4, 765, é definível como "a capacidade de desenvolver uma atividade própria com competência e eficiência", refere-se a um espaço profissional que congloba a socialização laboral do trabalhador, no qual ele desenvolve um conjunto de saberes que constituem a sua capacidade produtiva no seio do "trabalho" e através da qual se realiza enquanto cidadão.

[321] Ainda DOMINIQUE MÉDA, *O Trabalho – Um valor em vias de extinção*, Fim de Século, Lisboa, 1999, 123.

[322] MAËLEZIG BIGI/OLIVIER COUSIN/DOMINIQUE MÉDA/LAETITIA SIBAUD/MICHEL WIEVIORKA, *Travailler au XXI siècle. Des salariés en quête de reconnaissance* (coll. Le monde comme il va), Robert Laffont, Paris, 2015, 19.

[323] Desenvolvendo esta perspetiva a partir de uma "técnica de tutela da dimensão existencial do trabalhador", v. PIETRO LAMBERTUCCI, "Il diritto al lavoro tra principi costituzionali e discipline di tutela: brevi apunti", RIDL 2010, nº 1, 111 e ss. (91-120). Entre nós, cumpre ademais não perder de vista um preceito como o que se encontra na al./b do nº 1 do artigo 59º. da CRP, que, em acentuação da dimensão personalística da relação de trabalho e ao arrepio de uma lógica estritamente intercambial, postula uma "organização do trabalho em condições socialmente dignificantes, de forma a facultar a realização pessoal e a permitir a conciliação da atividade profissional com a vida familiar".

[324] Expressamente FRIEDHELM HUFEN, "Berufsfreiheit – Erinnerung an ein Grundrecht (Mainzer Antrittsvorlesung)" (1994), cit., 2913, que indissocia a dignidade humana (*Menschenwürde*) do cristianismo e do iluminismo de John Locke e Kant, e ADALBERT PODLECH, "Anmerkungen zu Art. 1 Abs I GG", *Kommentar zum Grundgesetz der Bundesrepublik Deutschland. Alternativkommentar, Vol. I* (org. R. Wassermann), 2ª ed., Luchterhand, Neuwied,

o *contrato de trabalho intermitente*, por via dos limites estabelecidos, inviabiliza qualquer outro tipo contratual que alargue o período de inactividade subjacente[325], em moldes relativamente próximos aos que inspiram a *Arbeit auf Abruf*[326].

Mas a questão está cm afastar a propagação desta via de análise aos contratos de trabalho a tempo parcial, entre nós regulados no artigo 150º e ss. do CT. e que, abrangendo todos aqueles em que o período normal de trabalho semanal é inferior ao praticado a tempo completo em situação comparável[327],

1989, 207-8, que, em superação da multivocidade de sentidos atribuídos ao princípio da dignidade da pessoa humana (desde logo concepções jusnaturalistas *versus* concepções sistémico-positivistas), extrai do conceito contido no art. 1 da *Bonner GrundGesetz* cinco grandes corolários: *(i)* segurança social *lato sensu* (direito ao trabalho, direito a um mínimo existencial, prestações do Estado Social), *(ii)* igualdade substancial, *(iii)* garantia de autodeterminação do homem, *(iv)* limitações aos poderes públicos e Estado de Direito e *(v)* respeito absoluto da autonomia individual. Na jurisprudência do Tribunal de Karlsruhe: BVerfG 01.03.1979, BVérfGE 50, 290.

[325] Cfr. artigo 157º e ss., avultando *(i)* a exigência de forma escrita, com menções específicas, designadamente da duração (em horas ou dias) dos períodos de trabalho (158º), *(ii)* a imposição de um período de atividade mínimo de 6 meses a tempo completo, com 4 meses consecutivos (nº 2 do artigo 159º) e *(iii)* a compensação retributiva dos períodos de inatividade com mínimo de 20% da retribuição base e sem possibilidade de desconto dos rendimentos auferidos na execução de outras atividades remuneradas (artigo 160º). Ver, nomeadamente, JOÃO LEAL AMADO & JOANA NUNES VICENTE, "Contrato de trabalho intermitente", *XI-XII Congresso nacional de direito do trabalho – Memórias*, coord. António Moreira, Almedina, Coimbra, 2009, 124 e ss., JOANA CARNEIRO, "O contrato de trabalho intermitente: a relação laboral cimentada na segurança do emprego através do trabalho descontínuo", *Questões Laborais* 2010, ns. 35-36, 203-242 e ANTÓNIO NUNES DE CARVALHO, "Considerações sobre o trabalho intermitente", *Estudos dedicados ao Professor Doutor Bernardo da Gama Lobo Xavier* – Vol. I, UCP, Lisboa, 2015, 327-376.

[326] À luz do § 12 da TzBfG, o contrato deve estabelecer um tempo mínimo semanal de trabalho e diário, cominando-se, em caso de ausência de previsão, um período normal de trabalho de 10 horas semanais, sendo que o trabalhador só se encontra obrigado a realizar o trabalho se o empregador o avisar com pleno menos quatro dias de antecedência.

[327] Isto, ao contrário do que se encontrava estabelecido pela Lei nº 103/99, de 26.07 e pelo CT2003 que definia o trabalho a tempo parcial como aquele que correspondia a 75% do praticado a tempo completo numa situação comparável – sobre o ponto, PAULA PONCES CAMANHO, "Contrato de trabalho a tempo parcial", *Estudos do Instituto de Direito do Trabalho – Vol. 4*, Almedina, Coimbra, 2003, 207-212 (205-223); sem prejuízo, o nº 6 do artigo 150º do CT2009 dispõe que o IRCT pode estabelecer um limite máximo de percentagem do tempo completo que determina a qualificação do tempo parcial, albergando disposição que, para CATARINA DE OLIVEIRA CARVALHO, "A desarticulação do regime legal do tempo de trabalho", *Direito do trabalho + crise = crise do direito do trabalho?*, Coimbra Editora, 2011, 365-371,

são amiúde qualificados como contratos especiais[328], registando-se que, com o CT2009, houve uma alteração no regime do contrato de trabalho a tempo parcial suscetível de reduzir a utilidade da figura do trabalho intermitente, por via da admissibilidade do trabalho a tempo parcial anualizado subjacente ao nº 3 do artigo 150º do CT[329].

Sem se cuidar, no que respeita à sua *especialidade*, da classificação estabelecível quanto aos contratos de trabalho a tempo parcial ou mesmo quanto aos contratos de trabalho intermitente – dado que o "reconhecimento da especialidade de uma relação laboral pode, no caso concreto, suscitar problemas"[330], e a expressão contratos especiais pode ser fonte de confusões, pois todos os contratos são especiais, não existindo um contrato geral *proprio sensu*[331]–, a preocupação que vai de ser expressa, não desconhecendo

---

é desconforme com a cláusula 3ª da Diretiva 97/81/CE 365-371. Quanto ao enquadramento do trabalho a tempo parcial, cfr. ainda ANTÓNIO NUNES DE CARVALHO, "Contrato de Trabalho a Tempo Parcial (Tópicos de Reflexão)", *IX e X Congresso Nacional de Direito do Trabalho – Memórias*, Coimbra, Almedina, 2007, 221.

[328] Cfr. PEDRO ROMANO MARTÍNEZ, "O Código do Trabalho Revisto", *O Direito*, nº 141, ano 2009, II, 250, sendo que, como fez notar MARIA IRENE GOMES, "Primeiras reflexões sobre a revisão do regime jurídico do contrato de trabalho a termo pelo novo Código do Trabalho", *Scientia Iuridica* – Tomo LVIII, 2009, nº 318, 281-2, o CT 2009 reuniu na Secção IX "diferentes modalidades de contrato de trabalho tratadas anteriormente em partes distintas do CT de 2003".

[329] Todavia, nas hipóteses de trabalho a tempo parcial anualizado, deve entender-se que a al./b do nº 1 do artigo 153º exige que se mencione o período normal de trabalho semanal aplicável durante o período de trabalho anualmente definido. Ainda: CATARINA DE OLIVEIRA CARVALHO, "A desarticulação do regime legal do tempo de trabalho", cit., 371-2 e, na jurisprudência, Ac. Rl. de 20.11.2017 (NELSON FERNANDES), proc. nº 5730/16.2T8PRT.P1, lendo-se que «o artigo 153º do CT2009 identifica os vários requisitos necessários para que o contrato de trabalho possa ser exercido a tempo parcial, entre os quais, de acordo com a alínea b) do seu nº 1, a indicação do período normal de trabalho diário e semanal, com referência comparativa a trabalho a tempo completo, requisito este que tem por objetivo obstar a abusos inaceitáveis por parte da entidade empregadora, colocando no seu livre arbítrio a atribuição, ou não, de um número mínimo de horas de trabalho diário ou semanal, como ainda, do mesmo modo, de não atribuição de qualquer trabalho por largos períodos de tempo ou a atribuição de meras "migalhas" retributivas».

[330] Assim: JÚLIO VIEIRA GOMES, "Da fábrica à fábrica de sonhos – primeiras reflexões sobre o regime dos contratos de trabalho dos profissionais de espetáculos", *Estudos dedicados ao Professor Mário Fernando de Campos Pinto. Liberdade de Compromisso- Volume II*, UCP, Lisboa, 2009, 252.

[331] PHILIPPE MALAURIE & LAURENT AYNÈS, *Cours de Droit Civil. Les Contrats Spéciaux*, LGDJ, Paris, 2000, 21. Ainda: PHILIPPE RÉMY, «La Jurisprudence des Contrats Spéciaux quarante ans de chroniques à la Revue Trimestrielle de Droit Civil», BFDVC, Vol. LX, 1984,

que em geral os pactos de exclusividade não são admitidos no âmbito de contratos de trabalho a tempo parcial, baseia-se no juízo de invalidade fazível sobre uma cláusula de exclusividade à luz da perspetiva de que a escassez de tempo subjacente a um contrato de trabalho a tempo parcial torna os pactos insuscetíveis de revelarem um interesse sério e legítimo[332], sendo, *ab initio*, nulos[333].

Sinteticamente: se o empregador se quiser prevalecer de uma cláusula de exclusividade tem de oferecer ao trabalhador a possibilidade de um trabalho a tempo completo, sendo, aliás, por esta via que o ordenamento transalpino atribui um direito de preferência a um trabalhador a tempo parcial no preenchimento de um posto de trabalho associado ao exercício de funções equivalentes a tempo completo[334] (em regulação que, entre nós, está muito aquém, já que a al./b do nº 1 artigo 156º do CT2009, substancia uma norma estruturalmente imperfeita[335]), numa via de análise que,

---

Coimbra Editora, Coimbra, 162-7 (151–168) e MARCO BIAGI & MICHELE TIRABOSCHI, *Istituzioni di diritto del lavoro* (4ª ed.), Giuffrè, Milão, 2007, 166-7, acentuando que o recurso ao conceito de especialidade dos contratos de trabalho como via explicativa para a diversificação tipológica do contrato de trabalho parece desconhecer a mesmeidade de causa típica entre todos. Em rigor, o trabalho a tempo parcial será, pois, uma forma especial de execução da relação laboral, que se caracteriza tão somente pela redução do período normal de trabalho.

[332] JEAN MOULY, *Droit du Travail* (4ª ed.), Bréal, Paris, 2008, 84.

[333] FABIENNE RIZOS-VIGNAL, *Le droit du travail au quotidian*, Editions du Moniteur des pharmacies, Paris, 2009, 58 e PAUL-HENRI ANTONMATTEI, *Les clauses du contrat du travail* (2ª ed.) Liaisons, Paris, 2010, 31. Este enquadramento ganhou fôlego com a Cass. Soc. 11.07.2000, nº 98-40.143, D. 2000, 228: "la clause d'un contrat de travail par laquelle un salarié s'engage à travailler pour un employeur à titre exclusif et à temps partiel ne peut lui être opposée et lui interdire de se consacrer à temps complet à son activité professionnelle".

[334] Ver MARIAGIULIA CONSENTINO, "Il lavoro a tempo parziale", *Manuale del diritto europeo del lavoro e della sicurezza sociale* (a cura di Glauco Zaccardi), Edizioni Scientifiche Italiane, Nápoles, 2015, 297-9 (277-318), destacando-se a forma generosa como a jurisprudência italiana vem recortando o objeto da preferência, ao construí-lo a partir da similitude de atividade ou da afinidade de funções.

[335] Cedo o assinalou JÚLIO VIEIRA GOMES, *Direito do Trabalho*, cit., 696, admitindo, contudo, que a recusa do empregador tem de ser motivada, embora a ausência de motivação não pareça conferir quaisquer direitos ao trabalhador requerente. Seja qual for o entendimento a propósito do teor anódino do nº 1 artigo 156º do CT2009, não deixa de causar estranheza que a contraordenação leve que vai prevista no nº 3 do artigo 156º não inclua a inobservância dos deveres a cargo do empregador que o nº 1 estabelece. No mais, para lá das críticas que, no contexto regulativo do trabalho a tempo parcial, podem ser dirigidas à desnecessidade de o horário de trabalho constar das formalidades exigidas pelo artigo 153º – situação que, em conjugação com a elasticidade dos limites previstos para a prestação de trabalho suplementar

escorando-se no aumento proporcional da retribuição auferível por um trabalhador a tempo completo, encontra, todavia, o perigo argumentativo de coonestar a possibilidade de uma alteração unilateral ao contrato de trabalho, apenas porque a remuneração do trabalhador, que constitui a contrapartida do trabalho, é ampliada e, nessa leitura, o trabalhador vê satisfeito o anseio presumidamente genérico de poder trabalhar a tempo completo. Eis o que sucedeu, após reenvio prejudicial promovido pelo *Tribunale ordinario di Trento*, com o juízo contido no Acórdão TJ 15/10/2014, *n.* C-221/13 (*Teresa Mascellani* contra *Ministero della Giustizia*)[336], que, incidindo sobre o art. 16 da Lei nº 183/2010, não considerou violada a cláusula 5 da Diretiva 97/81/CE do Conselho, de 15.12.1997, em circunstâncias em que o *Ministero della Giustizia* pôs fim unilateralmente a um regime de trabalho a meio tempo, repartido em três dias da semana, impondo um regime de trabalho a tempo inteiro com a repartição do trabalho em 6 dias a partir de 01.04.2011 a uma funcionária[337].

no artigo 228º, pode esvair as razões que concorreram para a adoção desse *tipo* contratual –, o prazo previsto para o direito de arrependimento no nº 2 do artigo 155º deveria começar a correr a partir da data de produção de efeitos do acordo e não a partir da sua celebração (ex. acordo de trabalho a tempo parcial com termo suspensivo). Acresce a inadequação do recorte legal estabelecido quanto ao subsídio de refeição na al./b do nº 3 do artigo 154º, nos termos oportunamente avançados ainda por Júlio Vieira Gomes, *Direito do Trabalho*, cit., 693-4, ora reforçados com a qualificação do subsídio de refeição como ajuda de custo (nº 2 do artigo 260º), embora se trate de presunção que admite em prova em contrário [nestes termos, considerando "ilidível" a presunção "do caráter não retributivo do subsídio de refeição ou de alimentação" resultante do artigo 260º, nºs 1, alínea a) e 2, do CT, cfr. Ac. Rl. Gm. 01.03.2018 (Eduardo Azevedo), proc. nº 5989/16].

[336] ECLI:EU:C:2014:2286.
[337] Em todo o caso, o contrato que envolvia *ab initio* a trabalhadora era a tempo completo, contexto em que a passagem a contrato de trabalho a tempo parcial havia sido estabelecida por acordo. Esta repristinação do contrato original, ainda que unilateralmente determinada, é utilizada por Ezio Maria Barbieri, "Sulla trasformazione di un contratto di lavoro a tempo parziale in uno a tempo pieno senza il consenso del lavoratore", *Rivista Italiana di Diritto Pubblico Comunitario* 2014, nº 5, Milano, 1095 (1089-1096) para justificar a *"decisione datoriale di revoca autoritativa del part-time concesso e la conseguente restituzione del dipendente al tempo pieno"*, uma vez que, em circunstâncias restritas, esse direito potestativo também se encontra estabelecido em favor do trabalhador. Para lá da "volatilidade do trabalho a tempo parcial" e da ausência de arbitrariedade na decisão do empregador, a alteração, para o Autor, encontra fundamento no equilíbrio complexo da relação laboral e na necessidade de adaptação às circunstâncias organizativas que pontua outras figuras juslaborais, estando aí, no seu entendimento, a justificação primacial para o alcance da decisão, pois conclui afirmando que, por regra, *"il dipendente non può di sua esclusiva iniziativa tornare dal part-time al tempo pieno"*.

Validando-se uma regulamentação nacional em virtude da qual o empregador pode ordenar a conversão de um contrato de trabalho a tempo parcial num contrato de trabalho a tempo inteiro sem o acordo do trabalhador em causa, o argumentário utilizado gira em torno da falta de comparabilidade da situação em que o contrato de trabalho a tempo parcial é convertido num contrato de trabalho a tempo inteiro sem o acordo do trabalhador em causa com a situação em que um trabalhador vê o seu contrato de trabalho a tempo inteiro ser convertido num contrato de trabalho a tempo parcial contra a sua vontade, pois a redução do tempo de trabalho não conduz às mesmas consequências que o seu aumento, especialmente, no plano da remuneração do trabalhador, que constitui a contrapartida do seu trabalho[338].

Ora, se os pactos de exclusividade têm de se basear, em razão dos direitos fundamentais diretamente envolvidos, num interesse sério e genuíno do empregador – e este interesse é recortável a partir de factores cuja natureza é polimórfica, destacando-se a salvaguarda do desgaste físico do

---

[338] A decisão oferece perigos, ao legitimar que o empregador, de forma unilateral, possa conformar *ex post* um elemento essencial do contrato, elemento cuja importância radica, em primeira linha, na "satisfação das necessidades pessoais e familiares do trabalhador", podendo mesmo entender-se que, em rigor, desfigura a fisiologia da vontade associada ao tipo contratual em questão. Além de não serem considerados, com a relevância devida, os interesses do trabalhador que concorrem para a celebração de um contrato de trabalho a tempo parcial e de se fazer também tabua rasa do *favor legis* que a Diretiva sinaliza como coordenada essencial do trabalho a tempo parcial, cumpre não perder de vista que a solução a que o TJ aporta é de compatibilidade difícil com o artigo 10º da Convenção nº 175, sobre trabalho a tempo parcial, da Organização Internacional do Trabalho, adoptada em Genebra em 24.06.1994 ("(n)os casos adequados, devem tomar-se medidas, de acordo com a legislação e a prática nacionais, a fim de que a passagem de um trabalho a tempo completo para um trabalho a tempo parcial, ou o inverso, seja voluntária"), instrumento normativo que, não raras vezes, é desatendido no contexto dos problemas que o trabalho a tempo parcial convoca. Mas, refluindo ao nº 2 da cláusula 5 da Directiva, nos termos da qual «[a] recusa de um trabalhador ser transferido de um regime de trabalho a tempo inteiro para um regime de trabalho a tempo parcial ou vice-versa não deve, por si só, constituir razão válida para despedimento, sem prejuízo da possibilidade de[...] proceder a despedimentos por outras razões, como as que podem resultar de contingências de funcionamento do estabelecimento em causa», a decisão do TJ surge envolta por uma espessa camada formal, já que, em muitas situações, tenderá a promover o despedimento indireto, pois que, diante da modificação estrutural das circunstâncias subjacentes à vinculação dos sujeitos, o trabalhador denunciará o contrato de trabalho, produzindo-se, assim, o resultado interdito pelo nº 2 da cláusula 5 da Directiva; a saber: a perda do posto de trabalho.

trabalhador em profissões implicativas de níveis de concentração, rigor técnico e dedicação elevados[339] ou, como fez notar o BAG, sempre que o bom cumprimento do contrato de trabalho possa ser posto em crise[340], embora, numa sociedade em que o saber-fazer e as competências são recursos que devem ser aproveitados em escala máxima, as proibições de pluriatividade impeçam a difusão de competências, produzam efeitos desincrementalistas sobre o desenvolvimento económico, criem barreiras artificiais à circulação de conhecimentos e nivelem os rendimentos profissionais com base em factores extrínsecos ao mérito e às competências dos trabalhadores –, esta análise sinalizada à incompatibilidade entre o tempo parcial e a exclusividade, que conheceu voga em França e que se louvou no art. L. 120-2 do *Code du Travail*[341], é, todavia, precipitada.

Ela baseia-se, sobretudo, no facto de a não integralidade do tempo de trabalho e a sua correlação com a retribuição auferível não serem compatíveis com a proibição de exercício de outras atividades em razão da vulneração das garantias de sustento que cabe reconhecer a um trabalhador, premissa assumida por Stéphane Darmaisin[342] e que, em entrecho diverso, também Menegatti parece adotar, no balanço entre a tutela da concorrência e o princípio da suficiência retributiva, ao sustentar a não aplicação, ou pelo menos o forte estiolamento, do art. 2105 do *Codice Civile* no que respeita a um trabalhador a tempo parcial que exerça atividades em paralelo para empresas concorrentes[343], sabendo-se, para tanto, que uma cláusula de exclusividade não pode ser confundida com uma ampliação convencional do dever de não concorrência, já que no âmbito desta vedação convencional será irrelevante a existência de uma coincidência de produtos

---

[339] Assim BERND RÜTHERS/HANS BROX/MARTIN HENSSLER, *Arbeitsrecht* (17ª ed.), GmbH, Estugarda, 2007, § 72, 23.

[340] BAG 18.01.1996 – 6AZR 314/95, NZA 1997, 41. Ainda: WILHELM MOLL, *Arbeitsrecht*, C.H. Beck, Munique, 2005, § 31, 761.

[341] PHILIPPE WAQUET, *L'entreprise et les libertés du salarié - Du salarié-citoyen au citoyen salarié*, Liaisons, Paris, 2003, 103. O preceito encontra hoje correspondência no art. L1121-1 do *Code du Travail* [(n)ul ne peut apporter aux droits des personnes et aux libertés individuelles et collectives de restrictions qui ne seraient pas justifiées par la nature de la tâche à accomplir ni proportionnées au but recherché], após a Ordonnance nº 2007-329, de 12.03.2007.

[342] STÉPHANE DARMAISIN, *Le contrat moral*, LGDJ, Paris, 2000, 427-8.

[343] EMANUELE MENEGATTI, *I limiti alla concorrenza del lavoratore subordinato*, Cedam, Pádua, 2012, 122-3.

ou bens oferecidos, zona geográfica de atuação e clientes[344], conforme jurisprudência do BAG[345].

Qual seja a preocupação com a garantia da existência de meios laborais de sustento ao alcance do trabalhador – e estando em causa uma limitação à liberdade de trabalho não se poderá perder de vista que o direito ao trabalho é, antes de tudo, o *direito à ocupação de um posto de trabalho para a satisfação de necessidades pessoais e familiares*[346] –, não se entrevê, contudo, razão para acompanhar esta construção acerca da potencial inaplicabilidade (ou tão somente acerca da eventual mitigação) do dever de não concorrência a um trabalhador cuja atividade se desenvolve no âmbito de um contrato a tempo parcial: *(i)* por um lado, a imposição de condutas conformes com uma bitola correta e previsível não pode depender da existência de um período normal de trabalho semanal inferior ao praticado a tempo completo e o dever de não concorrência corresponde a uma *obrigação de abstenção de qualquer comportamento que possa fazer desaparecer a relação de confiança* pressuposta por uma relação laboral, sendo redutor desbastar

---

[344] Certeiramente: Ac. STJ de 10.12.2009 (Vasques Dinis), proc. nº 09S0625, lendo-se que "(a) obrigação de exclusividade, eventualmente, consignada em cláusula acessória do contrato de trabalho, se referida a actividades concorrentes com a do empregador, não releva com autonomia, na perspectiva de restrição à liberdade de trabalho, por se tratar de obrigação inerente à relação laboral, por força do disposto na alínea e) do nº 1 do artigo 121º do referido Código, como afloramento do dever geral de lealdade" e, na jurisprudência gaulesa: Cass. Soc. 07.05.1997, Cah. prud'h. nº 10/03, 137.

[345] Assim: BAG 24.03.2010- 10 AZR 66/09, NZA 2010, 693, NZA 2010, 693, onde se analisou a actividade de um trabalhador a tempo parcial, com 15 horas semanais, balconista da Deutsche Post AG, cujas funções consistiam em fazer a distribuição de correspondência. A partir de 2006, o trabalhador decidiu exercer funções para a ZZ GmbH, 6 horas por semana, colaborando na entrega de jornais e entrega de correio. O BAG, considerando o art. 12 da GG, a justaposição residual entre atividades e as necessidades de sustento por parte do trabalhador, não censurou a conduta do trabalhador. Fê-lo, salientando que a proibição de atividades acessórias como densificação por via de convenção coletiva do dever de não concorrência não é possível sempre que abranja atividades que não se apresentem numa relação de concorrência direta com a atividade do empregador. Logo, o desenvolvimento de atividades auxiliares, que, no seu âmago, não se justaponham à atividade comercial do empregador são, por princípio, acessíveis ao trabalhador.

[346] Assim, numa acepção ampla: Montoya Melgar, "Los derechos fundamentales en materia laboral", RPS 1979, nº 121, 333-4. Para João Caupers, *Os direitos fundamentais dos trabalhadores e a Constituição*, Almedina, Coimbra, 1985, 112, significa o "direito de dispor da capacidade para trabalhar, alienando-a, quando se não disponha de outro bem para colocar no mercado".

o sinalagma contratual na relação entre trabalho e retribuição: independentemente das perspetivas que histórica e descoincidentemente envolveram a relação de trabalho[347], o dever relaciona-se com a confiança que marca a relação entre os sujeitos e com o influxo que o comportamento de cada um exerce na esfera jurídica do outro, entrelaçando-se com o esconjuro de uma compreensão da situação laboral estritamente intercambial; *(ii)* por outro lado, figurando-se necessário promover o trabalho a tempo parcial e não condená-lo à extinção[348], a proteção dos interesses económicos do empregador demandada pelo dever de não concorrência vale em toda e qualquer relação laboral, impondo-se um dever de adequação funcional do trabalhador à realização do interesse do empregador que garanta que o seu património não é suscetível de aproveitamento por terceiros, o que, de acordo com a projeção operativa do princípio da boa fé, significa que este não poderá quedar inerme perante a eventualidade de uma atividade concorrencial, seja qual for a carga horária que, nos limites da lei, ocupa o trabalhador, não existindo, por conseguinte, base para desobrigar um trabalhador a tempo parcial do conteúdo normativo da al./f do artigo 128º do CT[349].

---

[347] Designadamente as teorias contratualistas e da incorporação. Sobre a questão, ANTÓNIO MENEZES CORDEIRO, "Da situação jurídica laboral: perspetivas dogmáticas do Direito do Trabalho", ROA 1982, 109 e ss. e 120 e ss. (89-149).

[348] Trabalho a tempo parcial, que, como faz notar JÖRG FLECKER, "La flessibilità: una via obligata? Riorganizzazione dell'impresa e forme di occupazione flessibili", *Dentro e oltre i post-fordismi. Impresa e lavoro in mutamento tra analisi teórica e ricerca empírica* (dir. Rosangela Lodigiani & Monica Martinelli), Vite e Pensiero, Milão, 2002, 254 (235-261), não escapa hoje à estigmatização associada a um trabalho que traz consigo uma "posição social marginal".

[349] A al./f do artigo 128º, sintetizando em termos exemplificativos o dever de não concorrência e o dever de sigilo, obriga o trabalhador a "guardar lealdade ao empregador, *nomeadamente* não negociando por conta própria ou alheia em concorrência com ele, nem divulgando informações referentes à sua organização, métodos de produção ou negócios". Sendo estes deveres exemplificativos, importa notar, na sequência de PEDRO ROMANO MARTINEZ, *Direito do Trabalho* (5ª ed.), Almedina, Coimbra, 2010, 536-9, que o dever de sigilo tem um perímetro aplicativo mais alargado do que a obrigação de não concorrência, porquanto não se compadece com a divulgação de informações que, embora não sirvam a concorrência de terceiros, prejudicam o empregador, cabendo outro tanto salientar que, com exceção da substituição da locução "fidelidade" por "lealdade", a redação da alínea é absolutamente idêntica à que se encontrava na al./c do artigo 14º do Anteprojeto Pessoa Jorge. Cfr. "Contrato de Trabalho – Anteprojeto de Diploma Legal", ESC 1965, nº 13, 247-268.

Aliás, apesar de não ser essa a função primária do pacto de exclusividade, a obrigação convencionável pode encontrar amparo na necessidade de evitar a causação de prejuízos comerciais ao empregador – é, por isso, grande o *simile* com a análise elucubrada a propósito dos pactos de não concorrência[350]–, circunstância em que uma leitura amolecida do dever de lealdade esvaziaria de significado a convenção firmada e convolaria os contratos de trabalho a tempo parcial numa figura potencialmente danosa, sem que, para tanto, se encontre qualquer fundamento que, no confronto entre os argumentos mobilizáveis, se revele materialmente sobreponível, e também, importa dizê-lo, sem que haja norma expressamente interditiva.

Assim, se, no nosso entendimento, o alcance do dever de não concorrência não depende da ausência de completude do tempo de trabalho mas pode ser conformado em razão da neutralidade das funções e/ou da elementaridade da atividade que o trabalhador desenvolve[351] (vetores que, podendo estar associados, são contudo diversos e valorativamente independentes), do mesmo passo, também não se vê como se haverá de considerar nulo um pacto de exclusividade em razão de o trabalho subjacente ser desenvolvido no âmbito do regime do contrato a tempo parcial com o argumento de que a escassez horária não se compagina com a impossibilidade de o trabalhador exercer outras atividades.

Mau grado esta posição ter sido sustentada por Pélissier[352] e ter encontrado reflexo na orientação assumida pela *Cour de Cassation* no início do século[353] – com base no considerando de que se está perante uma limitação desproporcionada e intolerável, pois os interesses do empregador, para ganharem atendibilidade no que à sua proteção diz respeito, implicariam que este preenchesse satisfatoriamente o direito ao trabalho através de celebração de um contrato de trabalho a tempo completo, assegurando

---

[350] Assinalando o aspeto: FRANÇOIS GAUDU & RAYMONDE VATINET, *Les contrats du travail: contrats individuels, conventions collectives et actes unilatéraux*, LGDJ, Paris, 2001, 179.

[351] Nestes termos, sob o signo da "*fedeltà e nuova fattispecie di lavoro subordinato*" e com resenha jurisprudencial, v. PAOLO CENDON, *Commentario al codice civile. Artt. 2060-2134. Lavoro subordinato*, Giuffrè, Milão, 2011, 839-840.

[352] Que, desde cedo, assumiu que "*(d)oivent être considérées comme nulles et de nul effet, toutes les clauses interdisant à un salarié à temps partiel d'exercer toute activité salariée complémentair*". Cfr. JEAN PÉLISSIER, "La liberté du travail", DS, 1990, nº 1, 23 (19-26).

[353] Cass. Soc. 11.07.2000, nº 98-40.143. Em síntese: "(...) *la clause d'un contrat de travail par laquelle un salarié s'engage à travailler pour un employeur à titre exclusif et à temps partiel ne peut lui être opposée et lui interdire de se consacrer à temps complet à son activité professionnelle* (...)".

uma remuneração compatível[354], em passagem aclamada como um exemplo de impregnação do Direito do trabalho pelo Direito constitucional[355] –, houve entretanto ensejo para matizar esta direção, afastando-se desde 2004 a inadmissibilidade liminar de uma cláusula de exclusividade associada a um contrato de trabalho a tempo parcial[356].

II. O aresto, que versou sobre uma cláusula de exclusividade subscrita por uma trabalhadora que exercia funções como caixa de um supermercado, desenvolveu uma análise a dois tempos: primeiro, importará verificar se a cláusula se predestina à salvaguarda de interesses sérios e legítimos do empregador e se é proporcionada; após, e caso se julgue que a cláusula é inválida no confronto entre a densidade dos interesses que o empregador intenta proteger e a exiguidade de meios de sustento que restam ao trabalhador em razão da associação do dever de exclusividade a um contrato de trabalho a tempo parcial (o que se verificou no caso), reconhece(u)-se ao trabalhador o direito a uma indemnização em razão da nulidade da cláusula.

Assim, a aplicação feita pela *Cassation*, embora afaste *in limine* "a requalificação do contrato a tempo parcial em contrato de trabalho a tempo completo", procura eliminar os inconvenientes associáveis a um juízo de invalidade sobre um pacto de exclusividade celebrado por um trabalhador a tempo parcial mediante o reconhecimento de que o trabalhador fica com o direito à "reparação" do prejuízo gerado pela cláusula ilícita: a simples previsão de uma cláusula ilícita faz presumir a existência de um prejuízo, estando o trabalhador dispensado da prova de que pode exercer outra atividade profissional com vista à obtenção de uma reparação.

O desfecho a que se chega encontra, porém, obstáculos dificilmente transponíveis, quais sejam os de o trabalhador invocar a nulidade do pacto de exclusividade e a sua não produção de efeitos *ex tunc* e, em simultâneo,

---

[354] Invoca-se também o art. 12 da Lei de 19.01.2000, relativa à redução do tempo de trabalho, que permite a recusa por parte de um trabalhador a tempo parcial de uma alteração ao seu horário de trabalho em caso de exercício cumulativo de atividades. Esta disposição é aliás utilizada para sustentar a configuração do pluriemprego como princípio geral.

[355] Assim: ALEXIS BUGADA, "Droit constitutionnel appliqué. Aperçu sélectif de la jurisprudence de la Chambre sociale de la Cour de cassation (année 2000)", RFDT 2001/4, nº 48, 780-1.

[356] Cass. Soc. 25.02.2004, nº 01-43.392, BICC 2004/V, nº 64, 59: "*La clause par laquelle un salarié à temps partiel se voit interdire toute autre activité professionnelle, soit pour son compte, soit pour le compte d'un tiers, porte atteinte au principe fondamental de libre exercice d'une activité professionnelle (...)*".

avançar com a pretensão de ressarcimento dos danos que fazem pressupor a sua validade.

Embora se preservem as compensações pagas em razão do cumprimento da exclusividade – não havendo razão, face à privação do direito ao trabalho entretanto verificada, para desatender à aplicação analógica da regra que preclude a retroatividade da declaração de nulidade do contrato de trabalho[357] –, o negócio nulo, enquanto tal, é insuscetível de produzir qualquer efeito, e o trabalhador, face à necessidade de uma compensação, vê garantida a intangibilidade do que recebeu por conta da execução da obrigação de exclusividade, a despeito da respetiva nulidade.

É certo que estas orientações, procurando reprimir abusos, conectaram, com justeza, a liberdade de trabalho com o direito à obtenção de meios de sustento, evitando enredamentos formais, designadamente no âmbito de um contrato de trabalho a tempo parcial a que se encontra aposto um termo, cenário em que o elevado nível de incerteza quanto à perduração da relação associado à exiguidade da remuneração praticada convoca especial preocupação quanto ao facto de o trabalhador se ver impedido de aproveitar uma oportunidade orientada a uma ocupação laboral estável, e mais salientemente, em razão de a exclusividade impedir o trabalhador de suprir as necessidades básicas pessoais e da família, sabendo-se, em fundo, que a inelimável componente de pessoalidade do contrato de trabalho traz consigo, entre outros aspetos expressivos, a suscetibilidade de prevalência de interesses pessoais ou familiares do trabalhador sobre a mecânica contratual (*v.g.* faltas para casamento ou assistência à família) e que a existência de responsabilidades familiares não pode ser subestimada no processo de confeção do modelo de decisão[358].

---

[357] O afastamento da regra da retroatividade da declaração de nulidade em Direito do trabalho e da improdutividade jurídica total do negócio nulo (*quod nullum est, nullum producit effectum*) baseia-se na complexidade da relação laboral, nas consequências da destruição retroactiva dos seus efeitos ou no escopo protetor do trabalhador. Cfr., entre nós, RÁUL VENTURA, "Regime das nulidades do contrato de trabalho", ESC 1963, nº 6, 9-15 ou JÚLIO VIEIRA GOMES & CATARINA DE OLIVEIRA CARVALHO, "Sobre o Regime da Invalidade do Contrato de Trabalho", *II Congresso Nacional de Direito do Trabalho. Memórias* (org. António Moreira), Almedina, Coimbra, 1999, 147-176.

[358] Este aspeto, apesar de pouco focado, ganha relevo na perspetiva de que o exercício de outras atividades está geralmente associado a necessidades de sustento familiar, circunstância que não pode ser ignorada na confeção do modelo de decisão do intérprete-aplicador, sendo, aliás, nessa perspetiva, que o nº 1 do artigo 259º do CT, associando família e trabalho, vem

Contudo, se, por um lado, o juízo de nulidade que pode recair sobre a cláusula de exclusividade pode privar o trabalhador de um complemento retributivo importante e com isso agravar a sua posição económico-social, por outro, ele não garante que o trabalhador, passando a dispor de total liberdade para o exercício de outras atividades profissionais, consiga *de iure* uma (outra) ocupação laboral que lhe assegure *de facto* uma extensão dos meios de sustento.

Verificando-se que, nesta hipótese, o intento de tutela do trabalhador pode revelar-se contraproducente e agravar a sua situação económico-social, a tarefa do intérprete-aplicador quanto à indagação dos interesses que concorrem para a validade do pacto nada tem que ver com a existência de um trabalho a tempo completo ou a tempo parcial, mas sim com a aptidão desse instrumento à tutela de necessidades empresariais, circunstância a que se associa *ex post* a verificação da proporcionalidade da limitação, juízo que, neste contexto, é um *subsequens* e não um *ante*.

Neste quadro, será também essa a leitura a fazer sobre o alcance do nº 3 do artigo 160º do CT2009[359], já que, perante a larga margem de sobreposição entre as modalidades de trabalho a tempo parcial e de trabalho intermitente, o preceito, ao prever que ""(d)urante o período de inactividade, o trabalhador pode exercer outra actividade"[360], é suscetível de ser considerado aplicável ao trabalho a tempo parcial[361], embora da articulação dos nºs 1 e 3 do artigo 160º do CT cobre relevo o argumento de que o trabalho intermitente e o trabalho a tempo parcial têm espaços próprios, sendo de afastar qualquer justaposição regulativa[362].

---

funcionalizar a prestação retributiva não pecuniária à satisfação de necessidades pessoais do trabalhador ou da sua família.

[359] Cfr. ANTÓNIO NUNES DE CARVALHO, "Considerações sobre o trabalho intermitente", cit., 368-9.

[360] Disposição que tanto para JOÃO LEAL AMADO & JOANA NUNES VICENTE, "Contrato de trabalho intermitente", cit., 128, quanto para CATARINA DE OLIVEIRA CARVALHO, "A desarticulação do regime legal do tempo de trabalho", cit., 374-6, implica a inadmissibilidade de aposição de cláusulas de exclusividade a este contrato. Mais recentemente, veja-se ainda JOANA NUNES VICENTE, "Trabalho a tempo parcial e trabalho intermitente", *Tempo de trabalho e tempos de não trabalho – o regime nacional do tempo de trabalho à luz do Direito europeu e internacional* (Estudos APODIT 4), AAFDL, Lisboa, 2018, 269-271.

[361] Nestes termos, v. ainda CATARINA DE OLIVEIRA CARVALHO, "A desarticulação do regime legal do tempo de trabalho", cit., 376.

[362] Ainda ANTÓNIO NUNES DE CARVALHO, "Considerações sobre o trabalho intermitente", cit., 347-8, que acompanhamos.

Com efeito, apesar de, não raro, se vislumbrar a tendência para embutir a proporcionalidade da limitação à liberdade de trabalho no interesse legítimo que concorre para a validade das cláusulas, o interesse legítimo é uma coisa, e outra bem diferente, que com aquele não se confunde, é o conteúdo da limitação assumida pelo trabalhador, onde a indispensabilidade intervirá, agora sim, no que atina com a medida de proteção dos interesses empresariais e, em contraverso, no que à salvaguarda do princípio da liberdade de trabalho diz respeito[363].

Na verdade, sem embargo de as cláusulas postularem uma apreciação que conecte o seu conteúdo com o contrato de trabalho[364] – pois é o esquema de interesses em que se move a relação laboral que parametriza a limitação estabelecível à realidade pressuposta pela execução efetiva do contrato[365] –, será no conteúdo da vinculação assumida, e não no interesse que a fundeia, que o conceito de *indispensabilidade* se interporá, ao transitar-se o princípio da proporcionalidade no que respeita aos limites internos do pacto.

Estando-se perante uma autolimitação de direitos constitucionalmente garantidos que exorbita da dinâmica vicissitudinária normal de execução do contrato de trabalho – exorbitância que, em fundamento, já conduziu a *Cour de Cassation* a qualificar uma cláusula de exclusividade como uma modificação do contrato de trabalho, cuja recusa por parte do trabalhador é insuscetível de preencher o conceito de despedimento com justa causa (*licenciement motivé par son refus est dépourvu de cause réelle et sérieuse*)[366] –, é quase sempre omitida a indicação de uma referência à prestação que se gera a cargo do empregador com a assunção da obrigação de exclusividade por parte do trabalhador, podendo, no limite, sustentar-se a gratuitidade do acordo ou, por caminho similar, entregar-se um eventual acréscimo retributivo à autonomia privada[367].

---

[363] HARALD SCHLIEMANN & REINER ASCHEID, *Das Arbeitsrecht im BGB*: Kommentar, De Gruyter-Recht, Berlim, 2002, 266.

[364] Ainda SOPHIE LE GACH-PECH, *Le principe de proportionnalité en droit prive des contrats*, LGDJ, Paris, 2000, 205, referindo que "*la proportionnalité de la clause s'apprécie en fonction de son contenu propre mais également en fonction du contrat dans lequel elle s'insere*".

[365] AMIEL-DONAT, *Les Clauses de non-concurrence en droit du travail*, Litec, Paris, 1998, 31-2.

[366] Cass. Soc. 07.06.2005 (*Sonnerat c/ Sté Scolarest*), nº 03-42.080, Bull. civ. V, nº 189.

[367] Assumindo esta posição, v. PEDRO ROMANO MARTINEZ, *Direito do Trabalho* (2010) cit., 693, que sustenta que "frequentemente a exclusividade está associada a um acréscimo retributivo (p. ex. subsídio de exclusividade), mas também, neste aspeto, vigora o princípio

Ora, todo este enquadramento é desenvolvido no pressuposto de que uma cláusula de exclusividade, face à necessidade de compensar *ex ante* o trabalhador pela não fruição plena do seu direito ao trabalho[368], implica o pagamento de uma compensação, estando, pois, afastada a sua *gratuitidade*[369]. Se a compensação é um factor importante na valoração da atendibilidade da autolimitação assumida pelo trabalhador, ela aparece, em fase ulterior, como um parâmetro importante na delimitação do alcance da obrigação, entrecruzando-se com o montante da retribuição auferida, com o tempo de trabalho previsto e prestado e com a dimensão material da exclusividade, num "casamento entre *compensação adequada* e o não exercício de outras atividades remuneradas" que conhece afloramentos no regime dos contratos de trabalho dos profissionais de espetáculos[370]

---

da autonomia privada". É também essa a tendência no direito alemão, com a doutrina e a jurisprudência a centrarem-se na indagação dos interesses do empregador que concorrem para validade da cláusula e na proporcionalidade da limitação assumida, sem se curar da necessidade de uma compensação.

[368] Luque Parra, "Pactos típicos, nuevas tecnologias y relación laboral", *Relaciones Laborales y Nuevas Tecnologias*, La Ley, Madrid, 2005, 164, Rubio de Medina, *El pacto de permanencia en la empresa*, Bosch, Madrid, 2005, 11 e Rey Guanter, *Estatuto de los trabajadores: Comentado y con jurisprudência*, La Ley, Madrid, 2007, 297, entrevê na contrapartida uma função de compensação ao trabalhador de dano patrimonial derivado de um lucro cessante, função que todavia nos suscita dúvidas, uma vez que não existem propriamente ganhos que se frustraram ou prejuízos advenientes ao trabalhador por não ter aumentado o seu património: o exercício de uma outra atividade, afora casos circunscritos, é sempre uma eventualidade, não sendo possível afirmar-se que, por força da exclusividade, não se concretiza uma vantagem que, na ausência do pacto, se verificaria. A contrapartida atina com a titularidade de um *status* que, a manter-se, era suscetível de dar ao trabalhador o direito a um ganho, face à não compressão da liberdade de trabalho, sendo, pois, uma consequência directa dessa compressão, sem que, *summo rigore*, exista a frustração de um ganho. Esta construção é, *grosso modo*, sustentada no ordenamento transalpino para firmar a onerosidade de um *pactum de non recedendo* – assim: Alberto Russo, *Problemi e prospettive nelle politiche di fidelizzazione del personale. Profili giuridici*, Giuffrè, Milão, 2004, 96 –, mas a sua razão de ser é extensível a qualquer convenção que, nas margens do sistema, opere uma limitação à liberdade de trabalho.

[369] O tema é desenvolvido em João Zenha Martins, "A onerosidade dos pactos de exclusividade laboral", *Obra comemorativa dos 20 anos da Faculdade de Direito da Universidade do Porto – Volume I*, Almedina, Coimbra, 2017, 691-710.

[370] Tratamos da Lei nº 4/2008, de 07.02, com as alterações introduzidas pela Lei nº 28/2011, de 16.06, que aprova o regime dos contratos de trabalho dos profissionais de espetáculos e estabelece o regime de segurança social aplicável a estes profissionais. Estabelece-se no nº 5 do artigo 11º, que "as partes podem estabelecer, por escrito, que o trabalhador realiza a sua atividade artística em exclusivo para o empregador, mediante a fixação de uma compensação

ou no regime aplicável à carreira docente universitária, o qual, em associação à opção pela dedicação exclusiva, prevê um "subsídio complementar" para os professores[371] e um "subsídio de formação-investigação" para os assistentes[372].

III. Embora um dos efeitos naturais do trabalho a tempo parcial se encontre na proliferação do fenómeno do pluriemprego[373] e se pudesse descobrir no ordenamento português um sinal no âmbito da legislação sobre desemprego de que o contrato de trabalho a tempo parcial não assegura por princípio uma retribuição que viabilize meios de sustento adequados[374] – inquinando-se, assim, o cruzamento entre um pacto de exclusividade e um contrato de trabalho a tempo parcial (argumento que, suscitando dúvidas acerca da sua extrapolabilidade, é hoje claramente reversível, face à possibilidade aberta pelo Decreto-Lei nº 64/2012, de 15.03, quanto à cumulação da remuneração auferida no âmbito de um contrato de traba-

---

adequada para a prestação do trabalho em regime de exclusividade", e, por outro, no nº 6, que "quando não exista contrato de exclusividade, celebrado nos termos do número anterior, os trabalhadores das artes do espetáculo e do audiovisual podem celebrar contratos simultâneos com mais de uma entidade empregadora, desde que o cumprimento do objeto dos diferentes contratos não seja incompatível por razão de horário, localização geográfica, profissional ou outra".

[371] Veja-se o nº 1 do artigo 70º do Estatuto da Carreira Docente Universitária (ECDU), aprovado pelo Decreto-Lei nº 448/79, de 13.11, com as alterações introduzidas pela Lei nº 19/80, de 16.07, pelos Decretos-Leis nºs 316/83, de 02.07, 381/85, de 27.09, 392/86, de 22.11, 145/87, de 24.03, 147/88, de 27.04, 412/88, de 09.11, 35/85, de 01.02, 456/88, de 13.12, 393/89, de 09.11, 408/89, de 18.11, 388/90, de 10.12, 252/97, de 26.09, 205/2009, de 31.08, e pela Lei nº 8/2010, de 10.08.

[372] Cfr. nº 2 do artigo 70º. do ECDU.

[373] Salientando o aspeto, v. MARCO PAPALEONI, *Il nuovo part-time. Nel settore privato e pubblico*, Cedam, Pádua, 2004, 76; entre nós: PEDRO FURTADO MARTINS, "O Pluriemprego no Direito do Trabalho", *II Congresso Nacional de Direito do Trabalho. Memórias* (org. António Moreira), Almedina, Coimbra, 1999, 196; e, na jurisprudência, o Ac. STJ de 20.03.1991 (SOUSA MACEDO), BMJ 1991, nº 405, 362.

[374] Referimo-nos ao subsídio de desemprego parcial, cuja atribuição, nos termos do Decreto-Lei nº 72/2010, de 18.06 (com as alterações introduzidas pelo Decreto-Lei nº 64/2012, de 15.03) e da Portaria nº 207/2012 de 06.06, é devida quando o beneficiário se encontre a receber, ou tenha requerido, subsídio de desemprego e exerça ou venha a exercer uma atividade profissional por conta de outrem a tempo parcial com um período normal de trabalho semanal inferior ao praticado a tempo completo em situação comparável, desde que o valor da retribuição do trabalho seja inferior ao montante do subsídio de desemprego.

lho a tempo completo com a perceção do subsídio de desemprego[375]) –, a legitimidade dos interesses empresariais que concorrem para a validade do pacto de exclusividade tem de ser apartada do problema conexo com a razoabilidade da autolimitação assumida pelo trabalhador, cuja apreciação apenas é prosseguida após a certificação de que o dever de exclusividade se justifica com base na necessidade de tutela dos interesses empresariais e face às funções que o trabalhador exerce.

Afigura-se, por isso, necessário distinguir o interesse de que o pacto tem de ser portador da necessidade de que a estipulação com alcance proibitivo seja proporcional ao fim prosseguido, em ponderação que, no plano legal, se encontra vertida no nº 5 do artigo 55º do CT2009[376], o qual contém disposição que, diante dos interesses que justificam o desencadeamento do trabalho a tempo parcial de trabalhador com responsabilidades familiares, é suscetível de fundar um importante critério valorativo.

Inviabilizando-se, assim, qualquer presunção de incompatibilidade genérica, genésica e absoluta, entre um contrato de trabalho a tempo parcial e uma cláusula de exclusividade, os interesses que se procuram salvaguardar com a incompatibilidade ínsita no nº 5 do artigo 55º do CT2009 podem manifestar-se noutras situações de trabalho a tempo parcial que estejam para lá das responsabilidades parentais relativas a filho menor de 12 anos, contexto em que, após a confirmação da inexistência de obstáculos ao interesse sério requerido para um pacto de exclusividade, a previsão convencional de que o trabalhador não pode exercer outra ou mais atividades *a latere* do contrato de trabalho mais não faz do que aflorar o critério que a lei, com vista à salvaguarda da finalidade subjacente ao regime de tempo parcial, vem estabelecer. E fá-lo, em adição ao juízo de ponderação *ex lege* que se encontra no nº 5 do artigo 55º do CT2009, mediante o

---

[375] O diploma, que veio alterar o regime jurídico de proteção no desemprego dos trabalhadores por conta de outrem, e que encontra densificação na Portaria nº 207/2012, de 06.06, vem estabelecer um apoio financeiro para os desempregados que recebem subsídio de desemprego e que voluntariamente aceitem ofertas de emprego, a tempo completo, com um salário (bruto) inferior ao valor do subsídio que recebem, embora com condicionantes várias, que atinam com o tempo de inscrição no centro de emprego, com a duração da medida e com o valor da retribuição auferida no âmbito do contrato de trabalho celebrado.

[376] Estabelece o preceito que "(d)urante o período de trabalho em regime de tempo parcial, o trabalhador não pode exercer outra atividade incompatível com a respetiva finalidade, nomeadamente trabalho subordinado ou prestação continuada de serviços fora da sua residência habitual".

pagamento de uma compensação *justa* ao trabalhador, já que a exclusividade convencional não convive, como se viu, com a gratuitidade de uma limitação *ex voluntate* à liberdade de trabalho.

Assim, no pressuposto de que "a limitação voluntária tem que se restringir ao mínimo possível e deve ser justificada objetivamente, nos termos gerais do artigo 18º da CRP"[377], uma coisa é a aptidão do pacto para a proteção de interesses empresariais, e outra, que com esta não se confunde, é a proporcionalidade da obrigação gerada pelo pacto, que é aferível a partir da duração do trabalho subjacente, do montante compensatório atribuído ao trabalhador e da remuneração que este aufere.

Se estes factores formam um parâmetro que permite a mensuração da proporcionalidade, trata-se apenas de aquilatar, em atenção à fundamentalidade da liberdade de trabalho, da (des)proporção do próprio conteúdo da obrigação[378].

É neste plano que, por princípio, a obrigação de exclusividade assumida por um trabalhador a tempo parcial se coloca: na proporcionalidade da limitação e não na falta do interesse sério que, a um tempo, concorre para a sua (in)validade.

Verificando-se que a obrigação de exclusividade assumida por um trabalhador a tempo parcial se mostra desproporcionada perante a privação de possibilidades de sustento durante o tempo, necessariamente alargado, em que o trabalhador não se encontra a executar o contrato de trabalho, a mensuração da (des)proporção subjacente à obrigação assumida pelo trabalhador suscita a correlativa ampliação da compensação devida em razão dessa obrigação[379] e/ou a redução do conteúdo da limitação assu-

---

[377] Assim, Rosário Palma Ramalho, *Direito do Trabalho. Parte II – Situações Laborais Individuais* (3ª ed.), Almedina, Coimbra, 2010, 124 que admite, à frente, a aposição de cláusulas de exclusividade a um contrato de trabalho intermitente, com enquadramento extrapolável para um contrato de trabalho a tempo parcial (351).

[378] Como fez notar José João Abrantes, *Contrato de trabalho e direitos fundamentais*, Coimbra, Coimbra Editora, 2005, *maxime* 171-5, a ponderação e a otimização reclamadas pela presença de interesses em conflito (interesses da empresa *versus* direitos fundamentais dos trabalhadores), são viabilizadas pelo princípio da proporcionalidade – qual *princípio objetivo da ordem jurídica* –, que procura garantir, nas margens de possibilidade legal e factual, a mais ampla proteção do trabalhador e, em simultâneo, a mais ampla autonomia contratual

[379] Philippe Waquet, *L'entreprise et les libertés du salarié* (2003), cit., 195, afirma que "il faudrait au minimum prévoir une indemnité compensant la privation de revenus qui en résulte".

mida, ajustando-a à dimensão material do meio de sustento viabilizado pelo contrato de trabalho.

Esta atividade jurisprudencial, que conhece um importante sinal com a possibilidade legalmente prevista de, no âmbito dos pactos de não concorrência, a contrapartida "sofrer redução equitativa quando o empregador houver despendido somas avultadas com a sua formação profissional" (ainda e também o 270º do CT[380] e, no plano adjetivo, as razões que conformam o *extra vel ultra petitum*), além de dimensionar as coordenadas de equilíbrio que guiam a execução de um acordo de limitação à liberdade de trabalho, vem atribuir à equidade um papel fundamental, fornecendo ao julgador uma orientação que lhe permite garantir a proporcionalidade da limitação, recorrendo a valorações e a argumentos necessariamente ligados ao caso concreto e às suas características particulares: tratando-se de entrecruzar uma ideia de equilíbrio e proporção com um sentido de vertente individualizadora de justiça implicativo de uma adequação necessariamente concreta à *factis species* que envolve o trabalhador, o fenómeno, dotado de explicitude acrescida no âmbito dos pactos de não concorrência, documenta o controlo, pelo juiz, dos conteúdos contratuais em jogo, traduzindo a vocação efetiva da ciência do Direito para garantir a construção de modelos de decisão aferentes a soluções materialmente justas.

Nesse sentido, a disjunção traçada entre interesse legítimo e proporcionalidade da limitação à liberdade de trabalho vai assumir marcada importância ao afastar a procedência *automática* de um juízo de nulidade em razão da desproporção das obrigações que dimanam do acordo de exclusividade, por referência à retribuição auferida com o contrato de trabalho a tempo

---

[380] A consideração, a propósito do artigo 270º, de que o julgador deve intervir, face ao *tipo de critérios pré-fixados*, sempre que estejamos perante uma situação em que o trabalhador é objeto de um tratamento remuneratório "manifestamente lesivo", constitui uma dimensão normativa do princípio do equilíbrio obrigacional, e, embora mais mitigadamente, por força da autonomia privada, dos princípios da proporcionalidade e da igualdade. Sendo o artigo 270º do CT um afloramento do princípio da igualdade retributiva, constitucionalmente plasmado, a autonomia privada acaba onde começa aquela determinante constitucional. Posto que se topa com uma regra que aflora a principiologia que anima o sistema, não se está já perante uma norma materialmente excecional (aquelas, que são abrangidas pela estatuição do artigo 11º do CC) mas, quando muito, perante uma regra formalmente excecional. Significa isto que, não se cuidando de uma solução *contra rationem iuris*, não fica vedada a sua aplicação analógica; bem ao contrário, tal regra suscitar-se-á sempre que as razões que determinam a sua consagração implicarem "extensivamente" as mesmas consequências jurídicas.

parcial. Por isso, a compensação estabelecida poderá ser ajustada pelo julgador, já que o equilíbrio entre os sujeitos só é atingível se estiver garantido um controlo judicial dos montantes praticáveis (valor e adequação da contrapartida), à luz de um pressuposto global de justeza das obrigações convencionadas[381], que assegure a adequação da renúncia[382].

Traduzindo a vocação do princípio da proporcionalidade para proteger os trabalhadores[383] e a perspetivação do Direito do trabalho como um Direito de equilíbrio[384], a junção dos valores devidos pelo trabalho a tempo parcial e pela compensação subjacente à obrigação de exclusividade (que se integra no conceito de retribuição[385]) não poderá, por isso, ser inferior à retribuição mínima mensal garantida, uma vez que esse contrato de trabalho passa a funcionar como a única fonte de rendimentos profissionais ao alcance do trabalhador.

---

[381] Assim, em relação ao *patto di non concorrenza*, salientando a necessidade de um montante *equitativo, vide* ANDREA PILATI, "Sulla nullità del patto di non concorrenza per esiguità del compenso corrisposto nel corso del rapporto di lavoro", RIDL, 2000, II, 730, *Curso de Derecho del Trabajo*, 10ª ed., Tirant lo Blanch, Valência, 2001, 384 ou VANIA BRINO, "La clause de non concurrence: Italie", RDT 2007, nº 11, 683. Entre nós: JÚLIO VIEIRA GOMES, "As Cláusulas de Não Concorrência no Direito do Trabalho", *Juris et de Jure* (org. Manuel Afonso Vaz e José Azeredo Lopes), UCP, Porto, 1998, 945-6 e JOANA VASCONCELOS, *A Revogação do Contrato de Trabalho*, Almedina, Coimbra, 2011, 198.

[382] Ainda o excurso jurisprudencial da *Cassation* contido em FLORENCE CANUT, "Sanction d'une clause de non concurrence excessive: vers une evolution de la jurisprudence de la Chambre sociale de la Cour de cassation?", *Dr. ouvrier* 2012, nº 762, 16.

[383] Não sendo abundantes as referências legais ao princípio da proporcionalidade no CT, as que existem destinam-se, no essencial, a garantir direitos dos trabalhadores. Assim: o nº 2 do artigo 18º, ao determinar que o tratamento de dados biométricos só é permitido se os dados a utilizar forem necessários, adequados e proporcionais aos objetivos a atingir; o nº 2 do artigo 21º que, com referência à utilização de meios de vigilância a distância, dispõe que a autorização da CNPD só pode ser concedida se a utilização dos meios for necessária, adequada e proporcional aos objetivos a atingir ou o nº 5 do artigo 538º, referente à definição de serviços a assegurar durante a greve, ao prescrever que "a definição dos serviços mínimos deve respeitar os princípios da necessidade, da adequação e da proporcionalidade".

[384] ISABELLE CORNESSE, *La proportionnalite en droit du travail*, Litec, Paris, 2001, 140 e 486.

[385] Inserindo também a compensação no conceito de retribuição: DURAN LÓPEZ, "Pacto de no concurrencia", *El Estatuto de los Trabajadores. Comentarios a las Leyes Laborales*, Tomo V, Edersa, Madrid, 1985, 187 e CRUZ VILLALÓN, *Estatuto de los Trabajadores Comentado* (2003), cit., 297. Diversamente, afastando a recondução da compensação ao conceito de retribuição, uma vez que "o pacto de dedicação é um elemento acidental do contrato de trabalho", v. ALONSO OLEA & CASAS BAAMONDE, *Derecho del Trabajo* (1999), cit., 986.

Será, de resto, no âmbito do crivo proporcional que o trabalho a tempo parcial convoca, e que não pode operar de forma absolutamente geométrica, que a maioria dos problemas recentes se tem suscitado, interpelando o TJ, no quadro do reenvio prejudicial, a julgar desconformes diferentes preceitos da legislação de Estados-membros no que à cobertura previdencial associada às diferentes modalidades de trabalho a tempo parcial diz respeito.

Eis o que sucedeu no contexto do Ac. TJ de 09.11.2017 (*María Begoña Espadas Recio y Servicio Público de Empleo Estatal*), suscitado por iniciativa do Tribunal do Trabalho nº 33 de Barcelona, que pediu orientação quanto à interpretação da Diretiva 79/7/CEE relativa à realização progressiva do princípio da igualdade de tratamento entre homens e mulheres em matéria de segurança social e da Diretiva 97/81/CE respeitante ao acordo-quadro relativo ao trabalho a tempo parcial celebrado pela UNICE, pelo CEEP e pela CES[386]. Se, no ordenamento espanhol, o direito à prestação de desemprego surge com a perda do emprego, a questão de fundo esteve em saber se para determinar a duração da prestação devem ser tidos em conta apenas os dias em que efetivamente o trabalhador prestou a atividade laboral, mesmo que a respetiva quotização para a segurança social associada ao risco de desemprego tenha sido paga para todos os dias de cada mês do ano inteiro[387]. Isto, porque o *Servicio Público de Empleo Estatal* (SPEE)

---

[386] O órgão jurisdicional de reenvio perguntou se a cláusula 4 do acordo-quadro é aplicável a uma prestação contributiva de desemprego como a que está em causa no processo principal. Em caso de resposta afirmativa, há que determinar se o acordo-quadro se opõe às regras nacionais em questão. Ao abrigo dessas regras, o cálculo do período durante o qual é paga a prestação de desemprego tem em conta apenas os dias trabalhados efetivamente pelo trabalhador desempregado, ainda que as quotizações sejam pagas por cada dia de todos os meses. Essa regra resulta numa redução do período durante o qual é paga a prestação de desemprego em comparação *tanto* com os trabalhadores a tempo parcial «horizontal», *como* com os trabalhadores a tempo inteiro.

[387] O artigo 210º da LGSS tem como epígrafe «Duração da prestação de desemprego». O período de tempo durante o qual a prestação é paga ao trabalhador desempregado (a seguir «período de prestação») é estabelecido em função: *(i)* do período de trabalho durante o qual foram pagas quotizações nos seis anos anteriores à alteração da sua situação legal de emprego para a situação de desemprego; ou (ii) da data em que cessou a obrigação de quotização. É estabelecida uma tabela que determina o período de quotização em dias e o correspondente período durante o qual são pagas as prestações, também expresso em dias. Assim, por exemplo, para um período de quotização de 360 a 539 dias, são pagos 120 dias; um período de quotização de 1 260 a 1 439 dias gera uma prestação de 420 dias e um período

considerou que, no caso de trabalho a tempo parcial, cada dia trabalhado devia ser contado como dia de quotização, pelo que, nos seis anos anteriores à sua situação de desemprego, a trabalhadora demonstrou ter pago quotizações por 1387 dias. O período de prestação foi, portanto, calculado em 420 dias, com o SPEE a não considerar o resto do período de seis anos relativamente ao qual a trabalhadora e os seus anteriores empregadores pagaram as quotizações. Ora, se a trabalhadora tivesse trabalhado com base na estrutura horizontal – 1,75 horas durante cinco dias de trabalho por semana, totalizando 8,5 horas – teria tido direito à prestação de desemprego pelo período máximo de 720 dias.

Este enquadramento implica, por isso, que um trabalhador a tempo parcial vertical receba a prestação durante um período mais curto do que um trabalhador comparável a tempo inteiro, ainda que *tenha pago quotizações por cada dia de cada mês do ano*. Atendendo a que no caso dos trabalhadores a tempo parcial vertical o sistema dá mais importância aos dias efetivamente trabalhados do que ao período de tempo que o trabalhador despende a fazer o seu trabalho ao longo de uma semana de trabalho, gera-se uma diferenciação entre os dois grupos de trabalhadores. Com isso, cria-se, como fez notar a Advogada Geral Eleanor Sharpston (§ 60)[388], uma anomalia ilógica e punitiva que desfavorece os trabalhadores a tempo parcial vertical. Os trabalhadores a tempo parcial que realizam trabalhos com remuneração relativamente baixa, tal como os trabalhos de limpeza,

---

de quotização superior a 2 160 dias dá lugar ao pagamento de prestações durante 720 dias (o período máximo durante o qual são pagas prestações). Segundo a regra 4, nº 1, da Sétima Disposição Adicional da LGSS, que estabelece regras aplicáveis aos trabalhadores a tempo parcial, «para determinar os períodos de quotização e de fixação da base de cálculo das prestações de desemprego, proceder-se-á em conformidade com o que for determinado na sua regulamentação específica». Estas regras figuram no Real Decreto 625/1985 de *protección por desempleo* (Real Decreto 625/1985, relativo à proteção no desemprego, a seguir «RD 625/1985»). O artigo 3º daquele diploma determina a forma de cálculo do período durante o qual é paga a prestação. O artigo 3º, nº 1, refere-se aos trabalhadores a tempo inteiro. Este artigo dispõe: «[a] duração da prestação de desemprego é estabelecida em função dos períodos de trabalho durante os quais foram pagas quotizações nos quatro anos que antecederam a situação legal de desemprego, ou a data em que cessou a obrigação de quotização». Relativamente aos trabalhadores a tempo parcial, o artigo 3º, nº 4, estabelece que: «[q]uando as quotizações de que fez prova correspondam a trabalho a tempo parcial ou a trabalho efetivo em caso de redução de tempo de trabalho, cada dia trabalhado será contado como um dia de quotização, independentemente da duração do tempo de trabalho».
[388] ECLI:EU:C:2017:223.

podem ter pouca escolha no que se refere às suas condições de trabalho. E estes trabalhadores podem muito bem ser obrigados a aceitar condições de trabalho vertical que se adequam às necessidades do seu empregador simplesmente para garantir o emprego.

Este percurso argumentativo é tão mais importante quanto vem fundar um novo patamar de análise no que ao princípio da não discriminação diz respeito: além da aplicação do critério *pro rata temporis* e do enlace entre igualdade e proporcionalidade que subjaz à delimitação da situação de comparabilidade entre um trabalhador com tempo parcial e um trabalhador com tempo completo, torna-se agora necessário analisar se o trabalho a tempo parcial vertical e o trabalho a tempo parcial horizontal recebem um tratamento homogéneo, garantindo-se que os trabalhadores a tempo parcial vertical não são relegados para um plano de subalternidade, que, na prática, funcionará como um segundo escalão de discriminação indireta.

Na verdade, não é novidade a consideração de que, perante as estatísticas disponíveis, qualquer regulação que incida sobre o trabalho a tempo parcial afetará sempre uma percentagem consideravelmente mais elevada de trabalhadores femininos que masculinos. E que, tanto no trabalho a tempo parcial horizontal quanto no trabalho a tempo parcial vertical, as trabalhadoras femininas compõem maioritariamente qualquer dos subtipos.

Dado que a diferença de tratamento não pode ser justificada por factores objetivos e estranhos a qualquer discriminação baseada no sexo, a inexistência de tratamento idêntico entre o tempo parcial vertical e o tempo parcial horizontal aparecerá sempre como uma regulação portadora de consequências particularmente desvantajosas para as mulheres, afluindo-se a uma distinção em razão do sexo, que, em fundo, assenta num critério naturalmente desvalioso[389].

Sem prejuízo, nutrem-se sérias dúvidas quanto à racionalidade desta via interpretativa, pois a comparação entre os trabalhos a tempo parcial vertical e horizontal, enquanto quadro de referência suscetível de conduzir a

---

[389] Nestes termos, sobre o Ac. TJ de 06.12.2007 (*Ursula Voß v. Land Berlin*), proc. C-300/06, onde se analisou legislação alemã sobre contratos de trabalho em funções públicas que determinava pagamentos distintos para horas extraordinárias, conforme o trabalhador em causa tivesse um contrato a tempo inteiro ou a tempo parcial, v. CATHERINE BARNARD, *EU Employment Law* (4ª ed.), Oxford University Press, Oxford 2012, 281 e 431, e, entre nós, MARIANA CANOTILHO, "Brevíssimos apontamentos sobre a não discriminação no Direito da União Europeia", *Julgar* 2011, nº 14, 107-8 (101-111).

uma discriminação indireta, não pode perder de vista que nesse binómio os dois subtipos são maioritariamente compostos por trabalhadoras. A composição maioritariamente feminina dos subtipos do trabalho a tempo parcial implica a inexistência de qualquer discriminação intratipológica em razão do sexo, já que não há qualquer subtipo que seja maioritariamente masculino. Não se entrevêem, por isso, razões para fundar um novo quadro comparativo, em acréscimo ao que a Diretiva acolhe.

Como quer que seja, se a discriminação indireta tem recuada tradição no que à regulação sobre o trabalho a tempo parcial diz respeito e atina com diferentes aspetos associados a este *tipo* contratual – entre outros, veja-se o processo C96/80 (*J.P. Jenkins v Kingsgate*)[390], o processo C171/88 (*Ingrid Rinner-Kuehn v Fww Spezial-Gebaeudereinigung Gmbh & Co Kg*)[391], o processo C-243/95 (*Kathleen Hill and Ann Stapleton v. Revenue Commissioners and the Department of Finance*)[392] ou o processo C-196/02 (*Nikoloudi vs Orga-*

---

[390] ECLI:EU:C:1981:80. O caso girou em torno de uma política empresarial, à luz do *Equal Pal Act* (1970), que atribuía a trabalhadores com tempo parcial uma retribuição horária inferior à de trabalhadores a tempo completo. Considerando que essa diferença de retribuição era um meio indireto de discriminação de trabalhadoras, o Tribunal considerou existir uma violação do artigo 119 do Tratado, aplicando-o diretamente a essa situação.

[391] ECLI:EU:C:1989:328. Cuidou-se de legislação alemã sobre a manutenção do salário (a *Lohnfortzahlungsgesetz*) de 27.07.1969, que previa que o empregador devia manter a favor do trabalhador que, após a sua entrada em serviço, estivesse impedido, por motivo de incapacidade para o trabalho e sem culpa da sua parte, de prestar o seu trabalho, o pagamento da remuneração durante o período de incapacidade para o trabalho, por um período de até seis semanas; todavia, ficavam excluídos do benefício destas disposições os trabalhadores cujo contrato de trabalho previsse um período normal de trabalho igual ou inferior a dez horas por semana ou a quarenta e cinco horas por mês. Se o governo alemão alegou que o regime era justificado pelo facto de os trabalhadores com menos de dez horas não estarem tão integrados na empresa, o Tribunal considerou que artigo 119º do Tratado CEE deve ser interpretado no sentido de que se opõe a uma legislação nacional que permita às entidades patronais excluir da manutenção da remuneração em caso de doença os trabalhadores cujo período normal de trabalho não exceda as dez horas por semana ou as quarenta e cinco horas por mês, quando essa medida atinja um número muito mais elevado de mulheres do que de homens, salvo se o Estado-membro demonstrar que a referida legislação se justifica por factores objetivos e estranhos a qualquer discriminação fundada no sexo.

[392] ECLI:EU:C:1997:76. O Tribunal considerou que o artigo 119º do Tratado bem como a Diretiva 75/117/CEE relativa à aproximação das legislações dos Estados-Membros no que se refere à aplicação do princípio da igualdade de remuneração entre os trabalhadores masculinos e femininos devem ser interpretados no sentido de que se opõem a uma legislação que prevê que, quando uma percentagem muito mais elevada de trabalhadores femininos em relação à de trabalhadores masculinos exerce a sua atividade em regime de tempo partilhado, aos

nismos Tilepikoinonion Ellados AE)[393] –, é importante salientar que, sempre que um trabalhador afirma que o princípio da igualdade de tratamento foi violado em seu detrimento e apresenta factos que permitam presumir a existência de uma discriminação direta ou indireta, as normas da União Europeia relativas ao ónus da prova nos casos de discriminação baseada no sexo devem ser interpretadas no sentido de que incumbe à parte demandada provar que não houve violação do referido princípio. Em alcance mais vasto, isto significa que pende sobre as entidades empregadoras a *probatio diabolica* de que uma medida que, no plano regimental, diferencie trabalho a tempo completo e trabalho a tempo parcial é necessária e proporcional à prossecução de um escopo válido e legítimo[394].

Ora, se também a restrição da possibilidade de celebração de pactos de exclusividade a trabalhadores a tempo completo não pode/deve ser apartada do princípio da igualdade no que aos diferentes trabalhadores diz respeito – esta igualação, crivada pelo princípio da proporcionalidade, deixa também intocados os períodos subjacentes às féria anuais ou às licenças de parentalidade, conhecendo outro tanto cabimento na indagação da privação da contrapartida devida por um pacto de exclusividade –, importa,

---

trabalhadores em regime de tempo partilhado que acedem a um posto de trabalho a tempo inteiro é atribuído um escalão da tabela de remunerações aplicável ao pessoal que trabalha a tempo inteiro inferior ao da tabela de remunerações aplicável ao pessoal empregado em regime de tempo partilhado de que esses trabalhadores beneficiavam anteriormente, em virtude da aplicação pela entidade patronal do critério do serviço calculado por referência à duração do tempo de trabalho efetivamente cumprido num posto de trabalho, a menos que esta legislação se justifique por critérios objetivos e estranhos a qualquer discriminação em razão do sexo.

[393] ECLI:EU:C:2005:14. Tratou-se de regulamentação grega relativa a contratos de trabalho a tempo parcial que excluía a possibilidade de integração nos quadros de uma empresa dos trabalhadores contratados nesse regime, sendo esses trabalhadores, por força dessa regulamentação, exclusivamente mulheres. O Tribunal declarou então que sempre que incida sobre uma percentagem muito mais elevada de trabalhadores femininos do que de trabalhadores masculinos, a exclusão do trabalho a tempo parcial do cálculo da antiguidade constitui uma discriminação. indireta em razão do sexo, contrária ao Direito comunitário, a menos que essa exclusão se explique por factores objetivamente justificados e estranhos a qualquer discriminação em razão do sexo. Ainda: ANN NUMHAUSER-HENNING, "EU sex equality law post-Amsterdam", *Equality Law for an Enlarged European Union: Understanding the Article 13 Directives* (ed. Helen Meenan), Cambridge University Press, Cambridge, 2007, 157 (145-177) e MARIANA CANOTILHO, "Brevíssimos apontamentos sobre a não discriminação no Direito da União Europeia", cit., 110.

[394] Ver JÚLIO VIEIRA GOMES, *Direito do Trabalho. Volume I: Relações Individuais de Trabalho*, cit., 680.

contudo, não descurar os efeitos desproporcionados que a assunção de uma regra de proporcionalidade absoluta pode gerar: além do potencial desvirtuamento da relação laboral no caso de o gozo das férias cobrir dias de não trabalho (exemplo: se o trabalhador apenas trabalha aos fins de semana, os seus vinte e dois dias de férias não poderão ser gozados apenas aos fins de semana, impondo-se, pois, considerar que as férias terão de ser fruídas em dias úteis consecutivos, independentemente de serem ou não dias de trabalho efetivo para aquele trabalhador), a dupla aplicação do princípio "*pro rata temporis*", recortada a partir da sua incidência sobre a regra de computo dos períodos de quotização e sobre o cálculo do valor da pensão[395], pode implicar que um trabalhador se veja normativamente obrigado a quotizar para um sistema de segurança social cuja regulação impede, na prática, qualquer possibilidade de alcançar uma pensão de reforma.

Esta situação foi particularmente visível no caso de uma trabalhadora espanhola que tinha de trabalhar 100 anos para garantir a carência mínima que lhe permitisse aceder a uma pensão, cuja quantia, calculada segundo o normativo vigente, não superaria os 113 euros. Em conformidade, o TJ, no processo C-385/11 [Isabel Elbal Moreno v. Instituto Nacional de la Seguridad Social (INSS)][396], considerou, em Acórdão de 22.11.2012, que o artigo 4º da Diretiva 79/7/CEE do Conselho, de 19.12.1978, relativa à realização progressiva do princípio da igualdade de tratamento entre homens e

---

[395] Pois esta, como no caso dos trabalhadores a tempo completo, calcula-se a partir das bases da quotização que tomam como referência a retribuição.

[396] Em 08.10.2009, com 66 anos de idade, a recorrente no processo principal apresentou ao INSS um pedido de pensão de reforma. Anteriormente, tinha trabalhado exclusivamente como empregada de limpeza num condomínio de proprietários, durante 18 anos, a tempo parcial, à razão de 4 horas por semana, ou seja, 10% do tempo de trabalho legal em Espanha, que é de 40 horas semanais. Por decisão de 13.10.2009, esta pensão foi-lhe recusada com o fundamento de que não preenchia o período mínimo de quotização de quinze anos que era exigido para a aquisição do direito à pensão de reforma em conformidade com as disposições do art. 161, n.1, al./b, da LGSS. A recorrente no processo principal interpôs no *Juzgado de lo Social* de Barcelona um recurso no âmbito do qual alegou que a Sétima Disposição Adicional da LGSS, em aplicação da qual a pensão lhe foi recusada, viola o princípio da igualdade. A referida disposição exigia, com efeito, um período maior de quotização aos trabalhadores a tempo parcial do que aos trabalhadores a tempo inteiro, mesmo tendo em conta o factor de correção constituído pelo multiplicador de 1,5 para aceder a uma prestação que é já proporcionalmente mais reduzida. Além disso, a recorrente no processo principal sustentou que essa regra implicava uma discriminação indireta, pois é estatisticamente incontestável que as mulheres são as principais utilizadoras em cerca de 80% deste tipo de contratos.

mulheres em matéria de segurança social, deve ser interpretado no sentido de que se opõe à regulamentação de um Estado-Membro que exige aos trabalhadores a tempo parcial, a grande maioria dos quais é constituída por mulheres, em comparação com os trabalhadores a tempo inteiro, um período de quotização proporcionalmente maior, para aceder, se for caso disso, a uma pensão de reforma de tipo contributivo cujo montante é proporcionalmente reduzido em função do seu tempo de trabalho.

Estando excluídas do conceito de «condições de emprego», na aceção do n.º 1 da cláusula do acordo-quadro, as pensões de segurança social que dependem menos de uma relação laboral do que de considerações de ordem social – a regra, como relembra o TJ, é de que estão incluídas no conceito de «remuneração», na aceção do n.º 2 do artigo 157.º do TFUE, as pensões que são atribuídas em função da relação laboral que une o trabalhador ao empregador, com exclusão das que decorrem de um sistema legal para o financiamento do qual os trabalhadores, os empregadores e, eventualmente, os poderes públicos contribuem numa medida que depende menos dessa relação laboral do que de considerações de política social[397] –, o TJ recorreu à Diretiva 79/7, dado que a pensão faz parte de um regime legal de proteção contra um dos riscos enumerados no n.º 1 do artigo 3 dessa Diretiva, a saber: a velhice, e está direta e efetivamente ligada à proteção contra esse risco. Na sequência do caso, sobreveio o RD 11/2013, consagrando um cálculo trietápico: *(i)* define-se o coeficiente de parcialidade, determinado pela percentagem da jornada realizada a tempo parcial com referência à jornada prestada por um trabalhador a tempo completo, *(ii)* calcula-se o coeficiente global de parcialidade e *(iii)* o período mínimo de cotização exigido é diminuído, multiplicando-se a cifra estabelecida pelo coeficiente global de parcialidade.

A situação no nosso ordenamento é outro tanto problemática, já que, em caso de *trabalho a tempo parcial*, de *contrato de muito curta duração* e de *contrato intermitente* com prestação horária de trabalho é declarado um dia de trabalho por cada conjunto de seis horas. Com efeito, o enquadramento previsto no Decreto Regulamentar n.º 1-A/2011, de 03.01, que concretiza os artigos 92.º e 93.º do Código dos Regimes Contributivos do Sistema Pre-

---

[397] Cfr. § 41 do Acórdão de 10.06.2010 [*Istituto nazionale della previdenza sociale* (INPS) v. *Tiziana Bruno e Massimo Pettini* (C-395/08) e *Daniela Lotti e Clara Matteucci* (C-396/08)], ECLI:EU:C:2010:329.

videncial de Segurança Social[398] – diploma absolutamente omisso quanto ao trabalho a tempo parcial, que viabiliza, aliás, a leitura corrente de que o trabalho a tempo parcial continua a ser socialmente marginal[399] –, estabelece, no nº 1 artigo 16º, que os tempos de trabalho são declarados em dias, independentemente de a atividade ser prestada a tempo completo ou a tempo parcial.

Isto significa que um trabalhador a tempo parcial que trabalhou quatro horas por dia durante 22 dias do mês, no total de 88 horas mensais, declara, perante a Segurança Social, 15 dias (14+1), uma vez que, fazendo cálculos de múltiplos de 6, verifica-se que 88 horas correspondem a 14 x 6 + 4. Ora, se em razão do método utilizado para calcular o período de quotização exigido para beneficiar de uma pensão de reforma, esta regulamentação pode excluir, na prática, estes trabalhadores da possibilidade de obterem essa pensão, a verdade é que essa exclusão não constitui uma medida efetivamente necessária para alcançar o objetivo de salvaguarda do sistema de segurança social, pois não está demonstrada a inexistência de outra medida menos gravosa para esses mesmos trabalhadores com vista a garantir o equilíbrio financeiro de um sistema cuja base é contributiva.

Com efeito, embora atendendo à necessidade da obrigação de cumprir um certo número de períodos de quotização prévios para que certas prestações sejam elegíveis, a obrigação de desconto *ope legis* para Segurança Social que recai sobre os trabalhadores a tempo parcial, ao associar um dia de trabalho por cada conjunto de seis horas, determina que um trabalhador a tempo parcial adquira a antiguidade que lhe confere o direito a uma pensão de reforma a um ritmo mais lento do que o trabalhador a tempo inteiro. Ora, se a referência à obrigação de desconto *ope legis* para Segurança Social se destina a evidenciar a existência de uma obrigação de desconto sem qualquer garantia de retorno (face ao prazo de garantia exigido para o acesso à reforma), cabe ter presente que, por princípio, nada obstará a que determinados trabalhadores, em função da pouca carga horária subjacente a um contrato de trabalho, fiquem isentos da contribuição *per vinculum* para a Segurança Social. Isto mesmo foi decidido pelo TJ no processo

---

[398] Aprovado pela Lei nº 110/2009, de 16.09, com a última alteração introduzida pelo Decreto-Lei nº 93/2017, de 01.08.
[399] Sobre esta perspetivação, cfr. ainda JÖRG FLECKER, "La flessibilità: una via obligata? Riorganizzazione dell'impresa e forme di occupazione flessibili", cit., 254.

C-317/93 (*Inge Nolte v. Landesversicherungsanstalt Hannover*), em Acórdão de 14.12.1995, ao considerar que o nº 1 do artigo 4º da Directiva 79/7/CEE do Conselho, de 19.12.1978, relativa à realização progressiva do princípio da igualdade de tratamento entre homens e mulheres em matéria de segurança social, deve ser interpretado no sentido de que não se opõe a uma regulamentação nacional que exclui do regime legal de seguro de velhice os empregos normalmente com menos de quinze horas semanais de trabalho e um salário que não ultrapassa um sétimo do salário mensal médio, mesmo que abranja muito mais mulheres do que homens, na medida em que o legislador nacional pode razoavelmente considerar que a legislação em causa era necessária para atingir um objetivo de política social estranho a qualquer discriminação em razão do sexo. Encontrando-se juízo decisório idêntico no processo C-444/93 (*Ursula Megner v Hildegard Scheffel*), que esteve na base de Acórdão de 14.12.1995, e sendo possível, à luz do Direito da União Europeia, excluir-se pessoas que desenvolvem uma atividade laboral pautada pela escassez horária do seguro obrigatório correspondente a um regime de segurança social, já não será contudo admissível que, a partir de uma regra de cálculo geometricamente desenhada para o período de quotização necessário, se possa criar um *manto de desprotecção* para trabalhadores a tempo parcial que, perante a obrigação contributiva estabelecida, se vejam, na prática, impedidos de aceder à reforma[400].

Trata-se, pois, de uma diferença de tratamento assente no mero facto de o trabalho ser a tempo parcial, já que os contratos de trabalho de um trabalhador a tempo completo e de um trabalhador a tempo parcial têm uma duração efetiva equivalente[401].

Não se cuidando de questionar a existência de um critério objetivo que permita uma redução proporcionada dos direitos pecuniários subjacentes à pensão de um trabalhador a tempo parcial – dado que a *quantidade* de tra-

---

[400] Sobre o ponto, cfr. GÓMEZ GORDILLO, "Trabajo a tiempo parcial, jubilación y prohibición de discriminación sexual: revisión de la normativa española a la luz del Derecho de la Unión Europea y la jurisprudencia del TJUE y del Tribunal Constitucional", *Revista de Derecho Comunitario Europeo* 2014, nº 47, 173-4 (157-179).

[401] O enquadramento vale de igual modo para as condições de acesso ao subsídio de desemprego, retendo-se que, entre nós, é necessário cumprir o prazo de garantia de 360 dias de trabalho por conta de outrem com registo de remunerações nos 24 meses anteriores à data do desemprego. Tudo está, pois, na forma como se contam os dias para compor o prazo de garantia exigido para o acesso a essa prestação.

balho efetivamente prestada por um trabalhador a tempo parcial durante a sua carreira é inferior à de um trabalhador que tenha cumprido durante toda a sua carreira um contrato de trabalho a tempo completo, algo que não pode deixar de ter reflexo no valor recebível[402] –, do que se trata é de apurar se um trabalhador a tempo parcial apenas beneficia num plano formal da cobertura pelo sistema da totalidade das contingências, já que, no plano material, estes trabalhadores apenas podem aceder a algumas das prestações. E é justamente aqui que se evidencia a disfuncionalidade criada pela aplicação irrestrita do princípio do *pro rata temporis*, visto que, na ausência de um critério de correção, o princípio vai conformar a data da aquisição do direito à pensão, a qual é determinada pela duração da antiguidade adquirida pelo trabalhador a tempo parcial[403].

Se o princípio da não discriminação entre trabalhadores a tempo parcial e trabalhadores a tempo inteiro implica que a duração da antiguidade considerada para efeitos da determinação da data da aquisição do direito à pensão seja calculada, para o trabalhador a tempo parcial, como se tivesse ocupado um posto a tempo inteiro (sendo integralmente considerados os períodos não trabalhados, pois o trabalho a tempo parcial não implica a interrupção da relação laboral e os períodos não trabalhados, que correspondem à redução das horas de trabalho previstas num contrato de tra-

---

[402] Não é, contudo, assim em caso de acidente de trabalho, pois o sinistrado, por ser um trabalhador a tempo parcial, tem, e bem, o direito a ver calculadas as prestações que lhe são devidas como se trabalhasse a tempo inteiro. Com efeito, os artigos 1º, 10º, 17º e 26º do Regime Jurídico dos Acidentes de Trabalho e das Doenças Profissionais aprovado pela Lei nº 100/97, de 13.09, não consentem a aplicação do princípio *pro rata temporis*, uma vez que o acidente de trabalho não afeta apenas a capacidade de trabalho para aquela atividade desempenhada a tempo parcial, mas também a capacidade para qualquer outra atividade que o trabalhador pudesse exercer. Do que se trata é, pois, da diminuição da capacidade de ganho de alguém durante todo o tempo possível de desempenho da correspondente atividade profissional, sem que se afigure relevante atender à (in)completude do período normal de trabalho.

[403] O nº 3 do artigo 16º do Decreto Regulamentar nº 1-A/2011, de 03.01, vem estabelecer que nas situações de início, interrupção, suspensão ou cessação de contrato de trabalho a tempo completo é declarado o número efetivo de dias de trabalho prestado a que correspondeu remuneração. A disposição, que desde sempre existiu no Direito português, é, todavia, manifestamente diferente do nº 4 do mesmo artigo, pois não se pode equiparar, no plano regimental, a exiguidade da carga horária subjacente à execução *de pleno* de um contrato de trabalho a tempo parcial às situações em que a execução de um contrato de trabalho, a tempo inteiro ou a tempo parcial, está suspensa devido a um impedimento ou uma interrupção temporária por parte do trabalhador ou da empresa ou devido a causa alheia.

balho a tempo parcial, decorrem da normal execução desse contrato e não de qualquer suspensão[404]), já se vê que o nº 4 do artigo 16º do Decreto Regulamentar nº 1-A/2011, de 03.01, ao postular que apenas seja declarado como um dia de trabalho cada conjunto de seis horas, ofende a cláusula 4 do acordo-quadro relativo ao trabalho a tempo parcial anexo à Diretiva 97/81/CE, cujo sentido se opõe, por princípio, a uma disposição nacional que exclua os períodos não trabalhados do cálculo da antiguidade necessária para adquirir o direito a uma pensão.

Gerando-se uma situação em que, por força da aquisição a um ritmo mais lento da antiguidade conferente do direito a uma pensão, um trabalhador a tempo parcial com menos de seis horas diárias é discriminado em relação a um trabalhador com seis ou mais horas por dia, importa não acrescentar nova discriminação em relação aos trabalhadores a tempo parcial, por via da privação da contrapartida devida pela assunção de uma obrigação de exclusividade, lá onde ambos os sujeitos a desejarem. Tratando-se de um pacto de limitação à liberdade de trabalho que, não sendo condicionável pelas horas diárias de trabalho prestadas, tem benefícios mútuos, o sistema, perante situações desproporcionadas ou disfuncionais, alberga os mecanismos de reação devidos, intervindo a jusante para corrigir o desequilíbrio gerável por um pacto de exclusividade que surja associado a um contrato de trabalho a tempo parcial.

Não havendo, assim, que estabelecer qualquer presunção de incompatibilidade genésica entre um contrato de trabalho a tempo parcial e um pacto de exclusividade, continuam todavia por resolver os problemas subjacentes ao enquadramento previdencial que entre nós se encontra estabelecido para os trabalhadores a tempo parcial. Mais vastamente, e uma vez que não se trata de um problema exclusivo do Direito português, parece não haver razão, bem ao contrário, para que, diante da jurisprudência do TJ, não se reveja o acordo-quadro relativo ao trabalho a tempo parcial, por forma a ficarem incluídos na Diretiva sobre o trabalho a tempo parcial alguns aspetos relativos à Segurança Social[405].

---

[404] Como transparece do § 77 do Acórdão de 10.06.2010 (*Istituto nazionale della previdenza sociale* (INPS) v. *Tiziana Bruno e Massimo Pettini* (C-395/08) e *Daniela Lotti e Clara Matteucci* (C-396/08), ECLI:EU:C:2010:329.

[405] Em sentido idêntico: GÓMEZ GORDILLO, "Trabajo a tiempo parcial, jubilación y prohibición de discriminación sexual: revisión de la normativa española a la luz del Derecho de la Unión Europea y la jurisprudencia del TJUE y del Tribunal Constitucional", cit., 177-8.

A proibição de trabalho forçado ou obrigatório, em particular à luz da *Convenção Europeia dos Direitos do Homem*, e o princípio da liberdade de trabalho

I. Sentido genérico da liberdade de trabalho

1. O trabalho é o principal meio de aquisição dos rendimentos que permitem aos cidadãos viver sendo uma "componente essencial do modo de vida de cada um de nós"[406].

O homem deve ser livre para trabalhar e para organizar a sua vida para lá do trabalho, estando aí, nessa liberdade que permite a cada um angariar meios para subsistir segundo a sua vontade e a sua preferência e no "direito de desenvolver as suas capacidades pessoais numa atividade útil à coletividade"[407], a caução efetiva das liberdades fundamentais do ser humano: a liberdade, enquanto valor que inculca o livre arbítrio, determina todas as ações da Pessoa. E, uma delas, cuja essencialidade é manifesta, diz respeito ao desenvolvimento de uma atividade produtiva, que deve traduzir, no plano regulativo, o valor ético da prestação do esforço humano e a sua importância na realização auto constituinte de cada um[408].

Hoje, o trabalho significa uma atividade livre desenvolvida por um homem livre, conservando-se a ideia, que fez curso nas sociedades ocidentais, de que a dignidade do indivíduo assenta ao mesmo tempo no seu

---

[406] Jorge Leite, *Direito do Trabalho*, vol. I, Serviço de textos da U. C., Coimbra, 1998, 5.
[407] Assim Alain Supiot, "Le travail, liberté partagée", DS 1993, nºs 9/11, 721, que lapidarmente refere: a liberdade de trabalho não se resume a dinheiro.
[408] Costantino Mortati, "Il lavoro nella Costituzione", *Il Diritto del Lavoro*, vol. XXVIII, Roma, 1954, 152 e Friedhelm Hufen, "Berufsfreiheit – Erinnerung an ein Grundrecht (Mainzer Antrittsvorlesung)", NJW 1994, 2913.

trabalho e no seu exercício de cidadania[409] e de que este, com o trabalho, tem o "poder de exprimir a sua própria personalidade e de manifestar a sua própria dignidade"[410]. Contudo, a História revela que esta conquista da humanidade, que implica na sua essência que cada um possa decidir e atingir a sua condição social de acordo com o seu esforço e a sua vontade[411], foi vicissitudinária, pouco linear, marcada por desníveis de estádios de desenvolvimento e por diferenças de conceções ético-filosóficas e, no plano cronológico, absolutamente insegmentável: se a caracterização do Direito como um fenómeno da vida implica que os fenómenos subjetivos acerca da sua vigência que ultrapassam a vida dos indivíduos sejam o produto de fenómenos secundários de consciência que se integram numa evolução causalmente determinada da espécie humana[412], a liberdade de trabalho, liga-se, antes do mais, à evolução da civilização, ao desenvolvimento da *condição humana* e às múltiplas formas de exploração[413], numa confluência de factores económicos, sociais e psicológicos que, refletindo uma base juscultural, foram redefinindo o conceito de liberdade e redesenhando o valor social do trabalho, num processo de enriquecimento crescente.

O facto de, desde a Antiguidade até à Idade Média, a disciplina jurídica do trabalho aparecer vertida em institutos jurídicos de âmbito mais ou menos genérico, como o das várias formas de propriedade (para regular a escravidão, a adscrição à terra e o colonato) ou o da locação (para regular as relações de serviço livre, já que o trabalho era assimilado a uma coisa que o seu titular aluga), implicou que a natureza mobiliária da força de

---

[409] Cfr. Spagnuolo Vigorita, "Professione e Lavoro (Libertà di)", *Novissimo Digesto Italiano* XIV, Utet, Turim, 1967, 14 e Dominique Schnapper, *Contra o fim do trabalho*, Terramar, Lisboa, 1997, 20.

[410] Antonio Baldassarre, "Libertà", *Enciclopedia giuridica. XIX*, Treccani, Roma, 1990, 1-32 (7).

[411] Indispensável a obra de Henry Maine, *From Status to Contract* (1861) que contém a substância da chave social libertadora do Homem, rompendo com a ideia de que este tinha o seu destino social pré-fixado, com um estatuto determinado à nascença. Aí, Maine indissocia o progresso da passagem de um *estatuto* (posição pré-definida) ao *contrato* (compromisso voluntário), através do qual, e mediante o exercício da sua vocação, o homem se constrói como ser pleno, encontrando-se apto a contribuir para o desenvolvimento da civilização: cfr. Raymond Cocks, *Sir Henry Maine: A Study in Victorian Jurisprudence*, Cambridge University Press, Cambridge, 1998, 169-175.

[412] Franz Wieacker, *História do Direito Privado Moderno* (3ª ed.), Gulbenkian, Lisboa, 2004, 654.

[413] Jean Savatier, "La liberté dans le travail", DS 1990, nº 1, 49.

trabalho aparecesse associada a um enquadramento mercantil do trabalhador, desconhecendo-se qualquer ligação concetual entre liberdade e atividade profissional[414].

II. Origem e evolução do princípio

2. É com a Revolução francesa e com a abolição dos direitos e privilégios feudais e das corporações que o princípio da liberdade de trabalho se firma definitivamente no plano formal[415] e se removem os vestígios da servidão, ainda que, em antecâmara da implosão do sistema feudal e da estrutura gremial, já o Édito de Turgot (1776) o consagrasse *expressis verbis* no preâmbulo[416], na tentativa de aplacar as manifestações de insubordinação emergentes[417].

Estando, por isso, falha a associação da consagração primeira do princípio da liberdade de trabalho ao Decreto *d'Allarde* de 2 e 17 Março de 1791, é, no entanto, este o marco regulativo mais saliente deste período, cuja perenidade é documentável não só pela sua irradiação além-fronteiras[418] – entre nós, e em continuação, o movimento de abolição das corporações e de equilíbrio das relações comerciais, por via da repartição de clientela e trabalhadores, dá-se formalmente com o decreto de 07.05.1834[419], mate-

---

[414] Com desenvolvimentos, veja-se o nosso *Dos pactos de limitação à liberdade de trabalho*, Almedina, Coimbra, 2016, 30 e ss..
[415] JEAN-LOUIS HALPÉRIN, *Histoire des Droits en Europe*, Flammarion, Paris, 2004, 130.
[416] Assim estabelecia o preâmbulo que "(c)haque individu talentueux ou non doit pouvoir avoir la possibilité d'effectuer quelque travail qu'il souhaite, ou même d'en effectuer plusieurs. Ainsi, cette liberté de travailler pour tous implique la volonté d'abolir les privilèges, les statuts, et surtout les institutions arbitraires qui ne permettent pas aux nécessiteux de vivre de leur travail, et qui semblent condamner la liberté de travail pour tous".
[417] Cfr. STEVEN L. KAPLAN, *La fin des corporations* (2001), cit., 92-3. O Édito de Turgot teve, contudo, vida curta: foi revogado em 08.1976.
[418] MARTA TORRE-SCHAUB, "Liberté de commerce et libre concurrence", *Dictionnaire historique de l`économie-droit XVII-XX siécles* (dir. Alessandro Stanziani), LGDJ, Paris, 2007, 213-4.
[419] LOBO D`ÁVILA, *Da concorrência desleal*, Coimbra, 1910, 112 e FEZAS VITAL, *Curso de Direito Corporativo*, Lisboa, 1940, 15. O diploma, assinado por D. Pedro e Bento Pereira do Carmo, proclama a liberdade industrial, em simultâneo com a abolição da antiga organização corporativa do trabalho (juízes e procuradores do povo, mestres, Casa dos Vinte e quatro e grémios dos diferentes ofícios), visando, antes do mais, extirpar "aqueles estorvos à indústria nacional", que, "para medrar, muito carece de liberdade que a desenvolva e de proteção que a defenda". Logo em 1838, e dois anos volvidos sobre a revolução setembrista, cria-se a Sociedade dos Artistas lisbonenses, identificada como a primeira organização portuguesa

rializando-se assim os princípios liberais da Constituição de 1826[420], nos quais se inclui a liberdade de trabalho[421] –, como também pela sua aplicação contemporânea e correlativa elevação a princípio constitucional francês[422], num fenómeno de interação normativa que, dimensionando o conceito de Constituição em sentido material, cruza diferentes períodos históricos[423], e que, em sequência revolucionária imediata, conheceu na Declaração dos Direitos do Homem e do Cidadão (1789) o seu culminar jusracionalista[424].

de trabalhadores, geralmente associada ao início do movimento operário em Portugal: JOAN CAMPBELL, *European Labor Unions*, Greenwood, Westport, 1992, 357.

[420] MARTA TORRE-SCHAUB, "Liberté de commerce et libre concurrence" (2007), cit., 213-4.

[421] JORGE MIRANDA, "Liberdade de trabalho e profissão", *Escritos Vários sobre Direitos Fundamentais*, Principia, Estoril, 2006, 202.

[422] *Il sera libre à toute personne de faire tel négoce ou d`exercer telle profession, art ou métier, qu`elle trouvera bon* (art. 7). Sobre o respectivo «valor histórico-constitucional», cfr. INES CIOLLI, "La tutela del diritti sociali in Francia e in Italia", *Studi in onore di Gianni Ferrara*, Giappichelli, Turim, 2005, 23.

[423] Salientando o aspeto, LISE CASAUX, *La pluriactivité, ou L'exercice par une même personne physique de plusiers activités professionnelles*, LGDJ, Paris, 1993, 74-5, notando, todavia, a existência de uma corrente minoritária que considera o princípio da liberdade de trabalho como um princípio geral de direito (na qual a Autora se filia), sem que se constitua como parte integrante da categoria de normas constitucionais [inserindo-o no bloco de constitucionalidade, v., entre outros: JEAN PÉLISSIER/ALAIN SUPIOT/ANTOINE JEAMMAUD, *Droit du Travail* (24ª ed.), Dalloz, Paris, 2008, 293]. Não é por certo alheio a este enquadramento o facto de o texto da Constituição francesa vigente não fazer alusão expressa ao princípio da liberdade de trabalho, tão pouco definido ou densificado na legislação ordinária: apenas o art. 421-1 do *Code du Travail* vem garantir que o exercício do direito sindical é reconhecido em todas as empresas com respeito pelos direitos e liberdades garantidas pela Constituição da República, em particular pela liberdade individual de trabalho (...), e o art. 431-1 do *Code Pénal* sanciona as condutas que obstaculizem ao exercício da liberdade de expressão, de trabalho, de reunião ou de manifestação. Por isso, o Decreto, a par do preâmbulo da Constituição de 1946 (a que o preâmbulo da Constituição de 1958 atribuiu valor constitucional), tem sido reiteradamente invocado pela Conselho Constitucional, de que é exemplo conhecido a decisão nº 85-2000, de 16.01.1986, para não julgar inconstitucionais as disposições legais que visavam desincentivar a acumulação das pensões de reforma com retribuições de trabalho, uma vez que se criavam condições para aumentar a elasticidade do mercado de trabalho, com isso maximizando as possibilidades de obtenção de emprego, concretizando-se, *hoc sensu*, e em reverso, o princípio da liberdade de trabalho. Em referência, v. Cfr. JEAN PÉLISSIER/ALAIN SUPIOT/ANTOINE JEAMMAUD, *Droit du Travail* (2008), cit., 70 e, com análise detalhada, v. a anotação de YVES GAUDEMET, "Une nouvelle dimension du principe d'égalité devant la contribution publique?", DS 1986, nº 5, 372-378.

[424] Neste sentido: FRANÇOIS AUDIGIER & GUY LAGELÉE, *Les droits de l'homme*, ed. Conseil de l'Europe, Estrasburgo, 2000, 49, referenciando-se aí o amplo debate gerado em torno

Com as fábricas e as manufaturas subjacentes à revolução industrial a impulsionarem a abolição do poder dos *maîtres*[425] e a forjarem novos ventos de liberdade que rimavam com propriedade, é certo que em França este processo não foi linear, tendo conhecido significativos avanços e recuos: bastará lembrar a Lei do 22-Germinal XI (12.05.1803), relativa às manufaturas, que, proibindo a vinculação dos operários por mais do que um ano, estabelecia um *livret* para cada trabalhador, emitido pelo empregador, que gerava um efeito de "portabilidade"[426]: cuidava-se, mesmo após a Revolução, de uma conceção cambial que, a dois séculos de distância, se assemelha(va) a uma espécie de garantia estabelecida para os produtos de consumo, mas que, na essência, não infirma a dimensão axiológica dos princípios da liberdade e da propriedade associáveis à individualização histórico-jurídica desse período[427] e que, sob a inspiração de Pothier[429], se materializaram no *Code Civil* (1804).

da conceção jusnaturalista dos direitos acolhidos na Declaração, iniciado criticamente por BURKE ou por GENTZ e desenvolvido, em contradita, por FICHTE, HEGEL ou KANT.
[425] Na Alemanha, com a publicação da Lei de 03.09.1839, que regulamenta a contratação de trabalhadores jovens nas fábricas (*"Regulativ über die Beschäftigung jugendlicher Arbeiter in Fabriken"*), ou com a introdução do seguro de acidentes em 1884 (*"Einführung der gesetzlichen Unfallversicherung"*), assiste-se à formação de um quadro de proteção social que desfalece a ideia de submissão total do trabalhador que funcionava como resquício da conformação gremial do *Gesindevertrag* e do *Gesellenvertrag*, embora aquela ideia de submissão total aos senhores só desapareça, no seu cerne, com a Lei de 11.11.1918 (que revogou as ordenações relativas ao serviço dos criados) e com o surgimento do BGB (1906), que, a mais de ter suprimido o direito de castigar, acenou com a regulamentação da proteção dos servidores, reconhecendo-lhes liberdade: THEO MAYER-MALY, *Ausgewählte Schriften zum Arbeitsrecht* (1991), cit., 13 e KLAUS HÜMMERICH/WINFRIED BOECKEN/FRANZ JOSEF DÜWELL, *AnwaltKommentar Arbeitsrecht*: vol. I, Deutscher Anwaltverlag, Bona, 2008, 2093. Contudo, em rigor, será apenas com a representação política e profissional da classe operária alemã através dos sindicatos em 1918 que o Direito do trabalho se destaca completamente do Direito privado, surgindo o decreto sobre contratos colectivos de trabalho (1919) e a lei dos tribunais de trabalho que substituiu os antigos tribunais comerciais e industriais por uma jurisdição especial e que, mais tarde, veio encontrar, sob a égide da ArbGG, o seu ponto culminante na criação do Tribunal Federal de Trabalho em Kassel (1953).
[426] MICHAEL P. FITZSIMMONS, "The Debate on Guilds under Napoleon", *Western Society for French History* 2008, vol. 36, 128-9. A desvinculação do trabalhador sem o consentimento do empregador faz com que este seja considerado um vagabundo; o *livret ouvrier*, embora com modificações, perdurou até 1890, dando lugar ao certificado de trabalho.
[427] Aliás, também quanto à estruturação coletiva de interesses, a experiência francesa é uma boa ilustração da permanente oscilação entre posições repressivas e permissivas dos sindicatos: se o Decreto *d'Allarde* veio suprimir as *maîtrises* e as *jurandes* e a Lei *Le Chapelier*

Aí, sem que se perca de vista que o trabalho era (ainda) perspetivado como uma mercadoria e que o problema do trabalho de mulheres e crianças era esquecido[429], a assunção da liberdade de trabalho surge como um meio de firmação do princípio da liberdade de propriedade *in extenso*, uma vez que o ideário subjacente à revolução consistia na afirmação de que não há interesse coletivo (mas o interesse de cada um), e na sagração de uma ordem de proprietários de meios de produção (nos quais se incluía o trabalho), a despeito do corte radical com as conceções precedentes, que indistinguiam trabalho e trabalhador[430].

cuidou de abolir todas as corporações profissionais – embora subsistissem resquícios, como as *compagnonnages* ou as *boucheurs* parisienses (*v.g.* a Caixa de Caissidy), cuja extinção apenas opera definitivamente em 1857 –, o postulado era o de que a constituição de quaisquer organizações patronais ou de trabalhadores constituía uma ameaça ao livre exercício do comércio, da indústria e do trabalho, como fez notar Jean-Louis Halpérin, *Histoire des Droits en Europe* (2004), cit., 130. Contudo, se num sistema corporativo o exercício de uma profissão não é livre, a abolição de estruturas intermédias de organização de interesses entre o Estado e o indivíduo, hiperbolizando o individualismo e dimensionando em toda a extensão o *laissez faire, laissez passer*, além de trazer consigo a ideia de que o homem é o melhor guardião dos seus interesses, implicou a assunção de uma conceção, infirmada a um tempo com o surgimento do Direito do trabalho moderno, de que toda e qualquer organização coletiva é perniciosa ao funcionamento do mercado e impede a assunção plena da vontade dos indivíduos, não diferenciando *hoc modo* as organizações que, visando a garantia dos direitos de quem trabalha, se mostram essenciais à preservação desse reduto de liberdade (sindicatos) daquelas que, numa conceção feudal, se substituem ao Estado na regulamentação das atividades profissionais e que, como entre nós fez notar Jorge Leite, *Direito do Trabalho. Vol. I* (1998), cit., 17, eram estruturas destinadas à defesa dos interesses profissionais de quem pagava os salários. Neste contexto, não é de estranhar que, ante a premissa de que as "communautés de métier" já se encontravam em acentuado declínio, se atribua à Lei *Le Chapellier* o propósito essencial de evitar a constituição de associações de defesa dos trabalhadores, infletida em 1884 com a Lei *Waldeck-Rousseau*, e não tanto o propósito de pôr termo ao sistema gremial existente, como sufraga Giancarlo Perone, *Lineamenti di diritto del lavoro: evoluzione e partizione della materia, tipologie lavorative e fonti*, G. Giappichelli, Turim, 1999, 16-7.

[428] Michèle Bonnechère, *Le Droit du Travail*, La Découverte, Paris, 2008, 7.

[429] Cfr. Jacques le Goff, *Du silence à la parole* (2004), cit., 91-105, destacando, embora com raio circunscrito, a aprovação, em 1851, da Lei relativa à aprendizagem das crianças nas oficinas e manufacturas.

[430] Não obstante a referência de que o *Code* "não era o código do trabalho nem o código dos trabalhadores", salientando esse legado de racionalidade jurídica: Jorge Leite, *A extinção do contrato de trabalho por iniciativa do trabalhador. Vol. II*, Polic., Coimbra, 1990, 44-5 e também Alessandro Somma, *Introduzione critica al diritto europeo dei contratti*, Giuffrè, Milão, 2007, 67.

Essa, dir-se-á, foi uma das conquistas mais salientes da revolução burguesa: a separação entre o tratamento jurídico do trabalho e da Pessoa que, indo de par com a cisão entre produtores e meios de produção[431], fez lastro na dogmática juslaboral[432] e que, conhecendo na garantia de preservação da vida pessoal do trabalhador e das liberdades públicas um dos aspetos mais salientes[433], é, contudo, insuficiente para a compreensão integral dos fundamentos e do alcance que envolvem contemporaneamente o princípio da liberdade de trabalho. É-o, não apenas porque o trabalhador, sem prejuízo da sua irredutível singularidade, é membro de uma comunidade, não sendo perspetivável como um ser insolidário e abstrato (em que, de modo solipsístico, o homem é individual e não um ser social), como também porque o trabalho, ao arrepio do espírito reificativo da época, e como reconhece a Declaração de Filadélfia (1944), não é uma mercadoria[434], sujeita ao livre jogo do mercado.

Na verdade, a repristinação pelos Códigos Civis liberais do século XIX da vetusta *locatio conductio operarum* como instituto com aptidão para a tipi-

---

[431] Salientando o ponto: BERNARDO LOBO XAVIER, "Direito do Trabalho", *Polis. Vol. II: Enciclopédia Verbo da Sociedade e do Estado*, Verbo, Lisboa, 1984, 582 e ANTÓNIO MENEZES CORDEIRO, *Manual de Direito do Trabalho* (1997), cit., 50 e ss..

[432] Que surge condensada na conhecida afirmação de RIVERO, "Les libertés publiques dans l'entreprise", DS 1982, nº 5, 423: "au contrat, le salarié met à la disposition de l'employeur sa force de travail, mais non sa personne", mas, antes disso, na sofisticada e difundida construção de FRANCESCO CARNELUTTI, "Natura del contratto di lavoro", *Studi di diritto civile* (Collezione di opere giuridiche ed economiche), Athenaeum, Roma, 1916, 230-1, que objectiva a energia humana para construir o contrato de trabalho ("anche la energia umane, in quanto sono obbietto di un contrato, sono cose"), embora esse isolamento, por natureza, seja impossível: reconhecendo-se ineliminável personalidade ao trabalhador, implicar-se-á, necessariamente, a assunção de que a sua vontade é uma emanação da sua personalidade, que influi sobre o seu trabalho como objecto. Por isso, ainda na perspectiva de que o trabalho humano não é uma mera mercadoria negociável, destaca-se, neste âmbito, as palavras de GÉRARD LYON-CAEN "Les clauses restrictives de la liberté du travail (Clauses de non-concurrence oude non réembauchage)", DS 1963, nº 2, 88: "l'objet même étant la facultè de travailler aurait peut être considérée comme hors du commerce".

[433] Por exemplo: JEAN-EMMANUEL RAY, "Les Libertés dans L'entreprise", Pouvoirs 2009, nº 130, 133.

[434] Como fez notar GASTON MORIN, *La révolte du droit contre le Code. La révision nécessaire des conceptos juridiques (Contrat, responsabilité, propriété)*, Sirey, Paris, 1945, 115, a revolta subsequente contra o *Code* esteve aliás no sentimento de desmercantilização do trabalho e na objetivação da subversão da hierarquia de valores subjacente: "o valor coisa passou a ocupar uma posição inferior ao valor Pessoa".

ficação locatícia da prestação de trabalho por conta de outrem amparava-se na coisificação do trabalho, embora, sob a capa do ideário do ideário liberal, o indivíduo fosse proclamado como livre e igual aos seus semelhantes, firmando-se, em expediente técnico, uma artificiosa distinção entre a Pessoa e a atividade laboral desenvolvida, cujo preço era estabelecido em função das solicitações do mercado, sem que o Estado, qual "inimigo número um das liberdades"[435], interviesse[436]. A enorme difusão do Código napoleónico encontrou-se, antes do mais, na necessidade de encontrar uma nova ordem social como alternativa ao regime corporativista ou feudal. Mas o *Code* albergava uma tensão: de um lado, baseava-se no axioma de que os "sujeitos nascem livres e iguais", presumindo-se a realização da prestação de trabalho em condições de igualdade; do outro, uma vez que é a propriedade privada que fundamenta o desenvolvimento das relações de produção capitalista, hipostasiava a liberdade contratual, através da qual se concretiza(va), em presunção, a *iustitia commutativa*[437].

O contrato de trabalho, firmado entre sujeitos presumivelmente livres e iguais, funciona(va), de um quadrante, como fonte constitutiva da relação de trabalho e, de outro quadrante, como instrumento que ordena a relação entre as partes (determinando o conteúdo da prestações devidas)[438], sem se atender devidamente à sua inelimável componente de pessoalidade, dimensão que hoje explica não só a consagração de deveres de assistência não patrimoniais pendentes sobre o empregador (*v.g.* condições de higiene, segurança e saúde no trabalho), como também a suscetibilidade de prevalência de interesses pessoais ou familiares do trabalhador sobre a mecânica contratual (*v.g.* faltas para casamento ou assistência à família) e, além do mais, a tutela dos seus direitos de personalidade.

---

[435] A expressão é de JEAN RIVERO, "Les libertés publiques dans l'entreprise" (1982), cit., 421.
[436] Notando que «(o)s direitos políticos e civis não eram, nesta narrativa, direitos "anteriores", "naturais" ou "universais" que se impusessem aos governos e aos quais todos os indivíduos devessem ter igual acesso», v. CRISTINA NOGUEIRA DA SILVA, "Conceitos oitocentistas de cidadania: liberalismo e igualdade", *Análise Social 2009*, nº 192, 560.
[437] O Código de 1804 trata, por isso, o contrato de trabalho como uma forma especial do contrato de arrendamento de serviços (*louage de service*), ao lado do contrato de compra e venda e locação, os quais se encontram também sujeitos às disposições gerais do livro terceiro.
[438] ALAIN SUPIOT, *Le Droit du Travail* (2004), cit., 14-5.

Registando-se, embora de forma universalmente descoincidente, a abolição da escravatura nos planos nacional[439] e internacional[440] nesse período,

---

[439] Em Portugal a abolição da escravatura vem associada ao Decreto de D. Luís (Diário do Governo, de 27.02 1869), já depois de, em 1842, a Rainha D. Maria II e a Rainha Vitória de Inglaterra terem assinado o Tratado destinado à abolição da escravatura e do Decreto do Marquês de Pombal de 12.02.1761, que aboliu a escravidão em Portugal e nas colónias da Índia (e ainda o transporte de novos escravos para a colónia brasileira), mas que manteve o fenómeno nas colónias portuguesas da América e África, tolerando-se o transporte de escravos de África para o Brasil, como historiografou GERVASE CLARENCE-SMITH, *O Terceiro Império Português* (1825-1975), Teorema, Lisboa, 1985, 37-47. Com a proclamação da liberdade de trabalho nas colónias portuguesas a ocorrer apenas em 1875, data em que os libertos passaram a ser, formalmente, cidadãos livres – neste sentido: AUGUSTO NASCIMENTO, "O ethos dos roceiros: pragmático ou esclavagista e, ainda e sempre, avesso à liberdade", *Revista Africana Studia* 2010, nº 14, 141-162 –, a escravidão conviveu durante largo período com os valores jurídicos do liberalismo, como fez realçar CRISTINA NOGUEIRA DA SILVA, "Escravidão e direitos fundamentais no séc. XIX", *Revista Africana Studia* 2010, nº 14, 231-254. Sem prejuízo, o tratamento jurídico-formal da escravidão foi abundante nos Códigos Penais de 1852 e de 1886, destacando-se o artigo 328º, que, estabelecendo que "todos os que sujeitarem a cativeiro algum homem livre, serão condenados a prisão...", apenas se aplicava, contudo, aos homens que fossem livres, não contemplando todos os que não o fossem (...). Sobre a escravatura no período medieval que precedeu o abolicionismo, v., por todos, FORTUNATO DE ALMEIDA, *História de Portugal. Vol. III*, Bertrand Editora, Lisboa, 2005, 67-81.

[440] A abolição da escravatura *lato sensu* não foi um processo uniforme: se com a Revolução francesa se proclamou a indignidade da escravatura – em França a abolição ocorre em 1794 – e em 1857 esta foi igualmente proscrita nos territórios sob domínio inglês, oitenta anos volvidos a Liga das Nações reconhecia ainda a existência de escravatura em África e na Ásia, não obstante os esforços desenvolvidos na arena internacional, de que são exemplo, logo em 1815, o documento adotado pelo Congresso de Viena e o II Tratado de Paz de Paris e, em 1884, o Ato Geral de Berlim adotado pelo Conferência para a África Ocidental. Se em 1890 é adotado o Ato Geral da Conferência de Bruxelas relativo ao Comércio africano de escravos e em 1919 a Convenção de *Saint-Germain-en-Laye* abrogou os Atos de Berlim e de Bruxelas, a primeira Convenção sobre a Escravatura foi adotada em 1926, na era da Sociedade das Nações. Definia-se escravatura como "o estado ou condição de uma pessoa sobre a qual todos os poderes ligados ao direito de propriedade são exercidos", com o comércio de escravos a incluir "todos os actos envolvidos na captura, aquisição e disposição de uma pessoa com o intuito de a reduzir à condição de escravo". Já sob a égide das Nações Unidas, a escravatura, a servidão e o comércio de pessoas foram igualmente proibidos, sem que, todavia, se vislumbre qualquer densificação do conceito (cfr. artigo 4º da Declaração Universal dos Direitos do Homem e artigo 8º do Pacto Internacional de Direitos Civis e Políticos). Se nem na Convenção Suplementar para a Abolição da escravatura, Comércio de escravos, instituições e práticas semelhantes à escravatura adotada em 1956 por uma Conferência de Plenipotenciários do Conselho Económico e Social se entrevê densidade bastante na utilização dos conceitos – de resto, a Convenção teve uma aplicação frustre, face à inexistência de mecanismos de controlo

com a exaltação da liberdade dos sujeitos, abre-se, em paradoxo, caminho para a vulneração do princípio da liberdade de trabalho, em nome de uma hipérbole da vontade individual. É assim que, em ilustração, no último terço do século XIX e na primeira década do século XX, a validade de acordos de não concorrência por parte do trabalhador no ordenamento francês se basta com a existência de um limite temporal ou geográfico, não sendo absolutamente necessária a sua delimitação temporal[441], uma vez que o trabalho, suscitando um enquadramento mercantil, surge envolto por uma conceção transacional em que a liberdade surge mais ao serviço da empresa do que da cidadania.

4. Em justaposição temporal à revolução liberal e ao período subsequente, a Revolução Industrial, com a invenção da máquina (a vapor, fiar e tear mecânico), implicou, por um lado, uma deslocação dos campos para as cidades e, por outro, uma transição, quanto às ocupações dominantes, do sector agrário para o sector industrial, propriedade da burguesia. Envolveu ainda novos parâmetros de organização da atividade laboral: destruída a propriedade do ofício, o trabalho com máquinas homogeneiza a atividade laboral, torna fungíveis as tarefas técnicas, e os mestres, enquanto preletores de ofício, praticamente são extintos.

A organização industrial racionaliza o trabalho e opera a sua divisão em função das técnicas de produção utilizadas (a divisão do trabalho teorizada por Adam Smith[442]), desaparecendo o contacto entre os sujeitos

---

internacional sobre o comércio de escravos no mar –, cabe salientar o papel da Organização Internacional do Trabalho (OIT), que, sendo a organização competente para definir e negociar as normas laborais internacionais e para supervisionar a sua aplicação no plano legislativo e na prática, sinalizou, nas suas Convenções nº 29, de 1930, e nº 105, de 1957, a supressão de todas as formas de trabalho forçado ou compulsivo. Hoje, a proibição de escravatura é, no plano internacional, considerada verdadeiro *ius cogens:* RODRIGUEZ-PIÑERO & BRAVO-FERRER, "La libertad de trabajo y la interdicción del trabajo forzoso", RCTP 2011, nº 1, 3-5 e JEAN ALLAIN, *Slavery in International Law: Of Human Exploitation and Trafficking* (2013), cit., 110.

[441] Cfr. M. NOGUEIRA SERENS, "As cláusulas (ou obrigações) de não-concorrência na jurisprudência francesa oitocentista", *Estudos em Homenagem ao Prof. Doutor Manuel Henrique Mesquita*, Coimbra Editora, Coimbra, 2009, 802-3.

[442] Na descrição de ADAM SMITH em *A Riqueza das Nações* (Capítulo I), o fabrico de um alfinete é composto por várias fases, compostas por técnicas especializadas e desenvolvidas por trabalhadores diferentes: um puxa o arame, outro endireita-o, outro corta-o, um outro aguça-o e o quinto prepara a colocação da cabeça. Ganhando em destreza e poupando-se tempo, o trabalhador perde um conhecimento geral do ofício e a lógica dos artesãos desaparece com

laborais e falhando a quididade dos trabalhadores, cujas aspirações de melhores salários, em dialética ancestral, embatiam nos anseios empresariais de redução dos gastos de produção.

A liberdade de trabalho correspondeu neste período a uma liberdade formal, absorvida pela axiologia da liberdade de comércio e indústria (liberdade de iniciativa económica *lato sensu*), sem que se distinguisse, além do mais, trabalho subordinado e independente[443].

Cortando-se com a regulamentação gremial, não se tinham criado os postulados políticos, sociais, económicos, culturais e jurídicos para que os trabalhadores lograssem ter como meio de vida algo mais do que o seu trabalho. Se a liberdade de trabalho não existe sem que estes tenham o direito individual de escolher o seu emprego e sem que estejam reunidas as práticas coletivas necessárias à criação das condições para essa escolha[444], bastará para tanto memorar o excedente de operários, aglutinados juntos às fábricas, castigados pela fome e sempre disponíveis para a venda do seu trabalho pelas quantias que os empresários entendessem oferecer e, conexamente, a ausência de meios para o exercício de iniciativas destinadas à melhoria das suas condições de vida e à recolha efetiva dos frutos do seu labor.

Não havendo instrumentos normativamente adequados de combate à discriminação no acesso ao trabalho nem tão pouco medidas públicas de fomento ao emprego que permitissem o exercício efetivo do direito ao trabalho[445], o princípio da liberdade de trabalho situava-se, a mais de dois séculos de distância, num plano meramente formal[446]. Com o contrato de trabalho a não receber tratamento axiologicamente autónomo na codifica-

---

o maquinismo da revolução industrial. Cfr. JERRY EVENSKY, *Adam Smith`s Moral Philosophy. A Historical and Contemporary Perspective on Markets, Law, Ethics, and Culture*, Cambridge University Press, Cambridge, 2005, 114-7.

[443] JEAN-PIERRE LE CROM, "La liberté du travail en droit français. Essai sur l'évolution d'une notion à usages multiples" (2006), cit., 141-2.

[444] DOMINIQUE MEDA, *O Trabalho – Um valor em vias de extinção* (1999), cit., 126.

[445] ADÉRITO SEDAS NUNES, *História dos factos e das doutrinas sociais* (1992), cit., 82-4.

[446] Ainda JEAN-PIERRE LE CROM, "La liberté du travail en droit français. Essai sur l'évolution d'une notion à usages multiples" (2006), cit., 159-160, que situa no período subsequente à primeira guerra mundial o desenvolvimento de políticas públicas de trabalho (duração, higiene e segurança, trabalho de mulheres e crianças) e formativo-sociais (aprendizagem ou formação, recrutamento, salários e produtividade).

ção oitocentista[447] – eram apenas dois os artigos que, em projeção da figura histórico-romana da *locatio conductio*, se ocupavam no Código napoleónico da "locação de criados e trabalhadores"[448] –, o princípio da força obrigatória dos contratos predeterminou, durante longo período, a insusceptibilidade de desvinculação livre do trabalhador no âmbito dos contratos de trabalho com duração determinada, face à perspetivação abstratizante da atividade laboral e à sua separação da pessoa do trabalhador.

A vontade dos sujeitos e a estabilidade dos contratos fortemente exaltadas no *Code Civil* cunharam a regulação surgida em Portugal, conhecendo importantes irradiações[449]: buscava-se, a partir da proibição de relações perpétuas, garantir a temporalidade das relações de trabalho e agilizar a desvinculação das relações laborais nos contratos sem tempo determinado[450]. Assim, toda e qualquer forma de dissolução de um contrato era

---

[447] Assim: JOSÉ JOÃO ABRANTES, "Do Direito Civil ao Direito do Trabalho. Do Liberalismo aos nossos dias" (1995), cit., 17-38.

[448] ANTÓNIO MENEZES CORDEIRO, "Direito do Trabalho e Cidadania" (2001), cit., 32, alude à observação dos críticos do centenário do *Code* de que, por contraste, a locação de animais havia merecido 30 artigos por parte do legislador napoleónico.

[449] Assim, também o Código Civil italiano de 1865 foi fortemente influenciado pelo *Code Civil*. Exemplo claro da perdurabilidade do esforço codificador surgido no século XIX, o Código de 1804 conserva, dos seus 2.284 artigos, mais de 1200 sem reforma, sendo os mais modificados os referentes ao Direito das pessoas e da família.

[450] Salientemente: a Lei do 22-Germinal XI (12.05.1803), relativa às manufacturas, que proibia a vinculação dos operários por mais do que um ano e que, para muitos, com paradoxo, representou também uma tentativa represtinatória do regime feudal então extinto: MICHAEL P. FITZSIMMONS, "The Debate on Guilds under Napoleon" (2008), cit., 128-9. Situando-se na revolução francesa e na codificação subsequente a aportação do jusnaturalismo ao Direito civil – com o individualismo a invadir todos os sectores da vida e com a perspectiva, na pena de RÁMON BONET, "Las instituciones civiles", RDP 1953, nº 1, 1953, 205, de que "a revolução francesa e o Código de Napoleão deram à liberdade individual um valor considerável, sendo a propriedade privada a sua garantia e a sua caução" –, a autonomia privada, configurando-se como a verificação jurídica da medida do poder que o ordenamento estatal deixa a descoberto para que os particulares desenvolvam a sua actividade, significa(va) não só a possibilidade de dar origem a uma relação jurídica, como também a possibilidade de a modificar ou extinguir. Mas esta modificação ou extinção, por força da perspectiva de que os sujeitos têm o arbítrio de deixar de ser livres quando acordam vincular-se, postulava, por princípio, a intervenção de ambos os sujeitos. Com efeito, o pensamento moderno-iluminista, fortemente marcado pela preocupação com o cumprimento dos contratos, hiperbolizou a estabilidade contratual, procurando fortalecer os desígnios da burguesia em ascensão: a ética da autonomia fornecida por Kant à renovação da ciência jurídica em 1800 deu origem a um direito privado concebido como um sistema de esferas de liberdade, em que, para lá da capacidade jurídica plena e

admitida de forma circunscrita, extraindo-se do princípio da *força vinculativa* (art. 1134 do *Code Civil*) os subprincípios da intangibilidade e da irrevogabilidade, *qua tale* também corolários de um outro princípio: a estabilidade contratual[451], que arranca(va) da premissa de que o que foi contratado pelos sujeitos é justo (= o contrato é o que as partes quiserem, tal é o preço da estabilidade do comércio jurídico)[452], perspetiva que, nesse período, apenas em 1890 logrou alcance quanto à proteção do operariado de ruturas abusivas e num sector de atividade circunscrito[453].

Ultrapassando-se o conceito de Fouillé ("quem diz contratual diz justo") e reconhecendo-se a necessidade de as relações entre capital e trabalho não serem abandonadas ao livre jogo da vontade, o princípio da força obrigatória do contrato, um dos *eixos políticos* do Código napoleónico[454], deixou de ser entendível *ne varietur* – acolhendo-se pacificamente a aplicação da teoria da imprevisão no Direito civil[455], a redução de cláusulas penais ou a fraude à lei e abandonando-se a associação do unilateralismo como forma de pôr termo a um vínculo à ideia de justiça privada[456] –, e o contrato de trabalho, tendo uma "eficácia axiológica própria"[457], não

---

igual de todos os cidadãos, avultavam o livre uso da propriedade e a liberdade contratual, numa concepção em que o contrato surge como uma ligação intersubjectiva estreita entre sujeitos autónomos para livremente regularem a sua *vinculação*. Cfr. VERONIQUE RANOUIL, *L'autonomie de la volonté. Naissance et évolution d'un concept*, PUF, Paris, 1980, 55.

[451] JACQUES FLOUR & JEAN-LUC AUBERT, *Droit Civi – Tome I* (8ª éd.), Armand Colin, Paris, 1998, 281.

[452] Ainda: DENIS MAZEAUD, *La notion de clause pénale*, LGDJ, Paris, 1992, 84 e ss..

[453] Assim, JACQUES LE GOFF, *Du silence à la parole* (2004), cit., 166. Cuida-se da lei sobre a relação assalariada dos agentes de caminho de ferro com as companhias, em que pioneiramente se prescreve que a ruptura do contrato só pode ocorrer em caso de incumprimento.

[454] Assim: XAVIER MARTIN, "Fondements politiques du Code Napoléon", RTDC 2003, nº 2, 247, salientando (i) o individualismo, (ii) o liberalismo, (iii) o voluntarismo, (iv) a propriedade individual e (v) a força vinculativa dos contratos (247-264).

[455] Foi com a Lei *Faillot*, de 21.01.1918, que o Estado admitiu a necessidade de modificação de contratos de longa duração celebrados antes da Grande Guerra. Cfr. EWOUD HONDIUS & HANS CHRISTOPH GRIGOLEIT, *Unexpected Circumstances in European Contract Law*, Cambridge University Press, Cambridge, 2011, 146.

[456] Ver CATHERINE THIBIERGE-GUELFUCCI, "Libres propos sur la transformation du droit des contrats", R.T.D. civ., 1997, nº 2, 375-6.

[457] A expressão é de ROBERTO PESSI, "L'efficacite du droit du travail et l'autonomie privee collective", *Valutare il diritto del lavoro-Evaluer le droit du travail-Evaluate labour law*, 2010, Cedam, Milão, 28 (26-46).

é tratável como qualquer contrato obrigacional, radicando aí uma das mais importantes conquistas civilizacionais do século XX[458].

Com efeito, o modelo individualista em que se escorou o Estado demoliberal, que ignorava o carácter eminentemente social do homem, e que se bastava com a aplicação das coordenadas civilísticas, declinou perante o reconhecimento da "incapacidade do Direito civil para apreender a noção de subordinação de uma pessoa à outra"[459] e com a emergência do Estado Social de Direito[460].

Nestes termos, se, por extensão, também o Direito dos contratos perdeu a rigidez de outrora e procura adaptar-se às exigências económicas e sociais contemporâneas – sirva de exemplo o Direito dos consumidores, que estrema a autonomia privada, em razão da tutela do contraente que se presume mais débil[461], num fenómeno de *moralização* do contrato[462] igualmente vislumbrável nos contratos comumente conhecidos como de adesão[463] –, a regulação sobre o serviço assalariado do *Code Civil*, cortando cerce com o espírito da servidão, estabelecia a nulidade dos contratos perpétuos (art. 1780)[464], moldando o carácter necessariamente temporário dos serviços doméstico e assalariado previstos no Código de

---

[458] Pietro Lambertucci, *Diritto del Lavoro* (Dizionario del Diritto Privato), Giuffré, Milão, 2010, 421.

[459] Ainda Alain Supiot, "Porquoi un droit du travail?", DS 1990, nº 6, 488.

[460] António Manuel Hespanha, *Caleidoscópio do Direito - o Direito e a Justiça nos Dias e no Mundo de Hoje* (2ª ed.), Almedina, Coimbra, 2009, 578.

[461] Como bem salienta Luigi Mengoni, "Autonomia privata e Costituzione", BBTC 1997, v. 50, nº 1, 1-11, que coloca, face à Constituição italiana, em planos idênticos o Direito do trabalho e o Direito dos consumidores, ante o sentido teleologicamente ordenador dos dois ramos do direito.

[462] A expressão é de João Baptista Machado, "A Cláusula do Razoável", *Obra dispersa*, Vol. I, SI, Braga, 1991, 516 (457-623).

[463] Manuel Carneiro da Frada, "A ordem pública no domínio dos contratos", *Ars Iudicandi – Estudos em Homenagem ao Professor Doutor António Castanheira Neves*, Vol. II- Direito Privado, Coimbra Editora, Coimbra, 2009, 266.

[464] Jean-Pierre le Crom, "La liberté du travail en droit français. Essai sur l'évolution d'une notion à usages multiples" (2006), cit., 5, fala numa "reacção contra a ligação perpétua de vassalagem", atribuindo ao preceito uma "tonalidade anti-feudal". Criticamente, porém, e ante a falta de reconhecimento de um direito de desvinculação por parte do trabalhador no âmbito de contratos com duração determinada, Jean Savatier "La liberté dans le travail" (1990), cit., 49, salienta ironicamente que "la première liberté du travailleur c'est de pouvoir se soustraire à l'autorité de son employeur".

Seabra[465], que antecedeu a Lei nº 1952, de 10.03.1937[466] e que encontrou paralelo no art. 1628 do Código Civil italiano de 1865[467].

Estabelecendo-se no artigo 1371º do Código Civil de 1867 a nulidade dos contratos de serviço doméstico – que podiam ser à jornada, à semana, à época ou ao ano –, previa-se a possibilidade de rescisão a todo o tempo por parte dos sujeitos, associando-se essa possibilidade à consagração de um limite razoável e justificado para impedir a constituição de relações servis[468], disposição que quadrava com a estabilização entrevista no artigo 1394º, sempre que o contrato de "serviço assalariado" fosse por tempo determinado: nem o servido nem o serviçal podiam pôr termo ao contrato sem que, para tanto, houvesse justa causa[469].

Este enquadramento, que prejudicou os esforços de elaboração dogmática acerca da denúncia do contrato de trabalho por parte do trabalhador e que em semelhança com as Ordenações Filipinas propendia para um favorecimento do empregador no plano probatório[470], dificultou igualmente a construção dos pilares legais relativos ao reconhecimento de que o contrato de trabalho só existe se e enquanto o trabalhador quiser.

---

[465] Respectivamente, os artigos 1371º e 1391º. Sobre esta regulação, cfr. CUNHA GONÇALVES, *Tratado de Direito Civil – em comentário ao Código Civil Português*, Vol. IV, Coimbra Editora, Coimbra, 1932, 486 e ss., RAÚL VENTURA, "Extinção das relações jurídicas de trabalho" (1950), cit., 287, 216-8 e MARIA DA CONCEIÇÃO TAVARES DA SILVA, *Direito do Trabalho* (copiogr.), Lisboa, 1964-65, 329 e ss. Assinalando a forte influência do Código napoleónico sobre o Código de Seabra, v. ainda FRANZ WIEACKER, *História do Direito Privado Moderno* (2004), cit., 394.

[466] Este é o primeiro instrumento legal que se ocupou do tratamento regulativo do contrato de trabalho com algum desenvolvimento, a que se seguiram o Decreto-Lei nº 47032, de 27.05.1966 e o Decreto-Lei 49408, de 24.11.1969, conhecido como a LCT.

[467] Cfr. UMBERTO ROMAGNOLI & GIORGIO GHEZZI, *Il rapporto di lavoro* (3ª ed.), Zanichelli, Bolonha, 1995, 30.

[468] Cfr. JOSÉ DIAS FERREIRA, *Código Civil portuguez annotado,* Vol. III, Imprensa Nacional, Lisboa, 1872, 292, que, porém, considerava a disposição inaplicável a contratos que envolvessem outros profissionais, avançando com o exemplo dos médicos.

[469] Ainda JOSÉ DIAS FERREIRA, *Código Civil portuguez annotado,* Vol. III (1872), cit., 399 e CUNHA GONÇALVES, *Tratado de Direito Civil – em comentário ao Código Civil Português*, Vol. IV (1932), cit., 488 e ss..

[470] Em disposição pouco salientada, o artigo 1387º do Código de 1867 estabelecia que "(n)a acção por soldas devidas e não pagas, na falta de outras provas será a questão resolvida por juramento do amo", sendo que nas Ordenações Filipinas, que o precederam, o juramento do senhor fazia fé em juízo até à quantia de dez mil réis nas queixas dos criados por falta de pagamento das suas "soldadas" (Liv. IV, Tit. XXXIII).

III. Consagração e desenvolvimento

5. Com as conceções mercantilistas sobre o trabalho assalariado a primarem sobre a fidúcia – ainda a desvinculação livre por qualquer dos sujeitos que, no caso dos empregadores, constitua uma ameaça que dinamizava um verdadeiro comércio de trabalhadores[471] –, os salários, formados segundo a oferta e a procura, são baixos[472], as jornadas de trabalho excessivas, o trabalho de menores expande-se e as condições sanitárias e alimentares dos trabalhadores são degradantes[473].

Entre outros, factores como o declínio da filosofia do individualismo liberal, o desenvolvimento dos ideários cooperativista e socialista, o catolicismo social, a introdução do sufrágio universal, o crescimento dos movimentos sociais e sindicais, a emergência de correntes filantrópicas, caritativas e humanitárias e os progressos técnicos criaram o caldo para o

---

[471] GEORGES LEFRANC, *História do Trabalho e dos Trabalhadores* (1988), cit., 143 e MICHÈLE BONNECHÈRE, *Le Droit du Travail* (2008), cit., 9.

[472] As massas que emigravam do campo para as cidades, tendo em vista a sua colocação como operários industriais, não podiam discutir com os patrões, que tinham, por regra, abundante mão-de-obra ao seu dispor (o exército industrial, o *Lumpenproletariat* de que falava Marx), e, como fez notar JOSÉ BARROS MOURA, *A Convenção Colectiva de Trabalho entre as Fontes de Direito do Trabalho. Contributo Para a Teoria da Convenção Colectiva de Trabalho no Direito Português*, Almedina, Coimbra, 1984, 39, "o trabalhador apenas exerce a sua «liberdade» de trabalhar sob as ordens de outrem porque, despojado de meios de produção, necessitava de meios de sobrevivência".

[473] Na descrição de JEAN-PIERRE RIOUX, *A Revolução Industrial* (trad. António Pinto Ribeiro), Dom Quixote, Lisboa, 1996, 193, "(t)rabalho esgotante, sistematicamente imposto aos mais fracos, superexplorados. Em compensação, um salário mínimo de reprodução da força de trabalho e da espécie do animal industrial". Em Portugal, o fenómeno documenta-se a partir do projeto de *Associação para o Melhoramento da Sorte das Classes Industriosas*, da autoria de Silvestre Pinheiro Ferreira, após estadia em França, com o objectivo de, ante "milhares de indivíduos perecerem victimas de miséria e da enfermidade", "levantar aquellas classes do estado de abatimento em que actualmente jazem, e assegurar-lhes uma sorte futura proporcional ao merecimento de cada um de seos membros, sem favor, nem privilegio": cfr. SILVESTRE PINHEIRO FERREIRA, *Projecto de Associação para o Melhoramento da Sorte das Classes Industriosas*, Rey e Gravier/J. P. Aillaud, Paris, 1840, V e XV. Embora o projeto nunca tenha sido discutido nas Cortes, avultavam aspetos como a fixação coletiva de salários em assembleias gremiais compostas por trabalhadores e proprietários filiados na associação ou a angariação de trabalho para os trabalhadores desempregados, num período de grande conturbação, em que o País, sob a pena RAMALHO ORTIGÃO, *As Farpas*. Tomo IV, David Corazzi, Lisboa, 1888, 127, se encontrava "(q)uase no estado atomístico de Hegel, na desagregação em virtude da qual cada molécula social, entregue por sua desgraça à liberdade quase absoluta, volteia às cegas em busca de um novo centro de atracção".

aparecimento do Direito do trabalho[474] e, com ele, embora não sem intermitências, a reconceção de que o trabalho, ante a dimensão pessoalíssima da atividade implicada, é o resultado de uma decisão livre e consciente, heteronomamente regulada[475].

Neste plano, embora o princípio da liberdade de trabalho na conceção hoje conhecida seja associável à emergência do conceito de constitucionalismo social – que trouxe consigo a superação do individualismo e a afirmação do primado do social[476] –, foi todavia ainda no século XIX que o princípio, já depois da contraposição liberdade individual do trabalhador *versus* liberdade coletiva dos grevistas, se apartou da liberdade de comércio e indústria[477], ganhando uma coloração mais definida[478].

---

[474] Assumindo-se o prolóquio de LACORDAIRE ("entre o forte e o fraco, entre o rico e o pobre, é a liberdade que escraviza e é a lei que liberta"), visou-se, na conhecida descrição de GALLART FOLCH, *Derecho Español del Trabajo* (prólogo Excmo. Sr. Don Pedro Sangro y Ros de Olano), Labor, Barcelona, 1936, 16, "compensar, com uma superioridade jurídica, a inferioridade económica do trabalhador" ou, em formulação aparentada, "tratar desigualmente os desiguais com o escopo de os fazer mais iguais".

[475] As intermitências ligam-se precipuamente a períodos conturbados da História, de que é exemplo, como faz notar JEAN-PIERRE LE CROM, "La liberté du travail en droit français. Essai sur l'évolution d'une notion à usages multiples" (2006), cit., 145, a segunda grande guerra mundial, com a instauração do serviço de trabalho obrigatório de jovens franceses na Alemanha, embora na historiografia francesa, e já depois da abolição da escravatura em 1848 e da correlativa interdição de trabalho forçado, avulte a lei de 11.07.1938, que atribuía ao governo a faculdade de mobilizar trabalhadores de um serviço ou de uma empresa indispensáveis a assegurar as necessidades do país, dispositivo cuja utilização, no entanto, se confinou historicamente às situações de greve no sector público.

[476] JOSÉ JOÃO ABRANTES, *Contrato de Trabalho e Direitos Fundamentais*, Coimbra Editora, Coimbra, 2005, 25 e ss..

[477] PHILIPPE WAQUET, *L'entreprise et les libertés du salarié - Du salarié-citoyen au citoyen salarié*, Liaisons, Paris, 2003, 189, MARTA TORRE-SCHAUB, "Liberté de commerce et libre concurrence" (2007), cit., 213 e JEAN PÉLISSIER/ALAIN SUPIOT/ANTOINE JEAMMAUD, *Droit du Travail* (2008), cit., 199.

[478] No ordenamento germânico, a definição normativa do princípio da liberdade de trabalho e de escolha de profissão remonta ao § 158 do *Paulskirchenverfassung* (28.03.1849): RUDOLF WEBER-FAZ, *Der Verfassungsstaat des Grundgesetzes*, Mohr Siebeck, Tubinga, 2002, 10. Entre nós, essa autonomização constitucional do princípio da liberdade de trabalho não aparece na Constituição de 1838 ["(é) permitido todo o género de trabalho, cultura, indústria e comércio, salvas as restrições da lei por utilidade pública" (artigo 23º, § 3)] nem, antes disso, na Carta Constitucional de 1826 ["(n)enhum género de trabalho, cultura, indústria ou comércio pode ser proibido, uma vez que não se oponha aos costumes públicos, à segurança e saúde dos cidadãos"]. Na mesma linha, se tanto a Constituição de 1911 (artigo 23º, § 26) quanto a

Essa autonomização, assumida em 25.05.1864 com a Lei *Ollivier* que instaura o direito à greve[479] ("la liberté de la coalition absolue à tous ses degrés"[480]), é enriquecida com a passagem do individualismo jurídico (construído em torno de um sujeito de direitos civis) para a noção de personalidade laboral, em que o instrumentário de Direito civil, apegado à figura do locador de serviços, se mostra inapropriado à realização do homem através do trabalho e à proteção reclamada pela situação de poder--sujeição subjacente: o conceito de "liberdade formal" foi substituído pelo de "justiça social" e a ideia de realização do Direito, mais do que a ideia de realização da liberdade individual, firma-se como postulado axiológico, redefinindo as relações entre a Pessoa e o Direito[481].

Mas a sua sedimentação, agora sob novo enquadramento, verifica-se com a constitucionalização dos direitos sociais, que, indo de par com o surgimento de um Direito social com vocação de universalidade[482], rompe

Constituição de 1933 (artigo 8º, nº 7) consagravam a liberdade de escolha de profissão ou género de trabalho em associação formal à liberdade de comércio ou indústria, essa separação apenas ocorre com a Constituição de 1976, que, no nº 3 do artigo 51º, estabelece que "(t)odos têm o direito de escolher livremente a profissão ou o género de trabalho, salvas as restrições impostas pelo interesse público ou inerentes à sua própria capacidade" (após a revisão constitucional de 1982: nº 1 do artigo 47º). Cfr. ANTÓNIO SILVA LEAL, "O princípio constitucional da liberdade de trabalho", RGEC 1961, 145, salientando que a confusão das liberdades ínsita nas Constituições liberais se devia em parte à acepção amplíssima da palavra trabalho, "que designava todas as formas legítimas da acção humana no domínio da produção e distribuição da riqueza", e também JORGE MIRANDA, "Liberdade de trabalho e profissão" (2006), cit., 203.

[479] Revogando a Lei *Le Chapellier* (1971) e prenunciando a Lei *Waldeck Rosseau* (1884) que autorizou os sindicatos em França. Ainda: ALAIN SUPIOT, *Le Droit du Travail* (2004), cit., 52.

[480] PIERRE LAVIGNE, *Les bases constitutionnelles du droit du travail: le travail dans les constitutions françaises, 1789-1945*, Recueil Sirey, Paris, 1948, 237.

[481] Seguimos, neste ponto, FRANCESCO ALIMENA, *Osservazioni sulla distinzione del diritto in pubblico e privato*, Societa Editrice del Foro Italiano, Roma, 1931, 74. A derivação do princípio da liberdade de trabalho do princípio da liberdade de comércio e indústria conduziu mesmo a que no Estado de Nova Iorque, e nos primórdios do séc. XX (1905), o Supremo houvesse considerado inconstitucional a medida legal que limitava o trabalho nas padarias a 10 horas por dia e a 60 horas por semana, com o fundamento de que *(i)* os trabalhadores, caso quisessem, não podiam ser impedidos de trabalhar por mais horas e de que *(ii)* a medida violentava a liberdade de organização do trabalho que flui da liberdade de comércio e indústria. Sobre o caso *Lochner v. New York*, cfr. DAVID SHULTZ, *The Encyclopedia of the Supreme Court*, Nova Iorque, 2005, 251.

[482] A par da Constituição de Weimar de 1919, destaca-se, em coincidência temporal, e na sequência do Tratado de Versalhes, a fundação da Organização Internacional do Trabalho, cuja importância é manifesta.

com as Constituições liberais – exclusivamente preocupadas com a organização do poder político e com a proteção dos direitos de liberdade perante o Estado[483] –, e com a firmação de uma ética cívica que, reconhecendo o valor social do trabalho, se baseia na não dissociação entre a organização da sociedade e as suas dimensões normativas.

Neste novo sistema ordenador, em que, por um lado, também se apura globalmente uma nova legitimação do Direito privado na consciência jurídica do Estado Social e a sua convicente sintonização com o Direito social[484] e em que, por outro, o *pathos* político e o *ethos* económico da sociedade burguesa se desvanecem, *(i)* a garantia dos direitos fundamentais do homem, *(ii)* a proteção das liberdades pessoais e *(iiii)* a elaboração das leis em conformidade com a Constituição[485] assumem-se como os novos princípios retores dos modelos vigorantes.

Com o processo de constitucionalização do Direito do trabalho a acompanhar o trânsito do Estado liberal para o Estado social de Direito[486] – a "constitucionalização social" intensifica-se, embora sem uniformidade, na segunda metade do Século XX[487] –, emerge uma "Constituição social

---

[483] Assim, JORGE LEITE, *Direito do Trabalho. Vol. I* (1998), cit., 74.

[484] FRANZ WIEACKER, *História do Direito Privado Moderno* (2004), cit., 633.

[485] A constitucionalização de um conjunto de direitos laborais implicará, em fase subsequente, uma regulação laboral mais sensível à realidade constitucional, com grande parte da legislação a aplicar e a desenvolver o texto constitucional.

[486] Cfr. MONTOYA MELGAR, "El trabajo en la Constitutión (la experiencia española en el marco iberoamericano)", *El Trabajo y la Constitución. Estudios en Homenaje al Profesor Alonso Olea*, MTAS, Madrid, 2003, 466-75 e JOSÉ JOÃO ABRANTES, *Contrato de Trabalho e Direitos Fundamentais* (2005), cit., 23-31.

[487] KAHN-FREUND, "L'incidenza delle Costituzioni sul diritto del lavoro", DLRI 1979, nº 1, 77 e MASSIMO D'ANTONA, "Diritto del lavoro di fine secolo: una crisi di identità?", *Contratto e Lavoro Subordinato. Il diritto privato alle soglie del 2000*, Cedam, Milão, 2000, 127-8. Entre nós, JORGE MIRANDA, *Manual de Direito Constitucional. Direitos Fundamentais*, Tomo IV (2012), cit., 28 e ss., salienta que, contrapostos aos direitos de liberdade, são no século XX reivindicados (sobretudo, por movimentos de trabalhadores) e sucessivamente obtidos, direitos económicos, sociais e culturais – direitos económicos para garantia da dignidade do trabalho, direitos sociais como segurança na necessidade e direitos culturais como exigência de acesso à educação e à cultura e em último termo de transformação da condição operária. Nenhuma Constituição posterior à primeira guerra mundial deixa de os outorgar, com maior ou menor ênfase e extensão, num conjunto de tendências universalmente resumíveis nos seguintes pontos: (i) a diversificação do catálogo de direitos, muito para lá das declarações clássicas; (ii) a consideração do homem situado, traduzida na relevância dos grupos e das pessoas coletivas e na conexão com garantias institucionais; (iii) a acentuação da dimensão

que se refere à situação do cidadão como trabalhador e como destinatário da proteção social" e em que a elevação do Direito do trabalho a um plano constitucional densificado, recentrando o trabalhador como cidadão, se funde com a moderna teoria dos fundamentais[488] e conflui num conjunto de direitos sociais, ora fundamentalizados, em que avulta um direito geral à igualdade, construído através da correção das desigualdades e já não mediante uma igualdade sem liberdade[489]. Ao Estado compete agora remover os obstáculos que impedem a liberdade e o acesso ao trabalho (abandonando a neutralidade liberal, em que a indiferença ao aparecimento de situações hostis aos direitos fundamentais retirava significado prático à sua proclamação textual), visando-se, em cenário de fundo, uma ação direcionada à "efectivação das condições materiais e objectivas potenciadoras da realização do indivíduo"[490], que opera segundo o *princípio retor vinculante* do Estado social[491].

Na verdade, se as três características essenciais desta mudança são *(i)* a relativização dos direitos privados pela sua função social, *(ii)* a vinculação ético-social destes direitos e a valorização do trabalho *(iii)* e o recuo perante o formalismo do sistema de Direito privado clássico do século

---

objetiva e a irradiação para todos os ramos de Direito; (iv) a aceitação da natureza de princípios da maior parte das normas de direitos fundamentais, (v) o reconhecimento da complexidade de estrutura; (a) a dimensão plural e poligonal das relações jurídicas; (iv) a produção de efeitos não só verticais (frente ao Estado) mas também horizontais (em relação aos particulares); (vii) a dimensão participativa e procedimental (HÄBERLE); (viiii) a ideia de aplicabilidade direta; (ix) a interferência não apenas do legislador mas também da Administração na concretização e na efetivação dos direitos; (x) o desenvolvimento dos meios de garantia e a sua ligação aos sistemas de fiscalização da legalidade e da constitucionalidade e (xi) o enlace com o Direito internacional.

[488] RODRIGUEZ PINERO, "Costituzione, diritti fondamentali e contratto di lavoro", DLRI 1995, nº 65 (I), 31.

[489] E, como faz notar DIOGO LEITE DE CAMPOS, *Lições de Direitos da Personalidade*, Coimbra Editora, Coimbra, 1992, 81, liberdade e igualdade "são dois continentes imprescindíveis dos direitos da pessoa".

[490] MANUEL AFONSO VAZ, *Direito Económico. A ordem económica portuguesa* (3ª ed.), Coimbra Editora, Coimbra, 1994, 56.

[491] Nestes termos: ERNST BENDA, "El Estado social de Derecho", ERNST BENDA/ WERNER MAIHOFFER/HANS-JOCHEN VOGEL/KONRAD HESSE/WOLFGANG HEYDE, *Manual de Derecho Constitucional* (trad. Eduardo López Pina), Madrid, Marcial Pons, 1996, 521-2, sublinhando o carácter de habilitação (*Ermächtigungscharakter*) das normas constitucionais que encomendam ao Estado tarefas de configuração social.

XIX[492], a dimensão social que cunha o constitucionalismo moderno recentra a liberdade de trabalho como princípio jusfundamental, infundindo-lhe uma dimensão multifacetada que não se esgota na impossibilidade de alguém ser compelido ao trabalho (e muito menos não remuneradamente), comummente tripartida na liberdade de constituição, de execução e de extinção a todo o tempo do vínculo laboral. Ela também postula, por definição, que todos possam livremente ativar a sua força de trabalho (a capacidade para trabalhar, em sentido dinâmico, significa a possibilidade concreta, para qualquer cidadão, de realizar a própria capacidade profissional[493]), designadamente através da escolha do respetivo trabalho[494], sendo para tanto necessário que o Estado crie as condições necessárias à sua fruição[495] e remova os obstáculos, privados ou (também) públicos, surgíveis no acesso ao emprego ou a uma profissão[496], dando, por esta via, conteúdo efetivo ao casamento entre a liberdade de trabalho e o direito ao trabalho.

---

[492] Assim, FRANZ WIEACKER, *História do Direito Privado Moderno* (2004), cit., 624 e ss., que, com referência à legislação moderna do Direito privado, destaca a proteção do inquilino, a legislação sobre revisão das cláusulas contratuais gerais por via judicial ou os projetos de reforma do direito sobre a responsabilidade por danos; ou agora no plano jurisprudencial, o alargamento dos deveres de custódia na relação contratual, a dedução de deveres contratuais a partir de situações sociais ou o alargamento dos deveres dos proprietários nas suas relações com outros particulares, numa conceção solidária que, não podendo ser desligada de tendências morais, implica um recuo perante o formalismo jurídico e, por consequência, uma valoração da situação que materialmente envolve os sujeitos (e já não apenas o sujeito).

[493] PIERA FABRIS, *Il patto di non concorrenza*, Giuffrè, Milão, 1976, 62-3.

[494] Assim, falando em princípio de "liberdade de actividade da força de trabalho", v. RABINDRANATH CAPELO DE SOUSA, *O Direito Geral de Personalidade*, Coimbra Editora, Coimbra, 1995, 279-280.

[495] Por isso, como fazem notar MASSIMO D'ANTONA, "Diritto del lavoro di fine secolo: una crisi di identità?" (2000), cit., 128, PIETRO ICHINO, *Il Contratto di Lavoro. I* (2000), cit., 30-1 ou JORGE LEITE, *Direito do Trabalho. Vol. I* (1998), cit., 45, o Direito do trabalho é hoje um Direito do emprego, albergando um conjunto de medidas dirigidas ao fomento do emprego, que agem tanto sobre a oferta como sobre a procura.

[496] Aqui, como salienta PHILIPPE WAQUET, *L'entreprise et les libertés du salarié* (2003), cit., 191, a proibição de discriminações no acesso ao emprego, que sobreveio à extinção dos grémios e corporações operadas pelo Decreto *Allarde*, insere-se no leque de medidas que o Estado tem de prosseguir com vista à remoção de situações hostis à liberdade de trabalho (infra).

IV. Âmbito e alcance

6. Vislumbrando-se uma conjunção entre os processos de assunção dos direitos sociais no centro do sistema constitucional e uma evolução significativa do catálogo de direitos fundamentais reclamados pela consciência civilizacional dominante e entretanto constitucionalmente reconhecidos, a liberdade de trabalho é, contudo, antes do mais, uma irradiação do princípio da dignidade da pessoa humana[497], erigido a princípio constitucional no pós-guerra (é na dignidade da pessoa humana, histórica e culturalmente substanciada[498], que se confere unidade de sentido aos direitos fundamentais, pois só na consciência da sua dignidade pessoal o "homem situado" retoma unidade de vida e de destino[499]), e um afloramento do

---

[497] Expressamente FRIEDHELM HUFEN, "Berufsfreiheit – Erinnerung an ein Grundrecht (Mainzer Antrittsvorlesung)" (1994), cit., 2913, que indissocia a dignidade humana (*Menschenwürde*) do cristianismo e do iluminismo de John Locke e Kant, e ADALBERT PODLECH, "Anmerkungen zu Art. 1 Abs I GG", *Kommentar zum Grundgesetz der Bundesrepublik Deutschland. Alternativkommentar, Vol. I* (org. R. Wassermann), 2ª ed., Luchterhand, Neuwied, 1989, 207-8, que, em superação da multivocidade de sentidos atribuídos ao princípio da dignidade da pessoa humana (desde logo concepções jusnaturalistas *versus* concepções sistémico-positivistas), extrai do conceito contido no art. 1 da *Bonna GrundGesetz* cinco grandes corolários: (i) segurança social *lato sensu* (direito ao trabalho, direito a um mínimo existencial, prestações do Estado Social), (ii) igualdade substancial, (iii) garantia de autodeterminação do homem, (iv) limitações aos poderes públicos e Estado de Direito e (v) respeito absoluto da autonomia individual. Na jurisprudência do Tribunal de Karlsruhe: BVerfG 01.03.1979, BVerfGE 50, 290.

[498] Assim, entre outros, FRANK MODERNE, "La dignité de la personne comme principe constitutionnel dans les constitutions portugaise et française", *Perspectivas Constitucionais. Nos 20 anos da Constituição. Vol. I* (org. Jorge Miranda), Coimbra Editora, Coimbra, 1996, 207, BENEDITA MAC CRORIE, "O recurso ao princípio da dignidade da pessoa humana na jurisprudência do Tribunal Constitucional", *Estudos em comemoração do 10º aniversário da licenciatura em direito da Universidade do Minho*, Almedina, Coimbra, 2004, 167 e JORGE REIS NOVAIS, *Os princípios constitucionais estruturantes da República Portuguesa*, Coimbra Editora, Coimbra, 2004, 51.

[499] JORGE MIRANDA, *Manual de Direito Constitucional. Direitos Fundamentais*, Tomo IV (2012), cit., 219-220 e, na doutrina portuguesa mais recente, entre outros: JORGE REIS NOVAIS, *Os princípios constitucionais estruturantes da República Portuguesa* (2004), cit., 52-3, PAULO OTERO, "Disponibilidade do próprio corpo e dignidade da pessoa humana", *Estudos em honra do Professor Doutor José de Oliveira Ascensão. Vol. I*, Almedina, Coimbra, 2008, 107-138, JOSÉ DE MELO ALEXANDRINO, "Perfil constitucional da dignidade da pessoa humana: um esboço traçado a partir da variedade de concepções", *Estudos em honra do Professor Doutor José de Oliveira Ascensão. Vol. I*, Almedina, Coimbra, 2008, 481-511, JOSÉ DE OLIVEIRA ASCENSÃO, "A dignidade da pessoa e o fundamento dos direitos humanos" ROA 2008, nº 1, 97-124, *Idem*, "Pessoa, direitos fundamentais e direito da personalidade", RFDUL 2009, nºs 1 e 2, 9-31, MIGUEL NOGUEIRA DE BRITO, "O conceito constitucional de dignidade humana entre o

valor genérico da liberdade, que deve cunhar todas as relações em que a Pessoa intervenha[500].

Com o trabalho a ser uma dimensão fundamental da Pessoa e com o seu desenvolvimento a bulir necessariamente com a dignidade do trabalhador[501], o princípio da liberdade de trabalho é, nesse sentido, essencial ao princípio do livre desenvolvimento da personalidade (tutelado pelo artigo 70º do Código Civil e, desde 1997, objeto de acolhimento constitucional expresso[502], com o nº 1 do artigo 26º[503]) e caracterizável como um direito de personalidade[505].

absoluto e a ponderação: o caso da reprodução humana", *Estudos em Homenagem ao Prof. Doutor José Joaquim Gomes Canotilho. Vol. III*, Coimbra Editora, Coimbra, 2012, 151-178 e ANA GUERRA MARTINS, "A protecção da dignidade humana no Tratado de Lisboa", *Estudos em Homenagem ao Prof. Doutor José Joaquim Gomes Canotilho. Vol. III*, Coimbra Editora, Coimbra, 2012, 473-498. A jurisprudência constitucional sobre o princípio da dignidade da pessoa humana é igualmente profusa, remetendo-se para a panorâmica desenvolvida por J. M. CARDOSO DA COSTA, "O princípio da Dignidade da Pessoa Humana na Constituição e na Jurisprudência Constitucional Portuguesas" (1999), cit., 191 e ss., BENEDITA MAC CRORIE, "O recurso ao princípio da dignidade da pessoa humana na jurisprudência do Tribunal Constitucional", *Estudos em comemoração do 10º aniversário da licenciatura em direito da Universidade do Minho*, Almedina, Coimbra, 2004, 151-174 e MARIA LÚCIA AMARAL, "O princípio da dignidade da pessoa humana na jurisprudência constitucional", JC 2007, nº 13, 4-17.

[500] Que, entre nós, aflora nos artigos 37º e 38º, 41º, 42º, 43º, 46º, 47º e 55º da CRP. Fazendo (também) apelo à *liberdade pessoal* para fundamentar "a livre rescisão" do contrato de trabalho, v. por exemplo Ac. TC nº 523/95, de 28.09 (VITOR NUNES DE ALMEIDA), proc. nº 93-0287, DR II Série, nº 263, de 14.11.1995, 13624.

[501] ANTÓNIO MENEZES CORDEIRO, "Direito do Trabalho e Cidadania", *III Congresso Nacional de Direito do Trabalho. Memórias* (org. António Moreira), Almedina, Coimbra, 2001, 39.

[502] Embora o Tribunal Constitucional já o houvesse extrinsecado do princípio da dignidade da pessoa humana: Ac. TC nº 6/84, de 18.01 (MAGALHÃES GODINHO), proc. nº 42/83, DR II Série, de 02.05.1984, considerando, ademais, que o artigo 26º da DUDH, no seu nº 2, estabelecia a plena expansão da personalidade humana e que o artigo 22º consagrava que todo o homem como membro da sociedade tem direito à realização dos direitos indispensáveis à sua dignidade e ao livre desenvolvimento da sua personalidade.

[503] O preceito implica, nas palavras de CATARINA SAMPAIO VENTURA, "Os direitos fundamentais à luz da quarta revisão constitucional", BFDUC 1998, vol. LXXIV, 501, um raio de proteção das "singularidades da pessoa humana, naquilo que a caracteriza como diferente ou igual às demais, conferindo-se a cada um o direito de optar pelo seu próprio projeto de vida". Embora a sua inspiração na *Grundgsesetz* não deva fazer perder de vista a existência de diferenças juscontextuais, da nossa parte não se entrevêem embaraços à sua compreensão como "direito fundamental fundamentante", como sustenta PAULO MOTA PINTO, "O direito ao livre desenvolvimento da personalidade", *Portugal-Brasil ano 2000: tema direito*, Studia Iuridica 40, Coimbra Editora, Coimbra, 1999, 162, no sentido de se abranger

Os direitos de personalidade são tipificáveis. São-no em função do aspeto de personalidade que estiver em causa, embora os tipos sejam representativos, o que significa que, para lá dos tipos enunciados, outros existem e cuja qualificação é desenvolvida em razão da sua essencialidade na defesa da dignidade humana.

Se a tipificação dos direitos de personalidade faculta modelos de decisão e traduz a relevância de situações de frequência, o regime que os acompanha permite agregar um conjunto coerente, unificado pelo fim comum de defesa da dignidade do seu titular, ao qual o trabalho e a liberdade que o deve acompanhar se predestinam[505], enquanto "imediata extrinsecação da sua personalidade"[506] e como manifestação do espírito ou do intelecto[507].

A liberdade de trabalho, implicando um direito de personalidade, insere-se, por isso, num consectário axiológico mais amplo de liberdade pessoal que envolve uma dupla dimensão tutelar: *(i)* a proteção da personalidade, enquanto substrato da individualidade e dos seus múltiplos aspetos – buscando-se uma proteção do poder de autoconformação reconhecido à Pessoa, na sua individualidade concreta e na abundância de poderes e faculdades que lhe são inerentes (um "*jus in se ipsum radical*, em que a pessoa é o bem protegido, correspondendo à sua necessidade intrín-

---

uma série de direitos fundamentais inominados, opinião que, todavia, não é doutrinariamente consensual. Em saliência do aspeto, perante a extensão do catálogo de direitos de liberdades especiais presente na Constituição portuguesa, mas sem deixarem de considerar que o seu âmbito de proteção alberga uma dimensão de formação livre da personalidade, uma dimensão de proteção da liberdade de ação de acordo com o projeto de vida e vocação e capacidades pessoais próprias e uma outra de proteção da integridade da pessoa, v. GOMES CANOTILHO & VITAL MOREIRA, *Constituição Portuguesa da República Anotada. Artigos 101º a 107º* (4ª ed.), Coimbra Editora, Coimbra, 2007, 463.

[504] Como cedo fizeram notar COSTANTINO MORTATI, "Il lavoro nella Costituzione" (1954), cit., 150 e MANLIO MAZZIOTTI, *Il diritto al lavoro*, Giuffré, Milão, 1956, 57 e, entre nós, RABINDRANATH CAPELO DE SOUSA, *O Direito Geral de Personalidade* (1995), cit., 278. Sobre a caracterização da liberdade de trabalho e profissão como um direito de personalidade, v. ainda JOÃO PACHECO DE AMORIM, "Liberdade de Profissão e Direito ao Trabalho: contributo para uma distinção entre duas figuras afins", *Estudos Jurídicos em Homenagem ao Professor António Motta Veiga*, Almedina, Coimbra, 2007, 115.

[505] Neste sentido, considerando que o dualismo entre o chamado direito geral de personalidade e os direitos subjetivos especiais de personalidade é superado e que a questão do seu relacionamento é meramente designativa, v. PEDRO PAIS DE VASCONCELOS, *Direito de personalidade*, Almedina, Coimbra, 2006, 67.

[506] As palavras são de MANLIO MAZZIOTTI, *Il diritto al lavoro* (1956), cit., 58.

[507] SPAGNUOLO VIGORITA, "Professione e Lavoro (Libertà di)" (1967), cit., 15.

seca de autodeterminação"[508]) –, *(ii)* e a proteção da liberdade geral de ação humana, que se traduz, antes do mais, na defesa contra imposições ou proibições violadoras da liberdade geral de ação[509].

Cada um é livre para a definição da sua individualidade e da sua consciência, gozando, para tanto, de autonomia. Sendo o trabalho essencial à composição da personalidade do ser humano e um meio para a realização condigna dos seus projetos pessoais de vida, a liberdade que sobre ele incide, porque se sintoniza com o direito ao livre desenvolvimento da personalidade[510], implica, em sequência, uma adequada proteção dos aspetos de manifestação da liberdade e da personalidade[511], recentrando-se o princípio da liberdade de trabalho no feixe de valores primários necessários à efetivação de uma construção antropocêntrica idónea à tutela da pessoa humana *in totum*[512].

---

[508] Orlando de Carvalho, *Teoria Geral do Direito Civil* (1981), cit., 180.

[509] Paulo Mota Pinto, "O direito à reserva sobre a intimidade da vida privada", BFDUC 69, Coimbra Editora, Coimbra, 1993, 480 e ss.. Por isso, o princípio assegura uma tutela mais abrangente da personalidade, que inclui duas diferentes dimensões: (a) um direito à formação livre da personalidade, que envolve a liberdade de ação de acordo com o projeto de vida e capacidades pessoais próprias; (b) a proteção da integridade da pessoa com vista à garantia da esfera jurídico-pessoal no processo de desenvolvimento. Em anotação ao artigo 26º da CRP, Alexandre Sousa Pinheiro & Mário João Fernandes derivam o direito ao desenvolvimento da personalidade do princípio da dignidade da pessoa humana, apontando-lhe dois segmentos: "um relativo ao ser e outro relativo ao ser social. A formação da personalidade do indivíduo não deve, por exemplo, ser impedida no momento da formação, ou discriminada no da exteriorização social" (*Comentário à IV Revisão Constitucional*, AAFDL, Lisboa, 1999, 111). Cfr. também Jorge Miranda & Rui Medeiros, *Constituição Portuguesa Anotada*, Tomo I, Coimbra, 2005, 204-5 e Gomes Canotilho & Vital Moreira, *Constituição Portuguesa da República Anotada. Artigos 101º a 107º* (2007), cit., 462-4.

[510] Esta sintonização aparece especialmente enfatizada no Ac TC nº 155/09, de 25.03 (Maria Lúcia Amaral), proc. nº 981/2007, DR II Série, nº 87, de 06.05, 17918-17921, que considerou não existir razões para censurar jurídico-constitucionalmente as regras que limitam o exercício, em acumulação, das funções docentes no ensino público e particular que enquadravam a situação *sub iudicio*.

[511] Falamos em proteção da liberdade e da personalidade, não obstante a alusão geral à proteção do princípio da liberdade de trabalho ou do desenvolvimento da personalidade. É que, em rigor, como evidenciou Jorge Reis Novais, *As restrições aos direitos fundamentais não expressamente autorizadas pela Constituição*, Coimbra Editora, Coimbra, 2003, 292 e ss., não são os direitos fundamentais que são *qua tale* protegidos, mas antes os bens objeto de proteção jusfundamental, como o trabalho, a personalidade ou a liberdade.

[512] Aludindo a um princípio *personocêntrico* inerente aos direitos fundamentais, v. J. J. Gomes Canotilho, "Dignidade e Constitucionalização da Pessoa Humana", *Estudos de Homenagem*

Justifica-se, assim, e por regra, que a liberdade de trabalho sobrepuje a liberdade de iniciativa económica e que, em fundo, se firme um princípio de prevalência dos interesses pessoais sobre os interesses estritamente patrimoniais[513].

Verificando-se ademais a composição da liberdade de trabalho como um princípio de ordem pública[514], esta designação tem consequências de relevo: por um lado, a sua aplicação não depende da vontade dos sujeitos e, por outro, o princípio, embora com limitações imanentes e de acordo com a configuração *ex lege* estabelecida para a sua suscetibilidade de *limitação* convencional, há-de lograr aplicação, mesmo que os sujeitos se manifestem em sentido diverso[515].

---

ao Prof. Doutor Jorge Miranda. Vol. II, Coimbra Editora, Coimbra, 2012, 285. Com a dimensão intrínseca e autónoma da dignidade da pessoa humana a articular-se com a liberdade de conformação e de orientação da vida segundo o projeto espiritual de cada um, a autonomia vital da pessoa e a sua autodeterminação cruzam-se inevitavelmente com a liberdade de trabalho, como hoje salienta JORGE MIRANDA, *Manual de Direito Constitucional. Direitos Fundamentais* (2012), cit., 184 e 199.

[513] Ainda JORGE MIRANDA, "Liberdade de trabalho e profissão" (2006), cit., 204, justificando essa prevalência, à luz do texto constitucional, com a impostação da liberdade de trabalho no título dos direitos, liberdades e garantias e já não no título de direitos económicos, sociais e culturais, como sucede com a iniciativa económica e o direito de propriedade. ANTÓNIO MENEZES CORDEIRO, "Direito do Trabalho e Cidadania", *III Congresso Nacional de Direito do Trabalho. Memórias* (2001), cit., 33-4, por seu turno, refere: a liberdade de trabalho será "provavelmente o valor mais absoluto de todos".

[514] Como refere GUILHERME DRAY, "O ideal de justiça contratual e a tutela do contraente mais débil", *Estudos em Homenagem ao Prof. Doutor Inocêncio Galvão Telles. Vol. I*, Almedina, Coimbra, 2002, 101, "(v)ocacionado para a violação de princípios ou vectores fundamentais do ordenamento jurídico, visando a reprodução do sistema e vedando comportamentos que o contrariem, o princípio jurídico que faz apelo à ordem pública tem sido utilizado, designadamente, para impedir negócios jurídicos que exijam esforços desmesurados ao devedor ou que restrinjam demasiado a sua liberdade pessoal ou económica". Sobre o conceito, entre nós, cfr. ANTÓNIO PINTO MONTEIRO, *Cláusulas limitativas e de exclusão de responsabilidade civil*, Almedina, Coimbra, 2003, 51 e ANTÓNIO MENEZES CORDEIRO, *Da Boa Fé no Direito Civil*, Almedina, Coimbra, 1997, 1218-1225, que, considerando que "os casos em que devam ser reconduzidos a violações de princípios ou vectores fundamentais do ordenamento" integram a ordem pública, deixa os bons costumes "a braços, apenas, com a moral social". Em sentido idêntico, entendendo ainda que os bons costumes têm uma "coloração mais acentuadamente ética ou ético-jurídica", v. MANUEL CARNEIRO DA FRADA, "A ordem pública no domínio dos contratos" (2006), cit., 260-2.

[515] Assim, GÉRARD LYON-CAEN, "Les clauses restrictives de la liberté du travail (Clauses de non-concurrence ou de non réembauchage)" (1963), cit., 87.

V. Delimitação e corolários

7. A liberdade de trabalho é composta por um conjunto multiforme de poderes ou prerrogativas.

Sendo o conceito de liberdade por definição aberto[516], e estando afastado o ideário liberal de circunscrição dos direitos fundamentais às relações entre os cidadãos e o Estado, *esta* liberdade, que arranca da consideração do Homem como ser livre e responsável, é um valor-quadro, que compreende múltiplas refrações normativas, fundando um conjunto de faculdades jurídicas primárias e com diferentes graus de concretização. Associada a outros direitos – como o direito ao trabalho –, ou sem autonomia em relação à liberdade de comércio e indústria, as diferenças quanto à sua enunciação refletem conceções e modos de articulação com outros direitos, cujo enquadramento jusconstitucional é determinante[517].

Positivamente, a liberdade de trabalho em sentido amplo compreende a liberdade de escolha e de exercício de qualquer género ou modo de trabalho que não seja considerado ilícito pela lei penal, possua ou não esse trabalho carácter profissional ou não profissional, seja típico ou atípico, permanente ou temporário, independente ou subordinado, esteja estatutariamente definido ou não[518], imbricando-se, por isso, a espaços, com a liberdade de iniciativa económica.

Sendo a liberdade de trabalho a liberdade de escolher e exercer uma atividade como forma de angariar meios de subsistência (ela é uma "liberdade de todas as pessoas em todos os momentos, visto que cada pessoa pode mudar de emprego ou de profissão"[519]), a liberdade de iniciativa económica, por seu turno, que alberga o direito a empreender novas atividades, por via da criação e da gestão de empresas, vai atinar com todos os que queiram ser empresários, encontrando-se no contrato de trabalho a confluência das duas liberdades: se a liberdade de iniciativa económica contempla as liberdades de iniciar uma atividade económica e de contribuir com factores de capital e empresa, a abrangência da liberdade de trabalho evidencia-se a partir da possibilidade de escolha entre o trabalho

---

[516] Salientando a inviabilidade de uma definição positivamente delimitada de "liberdade", v. GUY CARCASSONNE, *La Constitution* (pref. Georges Verdel), Points, Paris, 2011, 408.
[517] JORGE MIRANDA, "Liberdade de trabalho e profissão" (2006), cit., 202.
[518] JORGE MIRANDA, "Liberdade de trabalho e profissão" (2006), cit., 204.
[519] Ainda JORGE MIRANDA, "Liberdade de trabalho e profissão" (2006), cit., 205.

independente (não empresarial), o trabalho subordinado e a iniciativa ou a gestão de uma atividade empresarial[520].

8. Retendo-se que em França o princípio da liberdade de trabalho não se encontra jusfundamentalmente objetivado[521] (o direito ao trabalho pressupõe um direito subjetivo reconhecido a cada trabalhador: a liberdade de trabalho[522]) e que no ordenamento italiano é com base na tutela do bem *trabalho* que o princípio da liberdade de trabalho tem sido construído[523], não se esgota todavia ali, bem ao contrário, o sentido da liberdade de trabalho e/ou as garantias necessárias à sua fruição. Com efeito, o princípio implica, entre

---

[520] Como faz notar EVARISTO FERREIRA MENDES, "Anotação ao artigo 61º da CRP" (2005), cit., 1213, no que "respeita à escolha de um meio de vida não baseado na mera fruição de bens, mas fundado na ação/atuação no campo económico-produtivo, a opção fundamental dos cidadãos é entre a liberdade de trabalho ou profissão do artigo 47º – autónomo ou de exercício subordinado – e a liberdade de empresa do artigo 61º, que pode assumir um cariz individualista (nº 1) ou social (nºs 2 e 5)". Sob este ponto de vista, a liberdade de iniciativa alcança um âmbito que ultrapassa a liberdade de trabalho, já que não se esgota na liberdade de iniciar uma atividade económica, envolvendo igualmente a liberdade de contribuir com factores de capital e a liberdade institucional da empresa, liberdade que, como enfatiza BERNARDO LOBO XAVIER, "A Constituição Portuguesa como fonte do Direito do trabalho", *Estudos de Direito do Trabalho em Homenagem ao Professor Manuel Alonso Olea* (coord. António Monteiro Fernandes), Almedina, Coimbra, 2004, 165, é "o necessário contraponto aos direitos relativos ao trabalho, sem o qual não há emprego nem trabalhadores".

[521] Tem sido construído a partir do núcleo central do *droit à l'emploi* estabelecido no preâmbulo da Constituição de 1946, como fazem notar ALAIN SUPIOT, *Le Droit du Travail*, (2004), cit., 54 e JEAN-PIERRE LE CROM, "La liberté du travail en droit français. Essai sur l'évolution d'une notion à usages multiples" (2006), cit., 139-140.

[522] FRANÇOIS GAUDU, *Droit du Travail* (2007), cit., 63. Entre nós, diversamente: JOÃO PACHECO DE AMORIM, "Liberdade de profissão e direito ao trabalho: contributo para uma distinção entre duas figuras afins" (2007), cit., 113-137, entendendo que entre ambos há uma "relação de alteridade e não de instrumentalidade" (125).

[523] Assim, perante o art 35 da Constituição de 1948 (*la Repubblica tutela il lavoro in tutte le sue forme*), cfr., entre outros, FRANCESCO SIRCHIA, "Lavoro", *Novissimo Digesto Italiano* IX, Utet, Turim, 1963, 524-5 e GIUSEPPE PERA, "Professione e lavoro (libertà di)" (1987), cit., 1033, avultando a ausência de consagração do princípio nos títulos I e II relativos aos direitos fundamentais de liberdade e a configuração genérica do direito ao trabalho como um direito de liberdade. Mais controversa é a proclamação inicial do art. 1 de que a República de Itália se funda sobre o trabalho, cujo alcance continua a dividir a doutrina: havendo quem sustente que o trabalho constitui a conceção fundamental sobre a qual assenta toda a arquitetura constitucional (*v.g.* MORTATI), existe, de outra parte, uma corrente que lhe atribui um valor puramente retórico (*v.g.* BALADORE PALLIERI), como ilustram SERGIO BARTOLE & ROBERTO BIN, *Commentario breve alla Costituzione* (2008), cit., 6-7.

outros direitos/deveres, a liberdade de aprender, a liberdade de deslocação e de residência no território nacional e a liberdade de emigração (liberdade de circulação *lato sensu*[524]) e ainda a liberdade, positiva e negativa, de associação profissional[525], avultando, neste contexto, o direito à formação profissional[526]: a formação dos trabalhadores transcende a esfera individual, estando inserida, de há muito, nos supremos interesses da coletividade, enquanto mecanismo particularmente eficaz de integração social, de competitividade e de consecução das políticas de emprego, objetivos que, com cambiantes, se encontram constitucionalmente previstos em latitudes diversas[527].

Se entre nós o artigo 58º da CRP incumbe o Estado de promover *(i)* a execução de políticas de pleno emprego e *(ii)* a formação cultural e técnica e a valorização profissional dos trabalhadores – desideratos que se entrecruzam com outros direitos constitucionais (*v. g.* direito à educação e acesso aos graus mais elevados de ensino) –, a aquisição e a permanente atualização de um elevado nível de conhecimentos, aptidões e competências é uma condição essencial para o desenvolvimento pessoal de todos os cidadãos e para a sua participação em todos os aspetos da sociedade, incluindo a integração no mercado de trabalho[528]. Na verdade, só ela permite adquirir as qualificações

---

[524] Considerando mesmo a liberdade de circulação dos trabalhadores uma das medidas positivas de promoção da liberdade de trabalho, v. PHILIPPE WAQUET, *L'entreprise et les libertés du salarié* (2003), cit., 191.

[525] Em saliência: JORGE MIRANDA, "Liberdade de trabalho e profissão" (2006), cit., 204, que refere ainda a sua indesligabilidade do direito de criação de comissões de trabalhadores e da liberdade sindical (artigo 55º).

[526] PHILIPPE WAQUET, *L'entreprise et les libertés du salarié* (2003), cit., 190-1.

[527] Veja-se CARMEN LA MACCHIA, *La pretesa al lavoro*, Giappichelli, Turim, 2000, 12-14, que, à luz dos arts. 4 e 38 da Constituição italiana, indissocia a formação profissional do direito ao trabalho (agremiando-a inclusivamente ao princípio da dignidade da pessoa humana), posição também seguida por DOMENICO GAROFALO, *Formazione e lavoro tra diritto e contratto. L'occupabilità*, Cacucci, Bari, 2004, 103, que perentoriamente afirma: "só a formação consente a aquisição e a manutenção de um trabalho". Relevantes são também os artigos 9º e 10º da Carta Social Europeia (adotada em Estrasburgo a 03.05.1996, aprovada para ratificação pela Resolução da Assembleia da República nº 64-A/2001, de 17.10 e ratificada pelo Decreto do Presidente da República, nº 54-A/2001, de 17.10), ao estabelecerem, respetivamente, que "(t)oda a pessoa tem direito a meios apropriados de orientação profissional, com vista a ajudá-la a escolher uma profissão conforme às suas aptidões pessoais e aos seus interesses" e que "(t)odas as pessoas têm direito a meios apropriados de formação profissional".

[528] LUQUE PARRA, "Pactos típicos, nuevas tecnologias y relación laboral", *Relaciones Laborales y Nuevas Tecnologias*, La Ley, Madrid, 2005, 169, e, entre nós, JOÃO SOARES RIBEIRO, "Formação contínua dos trabalhadores", *Minerva. Revista de estudos laborais* 2007, ano 6, nº 10, 21-53.

necessárias para os trabalhadores se adaptarem à evolução das necessidades (criando as condições adequadas a um desenvolvimento da produtividade e para a participação, enquanto cidadãos ativos, na sociedade do conhecimento) e, antes disso, para obterem um trabalho[529].

9. Sem prejuízo da importância social do trabalho e da sua caracterização como exigência natural[530], a liberdade de trabalho compreende também a liberdade de não trabalhar[531].

Embora fosse já esse o entendimento genericamente pugnado entre nós perante o texto primevo da Constituição de 1976[532], o reconhecimento de que a pessoalidade da prestação implicada pelo trabalho impõe que o trabalho seja sempre uma atividade livre e voluntária e de que não há interesse coletivo que funcionalize o trabalho enquanto projeto pessoal de vida a uma obrigação económico-social foi explicitado com a revogação, operada pela revisão constitucional de 1997, do "dever de trabalhar" que encontrava previsão no nº 2 do artigo 59º da CRP[533], rompendo-se, *hoc sensu*, com a perspetivação do trabalho como um dever de solidariedade social, que embaciava a "alternativa de acção" subjacente à matriz concetual de liberdade[534].

[529] GONZÁLEZ MOLINA, "Algunas reflexiones sobre el posible retorno del contrato de trabajo al código civil", RFDUC 1999, nº 23, 104.

[530] JORGE LEITE, *Direito do Trabalho*, vol. I (1998), cit., 5, alude, por isso, a "um dever social de trabalhar".

[531] FRIEDHELM HUFEN, "Berufsfreiheit – Erinnerung an ein Grundrecht (Mainzer Antrittsvorlesung)" (1994), cit., 2913-5.

[532] Neste sentido, por todos: "Liberdade de trabalho e profissão", RDES 1986, nº 2, 147 e ss., que se referia a um "dever genérico", que se cumpria mediante a escolha deste ou daquele trabalho e que, enquanto tal, era insuscetível de sanção coativa, aproximando-se, nessa leitura, de outros deveres constitucionalmente previstos, como o de defender e de promover a saúde ou o de preservar, defender e valorizar o património cultural; por seu turno, ANTÓNIO MENEZES CORDEIRO, *Manual de Direito do Trabalho* (1997), cit., 148, referindo-se a um "dever imperfeito", reiterava a ideia de "que ao Estado compete criar condições ambientais, morais, culturais e materiais, para que todos cumpram o seu dever social de desenvolver actividades úteis".

[533] Salientando o aspeto: GOMES CANOTILHO & VITAL MOREIRA, *Constituição Portuguesa da República Anotada. Artigos 101º a 107º* (2007), cit., 765. O nº 2 do artigo 59º, na versão anterior à Revisão de 1997, considerava o dever de trabalhar "inseparável do direito ao trabalho, excepto para aqueles que sofram diminuição de capacidade por razões de idade, doença ou invalidez".

[534] Sobre esta alternativa de realizar ou não determinada ação enquanto garantia negativa de fruição do direito, que se contrapõe à garantia positiva que vai atinar com a efectivação dos meios necessários à promoção dessa liberdade, cfr. ROBERT ALEXY, *Teoria de la argumentacion*

Este dever, à luz do artigo 21º do Estatuto do Trabalho Nacional[535] e mais difusamente à face do artigo 26º da Constituição de 1933[536], surgia como uma obrigação comunitária, com a função de "garante da vida económica e social portuguesa"[537].

Com efeito, em reação à ideologia individualista da revolução burguesa, havia-se firmado, em latitudes diversas e com tonalidades distintas, um direito de matriz coletivista, em que o trabalho, não sendo já uma mercadoria, surgia com uma função social[538], que implicava um dever de todos trabalharem *na sociedade e para a sociedade*[539], e que no ordenamento francês se encontra ainda, embora com teor meramente proclamatório, no preâmbulo da Constituição de 1946[540], sem que daí se extraia, contudo, o dever de aceitação de um trabalho[541]. Assistindo-se, em concomitância,

---

juridica: la teoria del discurso racional como teoria de la fundamentacion jurídica (trad. Manuel Atienza/Isabel Espejo), *Centro de Estúdios Políticos y Constitucionales, Madrid, 2007*, 215-6.

[535] Aprovado pelo Decreto-Lei nº 23048, de 23.09.1933.

[536] Estabelecia o preceito, com algum grau de indefinição, que os cidadãos eram obrigados a prestar ao Estado e às autarquias locais "cooperação e serviços em harmonia com as leis" (...).

[537] Assim: ADRIANO MOREIRA, *Direito Corporativo*, Instituto Superior de Estudos Ultramarinos, Lisboa, 1950, 104. Na leitura de LUÍS MARQUES GUEDES, *Uma Constituição Moderna para Portugal*, Lisboa, 1997, 106, a eliminação do dever de trabalhar, que suscitou votação favorável do PSD, do PS e do PP e os votos contra do PCP/PEV, teve origem no "projecto do PSD, visando um absurdo da Constituição, só compreensível no quadro de uma lógica marxista".

[538] Em ilustração, o § 4 do Título II da Declaração dos direitos do povo trabalhador e explorado" (1918), com o propósito de "suprimir os elementos parasitas da sociedade e organizar a economia", estabelece "o serviço do trabalho obrigatório para todos".

[539] Cfr. JEAN-PIERRE LE CROM, «"La profession aux professionnels": la loi du 4 octobre 1941 sur l'organisation sociale des professions, dite Chartre du travail», *Deux siècles de droit du travail: l'histoire par les lois* (dir. Jean-Pierre Le Crom), Éditions de l'Atelier, Paris, 1998, 152-3.

[540] A que o preâmbulo da Constituição de 1958 atribuiu valor constitucional.

[541] Por exemplo: PHILIPPE WAQUET, *L'entreprise et les libertés du salarié* (2003), cit., 196, que, no entanto, não deixa de extrair o direito a não trabalhar como corolário do princípio da liberdade de trabalho (189). Também no ordenamento espanhol, o art. 35 da Constituição associa o dever de trabalho ao direito ao trabalho, situando-o em secção epigrafada "direitos e deveres dos cidadãos", o mesmo sucedendo ainda com o art. 4 da Constituição italiana, face à perspetiva de que o trabalho contribui para o progresso da sociedade e para elevação personalista de quem labora. A disposição é, todavia, considerada meramente proclamatória e quem não trabalha ou não queira trabalhar não pode estar sujeito a qualquer tipo de sanção: GIUSEPPE F. MANCINI, *Comentario della Costituzione* (1975), cit., 257-9 RAFFAELE BIFULCO/ ALFONSO CELOTTO/MARCO OLIVETTI, *Commentario alla Costituzione. Vol. I (Artt. 1-54)*, Utet, Turim, 2006, 127-8.

ao surgimento das teorias da relação de trabalho ou da incorporação na empresa como instrumentos de combate ao contratualismo, o Estado ou, em seu nome, as corporações, determinam os salários, a férias ou o período de trabalho e os sindicatos voltaram a ser proibidos: se o Estado, direta ou indiretamente, é o empregador, falecia o sentido de organizações destinadas a proteger os direitos dos trabalhadores frente aos empregadores, não sendo igualmente admitido o direito à greve. A proteção do trabalhador é uma incumbência do Estado e, para tanto, o desenvolvimento de serviços assistenciais encontra-se ao serviço do superior interesse coletivo nacional, numa conceção que, com matizes acentuadas, marcou o nacional socialismo alemão, o fascismo italiano ou o regime soviético e respetivos satélites e que em França conheceu também expressão no regime de *Vichy* com a *Charte du travail* (1941), destinada à revigoração do corporativismo[542] e que, em fundo, hipostasiava a figura do *Herói do Trabalho*[543].

Ora, o desaparecimento da obrigação de trabalhar, que, sob determinada leitura, poderia emprestar à liberdade de trabalho um conteúdo funcional bifacético (direito/dever), tem, para lá de tudo o mais, como derradeiro corolário a aprovação *prima facie* de uma renúncia ao bem significado por essa liberdade, enquadramento tão mais importante quanto são vários os acordos cuja dimensão renunciativa à liberdade de trabalho se processa para lá de previsão legal específica.

Isto, porque as normas de direitos fundamentais que estabelecem direitos-deveres, como se verifica com o direito-dever de educação dos filhos (artigo 36º/5 CRP) ou o direito-dever de defesa da Pátria (artigo 276º/1), são caracterizadas pela irrenunciabilidade, por atinarem diretamente com valores ou interesses comunitários que transcendem a esfera individual de cada um[544], não havendo, em consequência, margem para que a lei ordinária autorize, quaisquer que sejam as condições, um ato destinado à sua renúncia ou para que os particulares, ante a inexistência de lei ordinária proscritiva, deles possam abdicar.

---

[542] Cfr. Jean-Pierre le Crom, «"La profession aux professionnels": la loi du 4 octobre 1941 sur l'organisation sociale des professions, dite Chartre du travail», *Deux siècles de droit du travail: l'histoire par les lois* (dir. Jean-Pierre Le Crom), Éditions de l'Atelier, Paris, 1998, 152-3.

[543] Surgida em 1921 e suprimida com a queda da União das Repúblicas Socialistas Soviéticas em 1991, mas repristinada em 2012 na Rússia.

[544] Neste sentido: Jorge Reis Novais, "Renúncia a direitos fundamentais", *Perspectivas constitucionais: nos 20 anos da Constituição de 1976. Vol. I* (org. Jorge Miranda), Coimbra Editora, Coimbra, 1998, 267.

10. Estes parâmetros, embora com especificidades, valem naturalmente para a outra liberdade que a Constituição, em modelo agregador que não é universal, associa ao princípio da liberdade de trabalho e que, *summo rigore*, é uma das suas componentes: o princípio da liberdade de escolha da profissão[545].

Justificando-se assim a profusão de referências genéricas ao "princípio da liberdade de trabalho e profissão", a liberdade de escolha de profissão, sendo um direito fundamental complexo, comporta diversos níveis de realização, quer enquanto liberdade de escolha, quer enquanto liberdade de exercício de qualquer profissão[546].

No que à liberdade de escolha diz respeito, para lá da faculdade de opção por uma profissão para a qual se tenha os necessários requisitos, topa-se com o direito de escolha da formação escolar correspondente e de acesso à preparação técnica e às modalidades de aprendizagem e de prática que sejam necessárias, havendo uma relação de indissociabilidade com a liberdade de aprender[547].

Compreendem-se aí quer a faculdade de não se *ser impedido de escolher (e de exercer) qualquer profissão para a qual se tenham os necessários requisitos, bem como de obter estes mesmos requisitos* (dimensão negativa ou de direito de defesa) – uma profissão já não é, como nas corporações de ofício medievais, um privilégio reservado a determinados grupos ou classes –, quer o *direito à obtenção dos requisitos legalmente exigidos para o exercício de determinada profissão, nomeadamente as habilitações escolares e profissionais* (dimensão positiva)[548].

---

[545] A multiplicidade de referências à liberdade de trabalho que surgem ao longo do texto engloba, por isso, a liberdade de escolha e de exercício de profissão (a liberdade de trabalho *lato sensu*), reservando-se a adição de menções à liberdade de escolha e exercício de profissão aos casos e/ou enquadramentos em que esta *libertas* carece de especial ênfase.

[546] J. J. Gomes Canotilho & Vital Moreira, *Constituição Portuguesa da República Anotada. Artigos 101º a 107º* (2007), cit., 653. A liberdade de escolha de profissão, que na versão inicial da CRP se encontrava associada ao direito ao trabalho, só em 1982 foi transplantada para o novo capítulo dos direitos, liberdades e garantias, a par do direito de acesso à função pública. Cfr. João Pacheco de Amorim, "A liberdade de profissão", *Estudos em Comemoração dos Cinco Anos (1995-2000) da Faculdade de Direito da Universidade do Porto*, Coimbra Editora, Coimbra, 2001, 672 e ss.; IDEM, "Liberdade de profissão e direito ao trabalho: contributo para uma distinção entre duas figuras afins" (2007), cit., 113-4.

[547] Outros corolários são, como acentua Jorge Miranda, "Liberdade de trabalho e profissão" (2006), cit., 208, *(i)* o direito de acesso aos requisitos necessários à promoção na carreira profissional, *(ii)* o direito de escolher uma especialidade profissional e de obter as necessárias habilitações e *(iii)* o direito de mudar de profissão.

[548] J. J. Gomes Canotilho & Vital Moreira, *Constituição Portuguesa da República Anotada. Artigos 101º a 107º* (2007), cit., 653. Ainda: João Pacheco de Amorim, *Liberdade de Escolha*

Mas se escolher não implica poder exercer, com referência à liberdade de exercício da profissão, para lá do direito de obtenção das habilitações legais necessárias ao exercício da profissão sem discriminações e do direito de adotar a modalidade jurídica de exercício da profissão que se prefira, salienta-se o direito de escolher o lugar para o exercício da profissão[549], o direito à prática dos atos jurídicos de desvinculação da relação de trabalho, o direito de inscrição e de desfiliação nas associações profissionais associadas à profissão escolhida e o direito a não ser privado do exercício do direito de profissão[550].

Esta *libertas* não implica, porém, um exercício absolutamente livre da profissão. Sendo necessário associar a assunção de um estatuto profissional a determinados limites ou condicionantes, o nº 1 do artigo 47º da CRP prevê em acréscimo, e de forma específica, que a liberdade de trabalho e de profissão *lato sensu* possa sofrer restrições[551], conquanto impostas pelo interesse coletivo ou sejam inerentes à própria capacidade, estando necessariamente sujeitas a reserva de lei[552].

---

da Profissão de Advogado (Procedimento Administrativo de Concretização), Coimbra Editora, 1992, 26.

[549] Salientando o aspecto: SPAGNUOLO VIGORITA, "Professione e Lavoro (Libertà di)" (1967), cit., 21.

[550] Acompanhamos JORGE MIRANDA, "Liberdade de trabalho e profissão" (2006), cit., 208-9.

[551] Seguindo JORGE REIS NOVAIS, *As Restrições aos Direitos Fundamentais não Expressamente Autorizadas pela Constituição* (2003), cit., 247, entendemos por *restrição* a um direito toda a "acção ou omissão estatal que, eliminando, reduzindo, comprimindo ou dificultando as possibilidades de acesso ao bem jus-fundamentalmente protegido [...] ou enfraquecendo os deveres e obrigações, em sentido lato, que dele resultem para o Estado, afecta desvantajosamente o conteúdo de um direito fundamental".

[552] Trata-se de área reservada à lei parlamentar ou a diploma governamental devidamente autorizado, conforme determina o artigo 165º, nº 1, al./b, da Constituição. Embora só se possa falar de restrição de direitos, liberdades e garantias depois de se conhecer o âmbito de proteção das normas constitucionais que consagram esses direitos (determinação dos bens jurídicos que por ela são protegidos e definição da extensão dessa proteção), o Tribunal Constitucional tem reconhecido que a reserva legislativa parlamentar em matéria de direitos, liberdades e garantias abrange *tudo o que seja matéria legislativa e não apenas as restrições do direito em causa*, o que, no domínio que nos prende, implicará a assunção de uma conceção expansiva do princípio da reserva de lei. Entre outros: Ac. TC nº 128/00, de 23.02 (MESSIAS BENTO), proc. nº 547/99 ou Ac. TC nº 362/2011 (CUNHA BARBOSA), proc. nº 746/10, DR I Série, nº 177, de 14.09.11, 4464 e ss.. A questão é tão mais importante quanto, como fez salientar JORGE MIRANDA, *A Constituição de 1976*, Petrony, Lisboa, 1978, 339, "todos os direitos constitucionais (e legais equiparáveis) dos trabalhadores devem ter-se por direitos fundamentais". Ora, as característi-

Para lá das exigências de forma, e sem que se esqueça a densidade axiológica de um preceito como o artigo 23º da DUDH[553] e que nos termos do nº 2 do artigo 16º da CRP os preceitos constitucionais têm de ser interpretados em harmonia com a DUDH[554] (elevados a princípios de Direito constitucional português[555]), as restrições introduzíveis, no que à sua validade diz respeito, têm, no essencial, e de acordo com o artigo 18º da CRP, que observar quatro pressupostos materiais: *(i)* necessidade de autorização constitucional expressa para a restrição[556]; *(ii)* necessidade de salvaguarda de outro direito ou interesse constitucionalmente protegido; *(iii)* exigibilidade e proporcionalidade da restrição; *(iv)* interdição absoluta de violação do núcleo essencial dos direitos, liberdades e garantias[557].

---

ticas que sobressaem do regime jurídico- constitucional dos direitos, liberdades e garantias e demais direitos de natureza análoga são desde logo as que constam do artigo 18º da CRP, suscitando-se (i) a aplicação ou eficácia direta dos preceitos constitucionais, (ii) a carência de credencial constitucional para uma restrição, sendo apenas legítimas as que surjam impostas pela necessidade de salvaguardar outros direitos ou interesses constitucionalmente protegidos (iii) o respeito pelo princípio da proporcionalidade nas suas três dimensões (conformidade ou adequação, o da exigibilidade ou necessidade e o da justa medida ou da proporcionalidade em sentido estrito) e (iv) a observância de uma lei formal (lei da Assembleia da República ou um decreto-lei autorizado) caracterizada pela generalidade e pela abstracção e insuscetível de produzir efeitos retroativos.

[553] "Toda a pessoa tem direito ao trabalho, à livre escolha do trabalho, a condições equitativas e satisfatórias de trabalho e à protecção contra o desemprego".

[554] Ainda o nº 2 do artigo 29º da DUDH, que prevê que "(n)o exercício destes direitos e no gozo destas liberdades ninguém está sujeito senão às limitações estabelecidas pela lei com vista exclusivamente a promover o reconhecimento e o respeito dos direitos e liberdades dos outros e a fim de satisfazer as justas exigências da moral, da ordem pública e do bem-estar numa sociedade democrática", com o nº 3 a dispor que "(e)m caso algum estes direitos e liberdades poderão ser exercidos contrariamente aos fins e aos princípios das Nações Unidas".

[555] JORGE MIRANDA, *Manual de Direito Constitucional. Direitos Fundamentais*, Tomo IV (2012), cit., 161.

[556] Aqui, como faz notar VIEIRA DE ANDRADE, *Os Direitos Fundamentais da Constituição Portuguesa de 1976*, Coimbra, 1987, 37-42, 224 ss., 292 e ss., nos casos de ausência de credencial constitucional que autorize a restrição legislativa, a solução pode encontrar-se ainda recorrendo à DUDH, nos termos do nº 2 do artigo 16º da CRP. Nesse sentido, o artigo 29º da DUDH prevê que o legislador estabeleça limites aos direitos fundamentais para assegurar o reconhecimento ou o respeito dos valores aí enunciados: "direitos e liberdades de outrem", "justas exigências da moral, da ordem pública e do bem-estar geral numa sociedade democrática".

[557] Cuidando-se de pressupostos materiais de validade de uma lei restritiva de direitos, liberdades e garantias, eles aplicam-se naturalmente a todas as dimensões do princípio da liberdade de trabalho.

Sendo necessário estear as restrições num fundamento razoável e acomodá-las a outros valores constitucionais, o interesse coletivo que justifica as restrições é matéria que a Constituição não aborda especificamente[558], embora, por princípio, e sem prejuízo do balanceamento dos direitos em causa, se afigure atendível que o desenvolvimento de políticas relacionadas com a empregabilidade (v. g. proteção de jovens ou de trabalhadores mais velhos)[559], com a fixação de requisitos em matéria de duração da experiência profissional, com a segurança pública, com a natureza do emprego e/ou das exigências demandadas pelas condições nas quais esse emprego é exercido[560] ou mesmo com o esconjuro de situações fraudatórias[561] ou

---

[558] Nestes termos: Ac. TC nº 650/93, de 04.11.1993 (Luís Nunes de Almeida), proc. nº 451/91, que considerou inconstitucional a norma do artigo 132º do Código Penal e Disciplinar da Marinha Mercante, aprovado pelo Decreto-Lei nº 33.252, de 20.11.1943, na parte em que estabelece a punição como desertor aquele que, sendo tripulante de um navio e sem motivo justificado, o deixe partir para o mar sem embarcar, quando tal tripulante não desempenhe funções diretamente relacionadas com a manutenção, a segurança e a equipagem do mesmo navio.

[559] Cfr. por exemplo Martín Valverde/Rodriguez-Sanudo Gutiérrez/García Murcia, Derecho del Trabajo (2006), cit., 416 e ss., cuja abordagem, sendo desenvolvida no âmbito das medidas de políticas de emprego, evidencia a atenção crescente da manualística laboral ao fenómeno, abrangendo, nessa ótica, os diferentes vetores da formação profissional e a análise do edifício institucional relacionado com a colocação e a intermediação no mercado de trabalho.

[560] Em exemplo, veja-se a listagem recolhida no ordenamento italiano por Giuseppe Pera, "Professione e lavoro (libertà di)", Enciclopedia del Diritto XXXVI, Giuffrè, Milão, 1987, 1034-5 e a jurisprudência da Corte Constitucional italiana contida em Sergio Bartole & Roberto Bin, Commentario breve alla Costituzione (2ª ed.), Cedam, Milão, 2008, 43. Identicamente, avançando com os requisitos necessários às funções de enfermagem, Martina Weber, Arbeitsrecht für Pflegeberufe: Handbuch für die Praxis, Verlag W. Kohlhamer, Estugarda, 2007, 184 e, entre nós, considerando em amostra que "as restrições ao exercício da profissão de técnico da construção civil encontram justificação no interesse colectivo na apresentação de projectos de construção tecnicamente idóneos", v. Ac. TC nº 446/91, de 28.11 (Armindo Ribeiro Mendes), proc. nº 88-0231, DR II Série, nº 78, de 02.04.1992, 3112-9.

[561] Em ilustração, confira-se o regime espanhol do "contrato de empreendedores", que, vedando a contratação de trabalhadores com um determinado enquadramento se nos seis meses antecedentes tiver havido um despedimento coletivo ou uma situação de extinção de postos de trabalho, encontra a sua razão de ser na proibição de situações de fraude de lei e na privação por parte empregadores de benefícios conexos com medidas de apoio e fomento ao emprego (v. g. incentivos fiscais e bonificações na taxa contributiva de segurança social). Cfr. Pérez Rey, "El contrato de apoyo a los emprendedores: una nueva vuelta de tuerca a la precariedad como fórmula de fomento de empleo", RDS 2012, nº 57, 64.

de conflito de interesses (*v.g.* exclusividade e incompatibilidades[562]) possam, de forma fundamentada, substanciar o interesse coletivo (especificamente) exigido pela CRP.

Já no que às restrições inerentes à capacidade diz respeito, postulando-se que estas sejam aferidas por padrões objetivos[563], cuida-se de exigências legais quanto ao preenchimento de determinados requisitos por parte de quem queira aceder ou exercer determinada profissão e/ou iniciar ou executar uma atividade laboral (exemplo: fixação de uma idade mínima ou aquisição de determinados conhecimentos e/ou de uma formação escolar apropriada devidamente comprovada e titulada[564]), seja por razões que se prendem com a proteção da integridade física ou psíquica de quem trabalha ou quer trabalhar (ainda o nº 3 do artigo 69º da CRP[565]), seja pelo perigo que o exercício de uma determinada profissão sem as qualificações ou conhecimentos exigidos pode constituir para a comunidade e que, aliás, justifica, *a latere*, a tipificação de um crime de usurpação de

---

[562] Sobre a possibilidade de desenvolvimento de atividades laborais em simultâneo ou de cumulação de profissões como corolário do princípio da liberdade de trabalho e profissão, cfr. JEAN PÉLISSIER, "La liberté du travail" (1990), cit., 24, sendo, todavia, claro que há profissões que, pela sua natureza, implicam importantes condicionamentos quanto ao pluriemprego e que aliás encontram reflexo constitucional.

[563] Assim, JORGE MIRANDA, "Liberdade de trabalho e profissão" (2006), cit., 212, exigindo mesmo que estas sejam apuradas por "órgãos ou agentes independentes".

[564] Esta exigência, a par da titularidade de carteira profissional e da necessidade de inscrição do trabalhador em ordem profissional, é comumente tratada como um requisito de idoneidade negocial do trabalhador, aparecendo regulada no CT2009 na Secção relativa à atividade do trabalhador. Cfr., por todos, ROSÁRIO PALMA RAMALHO, *Direito do Trabalho. Parte II* (2010), cit., 126 e ss..

[565] Entrecruzadamente, pode avançar-se também com a necessidade de políticas de ensino alargadas, que se traduzam no aumento da escolaridade obrigatória, sem o preenchimento da qual não se tem capacidade para trabalhar. Tratando-se de uma harmonização do direito ao ensino com o dever de frequência da escolaridade obrigatória que resulta num complexo de deveres recíprocos do Estado, da escola, do aluno e da respetiva família, não nos parece, contudo, que se cuide, em rigor, de restrições inerentes à capacidade: embora elas delimitem a capacidade para trabalhar, trata-se de efetivar o direito à educação e à cultura como direito fundamental de cada cidadão, cuja fruição em concomitância com o desenvolvimento de uma atividade laboral é suscetível de ficar comprometida. Nesse sentido, e sob este ângulo, a restrição imposta tem mais que ver com o interesse coletivo subjacente à consecução de uma política de ensino universal e de qualificação genérica da população do que com uma restrição inerente à capacidade de quem trabalha, mau grado, a jusante, ser a capacidade para trabalhar que, enquanto tal, é objeto de delimitação.

funções[566] associado às profissões "privadas protegidas" ou "controladas"[567] e de especial interesse público.

VI. A proibição de trabalho forçado ou obrigatório

11. Negativamente, a liberdade de trabalho implica a proibição de *trabalho forçado ou obrigatório*, realidade que, sendo concetualmente unificável[568], se encontra, em cenário macroscópico, e em larga medida, dependente das políticas estaduais de vistos, uma vez que a polarização de autorizações de permanência/residência na vontade dos empregadores desemboca, com frequência, em situações de dependência de tal sorte graves, que, no plano material, se configuram como trabalho forçado[569].

Não descurando os contornos tendencialmente unificados presentes nos instrumentos de Direito internacional que valem no ordenamento jurídico português[570] – em destaque: o artigo 4º[571] da Convenção Euro-

---

[566] Cfr. artigo 358º do CP. Como refere CRISTINA LÍBANO MONTEIRO, "Anotação ao artigo 358º", *Comentário Conimbricense do Código Penal. Parte Especial: Tomo III* (dir. Jorge de Figueiredo Dias), Coimbra Editora, Coimbra, 2001, 440-1, o "Estado entende que deve exigir uma fidelidade inquebrantável ao sistema de reconhecimento de competências (necessariamente formal) que ele próprio instituiu", tutelando a integridade ou a intangibilidade do sistema oficial de provimento em funções públicas ou de especial interesse público.

[567] Profissões em que, como faz notar CECILIA ASSANTI, "Le professioni intellettuali e il contratto d'opera", *Trattato di diritto privato. I*, 2ª ed (dir. Pietro Rescigno), Utet, Turim, 2001, 845, se exige a reserva do seu exercício a quem possua título académico funcionalmente adequado.

[568] Por exemplo: ALEXANDER GRABER, *Dynamic Interpretation in International Criminal Law: Striking a Balance between Stability and Change*, Herbert Utz Verlag, Munique, 2014, 64-6.

[569] Assinalando o aspeto: JUDGY FUDGE & KENDRA STRAUSS, *Migrants at Work: Immigration and Vulnerability in Labour Law* (org. Cathryn Costello & Mark Freedland), Oxford University Press, Oxford, 2014, 173-4 e CATHRYN COSTELLO, "Migrants and Forced Labour: A Labour Law Response", *The Autonomy of Labour Law* (org. Alan Bogg|Cathryn Costello|Acl Davies|Jeremias Prassl), Hart Publishing, 2014, 207.

[570] Designadamente, a Declaração Universal dos Direitos do Homem (artigo 4º), o Pacto Internacional relativo aos Direitos Económicos, Sociais e Culturais (artigo 6º, § 1) e o Pacto sobre Direitos Civis e Políticos (artigo 8º, § 3/a).

[571] Com epígrafe "proibição da escravatura e do trabalho forçado", o preceito estabelece que "(n)inguém pode ser mantido em escravidão ou servidão" (nº 1), "(n)inguém pode ser constrangido a realizar um trabalho forçado ou obrigatório" (nº 2), "(n)ão será considerado "trabalho forçado ou obrigatório" no sentido do presente artigo: a) qualquer trabalho exigido normalmente a uma pessoa submetida a detenção nas condições previstas pelo artigo 5º da presente Convenção, ou enquanto estiver em liberdade condicional; b) qualquer serviço de carácter militar ou, no caso de objetores de consciência, nos países em que a objeção de

peia dos Direitos do Homem (CEDH), o artigo 8º do Pacto Internacional de Direitos Civis e Políticos e os artigos 5º[572] e 15º[573] da Carta dos Direitos Fundamentais da União Europeia[574] (CDFUE) –, esta dimensão do princípio encontra a sua base imediata no nº 1 do artigo 47º da CRP[575], impostando-se jusinternacionalmente no âmbito do *jus cogens*[576].

---

consciência for reconhecida como legítima, qualquer outro serviço que substitua o serviço militar obrigatório; c) qualquer serviço exigido no caso de crise ou de calamidade que ameacem a vida ou o bem – estar da comunidade; d) qualquer trabalho ou serviço que fizer parte das obrigações cívicas normais".

[572] Com epígrafe "proibição da escravidão e do trabalho forçado", o preceito dispõe que: "(n)inguém pode ser sujeito a escravidão nem a servidão" (nº 1), "(n)inguém pode ser constrangido a realizar trabalho forçado ou obrigatório" (nº 2) e que "(é) proibido o tráfico de seres humanos" (nº 3).

[573] Com epígrafe "liberdade profissional e direito de trabalhar", o preceito prevê que: "(t)odas as pessoas têm o direito de trabalhar e de exercer uma profissão livremente escolhida ou aceite" (nº 1), "(t)odos os cidadãos da União têm a liberdade de procurar emprego, de trabalhar, de se estabelecer ou de prestar serviços em qualquer Estado-Membro" (nº 2) e que "(o)s nacionais de países terceiros que sejam autorizados a trabalhar no território dos Estados-Membros têm direito a condições de trabalho equivalentes àquelas de que beneficiam os cidadãos da União" (nº 3).

[574] Como salienta MARIA LUÍSA DUARTE, "A União Europeia e o sistema europeu de protecção dos direitos fundamentais – a chancela do Tratado de Lisboa", Dir. 2010, nº 5, 169 e ss., a Carta, não integrando o articulado dos Tratados, consubstancia um texto proclamatório de direitos de vocação geral, que, no entanto, à luz do nº 1 do artigo 6º do Tratado da União Europeia, "tem o mesmo valor jurídico que os Tratados". Sobre o valor normativo da Carta antes do Tratado de Lisboa, cuja dimensão interpretativa era já manifesta, seja-nos permitida a remissão para CATARINA SAMPAIO VENTURA & JOÃO ZENHA MARTINS, "The Charter of Fundamental Rights of the European Union: a Landmark in the European Landscape in the European Landscape and the Prospect for a Dynamic Role of the Ombudsman", *Yearbook* (7), Brill Academic Publishers, Leiden/Boston, 2004, 129-146.

[575] "Todos têm o direito de escolher livremente a profissão ou o género de trabalho, salvas as restrições legais impostas pelo interesse colectivo ou inerentes à sua própria capacidade".

[576] *Barcelona Traction, Light and Power Co. Ltd* (Segunda fase) (Bélgica versus Espanha), 1970, Relatórios do Tribunal Internacional de Justiça 3, 32 e 304 (05.02.1970), parecer do juiz AMMON; ver também o artigo 53º da Convenção de Viena sobre o Direito dos Tratados (1969). A consideração refere-se à escravatura e à servidão, abrangendo, no entanto, e em plano tendencial, a proibição do trabalho forçado, uma vez que da contraposição entre os nºs 1 e 2 do artigo 15º da CEDH, entrecorre uma proibição absoluta da escravatura e da servidão, mesmo em caso de estado de emergência ou necessidade, ao passo que a proibição do trabalho forçado poderá ser derrogada se o bem-estar da Nação assim o exigir. Ainda: ZOË LEVENTHAL, "Focus on Article 4 of the ECGR", *Judicial Review* 2005, Vol. 10, 238 (237-243).

Se o seu sentido primeiro está na possibilidade de os cidadãos decidirem livremente desenvolver ou não um trabalho – traduzindo o trabalho como o resultado de uma decisão livre e consciente, face à dimensão pessoalíssima da atividade implicada –, a proibição de trabalho obrigatório ou forçado encontra-se de há muito densificada na Convenção nº 29 da OIT sobre o Trabalho Forçado ou Obrigatório (1930)[577], que, no artigo 2º, identifica o termo *trabalho forçado ou obrigatório* com "todo o trabalho ou serviço exigido a um indivíduo sob ameaça de qualquer castigo e para o qual o dito indivíduo não se tenha oferecido de livre vontade".

Aí se exclui do termo *trabalho forçado ou obrigatório*:

(i) todo o trabalho ou serviço exigido em virtude de leis sobre o serviço militar obrigatório e afeto a trabalhos de carácter puramente militar,

(ii) todo o trabalho ou serviço fazendo parte das obrigações cívicas normais dos cidadãos de um país que se governe por si mesmo,

(iii) todo o trabalho ou serviço exigido a um indivíduo como consequência de condenação proveniente de decisão judicial, com a condição de que esse trabalho ou serviço seja executado sob a vigilância e o controlo das autoridades públicas e de que o mesmo indivíduo não seja posto à disposição de particulares, companhias ou pessoas morais privadas,

(iv) todo o trabalho ou serviço exigido em caso de força maior, quer dizer, em caso de guerra, desastres, ou ameaças de desastres, tais como incêndios, inundações, fomes, tremores de terra, epidemias e epizootias violentas, invasões de animais, insetos ou parasitas vegetais prejudiciais, e em todas as circunstâncias que ponham em perigo ou ameacem pôr em perigo a vida ou as condições normais de existência da totalidade ou de uma parte da população,

(v) os pequenos trabalhos, quer dizer, os trabalhos executados no interesse direto da coletividade pelos membros desta, trabalhos que, pela sua categoria, podem ser considerados como obrigações cívicas

---

[577] Aprovada para ratificação pelo Decreto nº 40 646, de 16.06.1956, com entrada em vigor na ordem jurídica portuguesa a 26.06.1957. A Convenção foi elaborada a partir do artigo 5º da Convenção sobre a Escravatura de 1926, que exige aos Estados a tomada de medidas necessárias para que o trabalho forçado ou obrigatório não gere situações análogas às da escravatura.

normais da competência dos membros da coletividade, com a condição de que a própria população ou os seus representantes diretos tenham o direito de se pronunciar sobre o bem fundado desses trabalhos.

12. Entretanto, sobreveio a Convenção nº 105 da OIT (1957)[578], que, no artigo 1º, proíbe o trabalho:

(i) imposto por medida de coerção ou de educação política ou como sanção a pessoas que tenham ou exprimam certas opiniões políticas ou manifestem a sua oposição ideológica à ordem política, social ou económica estabelecida,
(ii) como método de mobilização e de utilização da mão-de-obra com fins de desenvolvimento económico,
(iii) como medida de disciplina do trabalho,
(iv) como punição, por ter participado em greves e
(v) ainda como medida de discriminação racial, social, nacional ou religiosa.

Com a tipificação criminal do crime de escravidão a assumir-se como um corolário lógico do sentido que irradia do artigo 47º da CRP e dos instrumentos de Direito internacional que vinculam o Estado português[579]

---

[578] Aprovada para ratificação pelo Decreto-Lei nº 42 381, de 13.07.1959 e entrada em vigor na ordem jurídica portuguesa a 23.11.1960.
[579] Trata-se, com efeito, de regime imposto pela Declaração Universal dos Direitos do Homem, pelo Pacto Internacional relativo aos Direitos Económicos, Sociais e Culturais e, muito particularmente, pela Convenção de Genebra sobre a escravatura, da Sociedade das Nações, de 1926, e no Aditamento em 1956. Para tanto, o artigo 159º do CP pune com pena de prisão de 5 a 15 anos "(q)uem: *a)* reduzir outra pessoa ao estado ou à condição de escravo; ou *b)* alienar, ceder ou adquirir pessoa ou dela se apossar com a intenção de a manter na situação prevista na alínea anterior". O regime, que tem como bem jurídico protegido a dignidade da pessoa humana e que quanto ao grau de lesão desse bem é um crime de dano, integra, conforme aplicação do Ac. Rl. Pt. de 30.01.2013 (José Piedade), proc. nº 1231/09, «os casos em que a vítima é objeto de uma completa relação de domínio por parte do agente, vivenciando um permanente "regime de medo", não tendo poder de decisão sobre o modo e tempo da prestação do trabalho e não recebendo qualquer parte da sua retribuição». Nesta perspetiva, e para efeitos juscriminais, não caberá diferenciar escravidão e servidão, *distinguo* que, por exemplo, se encontra no Pacto sobre Direitos Civis e Políticos (artigo 8º, § 3/a), que associa a escravidão à destruição da personalidade jurídica da vítima, atribuindo ao termo

[neste sentido, e com referência à CEDH, veja-se *Siliadin vs. France* (2005), onde cuidou de uma adolescente que, estando em situação ilegal num país estrangeiro, vivia com medo de ser presa, temor que, segundo os factos provados, era infundido por quem a explorava, e que carecia de adequada cobertura juscriminal][580], impossibilita-se que o Estado ou terceiros vinculem quem quer que seja a certo trabalho em concreto ou a determinado empregador[581] e/ou imponham o exercício de um determinada atividade em ordem à realização do direito ao trabalho, transmutando, *hoc sensu*, o direito em dever[582].

Assim, não deixando de ser juridicamente livre o trabalho que alguém realiza no cumprimento de uma obrigação assumida em razão de necessidades económicas ou de sobrevivência – pois esse constrangimento é um dado básico essencial à compreensão do contrato de trabalho e do Direito que o regula[583], embora estejamos perante uma aceção lata do termo *trabalho*, que abrange qualquer trabalho, serviço ou atividade [assim: *Van der Mussele v. Belgium* (23.11.1983), § 3[584]], com ou sem título contratual que o

---

servidão uma noção mais abrangente, que corresponde a uma ideia genérica que congloba todas as formas de domínio de uma pessoa sobre a outra.

[580] O TEDH concluiu pela violação, por parte do Estado francês, das obrigações positivas que lhe incumbem nos termos do artigo 4 da CEDH (designadamente político-criminais), relativamente ao serviço doméstico não remunerado executado por um jovem togolês que havia sido acolhido em França por um casal amigo da sua família. Cfr. FRÉDÉRIC SUDRE, "Esclavage domestique" et Convention européenne des droits de l'homme" – JCP Général, 2005, nº 42, 19.10.2005, § 10142, p. 1956.

[581] LIBERAL FERNANDES, "Transmissão do estabelecimento e oposição do trabalhador à transferência do contrato: uma leitura do artigo 37º da LCT conforme o direito comunitário", QL 1999, nº 14, 233. Na jurisprudência constitucional, entre outros: Ac TC nº 154/86, de 06.05 (VITAL MOREIRA), proc. nº 84-0150, declarando-se, com força obrigatória geral, a inconstitucionalidade das normas constantes do nº 1 do artigo 3 do Decreto-Lei nº 42/84, de 03.02, na parte em que determinou a integração nas empresas públicas ou nacionalizadas dos funcionários e agentes do quadro geral de adidos junto das quais se encontravam requisitados, sem o seu assentimento, com o fundamento, entre outros, de que essa integração "traduz-se, para todos os efeitos, numa relação de trabalho forçada, contendendo flagrantemente com a liberdade de trabalho – elemento integrante do princípio do Estado de direito democrático – a qual não implica apenas o direito de escolher o local e o tipo de trabalho, mas também o direito de só mediante vontade própria entrar em relação de emprego por conta de outrem".

[582] JEAN PÉLISSIER, "La liberté du travail", DS 1990, nº 1, 23 e JORGE MIRANDA, "Liberdade de trabalho e profissão" (2006), cit., 207.

[583] Cfr. JORGE LEITE, *Direito do Trabalho. Vol. I* (1998), cit., 42.

[584] ECHR 23.11.1983.

enquadre –, é do mesmo modo pacífico que também o trabalho penitenciário ou o serviço cívico imposto a objetores de consciência não colidem com a proibição de trabalho forçado ou obrigatório[585].

Aqui, se, no ordenamento germânico, o § 3 do art 12 da GG restringe a admissibilidade do trabalho obrigatório "ao caso de privação da liberdade imposta por sentença judicial", também no ordenamento gaulês é igualmente pacífico que o trabalho penitenciário não pode ser considerado como uma sanção, mas tão somente como um instrumento destinado a facilitar a reinserção dos condenados, acomodando-se aos fins de prevenção de comportamentos delinquentes que permeiam a legislação penal e abrindo caminho, por via de uma atividade socialmente útil, à opção livre por um exercício pleno da cidadania convivencialmente contextualizado [em aplicação: *De Wilde, Ooms & Versyp vs. Belgium* (18.06.1971), §90][586], circunstância em que, e ao arrepio da Convenção nº 29 da OIT, tão pouco se tem exigido que os cidadãos a cumprir pena de prisão executem o seu trabalho ao abrigo de um contrato feito com o Estado ou com uma autoridade pública[587].

Neste plano, se o nº 2 do artigo 4º da CEDH deve ser lido em conjunto com as Convenções da OIT [por exemplo: *Iversen v. Norway* (17.12.1963)[588]],

---

[585] Assim: J. J. Gomes Canotilho & Vital Moreira, *Constituição Portuguesa da República Anotada. Artigos 101º a 107º* (2007), cit., 766, salientando-se que a legislação penal e processual penal portuguesa só admite o trabalho a favor da comunidade se houver acordo do arguido/condenado, restringindo-o às seguintes situações: a) como pena autónoma em substituição de uma pena de prisão até 2 anos; b) sanção substitutiva da pena de multa, a requerimento do condenado, c) no âmbito da suspensão da execução da pena de prisão, d) obrigação de prestação de serviços de interesse público, e) imposta no âmbito da suspensão provisória do Processo, f) obrigação aplicável a jovens delinquentes, com idades compreendidas ente os 16 e os 21 anos.

[586] Por exemplo: Jean-Pierre le Crom, "La liberté du travail en droit français. Essai sur l'évolution d'une notion à usages multiples" (2006), cit., 145 ou Rodriguez-Piñero & Bravo-Ferrer, "La libertad de trabajo y la interdicción del trabajo forzoso" (2011), cit., 8-9.

[587] Assim: *Decision Twenty-one Detained People vs. Germany* (06.04.1968), permitindo-se, desta forma, embora em plano que se vulnera a críticas, o trabalho prisional a cargo de empresas privadas.

[588] Esteve em causa o trabalho de um ano num serviço público dentário no Norte da Noruega para o qual foram mobilizados dois licenciados em medicina dentária, tratando-se de área geográfica onde as carências eram manifestas e que se confrontava com um problema grave nesse domínio. Ainda ED Bates, *The Evolution of the European Convention on Human Rights: From Its Inception to the Creation of a Permanent Court of Human Rights*, Oxford University Press, Oxford, 2010, 219-221 e David Harris|Michael O'boyle|Edward Bates|Carla

e os elementos caracterizantes do conceito de trabalho forçado estão no facto de se cuidar de *(i)* um trabalho ou serviço realizado involuntariamente, *(ii)* sob ameaça de qualquer castigo e *(iii)* injusto ou opressivo, ou que envolva um sofrimento evitável, o nº 4 do artigo 4º da CEDH afasta também do conceito de trabalho forçado ou obrigatório o trabalho prisional normal [em aplicação: *De Wilde, Ooms and Versyp v. Belgium* (10.031972)[589], *Van Droogenbroeck v. Belgium* (24.06.1982)[590], *Stummer v. Austria De Wilde* (11.10.2007)[591]], embora, de acordo com o sentido primário de *evitar decisões arbitrárias de imposição de trabalho* [*Twenty-one Detained People vs. Germany* (06.04.1968)] e de uma combinação com outros direitos que a CEDH alberga, já se tenha considerado como trabalho forçado a atividade laboral desenvolvida por vagabundos detidos [*De Wilde, Ooms & Versyp vs. Belgium* (18.06.1971), §88], uma vez que se registava uma violação do direito de recurso a um tribunal para averiguar a legalidade da detenção que esteve na génese da obrigação laboral imposta, não esquecendo que, neste âmbito, a al./a do nº 3 do artigo 4º da CEDH faz apelo ao nº 4 do artigo 5º da Convenção[592].

Isto, na visão da Comissão[593], uma vez que no entendimento ulterior do TEDH a violação do nº 4 do artigo 5º da CEDH não implica automa-

BUCKLEY, *Law of the European Convention on Human Rights* (3ª ed.), Oxford University Press, Oxford, 2014, 283.

[589] ECHR 18.06.1971. Cfr. ED BATES, *The Evolution of the European Convention on Human Rights* (2010), cit., 141 e ss..

[590] ED BATES, *The Evolution of the European Convention on Human Rights* (2010), cit., 347.

[591] ECtHR 2011, 93. Com enquadramento idêntico, veja-se, por exemplo, *C.N. vs. The United Kingdom* (2013), §§ 34-35. Ainda DAVID HARRIS|MICHAEL O'BOYLE|EDWARD BATES|CARLA BUCKLEY, *Law of the European Convention on Human Rights* (3ª ed.), Oxford University Press, Oxford, 2014, 282.

[592] Estabelece, para o efeito, a al./a do nº 3 do artigo 4º da CEDH que será considerado trabalho forçado "qualquer trabalho exigido normalmente a uma pessoa submetida a detenção nas condições previstas pelo artigo 5º da presente Convenção (...)"

[593] A alusão ao enquadramento assumido pela Comissão implica uma referência às alterações trazidas pelo Protocolo Adicional nº 11 à CEDH – adotado em 11.05.1994 e com entrada em vigor a 01.11.1998 –, materializadas na reconfiguração do TEDH, que concentrou as competências anteriormente dispersas pela Comissão, pelo TEDH e pelo Comité de Ministros do Conselho da Europa. Com efeito, até à entrada em vigor do Protocolo, a Comissão, criada em 1954, pronunciava-se sobre a admissibilidade das queixas, delimitando os factos dissentíveis e procurando uma resolução amigável do diferendo; se esta resolução não fosse possível, o TEDH, criado em 1959, era chamado a pronunciar-se e formulava um parecer sobre a (não) violação da CEDH, enquanto antecâmara do acórdão definitivo a cuja prolação se encontrava

ticamente a violação do artigo 4º, dado que al./a do nº 3 do artigo 4º da CEDH permite o trabalho normalmente exigido aos vagabundos detidos no âmbito da al./e do nº 1 do artigo 5º da CEDH [*De Wilde, Ooms & Versyp vs. Belgium* (18.06.1971), §88], enquadramento jurisprudencial cujas consequências práticas estão na redução do sentido protetivo subjacente à proibição do trabalho forçado, pois se as autoridades nacionais de cada Estado não protegerem eficazmente os direitos dos cidadãos detidos[594], fica prejudicada a possibilidade de a detenção ser entendível como feita "nas condições previstas pelo artigo 5º da presente Convenção", conforme estabelece a al./a do nº 3 do artigo 4º da CEDH.

13. Nesta sequência, tratando-se de verificar *in primis* se os traços definitórios do conceito de trabalho forçado se encontram preenchidos, e sem prejuízo de com referência ao trabalho prisional o TEDH encorajar os Estados à confeção de um esquema de seguro social específico[595], assume especial relevância a exclusão convencional[596]:

---

outro tanto obrigado. O Comité de Ministros do Conselho da Europa, por seu turno, estava encarregue da adoção de uma decisão, também ela definitiva e obrigatória, sobre os casos que não fossem submetidos ao TEDH.

[594] *In casu*, o direito a ser informado (nº 2 do artigo 5. da CEDH), o direito à celeridade do processo (nº 3 do artigo 5º da CEDH), o direito a obter uma decisão sobre a legalidade da detenção (nº 4 do artigo 5. da CEDH) ou o direito a indemnização por violação das garantias processuais (nº 5 do artigo 5º da CEDH).

[595] Salientando o aspeto e fazendo referência às passagens em que o Tribunal alude ao *European Prison Rules* 2006 (26.17), que estabelece que, na medida do possível, os cidadãos a cumprir pena de prisão devem ser incluídos nos sistemas de segurança social nacionais, veja-se DAVID HARRIS|MICHAEL O'BOYLE|EDWARD BATES|CARLA BUCKLEY, *Law of the European Convention on Human Rights* (2014), cit., 282-3 e, na jurisprudência, *Stummer v. Austria De Wilde*, § 8.

[596] Tratando-se de assunto que merece reflexão detida, não entraremos na *vexata quaestio* de saber se, estando inverificado o conceito de trabalho forçado no sentido do nº 2 do artigo 4º em razão da convocação de uma das situações previstas nas alíneas do nº 3 do artigo 4º, é possível haver uma violação da CEDH, uma vez que faz curso da opinião de que o nº 3 do artigo 4º da CEDH exclui as situações aí previstas do âmbito de proteção da CEDH e não apenas do âmbito aplicativo do conceito de trabalho forçado. Cabe apenas notar que, com referência a este aspeto, o TEDH, em *Zarb v. Adami vs. Malta*, §7, não deixou de transparecer que o nº 3 do artigo 4º da CEDH, ao enumerar os deveres e serviços que os Estados podem estabelecer, inclui-os no raio protetivo da CEDH.

(i) do serviço militar e do serviço cívico imposto a objetores de consciência [*Johansen v. Norway* (27.06.1996), *Bayatyan v. Armenia* (07.07.2011)[597]],
(ii) do serviço exigido em caso de emergência ou de calamidade pública [*Iversen v. Norway* (17.12.1963)[598]] e
(iii) do trabalho ou serviço que faça parte das obrigações cívicas normais [*Four companies v. Austria* (27.09.1976)[599], *Van der Mussele v. Belgium* (23.11.1983)[600], *Karlheinz Schmidt v. Germany* (18.07.1994)[601] e *Zarb Adami v. Malta* (20.06.2006)[602]], exclusão que, aparecendo recortada a partir do artigo 8º do PIDCP, já cobriu situações tão diversas quanto as obrigações impostas a uma locadora relativas às obras de melhoramento de um edifício ou o dever de dedução, a cargo de um empregador, das taxas incidentes sobre a retribuição devida a um trabalhador[603].

Não sobejando dúvidas de que a escravidão e a servidão se encontram absolutamente interditas pelo nº 1 do artigo 4º da CEDH, interdição que,

---

[597] Kanstantsin Dzehtsiarou, *European Consensus and the Legitimacy of the European Court of Human Rights*, Cambridge University Press, Cambridge, 2015, 141-2.

[598] Esteve em causa o trabalho de um ano num serviço público dentário no Norte da Noruega para o qual foram mobilizados dois licenciados em medicina dentária, tratando-se de área geográfica onde as carências eram manifestas e que se confrontava com um problema grave nesse domínio. Ainda ED Bates, *The Evolution of the European Convention on Human Rights* (2010), cit., 219-221 e David Harris|Michael O'boyle|Edward Bates|Carla Buckley, *Law of the European Convention on Human Rights* (3ª ed.), Oxford University Press, Oxford, 2014, 283.

[599] Cfr. nº 7427/76, 27.09.1976. Cfr. David Harris|Michael O'boyle|Edward Bates|Carla Buckley, *Law of the European Convention on Human Rights* (3ª ed.), Oxford University Press, Oxford, 2014, 281 (nota 12).

[600] ECHR 23.11.1983.

[601] Com referência à obrigação imposta de gaseamento de trincheiras e à sua atendibilidade, cfr. Raúl Canosa Unera, "European Convention Protection of the Right to Liberty and Security: A Minimum European Standard (Art. 5 ECHR)", *Europe of Rights: A Compendium on the European Convention of Human Rights* (org. Javier García Roca & Pablo Santolaya), Martinus Nijhoff, Leida, 2012, 104-5 (93-106).

[602] Judgy Fudge & Kendra Strauss, *Migrants at Work: Immigration and Vulnerability in Labour Law* (2014), cit., 187.

[603] David Harris|Michael O'boyle|Edward Bates|Carla Buckley, *Law of the European Convention on Human Rights*, cit., 284.

seja qual for a circunstância, é inderrogável[604] – aqui, e sem prejuízo de o *distinguo* entre escravidão e servidão não se encontrar nitidamente firmado, entende-se que ambas pressupõem uma ideia opressiva, associada a todas as formas de domínio de uma pessoa sobre a outra[605], que vulnera de forma insuportável o princípio da dignidade da pessoa humana (forma de coação física ou moral que desconsidera a vontade do interessado[606]) –, no emblemático e muito difundido caso *Van der Mussele v. Belgium* (23.11.1983), em que se colacionou, além da CEDH, a Convenção nº 29 da OIT[607], o TEDH considerou que o regime belga que obrigava os advogados-estagiários a desenvolver gratuitamente a função de defensores oficiosos não configurava uma situação de trabalho obrigatório, uma vez que se trata(va) de uma obrigação contível na função social subjacente ao exercício da advocacia[608] e sobejava tempo suficiente para que estes profissionais pudessem desenvolver outras atividades remuneradas que garantissem a angariação de meios económicos de sustento.

Não se estando, não obstante a ausência de qualquer remuneração ou tão pouco diante da inexistência de uma compensação que cobrisse as despesas subjacentes, perante um encargo desmesurado – valoração que afastou o recorte da obrigação de trabalhar como uma sanção –, a fundamentação que tem marcado a jurisprudência sequente do TEDH faz ape-

---

[604] Ainda: Zoë Leventhal, "Focus on Article 4 of the ECGR", cit., 238.

[605] Jean-François Renucci, *Droit européen des droits de l'homme* (4ª ed.), LGDJ, Paris, 2010, 358 e Cathryn Costello, "Migrants and Forced Labour: A Labour Law Response", *The Autonomy of Labour Law* (org. Alan Bogg|Cathryn Costello|Acl Davies|Jeremias Prassl), Hart Publishing, 2014, 201.

[606] Tratando-se de uma questão de grau ou de intensidade, o critério tem-se baseado formalisticamente na inexistência de reconhecimento de personalidade jurídica subjacente à escravatura. Cfr. Jean-François Renucci, *Droit Européen des Droits de L'Homme – Droits et Libertés Fondamentaux Garantis par la CEDH* (5ª ed.), LGDJ, Paris, 2013, 122-3 e Raúl Canosa Unera, "European Convention Protection of the Right to Liberty and Security: A Minimum European Standard (Art. 5 ECHR)", cit., 95. Mas se o TEDH não tem diferenciado os conceitos, vislumbra-se, aqui e ali, uma tríplice caracterização dos adjetivos utilizados, muito presente em *Siliadin vs. France*, §117, onde se encontra a tripartição forçado/obrigatório/escravidão.

[607] Adotada pela Conferência Geral da Organização Internacional do Trabalho na sua 14ª sessão, em Genebra, a 28.06.1930, aprovada para ratificação pelo Decreto nº 40 646, de 16.06.1956 e, no que à ordem jurídica portuguesa diz respeito, com entrada em vigor em 26.06.1957.

[608] Por todos Jonas Christoffersen, *Fair Balance: A Study of Proportionality, Subsidiarity and Primarity in the European Convention on Human Rights*, Martinus Nijhoff, Leida, 2009, 82-3.

los vincados a uma conceção de solidariedade social e à não desproporção da obrigação laboral estabelecida, embutindo-se no *iter* decisório factores conexos com a *consciência social dominante*[609] [por exemplo: *Steindel v. Germany* (14.09.2010), *Bucha v. Slovakia* (20.09.2011) e *Graziani-Weiss v. Austria* (18.10.2014)], que aportam, em sequência, o intérprete-aplicador ao conceito de "obrigações cívicas normais" (al./d do nº 2 do artigo 4º da CEDH).

O alcance desse conceito não é desligável, bem ao contrário, da condição cultural, económica, social e profissional dos envolvidos, afastando-se, para tanto, um padrão sócio-comportamental homogéneo que, na sua operatividade, pode não refletir de forma adequada a irredutível individualidade do Homem e que, entre outros factores, deve atender ao conceito de necessidades fundamentais da coletividade e ao modelo de cidadania que hoje inspira o conceito de Estado de Direito democrático dominante[610], bem como aos sectores de atividade implicados[611] e às margens de atividade laboral conexas, na perspetiva de que ao trabalhador não estão vedadas outras possibilidades de emprego, *siliciter:* outros meios de angariação de sustento[612].

Infirmando-se, assim, a abstração do Homem que sabe de antemão aquilo que quer (a absolutização do *homo sociologicus,* que procede racionalmente a cálculos de oportunidade) e a amplitude da ideia *milliana* de que os indivíduos, em razão da sua liberdade originária, são os melhores juízes e guardiões dos seus próprios interesses[613], e convocando-se também

---

[609] Em excurso PETER VAN DER AUWERAERT|TOM DE PELSMAKER|JEREMY SARKIN|JOHAN VAN DE LANOTTE, *Social, Economic and Cultural Rights: An Appraisal of Current European and International Developments,* Maklu, Antuérpia, 2002, 234 e ss.

[610] Segundo MARSHALL a esquadria do conceito de cidadania resulta da interação osmótica entre três elementos – o civil, o político e social –, pelo que, falhando qualquer um deles, já não se estará perante uma cidadania plena. Cfr. T. H. MARSHALL, *Citizenship and Social Class,* University of Michigan Press, Michigan, 1992, 8 e ss..

[611] CATHRYN COSTELLO, "Migrants and Forced Labour: A Labour Law Response", *The Autonomy of Labour Law,* cit., 202-3.

[612] DAVID HARRIS|MICHAEL O'BOYLE|EDWARD BATES|CARLA BUCKLEY, *Law of the European Convention on Human Rights* (3ª ed.), Oxford University Press, Oxford, 2014, 281.

[613] Escrevia JOHN STUART MILL, no Capítulo III (On individuality, as one of the elements of well-being) de *On Liberty and Other Essays,* Digireads, Kansas, 2010, 37, "there would be no danger that liberty should undervalued, and the adjustment of the boundaries between it and social control woul present no extraordinary difficulty". Em crítica ao *neutralism* não assumido por MILL, e que traz o consigo o utilitarismo e o conceito de infalibilidade dos indivíduos, v. DAVID LEWIS, "Mill and Milquetoast", *Mill's On Liberty: Critical Essays* (ed.

especial atenção à situação de vulnerabilidade dos interessados em desenvolver uma determinada atividade, estas circunstâncias, aparentemente infixas, podem pré-conformar o enquadramento prudencial desenvolvido pelo intérprete-aplicador quanto ao consentimento prestado por alguém para o exercício de uma atividade sem condições mínimas, retirando, desta forma, alcance à exigência de um consentimento, livre, consciente e esclarecido do trabalhador[614], sempre que, na prática, a liberdade de trabalho fique comprometida.

Sendo esse o enquadramento genericamente seguido nas diferentes jurisdições nacionais quanto à atendibilidade da situação criada por um pacto de não concorrência com projeção após a cessação de um contrato de trabalho, torna-se essencial estender a pesquisa às dimensões materiais da situação específica que envolve o trabalhador, utilizando-se, para o efeito, proposições jurídicas de complexidade jurídica acrescida que vão operar em simultâneo com a articulação de vários conceitos.

Nesse sentido, e na premissa de que o Direito é um momento concreto (*quid sit iuris*), não é possível desatender a factores aparentemente acidentais, como a idade do trabalhador ou a sua situação familiar[615] – dado que

---

Gerald Dworkin), Rowman § Littlefield Publishers, Maryland, 1997, 3-7 (1-29), embora, com recurso a teoremas desenvolvidos nas áreas da psicologia e da economia (*v.g.* teoria dos jogos), as ideias de racionalidade individual, desenvolvidas a partir da premissa de que cada sujeito é moralmente livre e igual ao outro e de que portanto é capaz de determinar sua conceção de bem e de justiça, conheçam grande voga com a Teoria da Justiça de RAWLS, cerráveis na seguinte asserção: *"the original position is simply a device of representation: it describes the parties, each of whom is responsible for the essential interests of a free and equal citizen, as fairly situated and as reaching an agreement subject to conditions that appropriately limit what they can put forward as good reasons"*. Cfr. JOHN RAWLS, *Political Liberalism*, Columbia, New York, 2005, 25.

[614] Cabe contudo referir que, como fazem notar ÁLVAREZ GARCÍA & QUERALT JIMÉNEZ, "European Convention Protection of the Right to Liberty and Security: A Minimum European Standard (Art. 5 ECHR)", *Europe of Rights: A Compendium on the European Convention of Human Rights* (org. Javier García Roca & Pablo Santolaya), Martinus Nijhoff, Leida, 2012, 118 (107-152), o consentimento do trabalhador não tem um valor absolutamente excludente, importando analisar a situação de forma objetiva, à luz dos valores tutelados pelo artigo 4º da CEDH. Nesse sentido, trazendo-se frequentemente à discussão o caso *De Wilde, Ooms and Versyp v. Belgium* (10.031972), assume especial importância o esclarecimento jurídico do trabalhador, embora estejamos em zona que, afetando o âmago do princípio da dignidade da pessoa humana, se caracteriza pela irrenunciabilidade.

[615] LUISA GALANTINO, *Diritto del Lavoro* (1995), cit., 393 e NATACHA GAVALDA, "Les critères de validité des clauses de non-concurrence en droit du travail" (1999), cit., 589-590. Com referência às *restrictive covenants*, no caso *Greer v. Sketchley Ltd* [1979], conforme faz

tanto o avanço da idade como a medida das suas responsabilidades parentais, individual ou conjugadamente, podem colocar o trabalhador numa situação socialmente penosa (à qual a socialidade que inspira o Direito do trabalho não pode ser indiferente[616]) –, implicando-se uma concretude analítica que, sem ignorar o recurso ao sistema e a suscetibilidade de generalizações, deve comportar uma justificação no plano das consequências específicas que não pode ser separada da irredutibilidade da situação que envolve o cidadão-trabalhador.

Será assim, uma vez que a liberdade, como faz notar Amartya Sen[617], envolve sempre processos que cruzam as ações e as decisões com as oportunidades que as pessoas têm, no contexto das circunstâncias pessoais e sociais que as envolvem[618], e visto que a coação, embora sem ser direta, existe sempre que não existam alternativas efetivas de comportamento e se verifiquem situações cuja disparidade material de poder não consente a existência de uma opção de recusa[619], cabendo, em acréscimo, não esquecer

---

notar DEBORAH J. LOCKTON, *Employment Law* (2003), cit., 354, e ainda mais salientemente na contenda *Fellowes & Son v. Fisher* [1976], atendeu-se mesmo à densidade populacional da área coberta pela interdição laboral para se julgar inválida (*void*) uma obrigação de não concorrência, em razão de um invocado atropelo ao princípio da proporcionalidade (*principle of reasonableness*).

[616] Sobre esta inspiração genérica: MONTOYA MELGAR, "Sobre el derecho del trabajo y su ciência", *Funciones y fines del derecho: homenage al profesor Mariano Hurtado Bautista*, Universidade de Murcia, Murcia, 1992, 213-227, MATTHIAS RUFFERT, *Vorrang der Verfassung und Eigenständigkeit des Privatrechts*, Mohr Siebeck, Tubinga, 2001, 264-5.

[617] AMARTYA SEN, *Development as freedom* (2001), cit., 17 e 283-4.

[618] Neste sentido, também ADALBERTO PERULLI, "Rationalité et controle des pouvoirs de l'employeur", RDT 2006, nºs 7/8, 85 (85-91) e PASCAL LOKIEK, "L'accord du salarié", DS 2010, nº 2, 140 (140-143).

[619] Como faz notar KANISHKA JAYASURYIA, "Autonomy, Liberalism and the New Contractualism", *Contractualism and Citizenship* [col. Law in Context: vol. 18, nº 2 (org. Terry Ross Carney/Gaby Ramia/Anna Yeatman)], The Federation Press, Annandale, 2001, 70-1, compreender as formas de "coação indirecta" permite-nos construir um modelo de autonomia individual e uma recontextualização do paradigma do agente responsável que forma as suas opções com base em esquemas racionais. O conceito, como aparece explicitado em *The Cost of Coercion: Global Report Under the Follow-up to the ILO Declaration of Fundamental Principles and Rights at Work*, OIT, Genebra, 2009, 28, tem servido de base a um conjunto de políticas da OIT direccionadas à protecção de trabalhadores estrangeiros (designadamente: restrição de movimentos e vigilância, retenção de documentos ou dinheiro ou ameaça de denúncia às autoridades), não esgotando, contudo, a sua aplicabilidade nesse domínio, como, embora centrado na responsabilidade pendente sobre o trabalhador em caso de incumprimento,

que as modernas formas de escravatura se encontram largamente associadas ao tráfico de seres humanos, fenómeno que tem alargado a aplicação do artigo 4º da CEDH[620].

Se, com alcance mais vasto, não é, aliás, despiciendo relevar a ampliação do conceito de coação desenvolvida no âmbito da *Law and Economics* com vista à construção de um quadro de maior favorabilidade quanto à invocabilidade da falta e vícios da vontade que, demarcando-se da perspetiva jurídica, encontra na menor sensibilidade "aos factores de congruência conceptual-axiomática que poderão ocasionalmente desculpar algumas interferências na livre expressão da vontade contratual" uma das explicações possíveis[621] – embora a *Law and Economics*, ao implicar sinteticamente a sujeição de toda a regra a um cálculo de utilidade (que funciona simultaneamente como fonte e medida da sua legitimidade[622]), possa não captar a essencialidade axiológica de normas de proteção e a necessidade de garantir princípios estruturantes do Estado de Direito, dado que a comutação das regras em direitos subjetivos por via de um pressuposto incondicional de "individualização dos direitos" acaba por esbarrar com a existência de superiores interesses civilizacionais, como sucede com aquele que se encontra subjacente ao artigo 4º da CEDH –, parece seguro que, topando-se com enquadramento que *in terminis* pode afastar a voluntariedade da limitação assumida pelo trabalhador, e rejeitando-se expressamente a possibilidade de existir uma atividade produtiva com carácter sancionatório à margem da vontade do trabalhador, as folgas interpretativas subjacentes

---

precursoramente fez notar LODOVICO BARASSI, *Il contratto di lavoro nel diritto positivo italiano* [a cura di Mario Napoli: 1ª ed.: 1901], Vita e Pensiero, Milão, 2003, 201 e 800.

[620] JEAN-FRANÇOIS RENUCCI, *Droit Européen des Droits de L'Homme*, cit., 128 e DAVID HARRIS|MICHAEL O'BOYLE|EDWARD BATES|CARLA BUCKLEY, *Law of the European Convention on Human Rights*, cit., 284.

[621] Nestes termos, cfr. FERNANDO ARAÚJO, *Teoria Económica do Contrato*, Almedina, Coimbra, 2007, 331.

[622] Cfr. ROBERT COOTER & THOMAS ULEN, *Law and Economics*, Pearson Education, Limited, Essex, 2011, 7 e 22 e ss.. A análise económica dos problemas coenvolvidos por situações laborais em que, inicial ou supervenientemente, o trabalhador se vê coartado quanto às possibilidades de desvinculação é prosseguível nos seguintes termos: *(i)* parte-se do pressuposto que o empregador e o trabalhador ao tomarem as decisões maximizam objetivos económicos bem conhecidos e claramente identificados, *(ii)* mostra-se que a interação entre todos os sujeitos-decisores se estabiliza naquilo que os economistas designam como um equilíbrio, estado que não se altera espontaneamente, *(iii)* avalia-se o equilíbrio do contrato à luz da eficácia económica.

ao artigo 4º da CEDH encontram-se sobretudo nas alíneas c) e d), que, respetivamente, excluem do conceito de trabalho forçado ou obrigatório *"qualquer serviço exigido no caso de crise ou de calamidade que ameacem a vida ou o bem-estar da comunidade"* e *"qualquer trabalho ou serviço que fizer parte das obrigações cívicas normais".*

As folgas são tão mais salientes quanto a jurisprudência do TEDH tem sido marcada por uma linha sinalizada à constituição de obrigações positivas a cargo dos Estados (= adoção de comportamentos promotores das condições necessárias a garantir *de pleno* a liberdade de trabalho), cujo alcance prático tem estado na sua responsabilização sempre que se logre provar que os Estados não agiram de modo a prevenir e a coartar as situações que a CEDH interdita[623].

Se, com referência à última previsão (= "qualquer trabalho ou serviço que fizer parte das obrigações cívicas normais"), surgem geralmente dificuldades a propósito de uma discriminação fundada no género[624] e se, deste modo, já foi considerada como *obrigação cívica normal* o cumprimento do serviço de sapador-bombeiro[625] – o mesmo sucedendo com a contribuição financeira devida em substituição desse serviço, face à sua ligação direta com a prestação do serviço que visa substituir[626] –, o TEDH, na sequência da linha argumentativa que cunhou o caso *Van der Mussele v. Belgium* (23.11.1983), entendeu que o exercício de funções de curador legal (não remuneradas) de um cidadão portador de deficiência mental legalmente impostas aos advogados não era recortável como um trabalho forçado ou obrigatório [*Graziani-Weiss v. Autriche* (18.10.2014)][627].

---

[623] Por exemplo: Ireneu Cabral Barreto, *A Convenção Europeia dos Direitos do Homem – Anotada* (4ª ed.), Coimbra Editora, Coimbra, 2010, 291.

[624] Cfr. TEDH 20.06.2006, *Zarb Adami vs. Malta*, nº 1709/02, §§ 82 e 83. Esteve em causa a seleção de jurados do género masculino, numa situação em que o convocado já havia integrado três júris, tendo-se recusado à quarta convocatória (1997) e alegando, para tanto, que, no plano estatístico, nos cinco anos anteriores, apenas 3,05% das mulheres, em oposição a 96,95% de homens, serviram como jurados. O TEDH, considerando que as autoridades não explicaram de forma clara e suficiente a diferenciação de género subjacente, julgou a medida discriminatória. Ainda Raúl Canosa Unera, "European Convention Protection of the Right to Liberty and Security: A Minimum European Standard (Art. 5 ECHR)", cit., 105 e David Harris|Michael O'boyle|Edward Bates|Carla Buckley, *Law of the European Convention on Human Rights* (3ª ed.), Oxford University Press, Oxford, 2014, 283.

[625] TEDH, 18.07.1994, *Karlheinz Schmidt v Alemanha*, Série A nº 291 B, § 22.

[626] Ainda *Karlheinz Schmidt vs. Germany*, 1994, §23.

[627] 58 EHRR 22.

Embora aí, por contraste com a fundamentação presente em *Van der Mussele v. Belgium,* não fosse possível afirmar que "os advogados não tinham quaisquer perdas financeiras" ou que a ausência de remuneração prevista para a intervenção oficiosa dos advogados-estagiários não podia apagar as vantagens que estes podem retirar dessa atividade e a possibilidade de exercerem lateralmente um conjunto de atividades economicamente compensáveis – dado que as funções de curador, além de não serem remuneradas, não apresenta(va)m, segundo as regras da experiência de vida, qualquer vantagem obtenível pelo advogado no exercício das funções de curatela, tendo, além do mais, uma duração de tal sorte prolongada no tempo que revestia foros de permanência –, o *iter* argumentativo percorrido não se desvia, em substância, daquele que havia transitado, décadas antes, a análise da obrigação pendente sobre os notários de cobrança de honorários reduzidos sempre que os atos praticados sejam associados a pessoas coletivas sem fins lucrativos [*X vs. RFH* (13.12.1979)][628].

Ora, se nesse âmbito tem sido patente, ao menos com referência às *profissões liberais*, o argumentário que tem excluído um conjunto de situações em que o trabalhador se vê compelido a desenvolver uma atividade contra a sua vontade – enquadramento que, no seu cerne, se tem fundamentado *(i)* nas tarefas implicitamente associadas a uma profissão livremente escolhida e *(ii)* na ausência de ofensa ao princípio da proibição do excesso[629] –, cabe avultar o repositório de casos que atinam com profissionais que exercem a sua atividade na área da justiça, área de soberania em que, diante da fundamentalidade do direito em causa, se têm construído obrigações de natureza comunitária a cargo dos profissionais que nela intervenham com vista à concretização de um conjunto de direitos comunitariamente importantes, cuja prossecução, encontrando reflexo em outros direitos protegidos pela CEDH[630], constitui ainda um corolário da *profissão livremente escolhida.*

Contudo, se, não raro, esta linha argumentativa tende a fundir o princípio da liberdade de trabalho com a liberdade de escolha da profissão (a liberdade de escolha da profissão e a liberdade de trabalho encontram-se,

---

[628] Jean-François Renucci, *Droit Européen des Droits de L'Homme,* cit., 127.
[629] Cfr. Jonas Christoffersen, *Fair Balance: A Study of Proportionality, Subsidiarity and Primarity in the European Convention on Human Rights* (2009), cit., 81-
[630] *V.g.* a al./c do nº 3 do artigo 6º da CEDH, que consagra o direito a ser defendido.

em rigor, numa relação *species/genus*) e já se estendeu à obrigação imposta a médicos de participar num dispositivo de serviços de urgência [*Steindel vs. Alemanha* (14.12.2010)], é ainda grande a infixidez argumentativa gerada em torno da (des)necessidade de uma retribuição, embora a ausência deste elemento tenda a ser admitida nas situações em que a atividade imposta é recortada como condição de acesso à profissão, face às vantagens futuramente obteníveis [ainda: *Van der Mussele v. Belgium* (23.11.1983), § 36].

Com efeito, sabendo-se que a causa de um contrato de trabalho, sem prejuízo da tutela específica reclamada pela dimensão instrumental do trabalho em relação à personalidade (ainda o binómio subordinação/poderes laborais, que traduz uma essência dominial essencial e impeditiva de uma subsunção do contrato de trabalho na categoria dos contratos exclusivamente obrigacionais), consiste na troca do trabalho (*prestação personalíssima*[631]) por uma retribuição[632] – e, por isso, num contrato de trabalho, prestação e contraprestação estão numa relação recíproca (sinalagma)[633] –, a ausência de retribuição não tem considerada absolutamente fundamental para o preenchimento do conceito de trabalho forçado ou obrigatório, conquanto a profissão subjacente haja sido escolhida voluntariamente.

Cuidando-se do que se verifica no âmbito de direitos e obrigações civis e também nas situações em que se verifica *de facto* uma insolvência do empregador [Decisão *Sokur v. Ukraine* (26.112002)[634], §4], as situações em que *de iure* não se encontra garantida qualquer contraprestação a cargo do beneficiário da prestação de trabalho carecem de uma valoração global, que,

---

[631] Assim: JOSÉ JOÃO ABRANTES, *Contrato de trabalho e direitos fundamentais*, Coimbra, Coimbra Editora, 2005, 48.

[632] Nestes termos, sufragando-se, na sequência de ICHINO, uma noção de causa como função económico-social abstrata do contrato, v. FRANCESCO SANTORO-PASSARELLI, "Lavoro (Contratto di)", *Digesto Italiano* IX, Utet, Turim, 1963, 501 e CARLO CESTER, *Il rapporto di lavoro subordinato: costituzione e svolgimento*. Vol. II (2007), cit., 333-4. Por isso, e para lá da pessoalidade que trespassa o vínculo, a relação de trabalho é uma relação de natureza creditícia e patrimonial, conflitual, sinalgmática e de natureza continuada.

[633] Conforme nota TIZIANO TREU, *Onerosità e corrispettività nel rapporto*, Giuffrè, Milão, 1968, 137 e ss.. Por isso, se o empregador realizar uma prestação a favor do trabalhador, esta só adquire a qualificação de remuneração se consistir – pelo menos também – numa contraprestação por serviços prestados ou num incentivo para as prestações futuras do trabalhador. Ela deve revelar, pelo menos, uma ligação com a relação laboral, pela existência de um qualquer interesse da empresa em assegurar essa prestação ao trabalhador.

[634] Cfr. LIENEKE SLINGENBERG, *The Reception of Asylum Seekers under International Law: Between Sovereignty and Equality*, Hart Publishing, Oxford/Portland, 2014, 318.

atendendo à inexistência de previsão acerca do pagamento de uma retribuição, não esgotam o seu âmbito na verificação desse elemento [*Siliadin v. France* (2005), §114[635]].

Na verdade, embora não exista quem, segundo as regras normais da experiência de vida, se apreste, com exceção de situações delimitáveis (*v. g.* voluntariado, que substancia um "contrato de prestação de serviço com função de liberalidade, mas que apresenta características muito próximas do contrato de trabalho"[636]), a desenvolver uma atividade produtiva em benefício de outrem a troco de nada, importa, contudo, não esquecer que o benefício de uma retribuição não envolve necessariamente um trabalho desenvolvido de forma voluntária ou alheio a qualquer ameaça de castigo e/ou sanção.

Assim, se neste âmbito, a presença do elemento retributivo não é absolutamente indispensável e, em sequência, este não pode ser valorado isoladamente – tal significa que, por um lado, pode haver trabalho forçado e/ou obrigatório no quadro de um contrato oneroso e que, por outro lado, uma atividade com características laborais não implica *ipso iure* a presença do conceito de trabalho forçado e/ou obrigatório se não se topar com o elemento retributivo –, também a (i)licitude da atividade laboral é desprovida de relevância, pois o que interessa, conforme sublinha a OIT, é que o trabalho seja prestado sob ameaça de qualquer castigo, desconsiderando-se o facto de o país em causa considerar legal ou ilegal essa atividade[637].

Para lá do *distinguo* entre um trabalho livre e a contratualidade da situação que o pode enquadrar, a falta de relevância atribuível à (in)idoneidade do objeto do contrato de trabalho para a verificação da voluntariedade do

---

[635] Entre outros: HELI ASKOLA, "Prohibition of Slavery and Forced Labour", The EU Charter of Fundamental Rights: A Commentary (Steve Peers/Tamara Hervey/Jeff Kenner/Angela Ward), Hart Publishing, Londres, 2014, 110-1 (05:16-05:20).

[636] Assim: CARLOS FERREIRA DE ALMEIDA, *Contratos III. Contratos de liberalidade, de cooperação e de risco*, Almedina, Coimbra, 2012, 67. A opção encontra porventura razão de ser na tendencial indiferença das *operae gratis datae* às coordenadas regulativas do Direito do trabalho, em congruência parcial com o axioma de que o legislador carece de razões sérias para invadir o âmbito de atividades motivadas pela generosidade e, em geral, por todas aquelas em que são estranhas as conotações de direito e de dever, como faz relevar MONTOYA MELGAR, *Derecho y Trabajo*, Civitas, Madrid, 1997, 20.

[637] Cfr. International Labour Organization – Comité ad hoc 2005, *Global Report Under the Follow-up to the ILO Declaration on Fundamental Principles and Rights at Work – A Global Alliance Against Forced Labour*, Genebra, 2005, p. 6, §16, avançando-se como exemplo a prostituição.

trabalhador quanto à atividade desenvolvida é ainda um corolário lógico da impossibilidade de validação de uma situação ilícita a partir da ilicitude da atividade subjacente, (in)admitindo-se que a violação da lei se possa postar como o caminho de acesso à obtenção de algo a que só por via da observância da lei se poderá aceder.

Se, com esta perspetiva, se visa outro tanto atalhar a que o conceito de trabalho forçado ou obrigatório quede abandonado às diferentes legislações estaduais – de contrário, a proibição legal do exercício de determinada atividade implicaria que o seu exercício, por mais degradantes que fossem as condições subjacentes, se encontrasse excluído do conceito de trabalho forçado ou obrigatório e desfigurar-se-iam as preocupações implicadas por uma interpretação uniforme da CEDH, cuja exegese se processa à luz da Convenção de Viena sobre o Direito dos Tratados –, os indicadores que heuristicamente são utilizáveis para afastar a voluntariedade do trabalho desenvolvido dizem respeito a circunstâncias concretas, que, para lá das situações de capacidade negocial diminuída ou de menoridade, são condensáveis em indicadores como

  (i) o engano,
  (ii) a restrição da circulação,
  (iii) o isolamento,
  (iv) a violência física e sexual,
  (v) a intimidação e as ameaças,
  (vi) a retenção de documentos de identidade,
  (vii) a retenção da remuneração,
  (viii) a servidão por dívidas,
  (ix) as condições de trabalho e de vida abusivas ou
  (x) as *horas extra* excessivas.

14. Cuidando-se de saber se, *de facto*, o trabalho é exercido de forma voluntária, é importante salientar que a voluntariedade muitas vezes existe a montante, mas que, por erro ou por alteração dos quadros organizacionais em que o trabalho se desenvolve, ela desaparece com o desenvolvimento da relação laboral, circunstância em que a convocação do teste da incoercibilidade *lato sensu* permitirá comprovar se o trabalho é, *de iure*, exercido de forma voluntária[638].

---

[638] Assim, Cathryn Costello, "Migrants and Forced Labour: A Labour Law Response", *The Autonomy of Labour Law*, cit., 202: "*the ability to exercise the right to* quit *thus becomes a litmus*

Se, como recorda Jean-Louis Halpérin[639], com o *Statute* inglês (1552) do *Master and Servant* o trabalhador podia ser condenado até três meses de prisão caso se desvinculasse do contrato de trabalho (*breach of contract*) – em enquadramento sancionatório que, marcando também as Leis russa (1886) e húngara (1898), perdurou até 1875, tendo sido milhares os trabalhadores sancionados penalmente por esse facto[640] –, é hoje pacífico que a noção de *menace of penalty* não se confina às penas de prisão ou à violência física, abrangendo também as ameaças psicológicas, de natureza mais ou menos subtil, como as que atinam com ameaças de denúncia à polícia ou às autoridades de imigração quanto à ilegalidade do estatuto laboral do trabalhador em causa[641].

Tratando-se de uma construção de tipo central, existe, porém, uma permeabilidade a pulsões periféricas, que se liga, antes do mais, ao tipo de vinculação assumida e à maturidade e/ou esclarecimento do trabalhador envolvido, e que, nesse sentido, convoca uma valoração concreta da noção de *menace of penalty*, cuja verificação pode ocorrer a partir da perceção, necessariamente subjetiva, da gravidade da ameaça[642].

Para tanto, podem ser relevantes factores aparentemente estocásticos, como as funções desempenháveis pelo trabalhador, a sua idade ou nacionalidade, o respetivo enquadramento familiar ou a existência de uma vinculação acompanhada de advogado.

Nesse quadro, a noção contemplará tanto as circunstâncias que envolvem factualmente o trabalhador *a latere* de qualquer enquadramento legal lidimatório quanto as soluções legais que, direta ou reflexamente, estabelecem sanções desproporcionadas para a cessação de um vínculo laboral, já que, tratando-se da assunção de uma prestação de carácter voluntário, a voluntariedade exigível, em razão do compromisso pessoal implicado, manifesta-se quer no momento inicial de constituição da situação laboral, quer no momento da sua extinção.

---

test to for forced labour". Identicamente: DAVID HARRIS|MICHAEL O'BOYLE|EDWARD BATES|CARLA BUCKLEY, *Law of the European Convention on Human Rights* (3ª ed.), Oxford University Press, Oxford, 2014, 281.

[639] JEAN-LOUIS HALPÉRIN, *Histoire des Droits en Europe*, Flammarion, Paris, 2004, 130.

[640] SIMON DEAKIN, "Travail, contrat", *Dictionnaire historique de l`économie-droit XVII-XX siécles* (dir. Alessandro Stanziani), LGDJ, Paris, 2007, 293.

[641] Também, em invocação do caso *CN*, CATHRYN COSTELLO, "Migrants and Forced Labour: A Labour Law Response", *The Autonomy of Labour Law*, cit., 203.

[642] Ainda: *Siliadin vs. France*, §118.

Assim, e se pela mesma razão que o trabalhador compromete e sacrifica a sua liberdade pessoal de atividade com o contrato de trabalho, a expressão do seu consentimento quanto a esse sacrifício não se esgota ao tempo da cessação do contrato e é requerida no decurso da execução do vínculo, trata-se apenas de assumir, com referência às situações analisáveis e às cláusulas aponíveis aos contratos de trabalho firmados, que o carácter livre do trabalho, enquanto expressão da dignidade de cada qual, é a essência de um vínculo de trabalho[643].

---

[643] Assim: ALONSO OLEA, *Introdução ao Direito do Trabalho* (1968), cit., 239-240.

A cedência de interesse público e a mobilidade no âmbito da Lei Geral do Trabalho em Funções Públicas

I. Enquadramento

1. A cedência de interesse público encontra-se prevista nos artigos 241º e seguintes da Lei nº 35/2014, de 20.06 (LGTFP), estabelecendo-se que "(m)ediante acordo de cedência de interesse público entre empregador público e empregador fora do âmbito de aplicação da presente lei pode ser disponibilizado trabalhador para prestar a sua atividade subordinada, com manutenção do vínculo inicial"[644].

O âmbito de aplicação da LGTFP define-se em termos subjetivos e objetivos (artigos 1º e 3º).

Em termos subjetivos e na falta de indicação de sentido contrário, a lei é aplicável a todos os trabalhadores que exercem funções públicas independentemente do respetivo vínculo, desde que o façam em entidade da administração abrangida pelo seu âmbito de aplicação objetivo.

Entendendo-se por Administração Pública em sentido orgânico o "sistema de órgãos, serviços e agentes do Estado, bem como das demais pessoas coletivas públicas, que asseguram em nome da coletividade a satisfação regular e contínua das necessidades coletivas de segurança, cultura e bem-estar"[645], subjetivamente a lei aplica-se a todos os trabalhadores vincula-

---

[644] Ao abrigo da Lei nº 12-A/2008, de 27.02, a mobilidade dos trabalhadores em funções públicas podia assumir duas formas: a cedência de interesse público e a mobilidade interna. Porém, a Lei Geral de Trabalho em Funções Públicas apenas prevê uma forma de mobilidade (interna) que regulamenta nos artigos 92º a 100º. A cedência de interesse público encontra-se, por sua vez, regulada no Capítulo VIII, com a epígrafe "Vicissitudes Modificativas".

[645] Assim: Diogo Freitas do Amaral (com a colaboração de Luís Fábrica, Carla Amado Gomes e J. Pereira da Silva), *Curso de Direito Administrativo – Volume I* (3ª ed.), Almedina, Coimbra, 2006, 34.

dos a qualquer entidade integrada na Administração Pública em sentido orgânico, excluindo-se os militares das Forças Armadas, os militares da Guarda Nacional Republicana e o pessoal com funções policiais da Polícia de Segurança Pública cujos regimes de vinculação, carreiras e remuneração constem de leis especiais (nº 2 do artigo 2º).

No plano objetivo, abrangem-se os serviços da administração direta, indireta (nº 1 do artigo 3º) e autónoma (nº 2 do artigo 1º) e ainda os órgãos e serviços de apoio ao Presidente da República, da Assembleia da República, dos tribunais e do Ministério Público (nº 3 do artigo 3º), excetuando-se os gabinetes de apoio dos membros do governo ou dos titulares dos órgãos da administração autónoma regional e autárquica, do Presidente da República, da Assembleia da República, dos tribunais e do Ministério Público, as entidades públicas empresariais e as entidades administrativas independentes com funções de regulação da atividade económica dos setores privado, público e cooperativo e o Banco de Portugal (nº 1 do artigo 2º).

2. A questão relativa ao enquadramento dos múltiplos vínculos que se abrigam em entidades públicas não é, de entre outros factores, dissociável da técnica utilizada na LGTFP: a justaposição entre o perímetro objetivo da LGTFP e o seu âmbito de aplicação subjetivo adensa a multiplicidade de regimes aplicáveis no universo de entidades públicas (*v.g.* entidades reguladoras), dado que os trabalhadores com contrato de trabalho em funções públicas, conquanto integrem o quadro de pessoal de uma entidade pública, são abrangidos pela LGTFP – que, em razão da sua sinalagmaticidade congénita, se aplica *in extenso* ao respetivo empregador –, ao passo que os trabalhadores com contrato individual de trabalho, não obstante a identidade da entidade empregadora pública, estão abrangidos pelo Código do Trabalho (CT), que vai outro tanto aplicar-se a essa entidade pública[646].

Suscitando-se problemas de natureza jurídico-constitucional quanto à potencial dissemelhança de retribuições associáveis ao exercício de funções similares por parte de trabalhadores com diferentes títulos constitutivos da relação jurídica de emprego, as questões origináveis, para lá da diferença regimental de direitos e de deveres, dos aspetos associados ao

---

[646] A situação conhece particularidades expressivas no caso da Autoridade da Mobilidade e dos Transportes, da Entidade Reguladora dos Serviços de Águas e Resíduos e, ainda mais salientemente, também na situação que envolve a Autoridade Nacional de Comunicações e a Autoridade Nacional da Aviação Civil.

período normal de trabalho, à retribuição ou ainda da possível concorrência entre instrumentos de regulamentação coletiva de trabalho, encontram nos instrumentos de mobilidade laboral aplicáveis um campo expressivo de problemas, uma vez que a mobilidade prevista na LGTFP não é compatível com a existência de um contrato individual de trabalho.

Isso sucede também em razão do desfasamento que se verifica entre os instrumentos de mobilidade previstos no Código do Trabalho e os particularismos que envolvem algumas entidades públicas (*maxime* entidades reguladoras), desenhando-se, perante a ausência de uma estrutura empresarial, um quadro assaz restritivo quanto à sua operatividade. Sirva de exemplo a previsão do CT de que a cedência tem de ocorrer entre sociedades coligadas, em relação societária de participações recíprocas, de domínio ou de grupo, ou entre empregadores que tenham estruturas organizativas comuns (al./b do artigo 289º), sob pena de, para além da contraordenação grave cabível (nº 3 do artigo 289º), o trabalhador cedido poder optar pela permanência ao serviço da entidade reguladora em regime de contrato de trabalho sem termo (nº 1 do artigo 289º do CT). Assim, e com referência a um regulador, a única via que permitirá ultrapassar a existência de uma relação societária entre cedente e cessionário e/ou a partilha de instalações comuns com vista à cedência de um trabalhador com contrato individual de trabalho estará no recurso à contratação coletiva[647].

Em acréscimo, o facto de a LGTFP recortar o seu âmbito de aplicação em função de critérios que cruzam factores de natureza objetiva e de índole subjetiva provoca entorses à definição de uma realidade que deveria estribar-se num título constitutivo da relação de emprego unitário, para mediante a edificação de um conteúdo material homogéneo, afastar qualquer confusão entre o plano do conteúdo da relação que envolve os sujeitos laborais e o plano da natureza do título que funda a relação a relação laboral[648].

---

[647] Isto, dado que o nº 2 do artigo 289º do CT permite que as condições da cedência ocasional de trabalhador possam ser reguladas por instrumento de regulamentação coletiva de trabalho, com exceção da condição prevista na al./c, já que o concurso da vontade do trabalhador é imprescindível. Sobre o ponto: JOÃO ZENHA MARTINS, "A transformação dos vínculos de emprego público e as vicissitudes modificativas associadas à mobilidade laboral no contexto das entidades reguladoras", *Revista de Direito e Estudos Sociais* 2016, nº 1-4, 146 e ss. (107-157).
[648] Em sentido aproximado, cfr. LUÍS FÁBRICA, "A natureza das funções e modalidades de constituição do vínculo de emprego público", *Estudos dedicados ao Professor Doutor Bernardo da Gama Lobo Xavier*, UCP, Lisboa, 2015, 375 e ss., que nutre dúvidas quanto à contraposição entre as funções ligadas ao exercício da autoridade pública e as restantes funções administrativas

II. A *privatização* das relações de emprego na Administração Pública

3. O trajeto legislativo no sentido da (designada) *privatização* das relações de emprego na Administração Pública iniciou-se ainda antes da entrada em vigor do Regime do Contrato de Trabalho em Funções Públicas (RCTFP), aprovado pela Lei nº 59/2008, de 11.09 e da Lei dos Vínculos, Carreiras e Remunerações (LVCR), aprovada pela Lei nº 12-A/2008, de 27.02.

De facto, pode situar-se nos finais da década de 90 a atribuição a alguns trabalhadores da Administração Pública do estatuto subjacente ao regime do contrato individual de trabalho, fenómeno muito saliente no setor empresarial do Estado[649] e no setor empresarial local[650], mas também no seio da Administração indireta[651], num movimento genérico de diversificação dos vínculos laborais e de tendencial retração da carga estatutário-administrativa de quem exerce, ou pretendia exercer, a sua atividade em benefício de entidades públicas. Este movimento foi relegando para a penumbra o arquétipo predominantemente estatutário que, em certa leitura, dimensionava a figura prussiana do *Staatsdiener* (servidor do Estado), cuja génese nocional é remontável ao *Allgemeines Landsrecht* de 1794.

Na sua essência, trata-se, ainda, de mutação que não é desligável das modificações globais que marcam o Direito do Trabalho – em que o contrato individual reganha importância[652] e se redefinem as relações entre fontes[653] –, e que surge como corolário de um certo movimento de atomização do Estado, em que o conceito de servidor não só perdeu nitidez como também se foi vislumbrando maior fixidez na autonomização do conceito de empregador público. Encontrando-se na admissão de uma relação laboral com diferentes empregadores públicos (artigo 26º da LGTFP)[654]

---

e também que, na sequência dessa contraposição, se justifique a criação de modalidades diversas de atos constitutivos da relação jurídica de emprego público.

[649] Artigo 16º, nº 1 da Lei nº 558/99, de 17.12.

[650] Artigo 45º, nº 1 da Lei nº 53-F/2006, de 29.12.

[651] De que são também exemplos o Decreto-Lei nº 133/98, de 15.05, que criou o Instituto Nacional de Aviação Civil (INAC) – artigo 21º, nº 1; e o Decreto-Lei nº 145/2007, 27.04, que procedeu à revisão da lei orgânica do Instituto Nacional de Aviação Civil, I.P. (INAC, I.P.) – artigo 11º, nº 1.

[652] CRUZ VILLALÓN, *Estatuto de los Trabajadores Comentado*, Tecnos, Madrid, 2003, 80.

[653] UMBERTO ROMAGNOLI, "El Derecho del Trabajo ante la crisis", RDS 2012, nº 58, 23.

[654] Nos termos do nº 2 do artigo 26º da LGTFP, a figura encontra na previsão de que "os empregadores públicos consideram-se sempre em relação de colaboração" um importante incentivo à sua concretização.

a manifestação acabada do falecimento do Estado enquanto empregador unitário – em regime que importa a figura da pluralidade de empregadores prevista no CT desde 2003, hoje prevista no 101º do CT –, tanto a pluralização de entidades públicas quanto a designada privatização dos vínculos cedo apareceram acomodadas a desígnios de maior autonomia, de adaptação às necessidades contemporâneas e indissociadas de propósitos de flexibilidade gestionária, fundando-se na *new public management*.

Essa deslocação é, além disso, a expressão visível de que a complexificação da função administrativa trouxe consigo a criação de uma pluralidade, potencialmente irrestrita e para lá de qualquer delimitação constitucional apriorística, de entidades públicas, tantas vezes regidas por complexos normativos diferenciados.

Assim, se, atenta a dinâmica de interseção de regimes que de há muito se vinha sentindo[655], o embaciamento da dualização emprego público/emprego privado não é recente, em 2004, numa aproximação material do regime de emprego público ao Código do Trabalho, então aprovado pela Lei nº 99/2003, de 27.08, surge a Lei nº 23/2004, de 22.06, que criou a figura do contrato individual de trabalho na Administração Pública.

Sem prejuízo das especificidades previstas em legislação especial, determinou-se então a aplicação dos regimes do Código do Trabalho ao contrato individual de trabalho que envolvesse entidades públicas, consagrando-se, em acréscimo, e pela primeira vez, a figura da cedência de trabalhadores entre empregadores públicos.

Vislumbrando-se, de um quadrante, uma tendência para uma privatização dos vínculos laborais públicos e, de outro quadrante, um pendor para uma unificação tipológica do título que legitima o exercício de funções materialmente públicas (embora esvaziado, em opção discutível, pela consagração de uma congérie de regimes peculiares e pela salvaguarda da nomeação para um conjunto de *corpos especiais*, em certo sentido importada da conceção subjacente ao § 33.4 da Lei Fundamental de Bona[656] e com

---

[655] Assim: Rosário Palma Ramalho, "Intersecção entre o Regime da Função Pública e o Regime Laboral", *Estudos de Direito do Trabalho, vol. I*, Almedina, Coimbra, 2003, 69 e ss.; Cláudia Viana, "A Laboralização do Direito da Função Pública", *Sciencia Iuridica*, Tomo LI, 2002, 81 e ss. e Ana Fernanda Neves, «Os "Desassossegos" de Regime da Função Pública», *Revista da Faculdade de Direito de Lisboa*, 2000, 49 e ss. (49-69).

[656] Para lá dos servidores públicos (*Beamte*), existe enquadramento laboral específico para os juízes e militares, os quais, coexistindo com os trabalhadores com contrato de trabalho sujeito

lugar paralelo no movimento que atravessou o ordenamento transalpino na década de 90[657]), consentiu-se a utilização generalizada do contrato de trabalho por tempo indeterminado para atividades que não implicassem o exercício de poderes de autoridade ou funções de soberania, com as entidades empregadoras públicas a poderem, fora desses domínios, recorrer à modalidade contratual privada de constituição da relação laboral, em alternativa à modalidade de nomeação ou ao contrato administrativo de provimento[658].

Acolheram-se, em síntese, na Administração Pública aspetos laborais até aí específicos do contrato de trabalho *privado*, sem que se conferisse aos trabalhadores contratados a condição de funcionários ou agentes administrativos. E suscitou-se a aplicabilidade de um conjunto de figuras que irrelevavam a tipologia do vínculo laboral existente com as entidades públicas, entre as quais avulta a cedência de trabalhadores, enquanto figura que, genericamente, consumiu as figuras da requisição e do destacamento, as quais veiculavam, de forma preferencial, a mobilidade pública de trabalhadores[659].

4. A produção legislativa subsequente alargou, por um lado, o leque de organismos da Administração Pública cujo estatuto do seu pessoal se rege pelo regime jurídico do contrato individual de trabalho (designadamente, associações públicas profissionais[660] e entidades administrativas independentes[661]) e procedeu, por outro lado, à *aproximação* do regime dos contratos de trabalho regulados por normas administrativas ao regime do contrato de trabalho privado.

---

ao regime do direito laboral comum, dão corpo a um conceito lato de trabalhador público, necessariamente adstrito à prossecução do interesse público.

[657] Salientando também este movimento tendencialmente unificante em Itália, que vem desde a Lei n. 421, de 23.10.1992, v. MARCO BIAGI & MICHELE TIRABOSCHI, *Istituzioni di diritto del lavoro* (5ª ed.), Giuffrè, Milão, 2012, 117.

[658] VERA ANTUNES, *O Contrato de Trabalho na Administração Pública*, Coimbra Editora, Coimbra, 2010, 200.

[659] JOÃO ALFAIA, *Conceitos fundamentais do regime jurídico do funcionalismo público*, Almedina, Coimbra, 1985, 328 e ss..

[660] Cfr. artigo 25º da Lei nº 6/2008, de 13.02.

[661] Cfr. nº 1 do artigo 32º da Lei nº 67/2013, de 28.08, nominada como Lei-quadro das entidades administrativas independentes com funções de regulação da atividade económica dos setores privado, público e cooperativo, com as alterações introduzidas pela Lei nº 12/2017, de 02.05.

Tendo sido esse o contexto em que foram publicados o RCTFP e a LVCR[662]- os trabalhadores em funções públicas passaram a ter a mesma qualidade, independentemente da modalidade de constituição da sua relação jurídica de emprego público, estando submetidos a um único estatuto disciplinar –, a modalidade comum de constituição da relação de emprego na Administração Pública passou a ser o contrato de trabalho em funções públicas, no pressuposto de que, embora a Constituição da República Portuguesa preveja e proteja uma relação jurídica de trabalho específica (correspondente à função pública no seu sentido estrito), não decorre daí que o modelo de vínculo laboral seja um "modelo estatutário simples ou puro" ou tão pouco que o legislador fique impedido de "prever outras formas jurídicas da relação de trabalho da Administração Pública, *maxime* optar pela forma típica das relações de trabalho privadas, o contrato de trabalho"[663].

Na medida em que o trabalhador não deva ser nomeado (por estar em causa função pela qual se manifesta a soberania ou a autoridade do Estado), designado em comissão de serviço (para o exercício transitório de cargo dirigente ou de confiança pessoal e/ou técnica) ou admitido por contrato individual de trabalho (por expressa previsão legal), a relação de emprego com a Administração Pública é agora constituível através da celebração de um *contrato de trabalho em funções públicas*, que passa, assim, a funcionar como forma paradigmática de vinculação laboral.

É, pois, sob esse enquadramento que faz sentido operacionalizar um conceito mais lato de *relações de emprego na Administração Pública*. Este conceito, que abarca vínculos jurídico-laborais de natureza pública e privada, decompõe-se em *relações de emprego público* (constituídas através de contratos de trabalho em funções públicas, de atos de nomeação ou de designação em comissão de serviço) e relações de *Direito laboral privado* (constituídas através da celebração de contratos individuais de trabalho), em panorama compósito e globalmente misto, cujo recorte opera sobretudo em razão da diferente natureza das entidades públicas intervenientes. Não obstante a unificação desejável, coexistem, por isso, aspetos diversos, por associa-

---

[662] MIGUEL LUCAS PIRES, *Os Regimes de Vinculação e a Extinção das Relações Jurídicas dos Trabalhadores da Administração Pública*, Almedina, Coimbra, 2013, 17 e ss..
[663] ANA FERNANDA NEVES, "O Direito da Função Pública", *Tratado Administrativo Especial*. Volume IV (coord. Paulo Otero/Pedro Gonçalves), Almedina, Coimbra, 2010, 331 e ss..

ção aos diferentes tipos de vinculação[664], cuja conservação, sem prejuízo da centralização tipológica prosseguida, é um dado adquirido à face da LGTFP.

Existem ademais tendências centrífugas que, contrariando a exaltação de um regime unitário, contribuem para uma individualização das relações de trabalho que, tornando nebuloso o princípio da legalidade e turvando a homogeneidade de enquadramentos remuneratórios prosseguida (com expressão última na adoção de uma tabela remuneratória única), encontram na admissibilidade de uma pré-reforma ou na possibilidade de pactos de não concorrência, face às compensações subjacentes, revelações significativas.

Veja-se, por exemplo, o artigo 77º da LGTFP, que encontrando correspondência no artigo 136º do CT, vem permitir a perceção de uma compensação por parte de trabalhadores que celebrem um pacto de não concorrência (sem que a LGTFP estabeleça qualquer limite percentual *per relationem* com a retribuição), numa solução que, quedando abandonada ao juízo que as diferentes entidades empregadoras públicas façam acerca da necessidade de proteger a concorrência diferencial, traduz a visão de que em sentido lato o Estado prossegue interesses industriais ou comerciais, cuja tutela, sendo materializável através de um sacrifício à liberdade de trabalho, corresponde à leitura de que os entes públicos são agentes de mercado que, em estiolamento do interesse público pretensamente subjacente, atuam em lógica concorrencial[665].

O mesmo se verifica, embora com especificidades, no âmbito da aplicabilidade da pré reforma, figura em que a prestação do trabalhador com idade igual ou superior a 55 anos suspende-se ou reduz-se, ficando este com o direito a receber uma prestação pecuniária mensal enquanto durar a situação, e podendo, entretanto, exercer outra atividade remunerada a título próprio ou subordinado (artigo 284º da LGTFP); a situação de pré-reforma termina com a reforma do trabalhador por velhice ou invalidez, com o regresso às suas funções mediante acordo com o empregador ou

---

[664] PAULO VEIGA E MOURA, *A Privatização da Função Pública,* Coimbra Editora, Coimbra, 2004, 334 e ss..

[665] Sobre a figura dos pactos de não concorrência, que na LGTFP não apresentam (criticavelmente) qualquer diferença face ao desenho contido no CT, permita-se a remissão para JOÃO ZENHA MARTINS, *Dos pactos de limitação à liberdade de trabalho,* Almedina, Coimbra, 2016, 543 e ss..

com a cessação do contrato de trabalho por qualquer outra forma (artigo 287º da LGTFP)[666], forjando-se, *hoc sensu*, um mecanismo que, "na prática empresarial, é semelhante à reforma e constitui um regime de desvinculação em que só juridicamente se mantém o contrato em homenagem teórica a uma improvável reconstituição da situação anterior"[667]. Assim, cessado o contrato de trabalho, e caso a modalidade de cessação subjacente conferisse ao trabalhador direito a indemnização ou compensação se estivesse no pleno exercício de funções, o trabalhador tem, à semelhança do que determina o artigo 322º do CT, direito a uma indemnização no montante das prestações de pré-reforma até à idade legal de reforma -indemnização que, assim prevê o nº 3 do artigo 287º da LGTFP, tem por base o montante da prestação de pré-reforma à data da cessação do contrato de trabalho –, criando-se, também segundo a jurisprudência recente do STJ, uma situação de imunização compensatória que consome qualquer indemnização ou compensação associável à cessação do vínculo por motivo não imputável ao trabalhador[668], a qual, em muitos casos, poderá quedar em valor manifestamente inferior à que resultará da aplicação do nº 2 do artigo 287º da LGTFP[669].

---

[666] Salienta-se, contudo, o travão subjacente ao nº 2 do artigo 284º, ao prever-se que "(a) situação de pré-reforma constitui-se por acordo entre o empregador público e o trabalhador e depende da prévia autorização dos membros do Governo responsáveis pelas áreas das finanças e da Administração Pública".
[667] BERNARDO LOBO XAVIER, *O Despedimento Colectivo no dimensionamento da empresa*, Verbo, Lisboa, 2000, 493.
[668] Embora tirado à luz do CT, e sendo referido a um caso de despedimento coletivo, veja-se o Ac. STJ de 12.10.2017 (ANA LUÍSA GERALDES), proc. nº 2463/16.7T8SB.S1.
[669] Temos para nós que a atribuição *in melius* de um montante indemnizatório a quem se encontra liberto do desenvolvimento de qualquer atividade laboral é solução que, para lá da irracionalidade subjacente, se mostra virtualmente vulneradora do princípio da igualdade, ao outorgar um tratamento de privilégio, por comparação com quem trabalha *de pleno*, a quem se encontra exonerado da prestação principal que entretece a relação laboral. Trata-se ainda de uma distopia perante o presumido afastamento de uma lógica irrestrita de individualização das relações de trabalho, a qual procura evitar que as diferenciações referentes a indemnizações ou compensações quedem abandonadas à sorte do poder negocial dos sujeitos laborais. É que, não podendo haver qualquer diferenciação retributiva fundada em categorias meramente subjetivas, vislumbra-se sentido na solução interpretativa, construível a partir de uma redução teleológica, que visa impedir que essa diferenciação, fundada em categorias meramente subjetivas, possa ocorrer a jusante em relação a uma compensação cuja quantificação opera a partir do elemento retributivo.

Em acréscimo, e agora no plano adjetivo, a prosseguida convergência tendencial do regime substantivo dos trabalhadores públicos com os trabalhadores comuns não foi acompanhada de qualquer esforço convergente. Ao contrário do que se passa com qualquer litígio que se suscite a propósito de um contrato de trabalho comum, um trabalhador que exerça funções públicas não pode recorrer à jurisdição laboral para a resolução de qualquer litígio que o envolva. Sendo outro tanto inaplicável o Código de Processo do Trabalho, a jurisdição administrativa e fiscal continua a ser o foro cabível para a dirimição de qualquer questão relacionável com o contrato de trabalho de funções públicas (artigo 12º LGTFP)[670].

Acresce que a Autoridade para as Condições de Trabalho (ACT) está impedida de intervir no âmbito de qualquer litígio laboral[671], potencial ou atual, que se suscite no quadro de um contrato de trabalho em funções públicas (nº 2 do artigo 4º da LGTFP). Deixando-se folga para a leitura de que o Estado não convive bem com o dúplice papel de fiscalizador e fiscalizado, é importante não perder de vista que a complexidade e a proliferação de diplomas que mexem com o contrato de trabalho em funções públicas continua a gerar certeza e insegurança na aplicação do *Direito laboral público*.

Para lá das sete alterações que, até ao momento, foram introduzidas à LGTFP – impedindo a sedimentação de condições de estabilidade em legislação que, por si, já é labiríntica e complexa[672] –, destaca-se, nesse contexto, o conjunto de disposições incidentes sobre a administração finan-

---

[670] A situação é tanto mais indesejável quanto, como é natural, os tribunais administrativos e fiscais têm *per definitionem* pouca sensibilidade para o enquadramento de questões fisiologicamente laborais, ao que acrescerá, e à luz do que se conhece, um tempo médio de pendências superior ao que se verifica na jurisdição laboral. O enquadramento forense e processual é, por isso, potencialmente desvantajoso para um trabalhador que exerça funções públicas.

[671] Nos termos do nº 1 do artigo 3º nº 1 do Decreto-lei nº 326-B/2007, de 28.09, "(a) ACT tem por missão a promoção da melhoria das condições de trabalho, através do controlo do cumprimento das normas em matéria laboral, no âmbito das relações laborais privadas, bem como a promoção de políticas de prevenção de riscos profissionais, e, ainda, o controlo do cumprimento da legislação relativa à segurança e saúde no trabalho, em todos os sectores de actividade e nos serviços e organismos da administração pública central, directa e indirecta, e local, incluindo os institutos públicos, nas modalidades de serviços personalizados ou de fundos públicos".

[672] As alterações contam da Lei nº 82-B/2014, de 31.12, Lei nº 84/2015, de 07.08, Lei nº 18/2016, de 20.06, da Lei nº 42/2016, de 28.12, da Lei nº 25/2017, de 30.05, da Lei nº 70/2017, de 14.08 e da Lei nº 73/2017, de 16.08. Isto, para lá incidência reflexa de outros diplomas na interpretação

ceira do Estado, que, na prática, tem implicado, por um lado, a obrigação de reposição de valores (erroneamente) pagos a trabalhadores públicos vários anos depois do seu processamento, e, por outro, tem servido de lastro à interpretação de que, sendo os atos de processamento de *vencimentos* verdadeiros atos administrativos para efeitos de impugnação/condenação à prática de ato devido, um empregador público apenas tenha que repor a diferença salarial relativa ao período do último ano[673]. Eis um dos aspetos que, ao arrepio da convergência material que a legislação mais recente procurou estabelecer entre os trabalhadores públicos e privados, ainda dimensiona a carga administrativa subjacente a uma interpretação estatutária da laboração pública.

5. Na década passada, o mesmo tempo que se determinou o *contrato de trabalho em funções públicas* como a modalidade regra de constituição de relações de emprego na Administração Pública, estabeleceram-se, no que às *relações de emprego público* diz respeito, as regras a que obedeceria a transição entre modalidades de constituição do vínculo, cujo regime foi condensado nos artigos 17º do RCTFP e nos artigos 88º a 115º da LVCR[674].

Considerando o leque de trabalhadores que deveriam, nos termos do artigo 10º LVCR, constituir uma relação de emprego público mediante ato administrativo de nomeação, previu-se que tanto *(i)* os trabalhadores nomeados definitivamente como *(ii)* os trabalhadores contratados por tempo indeterminado a quem competisse o cumprimento ou a execução de atribuições, competências e atividades relativas a missões genéricas e específicas das Forças Armadas em quadros permanentes, representação externa do Estado, informações de segurança, investigação criminal, segurança pública e inspeção, *(i)* manteriam ou *(ii)* transitariam, respetivamente, para a modalidade de nomeação definitiva, nos termos e com os efeitos previstos nos números 1 e 2 do artigo 88º da LVCR.

---

a fazer de alguns preceitos da LGTFP – por exemplo, a Lei nº 12/2007, de 02.05 –, ou da Retificação nº 37-A/2014, de 19.08, ao texto primeiro da Lei nº 35/2014, de 20.06.

[673] Aplicando-se (subsidiariamente) o Código do Trabalho, os créditos salariais apenas prescrevem um ano após a cessação do contrato de trabalho, nos termos do nº 1 do artigo 337º da Lei nº 7/2009, de 12.02.

[674] PAULO VEIGA E MOURA & CÁTIA ARRIMAR, *Os Novos Regimes de Vinculação, de Carreiras e de Remunerações dos Trabalhadores da Administração Pública*, Coimbra Editora, Coimbra, 2008, 221 e ss..

Inversamente, e dado que a relação de emprego público para o exercício de funções essencialmente técnicas passou a constituir-se mediante contrato de trabalho em funções públicas, mantiveram essa modalidade de vínculo os trabalhadores contratados por tempo indeterminado e, à face do disposto no nº 4 do artigo 88º da LVCR, transitaram para esta modalidade todos os trabalhadores nomeados definitivamente que estivessem afetos a funções não associadas à manifestação da autoridade ou soberania do Estado, as quais são já consideradas como parte de um *núcleo duro da função pública*[675].

Criou-se, deste modo, um estatuto misto para este último grupo de trabalhadores, o qual é composto pela plêiade de regras aplicável aos demais trabalhadores em regime de contrato de trabalho em funções públicas, mas parcialmente integrado pelas regras dos trabalhadores com vínculo de nomeação definitiva.

O processo operou sem qualquer cristalização, pois as modificações supervenientes operadas nos domínios estatutários do vínculo de nomeação definitiva refletem-se, igualmente, no seu enquadramento[676], sendo nesse sentido que os trabalhadores nomeados definitivamente que transitaram para a modalidade de contrato de trabalho em funções públicas ficaram, *ex vi* do no nº 4 do artigo 88º e do nº 2 do artigo 114º da LVCR, excecionados da aplicação das normas relativas ao despedimento coletivo, ao despedimento por extinção do posto de trabalho e à mobilidade especial[677]. Em síntese:

---

[675] Cfr. PAULO VEIGA E MOURA & CÁTIA ARRIMAR, *Os Novos Regimes de Vinculação, de Carreiras e de Remunerações dos Trabalhadores da Administração Pública*, cit., 57 e MIGUEL LUCAS PIRES, *Os Regimes de Vinculação e a Extinção das Relações Jurídicas dos Trabalhadores da Administração Pública*, cit., 57.

[676] As razões para esse estatuto estão, para ANA FERNANDA NEVES, *O Direito da Função Pública*, cit., 537, na salvaguarda do núcleo essencial do estatuto jurídico-laboral desses trabalhadores, de que o regime de cessação da relação de emprego constitui elemento identificativo principal, afluindo-se, em substância, ao princípio de proteção da confiança.

[677] Sem prejuízo, com a LGTFP foram eliminadas as causas de despedimento por inadaptação, de despedimento colectivo e de despedimento por extinção do posto de trabalho, mantendo-se apenas a extinção do contrato por motivos disciplinares e, numa fase inicial da sua vigência, também a cessação do contrato na sequência de um processo de requalificação de trabalhadores em caso de reorganização de serviços ou racionalização de efectivos na Administração Pública, hoje redenominado regime da valorização profissional (RVP) com a Lei nº 25/2017, de 30 de maio, e sem que essa possibilidade de cessação *a se* subsista. Atualmente, a valorização profissional é aplicável a trabalhadores que possuam uma relação

a) Os trabalhadores nomeados definitivamente a quem estavam atribuídas as funções expressamente previstas no artigo 10º da LVCR mantiveram a relação de emprego público e o vínculo de nomeação definitiva;
b) Os trabalhadores contratados por tempo indeterminado a quem estavam atribuídas as funções expressamente previstas no artigo 10º da LVCR mantiveram a relação de emprego público e transitaram para a modalidade de vínculo de nomeação definitiva;
c) Os trabalhadores contratados por tempo indeterminado a quem não estavam atribuídas as funções expressamente previstas no artigo 10º da LVCR mantiveram a relação de emprego público e o vínculo contratual, aplicando-se-lhes o regime do contrato de trabalho em funções públicas;
d) Os trabalhadores nomeados definitivamente a quem não estavam atribuídas as funções expressamente previstas no artigo 10º da LVCR mantiveram a relação de emprego público, transitando para o vínculo de contrato de trabalho em funções públicas; contudo, não lhes são aplicáveis as normas relativas às causas objetivas de cessação do contrato de trabalho (que só pode cessar por exoneração, mútuo acordo, sanção disciplinar expulsiva, morte ou aposentação) e conservam o regime de proteção social subjacente (CGA e ADSE).

6. Nestes termos, houve, com a entrada em vigor do RCTFP e da LVCR, uma *mudança de regime* que, em fundo, transportou aproximações significativas da disciplina das relações de emprego público ao regime do contrato de trabalho de Direito privado. Na maioria dos casos, houve também uma mudança de *modalidade do vínculo* no âmbito das relações de emprego público.

Estas alterações de regime foram, porém, atenuadas no caso dos trabalhadores que transitaram do vínculo de nomeação definitiva para o contrato

---

jurídica de emprego público por tempo indeterminado – garantindo-se, em todo o processo, a manutenção dos direitos dos trabalhadores, designadamente o vencimento de origem –, correspondendo à situação jurídico-funcional em que podem ser colocados os trabalhadores na sequência de processos de reorganização ou de racionalização de efetivos. Ao contrário do regime anterior de requalificação presente na versão originária da LGTFP, pretende-se agora que os trabalhadores regressem à efetividade de funções o mais depressa possível, acabando-se, por isso, com o sistema de cortes salariais subjacente ao regime da requalificação.

de trabalho em funções públicas, e as mudanças de vínculo, respeitando apenas às relações de emprego público, não tiveram a virtualidade de converter vínculos juslaborais de natureza pública em vínculos juslaborais de natureza privada ou vice-versa.

Sem prejuízo, existem ainda hoje problemas relacionáveis com a determinação dos efeitos produzidos pela lista nominativa de transições e com as eventuais manutenções dos vínculos de emprego público, tudo estando em saber se estes se cristalizaram.

A articulação do disposto nos números 1 e 4 do artigo 88º da LVCR com o previsto no nº 1 do artigo 109º da LVCR pode, *prima facie*, suscitar dúvidas interpretativas, na exata medida em que, por um lado, ali se estabelece que as transições entre vínculos de emprego público operam "sem outras formalidades" e, por outro, se prevê aqui que essas transições "são executadas" através de uma lista nominativa notificada a cada um dos trabalhadores e tornada pública por afixação no órgão ou serviço e inserção em página eletrónica, cuja produção de efeitos opera a partir da data da entrada em vigor do RCTFP.

Noutros termos: se uma primeira leitura do artigo 88º da LVCR parece apontar no sentido de que a lista nominativa tem natureza meramente declarativa[678], já o artigo 109º da LVCR parece inculcar que a lista é um ato administrativo com eficácia externa, cujo conteúdo, sendo suscetível de lesar direitos ou interesses legalmente protegidos, faz pender sobre os trabalhadores o ónus de impugnação, caso se vislumbre alguma incorreção nos elementos previstos na lista.

Todavia, analisando-se de forma detida o teor do nº 2 do artigo 17º do RCTFP, não parecem sobejar dúvidas de que aquela transição opera sem outras formalidades que não a elaboração da lista nominativa prevista na LVCR e que a alusão a "outras formalidades" atina com o facto de não ser necessário celebrar um contrato de trabalho com cada um dos trabalhado-

---

[678] Nessa situação, "não está em causa a emissão de um ato jurídico definidor da situação do interessado, que, nesse caso, já se encontra diretamente definida pela lei, sem necessidade de intermediação administrativa e, portanto, [que] a declaração da Administração não exprime o exercício de um poder se definir a situação do interessado, em termos de porventura lançar sobre ele o ónus da sua impugnação tempestiva, na hipótese de eventual incorreção dos termos em que a declaração seja emitida": MÁRIO AROSO DE ALMEIDA, "Teoria Geral do Direito Administrativo", *O Novo regime do Código do procedimento Administrativo,* Almedina, Coimbra, 2015, 227.

res que transita(ra)m para essa modalidade de vínculo público, porquanto "os documentos que suportam a relação jurídica anteriormente constituída são título bastante para sustentar a relação jurídica de emprego público constituída por contrato"[679].

Isso significa que aquelas listas nominativas poderão ser consideradas atos administrativos com eficácia externa, como tal passíveis de causar ofensa aos direitos ou interesses legalmente protegidos dos trabalhadores, sendo, nessa medida, impugnáveis[680].

7. Na esfera disciplinar, sempre que se verifique uma infração aos deveres a que o trabalhador se encontra vinculado e em que se esteja perante um cenário em que pode ter cabimento o exercício do poder disciplinar – enquanto "poder de predispor e aplicar medidas coativas adequadas (sanções disciplinares) aos trabalhadores cuja conduta prejudique ou ponha em perigo a empresa ou não seja adequada à correta efetivação dos deveres contratuais"[681] –, são dois os blocos normativos potencialmente aplicáveis, cuja seleção vai operar em função do tipo de vínculo de que o infrator é titular: por um lado, o regime do Código do Trabalho (em diante CT)[682] aos trabalhadores com contrato individual de trabalho (artigos 97º, 98º,

---

[679] Nessa medida, devem constar da lista nominativa, obrigatoriamente, relativamente a cada trabalhador, *(i)* a modalidade de constituição da sua relação de emprego público, *(ii)* a mobilidade geral do, ou no, órgão ou serviço, *(iii)* o cargo, carreira, categoria, atribuição, competência ou atividade que executa, *(iv)* a posição remuneratória, *(v)* o nível remuneratório e, no caso dos trabalhadores que transitaram do vínculo de nomeação definitiva para o vínculo de contrato de trabalho em funções públicas, *(vi)* a referência a que mantêm os regimes de cessação da relação jurídica de emprego público, de reorganização de serviços e colocação de pessoal em situação de mobilidade especial e de proteção social (nºs 3 e 4 do artigo 109º da LVCR).

[680] Porém, uma eventual ilegalidade, conquanto o vício que as inquine determine a sua anulabilidade, encontra-se sanada nos termos do artigo 141º do Código de Procedimento Administrativo, aprovado pelo Decreto-Lei nº 442/91, de 15.11– em vigor à data em que as listas nominativas terão sido elaboradas, notificadas e publicadas –, caso as listas não tenham sido impugnadas no prazo de três meses previsto na alínea *b)* do nº 2 do artigo 58º do Código de Processo nos Tribunais Administrativos, aprovado pela Lei nº 15/2002, de 22.02.

[681] Seguimos a definição de BERNARDO LOBO XAVIER, *Curso de Direito do Trabalho* (2ª ed. com aditamento de atualização), Verbo, Lisboa, 1999, 329, parecida, aliás, com a que é apresentada por PHILIPPE WAQUET, «Le principe d'égalité en droit du travail», DS, nº 3, 2003, 278.

[682] Aprovado pela Lei nº 7/2009, de 12.02, sucessivamente alterado. A última modificação foi introduzida pela Lei nº 120/2015, de 01.09.

128º e 328º a 332º); e, por outro, o regime da Lei nº 35/2014, de 20.06, aos trabalhadores com vínculo de emprego público (artigos 73º, 176º a 240º e 297º), sendo, neste âmbito, indiferente se os trabalhadores transitaram da modalidade de nomeação para a modalidade de contrato de trabalho em funções públicas ou se a relação de emprego se constituiu *ab initio* como uma relação contratual associável a um contrato de trabalho em funções públicas.

Assim, as especificidades de regime relativamente aos trabalhadores que constituíram uma relação de emprego na modalidade de nomeação definitiva e transitaram em 2009 para a modalidade de contrato de trabalho em funções públicas têm apenas que ver com as *causas objetivas* de cessação do contrato de trabalho – a *divisio* justa causa objetiva/subjetiva, sendo trabalhada à luz do artigo 53º da CRP, identifica a justa causa subjectiva com uma conduta culposa e censurável do trabalhador (despedimento por motivo imputável ao trabalhador), reservando a justa causa objectiva para as situações em que não existe um comportamento culposo do trabalhador, como sucede com a verificação de necessidades de reestruturação empresarial ou de resposta a situações de crise que inviabilizam a continuidade da relação laboral[683] –, e não com outras causas, necessariamente subjetivas, de cessação do contrato de trabalho, que podem atinar com a aplicação de sanção disciplinar extintiva.

Por conseguinte, e em função da natureza do vínculo do trabalhador, serão convocáveis, em matéria disciplinar, diferentes blocos normativos, nestes se incluindo normas adjetivas e substantivas.

Sem embargo, e após uma valoração conjugada da al./f do nº 1 do artigo 328º do CT, da al./d do nº 1 do artigo 180º e do artigo 297º da LGTFP, é possível aplicar, com base em violação de deveres funcionais, sanções disciplinares expulsivas tanto a trabalhadores com contrato individual de trabalho como a trabalhadores com contrato de trabalho em funções públicas, com a jurisprudência constitucional a entender que "a nossa Constituição não afirma qualquer garantia de vitalicidade do vínculo laboral da Função

---

[683] E que, no âmbito do CT, referem-se ao despedimento colectivo, ao despedimento por extinção de posto de trabalho e ao despedimento por inadaptação. Cfr., entre vários, BERNARDO LOBO XAVIER, *Curso de Direito do Trabalho* (1999), cit., 533, JOÃO LEAL AMADO, *Contrato de Trabalho* (2009), cit., 447 e ss., PEDRO ROMANO MARTINEZ, *Direito do Trabalho* (2010), cit., 1113 e ss., ROSÁRIO PALMA RAMALHO, *Direito do Trabalho. Parte II* (2010), cit., 1005 e ss. ou PEDRO FURTADO MARTINS, *Cessação do Contrato de Trabalho* (2012), cit., 522 e ss..

Pública" e que "os trabalhadores da Função Pública não beneficiam de um direito à segurança do emprego em medida diferente daquela em que tal direito é reconhecido aos trabalhadores em geral"[684].

Isto, num quadro em que o recrutamento de trabalhadores por tempo indeterminado de entidades públicas que estão para lá da LGTFP vai operar nos termos gerais do CT[685], mas em que o direito de acesso à função pública impõe um conjunto de garantias que não se bastam com a aplicação simplista do Direito laboral privado.

Se o direito recortado no nº 2 do artigo 47º da CRP, é, antes de tudo, o direito a um procedimento justo de seleção e recrutamento[686], o concurso será a figura que dá substância à justeza do procedimento de seleção do trabalhador a recrutar, o qual se iniciará com a publicação do aviso de abertura e terminará com o decurso do respetivo prazo de validade. É que, como já sublinhou o Tribunal Constitucional[687], «independente-

---

[684] Nestes termos, cfr. Ac. TC nº 4/2003, de 07.01 (BENJAMIM RODRIGUES), proc. nº 437/02.

[685] No caso de entidades reguladoras encontra-se, todavia, para os efeitos previstos na LQER, um recrutamento sujeito a prévio anúncio público, designadamente, no sítio na *Internet* da entidade e na Bolsa de Emprego Público, exigindo-se, perante a natureza pública do regulador, que o procedimento a seguir seja de tipo concursal e que o mesmo garanta, em qualquer caso, a aplicação de métodos e critérios objetivos e detalhados de avaliação e seleção, bem como a fundamentação da decisão tomada. A disponibilização (desde logo na *Internet*) de formulários de candidatura é um instrumento de simplificação e de economia do tempo de análise dos processos de candidatura. O formulário contém a informação necessária para decidir sobre a admissão do candidato e, sendo o caso, determinar o seu posicionamento inicial em face do mesmo (por exemplo, saber se é um candidato com prévia relação jurídica de emprego público ou não; determinar os métodos de seleção a que será submetido). Este constitui ainda um corolário da natureza pública das entidades reguladoras, uma vez que, no ordenamento jurídico português, aplica-se às entidades reguladoras a regra de que o concurso é a forma comum de recrutamento de trabalhador para emprego público, estabelecida no nº 3 do artigo 267º da CRP.

[686] Na jurisprudência, entre vários, cfr. Ac. TC nº 406/2003, de 17.09 (PAMPLONA DE OLIVEIRA), proc. nº 470/01, Ac. TC nº 683/99, de 21.12 (PAULO MOTA PINTO), proc. nº 42/98, Ac. TC nº 157/92, de 23.04 (MONTEIRO DINIZ), proc. nº 288/90 e Ac. do TC nº 53/88, de 08.03 (VITAL MOREIRA), proc. nº 21/86.

[687] Ver Ac. do Plenário do TC nº 683/99, de 21.12 (PAULO MOTA PINTO), proc. nº 42/98. No mesmo sentido: «[a]inda que se entenda que para o recrutamento de pessoal sujeito ao regime do contrato individual de trabalho se não justifica a realização de um concurso público, nem por isso se pode deixar de reconhecer que a seleção e o recrutamento desse pessoal deverá sempre ter lugar através de procedimentos administrativos que assegurem a referida liberdade e igualdade de acesso», cfr. Ac. nº 406/2003, de 17.09 (PAMPLONA DE OLIVEIRA), proc. nº 470/01.

mente do exato recorte do conceito de "função pública" constitucionalmente consagrado, não pode o regime de acesso previsto no artigo 47º, nº 2, da Constituição (com as suas notas de igualdade e liberdade e o princípio do concurso) deixar de valer, igualmente, para o acesso a tal lugar de trabalhador do Estado vinculado por contrato de trabalho sem termo. Tal trabalhador desempenharia uma atividade subordinada de trabalho, ao serviço da Administração, com um carácter tendencialmente permanente ou definitivo. E não se vê por que não hão de valer, para o acesso a tal posição, pelo menos com igual razão, as mesmas regras previstas na Constituição para o acesso à função pública em geral, sendo-lhe inteiramente aplicáveis os fundamentos que determinam a consagração constitucional destas regras»[688].

Eis porque, no nosso entendimento, não se encontra isento de dúvidas jurídico-constitucionais o regime de mobilidade previsto na LGTFP. Como resulta dos artigos 92º e 93º da LGTFP a mobilidade interna reveste as formas de mobilidade na categoria e de mobilidade intercarreiras ou catego-

---

[688] Devendo, pois, para o efeito, adotar-se um procedimento de avaliação e seleção que garanta o respeito dos princípios da igualdade de condições e oportunidades dos candidatos, da imparcialidade de tratamento dos candidatos e da prestação de informação completa e clara sobre o decurso do procedimento e da conclusão do mesmo, não há, quanto ao mais, especificidades a salientar relativamente aos termos em que a contratação laboral por tempo indeterminado se processa, assumindo-se que, não obstante as limitações sucessivamente inscritas nas Leis do Orçamento de Estado, essa é, na atualidade, o regime-regra no universo dos reguladores, sem prejuízo da existência de um mapa de pessoal único, que albergará também os titulares de uma relação pública de emprego *stricto sensu*. No âmbito da planificação da atividade, os postos de trabalho englobam todas as modalidades de vínculo de emprego, o que, naturalmente, implica que se esteja em presença de trabalho subordinado. Incluem-se naqueles postos de trabalho as relações jurídicas constituídas por contrato de trabalho em funções públicas, por tempo indeterminado ou a termo resolutivo, certo ou incerto, por nomeação e bem assim o exercício de cargos em comissão de serviço, com exceção natural das prestações de serviço, uma vez que estas não são trabalho subordinado. Na identificação dos postos de trabalho não são contabilizados, nomeadamente, os trabalhadores do serviço que se encontrem provisoriamente em exercício de funções ao abrigo de figuras de mobilidade geral ou em exercício de funções externas à entidade. A elaboração dos mapas de pessoal (número de postos de trabalho e sua caracterização) traduz um juízo objetivo de avaliação sobre a necessidade de garantir, no plano da organização do trabalho, uma adequada resposta às necessidades impostas pela lei, pelas orientações estratégicas superiormente fixadas e pelas decisões organicamente tomadas. É em função dessa avaliação e como resultado dela que o órgão ou serviço verifica se se encontram em funções trabalhadores em número suficiente, insuficiente ou excessivo.

rias, podendo efectuar-se dentro do mesmo órgão/serviço ou entre dois órgãos ou serviços. Se a mobilidade na categoria consiste no exercício de funções inerentes à categoria do trabalhador, dentro da mesma actividade ou em actividade diferente para que detenha habilitação adequada[689], já a mobilidade intercarreiras ou intercategorias, por seu turno, opera para o exercício de funções inerentes a outra carreira ou a outra categoria dentro da carreira de que se é titular, exigindo-se habilitação adequada e nunca podendo dar azo a modificação substancial da posição do trabalhador, estando-se, no que à mobilidade intercategorias diz respeito, perante um pressuposto de carreira pluricategorial, no sentido a que a cada categoria tem de corresponder um conteúdo funcional diferente[690]. Mais: após a Lei nº 42/2016, de 28.12, a consolidação da mobilidade intercategorias apenas depende de *(i)* acordo do trabalhador, *(ii)* posto de trabalho disponível[691], *(iii)* formação específica, conhecimentos ou experiência legalmente exigidos para o recrutamento dos postos de trabalho em causa e *(iv)* e da verificação da duração do período experimental estabelecido para a função em causa, tendo-se, portanto, abandonado a exigência de concurso público.

---

[689] Aqui, como notam Paulo Veiga e Moura & Cátia Arrimar, *Comentários à Lei Geral de Trabalho em Funções Públicas – I volume*, Coimbra Editora, Coimbra, 2014, 349 e ss., o trabalhador continua a exercer as funções próprias da sua categoria noutro ou no mesmo órgão ou serviço, mantendo ou não a atividade aí exercida, o que significa que continua a executar o conteúdo funcional da sua categoria, embora o faça noutro local de trabalho, pertencente ou não ao mesmo serviço, ou no exercício de uma atividade diferente aquela que vinha aí exercendo (v.g. o técnico superior jurista que está no departamento de obras e passa a exercer a sua atividade, no mesmo ou noutro órgão, no departamento de contraordenações).

[690] Ainda Paulo Veiga e Moura & Cátia Arrimar, *Comentários à Lei Geral de Trabalho em Funções Públicas – I volume*, cit., 349 e ss., salientando-se que se na mobilidade intercarreiras o trabalhador passa a exercer funções diferentes das que correspondem ao conteúdo funcional da categoria e carreira em que está provido – pelo que se está perante uma mobilidade funcional vertical, em que o trabalhador é chamado a exercer funções que não integram nem são afins ou funcionalmente ligadas às da sua carreira e categoria, antes se tratando de funções próprias de uma carreira diferente, que faz apelo a um grau de complexidade funcional igual ou diferente –, já na mobilidade intercategorias também se está perante uma mobilidade funcional vertical, embora não se possa dizer que o trabalhador passa a executar funções que integram o conteúdo funcional de outra carreira. Na verdade, na mobilidade intercategorias o trabalhador mantém-se a exercer as funções que são próprias da carreira em que está provido, passando apenas a executar as funções que são específicas de uma determinada categoria dessa mesma carreira, sejam elas de uma categoria superior ou inferior.

[691] No caso de coordenadores técnicos, encarregados operacionais e encarregados gerais operacionais deverá observar-se ainda a regra de densidade prevista no artº 88º da LGTFP.

A *latere* deste regime, encontra-se a cedência de interesse público que, nos termos da LGTFP, tem aptidão bastante para viabilizar um mecanismo *a se* de mobilidade que permite a consolidação do trabalhador em carreira e categorias idênticas na entidade pública que figure como cessionária. Embora neste círculo se afaste a possibilidade de consolidação em lógica de intercarreiras ou intercategorias, a cedência assume-se aqui como uma figura que, contrariamente à sua aptidão natural, é susceptível de, mediante despacho de concordância do membro do Governo competente na respetiva área e de parecer favorável dos membros do Governo responsáveis pelas áreas das finanças e da Administração Pública, determinar a consolidação de um trabalhador com vínculo de emprego público na mesma carreira e categoria em cessionária que seja uma entidade empregadora pública[692].

Assim, apesar de até hoje o aspeto nunca ter sido suscitado, aqui, por força do provimento definitivo dos postos de trabalho que, em qualquer das modalidades implicadas, vai associado à efetivação da mobilidade e à subsequente consolidação, há razões para nutrir fundadas dúvidas acerca da (in)constitucionalidade das soluções desenhadas no artigo 92º e seguintes da LGTFP, uma vez que o princípio da igualdade de acesso à função pública parece não conviver com a ausência de um procedimento justo de seleção e recrutamento com vista ao provimento de um posto de trabalho público em definitivo, mesmo que, para tanto, os trabalhadores envolvidos já sejam titulares de um contrato de trabalho em funções públicas[693].

---

[692] Veja-se os nºs 9 e 10 do artigo 100º da LGTFP.

[693] Ver GOMES CANOTILHO & VITAL MOREIRA, *Constituição da República Portuguesa Anotada – Volume I* (4ª ed.), Coimbra Editora, Coimbra, 2007, 660-2, e, na jurisprudência, o já mencionado Ac. do Plenário do TC nº 683/99, de 21.12 (PAULO MOTA PINTO), proc. nº 42/98. Tratando-se de aspeto que já tínhamos sinalizado em JOÃO ZENHA MARTINS, "A transformação dos vínculos de emprego público e as vicissitudes modificativas associadas à mobilidade laboral no contexto das entidades reguladoras", cit., 94-5, a Lei nº 25/2017, de 30.05, veio aditar um novo artigo, que, embora sem desfazer na íntegra os argumentos subjacentes às dúvidas suscitadas a propósito da mobilidade, introduz maior transparência em todo este processo. Estabelece agora o artigo 97º-A da LGTFP que "(a) mobilidade é publicitada pelo órgão ou serviço de destino, pelos seguintes meios: a) Na Bolsa de Emprego Público (www.bep.gov.pt), através do preenchimento de formulário próprio para o efeito disponibilizado; b) Na página eletrónica do órgão ou serviço de destino, através da identificação da situação e modalidade da mobilidade pretendida e com ligação à correspondente publicitação na Bolsa de Emprego Público".

III. O regime da cedência de interesse público

8. A cedência de interesse público encontra as suas origens na Lei nº 23/2004, de 22.07, correspondendo, com adaptações, à cedência ocasional de trabalhadores primeiramente regulada no Decreto-Lei nº 358/1989, de 17.10, e, depois, no Código do Trabalho.

Em 2003, o CT apartou a cedência ocasional de trabalhadores do trabalho temporário (que continuou regulado em lei avulsa), estabelecendo os seus pressupostos na Secção III do Capítulo VII. Configurou-se então a cedência como uma vicissitude do contrato de trabalho, um "evento esporádico"[694], dissociando-se, por um determinado período[695], o empregador da "pessoa que exerce o poder de direção"[696].

Embora antes disso a doutrina procurasse recortar a figura a partir de um conjunto de traços definidores, o legislador abalançou-se a definir, no artigo 322º do CT2003, a cedência ocasional de trabalhadores como a *disponibilização temporária e eventual do trabalhador do quadro de pessoal próprio de um empregador para outra entidade, a cujo poder de direção o trabalhador fica sujeito, sem prejuízo da manutenção do vínculo contratual inicial*, acabando com a proibição que abria o pórtico da LTT relativo à figura[697].

A definição corresponde à que se encontra hoje estabelecida no artigo 288º do CT2009, avultando, por contraste com a sua regulação originária, o desaparecimento da proibição genérica da cedência ocasional de trabalhadores que se encontrava na LTT[698], embora se mantenha o enquadra-

---

[694] Júlio Vieira Gomes, *Direito do Trabalho. Volume I: Relações Individuais de Trabalho*, Coimbra Editora, Coimbra, 2007, 836.
[695] Luís Menezes Leitão, *Direito do Trabalho* (2ª ed.), Almedina, Coimbra, 2010, 412.
[696] Júlio Vieira Gomes, *Direito do Trabalho*, cit., 842.
[697] Por isso, quer António Menezes Cordeiro (*Manual de Direito do Trabalho*, Almedina, Coimbra, 1997, 610) quer Pedro Romano Martinez (*Direito do trabalho – Volume II*, 2ª edição, Pedro Ferreira, Sintra, 1998, 350), em atenção à irrazoabilidade das restrições impostas para a efetivação da cedência, questionaram a bondade da solução legal, suscitando também dúvidas sobre a sua (in)constitucionalidade.
[698] O artigo 26º da LTT, com que se iniciava a regulação do Capítulo III, aparecia a dispor que "(é) proibida a cedência de trabalhadores do quadro de pessoal próprio para utilização de terceiros que sobre esses trabalhadores exerçam os poderes de autoridade e direção próprios da entidade empregadora", pelo que a jurisprudência, norteada por esta coordenada, enfatizava a excecionalidade da cedência. Por exemplo, Ac. STJ de 25.06.2002 (Azambuja da Fonseca), ADSTA, Ano XLII, nº 494, pp. 357 e ss (366) e Ac. STJ de 10.07.2002 (Azambuja da Fonseca), ADSTA, Ano XLII, nº 495, 2003, 483 e ss (495). Todavia, à face da regulação do CT, Guilherme Dray, "Anotação artigo 322º" *in* Pedro Romano Martinez, Luís

mento de que o beneficiário directo da prestação laboral (o cessionário) não é parte no contrato de trabalho e que, por isso, o empregador fica despojado do poder de direcção (o cedente).

Se com o contrato de trabalho se visa, em primeira linha, a laboração subordinada (ainda o artigo 1152º do Código Civil), com o contrato de cedência ocasional procura-se a disponibilização dos serviços do trabalhador em favor de outra entidade, a qual, embora sem assumir a qualidade de empregadora, fica provida do poder de direção.

Nesse contexto, aplica-se o regime que vigora para o cessionário quanto ao modo de prestação do trabalho, ao local de trabalho, à duração e ao horário de trabalho, à suspensão do contrato de trabalho, à segurança e saúde no trabalho, ao acesso a equipas sociais, às férias, aos subsídios de férias e de Natal e a outras prestações regulares e periódicas a que os trabalhadores do cessionário tenham direito por idêntica prestação de trabalho[699].

A operação é necessariamente temporária, uma vez que a al./d do artigo 289º do CT, à semelhança do que se verificava com a requisição de funcionários e agentes em regime de Direito público à luz do Decreto-Lei nº 41/84, de 03.02, impõe a duração máxima de um ano – renovável por iguais períodos até ao máximo de cinco anos[700] –, fazendo eco do princípio de que, por regra, o trabalho é para prestar perante o respectivo empregador e também do ideário de que, em homenagem à importância da autonomia colectiva, é na estrutura produtiva do respectivo empregador que o trabalhador encontra a solidariedade e a ambiência necessárias à estruturação coletiva dos meios necessários à defesa dos seus interesses[701].

MIGUEL MONTEIRO, JOANA VASCONCELOS, PEDRO MADEIRA DE BRITO, GUILHERME DRAY, LUÍS GONÇALVES DA SILVA, *Código do Trabalho Anotado*, Almedina, Coimbra, 2003, 495, ainda referia que "(a) cedência, a ocorrer, é excecional".

[699] Cfr. nº 1 do artigo 291º do CT e al./b do nº 5 do mesmo preceito.

[700] No âmbito do Decreto-Lei nº 41/84, de 03.02, a requisição de funcionários e agentes em regime de Direito público, tendo o limite de um ano, apenas era prorrogável até ao máximo de dois. Ainda: JOÃO ALFAIA, *Conceitos fundamentais do regime jurídico do funcionalismo público*, cit., 329.

[701] Cfr. JORGE LEITE, "O Direito do Trabalho na crise (Relatório geral)", *Temas de Direito do Trabalho – Direito do Trabalho na crise. Poder empresarial. Greves atípicas (IV Jornadas Luso-Hispano-Brasileiras de direito do trabalho)*, Coimbra Editora, Coimbra, 1990, 46-7, MARIA REGINA REDINHA, *A Relação laboral fragmentada – estudo sobre o trabalho temporário*, BFDUC 1995, nº 12, Coimbra, 1995, pp. 89-90 e CATARINA DE OLIVEIRA CARVALHO, *Da mobilidade dos trabalhadores no âmbito dos grupos de empresas nacionais*, UCP, Porto, 2001, 114 e ss..

Depois, *(i)* além de o trabalhador cedido ter de estar vinculado ao empregador cedente por contrato de trabalho sem termo (al./a do artigo 289º do CT) – proibindo-se assim a cedência de trabalhadores com outros figurinos contratuais e também as situações de subcedência[702] –, *(ii)* e de o trabalhador ter de concordar com a cedência (al./a do artigo 289º do CT), é importante notar que se tem entendido que um dos corolários da ressalva de manutenção do vínculo laboral com a cedente repousa no facto de o poder disciplinar permanecer integralmente na sua esfera jurídica.

Com efeito, perante a ausência de sinal com sentido contrário, apenas o cedente terá legitimidade para o exercício do poder disciplinar[703], independentemente da sanção que a infracção praticada pelo trabalhador convoque[704], já que, ao revés do que sucede com a figura da cessão da posição contratual (em que se topa com a assunção da titularidade da posição de entidade empregadora pelo cessionário[705]) ou mesmo com o instituto da

---

[702] Com o intuito de obviar a uma cadeia negocial pouco consentânea com a transparência que a deslocação do trabalhador para uma estrutura produtiva alheia ao seu empregador concita, na lógica que permeia o Código o cedente terá necessariamente que ser o empregador (= proibição de cedências em *cascata*).

[703] Sobre os fundamentos do poder disciplinar, em dissecação das teorias contratualistas e institucionalistas, cfr. Rosário Palma Ramalho, *Do fundamento do poder disciplinar laboral*, Almedina, Coimbra, 1993 e "Sobre os limites do poder disciplinar", *I Congresso Nacional de Direito do Trabalho. Memórias* (org. António José Moreira) Almedina, Coimbra, 1999, p. 181 e ss (191), observando que "a componente laboral é a relação subjetiva de subordinação-domínio ou relação de emprego, tutelada pelo elemento disciplinar". Já na LGTFP, permite-se, como se viu, que, no âmbito de uma cedência de interesse público, a cessionária exerça o poder disciplinar, estando, no entanto, reservada a aplicação de sanção disciplinar extintiva à cedente (nº 6º do artigo 242º). Admitindo, contudo, que, com excepção do despedimento por facto imputável ao trabalhador, o poder disciplinar pode, no quadro da cedência de trabalhadores prevista no CT, ser delegado na cessionária, cfr. Guilherme Dray, "Anotação ao artigo 291º", *Código do Trabalho Anotado* (10ª ed.), Almedina, Coimbra, 2016, 689.

[704] Em Itália, sobre a *indelegabilidade* do poder disciplinar enquanto elemento do tipo do *pacto de distacco*, veja-se, por todos, Marco Esposito, "Distacco e prestazione di lavoro a favore del terzo", *Giornale di diritto del lavoro e delle relazioni industriali*, n. 69, 1996-1, 119-153 (143). Contudo, em sentido diverso, admitindo que o poder disciplinar mantém-se na esfera do cedente, sem prejuízo da possibilidade de delegação por acordo entre as partes, salvo quanto estiver em causa a aplicação da sanção de despedimento (por analogia com o nº 4 do artigo 329º do CT), veja-se ainda Luís Menezes Leitão, *Direito do Trabalho*, cit., 412 e ss..

[705] Sobre a cessão da posição contratual, cfr. Carlos Alberto da Mota Pinto, *Cessão da posição contratual*, Coimbra, (reimp.), 1982, 71-2; Pires de Lima & Antunes Varela, *Código Civil Anotado*, Vol. I, 3ª edição, Coimbra Editora, Coimbra., 1986, 351; Menezes Cordeiro, *Direito das Obrigações*, Vol. II, AAFDL, Lisboa, 1994, 130-1, Romano Martinez,

adesão ao contrato de trabalho (em que se encontra uma extensão subjectiva da titularidade, *i.e.*, uma contitularidade da posição jurídica[706]), neste domínio apenas a cedente detém a qualidade de empregadora[707].

Esta limitação explica-se à luz da ideia de que a subordinação fica desfigurada "quando o empregador se encontra despojado desta forma subtil de pressão que é a eventualidade de um despedimento"[708] e porque a imanência do poder disciplinar ao *status empregatoris*, constitui, na economia da figura, um "efeito normativo do negócio adoptado"[709], o qual, diante da ausência de sinal explicitamente contrário, aparece conexionado com uma ideia de incindibilidade sancionatória[710]; eis, também, a razão pela qual se prevê não só a contagem do período de cedência na antiguidade do trabalhador (nº 2 do artigo 290º do CT), como a desconsideração do trabalhador cedido para efeito da determinação das obrigações do cessionário que tenham em conta o número de trabalhadores do empregador (essa relevância opera, nos termos do nº 1 do artigo 31º da Lei nº 105/2009, de 14.09, por referência ao cedente, que deve considerar o trabalhador cedido na informação anual sobre a atividade social da empresa), com excepção das

---

O Subcontrato, Almedina, Coimbra, 1989, 86 e RIBEIRO DE FARIA, *Direito das Obrigações II*, Almedina, Coimbra, 1990, 626 e ss..

[706] Na adesão ao contrato, ao revés do que sucede com a cessão da posição contratual (em que se verifica um fenómeno de transmissão), o aderente, ao assumir a posição jurídica do cedente, dá origem a uma situação de contitularidade, alargando, assim, o âmbito subjetivo do complexo de posições ativas e passivas que emerge do contrato. Ainda, PIRES DE LIMA e ANTUNES VARELA, *Código Civil Anotado, Vol. I*, 3ª edição revista e atualizada, cit., 401, ALMEIDA COSTA, *Direito das Obrigações*, 9ª ed., Almedina, Coimbra, 2001, 742 e CARLOS ALBERTO DA MOTA PINTO, *Cessão da posição contratual*, cit., 453.

[707] Eis porque, de entre outros aspetos, a figura da cedência é dificilmente explicável à luz das figuras civilistas genéricas, como cedo fez notar GIUSEPPE MELIADÓ *Il rapporto di lavoro nei gruppi di società – subordinazione e imprese a struttura complessa*, Doot. A. Giuffrè Editore, Milão, 1981, 140-1.

[708] BERNARDO LOBO XAVIER, *O Despedimento Colectivo no dimensionamento da empresa*, Verbo, Lisboa, 2000, 16.

[709] ORLANDO DE CARVALHO, "Negócio jurídico indirecto (teoria geral)", Separata do Vol. X do Suplemento do BFDVC, Coimbra, 1952, 42.

[710] Nesta linha, ver também Ac. STJ de 14.05.2009 (MÁRIO PEREIRA), proc. nº 08S2315: "verifica-se, nesta figura, um fraccionamento dos poderes do empregador: embora o trabalhador cedido continue a pertencer ao quadro da empresa cedente, a qual mantém a titularidade exclusiva do poder disciplinar, o poder de direcção e de conformação da prestação laboral cabe à empresa cessionária e o trabalho prestado desenvolve-se sob a direcção desta e demais condições nela existentes".

que respeitam à organização dos serviços de higiene, segurança e saúde no trabalho (n.º 1 do artigo 293.º do CT)[711], já que é sobre o cessionário que também impende a obrigação de informar o cedente e o trabalhador dos riscos para a segurança e saúde inerentes ao posto de trabalho que o trabalhador vai ocupar (n.º 2 do artigo 291.º do CT).

9. A cedência de interesse público, não obstante o seu decalque da cedência ocasional de trabalhadores, contém especificidades de vulto.

Procurando-se uma *nova forma de assegurar que um funcionário ou um agente pudesse exercer funções para uma outra pessoa coletiva pública, num ambiente de Direito privado e sujeito às suas regras, sem, contudo, perder o seu vínculo ao empregador público originário*[712], a figura foi sendo redesenhada pelos sucessivos diplomas que incidiram sobre as relações de emprego na Administração Pública, apresentando-se, assim, na LGTFP com traços de regime que suscitam um estudo autónomo.

Se, ao abrigo da LVCR[713], a mobilidade dos trabalhadores em funções públicas podia assumir a forma de cedência de interesse público ou de mobilidade interna, a LGTFP prevê tão só uma forma de mobilidade (interna) que regulamenta nos artigos 92.º a 100.º, onde curiosamente se alude à cedência de interesse público enquanto figura que viabiliza outro tanto a consolidação de um trabalhador. Mas, na LGTFP, a cedência de interesse público, encontra-se substantivamente regulada no Capítulo VIII, com a epígrafe "Vicissitudes Modificativas", traduzindo a perspetiva de que a figura é esporádica ou acidental, não obstante o desfecho viabilizado pelos n.ºs 9 e 10 do artigo 99.º quanto à consolidação da mobilidade na categoria.

O n.º 1 do artigo 241.º da LGTFP estabelece uma distinção entre empregador público e empregador fora do seu âmbito da aplicação, desenhando, em seguida, os termos em que a cedência pode operar.

---

[711] Em consonância, nos termos do n.º 2 do artigo 290.º do CT, considera-se aqui o tempo de cedência para efeitos da relevância que o contrato de trabalho atribui à antiguidade, o mesmo sucedendo quanto à avaliação feita pelo cessionário no que diz respeito ao desempenho do trabalhador.

[712] Rosário Palma Ramalho & Pedro Madeira de Brito, *Contrato de Trabalho na Administração Pública*, Almedina, Coimbra, 2004, 103.

[713] No artigo 58.º e seguintes, mais se prevendo então que, nos termos do artigo 102.º, os trabalhadores em situação de mobilidade, como era o caso das requisições, transitassem para a situação de cedência de interesse público, mediante o seu acordo.

Sempre que o cedente seja um empregador público, nos termos e para os efeitos do artigo 1º da LGTFP, o acordo de cedência de interesse público carece da aceitação do trabalhador e de autorização do membro do Governo que exerça poderes de direção, superintendência ou tutela sobre o empregador público.

Em acréscimo, se o trabalhador envolvido na cedência tiver um vínculo a empregador fora do âmbito de aplicação da LGTFP estabelece-se como necessária a autorização dos membros do Governo responsáveis pelas áreas das finanças e da Administração Pública, ficando em aberto a possibilidade de um empregador fora do âmbito de aplicação da LGTFP poder figurar como cessionário, embora, em utilização do argumento *a contrario sensu*, essa eventualidade pareça ficar prejudicada, circunstância que, para lá de impedir um conjunto de entes públicos do benefício da atividade de um trabalhador com um vínculo a uma entidade empregadora pública, tem ademais, e por regra, relevância quanto às possibilidades de estes entes poderem recorrer à contratação de trabalhadores, perante as limitações sucessivamente inscritas nas Leis do Orçamento de Estado[714].

Dir-se-ia, com efeito, que um empregador fora do âmbito de aplicação da LGTFP não pode participar num acordo de cedência de interesse público enquanto cessionário, uma vez que, à semelhança de qualquer pessoa de Direito privado, não é uma entidade abrangida pelo âmbito de aplicação da LGTFP.

Assim, e em raciocínio excludente, sempre que uma entidade não coberta pela LGTFP queira recorrer à cedência de trabalhadores na qualidade de cessionária só poderá fazê-lo através da cedência ocasional de trabalhadores prevista no CT e nunca por via do recurso à figura da cedência de interesse público.

Esta leitura preclusiva, que se acomoda à visão de que a cedência de interesse público é, por definição, unilateral (*i. e.*, apenas conhece aplicação nos casos em que o empregador fora do âmbito de aplicação da LGTFP figure como cedente, não podendo participar num acordo de cedência de interesse público na qualidade de cessionário), louva-se, essencialmente,

---

[714] Com efeito, a impossibilidade a que se referia o nº 3 do artigo 58º da Lei nº 82-B/2014, de 31.12 (LOE2015), só faria sentido quando aferida a partir da entidade que pretende beneficiar das possibilidades de recrutamento genericamente interditas pelo nº 1 do preceito, situação de impossibilidade que, com referência à cedência de interesse público, encontra, por exemplo, e em abstrato, verificação potencial no caso de uma entidade reguladora.

no argumento de que a LGTFP visa permitir que, por razões de interesse público, possa haver trabalhadores vinculados a outras entidades que, transitoriamente, possam desempenhar funções em benefício de empregadores públicos que estejam cobertos pela aplicação da LGTFP. E, sob esse ângulo, não haveria interesse público, enquanto pressuposto de acionamento da cedência prevista nos artigos 241º e seguintes da LGTFP, na disponibilização de um trabalhador a uma entidade estranha ao âmbito de aplicação da LGTFP, até porque esses entes, sejam associações de Direito privado, sociedades comerciais ou as entidades referidas no artigo 2º da LGTFP, dispõem da figura homóloga de Direito privado, que é a cedência ocasional de trabalhadores prevista no CT, para fazer face a essas necessidades.

Esta perspetiva, sinalizada à inaplicabilidade da cedência de interesse público às situações em que o cessionário seja uma entidade estranha ao âmbito de aplicação da LGTFP, não logra, todavia, sustentação. E tal acontece não apenas porque existem entes que prosseguem o interesse público – caso das entidades reguladoras, uma vez que estas entidades são inequivocamente públicas, pelo que os seus trabalhadores, prestando um serviço que visa o interesse público, exercem uma função pública –, como também porque o artigo 241º da LGTFP não faz qualquer distinção entre a qualidade em que o empregador fora do âmbito de aplicação da LGTFP intervém (cedente ou cessionário), não sobrando, por isso, margem para a confeção de uma cláusula de restrição implícita sem que, para tanto, se vislumbre o mínimo de cobertura legal.

Se "quando a lei aplica uma estatuição a uma previsão, delimitada de certo modo, presume-se que a aplica a toda a previsão, não sendo lícito ao intérprete distinguir casos em que se aplica, casos em que se não aplica"[715], não se perfilam, com efeito, elementos extraliterais de interpretação que permitam concluir que a fórmula empregue excedeu o pensamento legislativo, ou seja, que a cedência de interesse público, para lá de se aplicar à situação em que um trabalhador de um empregador público abrangido pelo âmbito de aplicação da LGTFP vai exercer uma atividade subordinada para empregador fora do âmbito de aplicação da LGTFP, também se

---

[715] Como acentuava João de Castro Mendes, *Introdução ao Estudo do Direito*, Editora Danúbio, Lisboa, 1984, 252, embora o Autor acrescentasse que se trata de "uma mera presunção; o intérprete pode concluir que o legislador usou uma expressão geral de mais, não sendo sua vontade submeter-lhe certos casos particulares".

aplica à situação em que um trabalhador vinculado a empregador que se encontra fora do âmbito de aplicação da LGTFP vai exercer uma atividade subordinada em benefício de um empregador publico.

A tanto, acresce o facto de não existir, com propriedade, uma situação de concorrência aplicativa entre as figuras da cedência de interesse público e da cedência ocasional de trabalhadores que provoque qualquer colisão entre ambas ou tão pouco a possibilidade de escolha quanto à que se mostre mais favorável. Se, em rigor, a colisão só existe se a cedência de interesse público e a cedência ocasional de trabalhadores forem aplicadas em simultâneo – o que jamais se verifica –, o mesmo se passa quanto à inexistência de escolha por parte de um empregador fora do âmbito de aplicação da LGTFP quanto à figura utilizável. Na verdade, embora uma entidade estranha ao âmbito de aplicação da LGTFP possa, em abstrato, recorrer a ambas as figuras, é seguro que a aplicação da cedência ocasional de trabalhadores regulada no CT nunca poderá ocorrer sempre que intervenha um empregador público sujeito à LGTFP. E, por isso, a inaplicabilidade da cedência ocasional de trabalhadores aos empregadores públicos sujeitos à LGTFP implicará que toda e qualquer cedência de trabalhadores que se processe entre estes e um empregador fora do âmbito de aplicação da LGTFP suscite a aplicação da LGTFP. Ao inverso, nos casos em que um empregador fora do âmbito de aplicação da LGTFP intervenha em acordo de cedência com trabalhador que esteja vinculado a empregador não sujeito à LGTFP terá cabimento a cedência ocasional de trabalhadores. Tal será o bastante para se considerar prejudicada qualquer situação de concorrência entre a cedência de interesse público e a cedência ocasional de trabalhadores, já que estará na intervenção de um empregador público sujeito à aplicação da LGTFP o critério que permitirá demarcar a aplicabilidade de cada uma das figuras[716].

[716] Em favor deste enquadramento assinalava-se, antes da Lei nº 25/2017, de 30.05, o regime previsto para os trabalhadores em situação de requalificação que iniciavam funções e que podia ocorrer em *(i)* órgãos ou serviços abrangidos pelo âmbito de aplicação da LGTFP e *(ii)* pessoas coletivas de direito público e instituições particulares de solidariedade social (IPSS), embora o reinício de funções em IPSS dependesse da celebração de protocolo da entidade gestora da requalificação com essas entidades. Com efeito, antes da revogação operada pelo artigo 12º da Lei nº 25/2017, de 30.05, o reinício de funções, nos termos conjugados do nº 6 do artigo 99º e dos artigos 265º a 267º da versão primeva LGTFP, fazia-se por *cedência de interesse público* para empresas do sector público empresarial e dos sectores empresariais regionais, intermunicipais, e municipais, entidades administrativas independentes, entidades

10. Nesta sequência, o regime contido no nº 1 do artigo 241º da LGTFP, que estabelece uma distinção no plano da sua autorização em função da natureza em que intervenha o empregador público *stricto sensu* – enunciativamente, o nº 2 do artigo 241º da LGTFP apenas prevê a necessidade de autorização suplementar dos membros do Governo responsáveis pelas áreas das finanças e da Administração Pública no caso em que um empregador fora do âmbito de aplicação da LGTFP intervenha na qualidade de cedente e já não na qualidade de cessionário, autorização que, em todo o caso, cabe ao empregador público providenciar, assim como aquela que se refere ao membro do Governo que exerça poderes de direção, superintendência ou tutela sobre o empregador público –, vem tornar o regime da cedência de interesse público residual, enquanto figura que possa dar satisfação ao reforço dos quadros de que uma entidade pública fora do âmbito de aplicação da LGTFP careça.

Com efeito, se uma entidade pública fora do âmbito de aplicação da LGTFP necessitar de um trabalhador que exerça funções em empregador público só conseguirá materializar a cedência de interesse público se, além da concordância do trabalhador, o empregador público obtiver autorização do membro do Governo que exerça poderes de direção, superintendência ou tutela sobre si, regime, ainda assim, menos difícil do que aquele que se encontra previsto para as hipóteses em que uma entidade pública fora do âmbito de aplicação da LGTFP pretenda assumir a posição de cedente, pois aí exige-se como *plus* uma autorização dos membros do Governo responsáveis pelas áreas das finanças e da Administração Pública.

Neste caso, além da titulação do acordo, a cedência, sempre que a entidade cessionária seja um empregador público, implicará a constituição de um vínculo de emprego público (a cedência funcionará *qua tale* como uma relação de emprego público), devendo as funções subjacentes ter correspondência num cargo ou numa carreira/categoria, assinalando-se ainda que, se as funções corresponderem a um cargo dirigente, a cedência pressuporá, enquanto *ante*, a observância dos procedimentos legais de recru-

reguladoras, associações públicas, fundações públicas de direito publico e de direito privado, outras pessoas coletivas da administração autónoma e demais entidades públicas. Este acordo de cedência formalizava-se nos termos gerais – acordo entre empregador e entidade gestora da requalificação e aceitação do trabalhador –, não carecendo da intervenção do membro do Governo responsável pela área da Administração Pública.

tamento exigíveis[717]. Isto, para lá das limitações sucessivamente previstas nas leis do orçamento (LOE2015 ou DLEO2016), que, tendo uma direção unilateral[718], não se aplicam ao conjunto de situações em que uma entidade empregadora fora do âmbito de aplicação da LGTFP possa vir a figurar como cessionária, ou seja, como beneficiária da atividade de um trabalhador vinculado a um empregador público abrangido pela LGTFP.

Excetuando-se a cedência de interesse público destinada ao provimento de funções a que correspondam um cargo dirigente no empregador público[719], a explicação para este regime restritivo encontra-se no facto de se visar impedir que a Administração Pública, que estava genericamente obrigada ao cumprimento de medidas de redução mínima de 2% dos trabalhadores, procurasse suprir as suas necessidades com o recurso a trabalhadores cedidos, ainda que temporariamente, por órgãos e serviços de entidades excluídas do âmbito de aplicação da LGTFP, uma vez que estas operações poriam em causa a eficácia das medidas aprovadas com o

---

[717] Durante a vigência da LOE 2015, não bastava ao serviço ou órgão do empregador público obter a autorização dos membros do Governo responsáveis pelas áreas das finanças e da Administração Pública, conforme é determinado pela LGTFP, sendo-lhe, antes, exigível a obtenção de um parecer prévio favorável, após a demonstração da excecionalidade da situação e mediante a fundamentação de relevante interesse público. Com efeito, o artigo 49º da Lei nº 82-B/2014, de 31.12, estabelecia como princípio genericamente proibitivo que "os órgãos e os serviços abrangidos pelo âmbito de aplicação objetivo definido no artigo 1º da Lei Geral do Trabalho em Funções Públicas, aprovada em anexo à Lei nº 35/2014, de 20.06, não podem proceder à celebração de acordo de cedência de interesse público com trabalhador de entidade excluída do âmbito de aplicação objetivo da mesma lei, previsto no nº 1 do seu artigo 241º". Ademais, o nº 2 do preceito previa que "em situações excecionais especialmente fundamentadas quanto à existência de relevante interesse público, e com observância dos requisitos exigidos no nº 2 do artigo 241º da Lei Geral do Trabalho em Funções Públicas, aprovada em anexo à Lei nº 35/2014, de 20.06, os membros do Governo responsáveis pelas áreas das finanças e da Administração Pública podem dar parecer prévio favorável à celebração do acordo a que se refere o número anterior". As disposições encontram correspondência no artigo 91º do Decreto-Lei nº 18/2016, de 13.04, que estabelece as normas de execução do Orçamento do Estado para 2016 (DLEO).

[718] Sabendo-se que os acordos de cedência de interesse público para empregador público pressupõem sempre a constituição de um (novo) vínculo de emprego público com o trabalhador cedido, esta norma restritiva está, portanto, em consonância com a *ratio* dos diplomas orçamentais, nomeadamente com o teor do disposto nos artigos 47º e 54º da LOE 2015 ou com os artigos 89º e 94º do DLEO2016.

[719] A exceção opera por conjugação do nº 4 do artigo 91º do DLEO2016 e do nº 4 do artigo 243º da LGTFP.

objetivo de cumprimento dos compromissos assumidos pelo Estado Português perante o Fundo Monetário Internacional, a Comissão Europeia e o Banco Central Europeu[720].

A isto acresce o facto de as remunerações auferidas no âmbito de vínculos com entidades fora do perímetro da LGTFP serem potencialmente mais elevadas, circunstância que, diante dos objetivos de contenção orçamental, não é, para lá da disparidade retributiva verificável no empregador público *a quo*, alheia à criação de dificuldades acrescidas na gestão de pessoal.

11. Analisando o regime da cedência de interesse público, verifica-se que, por contraste com a materialização da cedência ocasional de trabalhadores (artigo 288.º e seguintes do CT), a figura implica, por princípio, a suspensão do vínculo laboral de origem (n.ºs 3 e 6 do artigo 241.º da LGTFP), correspondendo à leitura seguida por parte da doutrina nacional quanto à natureza jurídica da cedência[721].

A suspensão, que constitui, em si, um efeito jurídico que depende da verificação de um facto transitório e que, no seu cerne, determina que o trabalhador se encontra *exonerado do dever de prestar trabalho perante a sua entidade empregadora* e que esta *tem fundamento para se abster de o receber*[722], não deixa de se revelar uma solução legalmente vulnerável a críticas, uma

---

[720] Ao submeter a celebração de acordos de cedência de interesse público à verificação prévia de um conjunto de condições, o legislador procurou garantir a excecionalidade do recurso a esses instrumentos, incentivando o preenchimento das necessidades de recursos humanos de alguns órgãos e serviços com trabalhadores com contrato de trabalho em funções públicas.

[721] Veja-se, por todos, ROSÁRIO PALMA RAMALHO, *Grupos empresariais e societários. Incidências laborais*, Almedina, Lisboa, 2008, 504, que, com referência à relação estabelecida com o cedente, entende que "está tecnicamente uma situação de suspensão do contrato de trabalho, que retoma o seu cumprimento normal, uma vez finda a situação de cedência (ou porque decorreu o prazo para ela previsto ou porque, antes do decurso desse prazo, a entidade cessionária cessou a actividade ou se extinguiu), porque nesse momento o trabalhador regressa à empresa de origem, mantendo os direitos que aí detinha à data do início da cedência".

[722] As expressões são de JORGE LEITE, "Notas para uma teoria da suspensão do contrato de trabalho", QL 2002, n.º 20, 133-4, que, a partir destes elementos (recortados como atributos comuns a um amplo conjunto de unidades observadas), considera que estes "podem ser acolhidos numa definição que abranja todas as situações contempladas". Isto, como bem nota o Autor, sem prejuízo de cada tipo de situações ter o seu próprio regime. Ainda: RITA CANAS DA SILVA, *Suspensão Laboral - Ausência Temporária da Prestação de Trabalho*, Almedina, Coimbra, 2017.

vez que, além de o trabalhador nunca deixar "de estar sempre a executar o seu contrato, ainda que sob a direção de terceiro"[723], qualquer elevação remuneratória na entidade cedente que surja associada ao posto de trabalho que seja ocupado pelo trabalhador vai ter que lhe aproveitar. Seria assim, dado que a cedência de interesse público não deveria, com a sua materialização, prejudicar *de iure* o trabalhador – em entrecruzamento dos princípios do *trabalho igual, salário igual* e do *tratamento mais favorável ao trabalhador* que, marcando a solução prevista na al./a do nº 5 do artigo 291º do CT, sinaliza a atribuição de um direito á retribuição mais elevada[724] –, e quaisquer alterações registadas no decurso do vínculo que se revelassem mais favoráveis por comparação com o regime aplicável no quadro da entidade cessionária consolidar-se-iam na sua esfera jurídica. Mas o nº 1 do artigo 242º atalha a essa garantia de favorabilidade, ao determinar que, sempre que a cedência não tenha provocado uma modificação suspensiva do vínculo, fica afastado qualquer benefício imediato da remuneração por banda do trabalhador cedido.

Aceitando-se *ope legis* que a cedência pode, na sua concretização operativa, revelar-se desfavorável para o trabalhador, e se, neste âmbito, por forma reforçar a caracterização da cedência como uma suspensão, é permitida a aplicação de toda e qualquer sanção disciplinar por parte da cessionária que não seja de teor expulsivo (nº 6 do artigo 242º da LGTFP)[725], a admissão que a cedência de interesse público é configurável como uma *modificação suspensiva* do contrato de trabalho conhece, no entanto, duas exceções: *(i)* a existência de disposição legal em contrário – hipótese em que rege ainda o nº 3 do artigo 244º da LGTFP, que prevê que o regime da cedência de interesse público, sem suspensão do vínculo de emprego público, conhece aplicação sempre que um trabalhador em funções públicas,

---

[723] Assim, JÚLIO VIEIRA GOMES, *Direito do trabalho. Relações individuais de trabalho*, vol. 1, Coimbra editora, 2007, 845-6, considerando, por isso, que "a cedência ocasional não representa sequer uma suspensão do contrato de trabalho", e RITA CANAS DA SILVA, *Suspensão Laboral - Ausência Temporária da Prestação de Trabalho*, cit., 463 (nota 2053).

[724] Cfr., entre outros, GUILHERME DRAY, "Anotação ao artigo 291º", *Código do Trabalho Anotado* (10ª ed.), cit., 690.

[725] Embora no caso em que a infração imputada possa corresponder, em abstrato, a sanção disciplinar extintiva, o poder disciplinar possa ser delegado expressamente na entidade cessionária e a decisão de aplicação da sanção deva ser tomada pelo cedente e pelo cessionário, devendo o procedimento disciplinar que apure a infração disciplinar obedecer ao procedimento disciplinar do vínculo de origem (nº 8 do artigo 242º da LGTFP).

por força de transmissão de unidade económica, passa a exercer funções para empregador fora do âmbito de aplicação da LGTFP, em regime que se aplica, por extensão, e à luz do nº 4 do artigo 244º da LGTFP, aos casos em que um empregador público passe a ser responsável pelo estabelecimento ou unidade económica com trabalhadores com relação de trabalho sujeita ao Código do Trabalho, designadamente em situações de reversão de concessão de serviço público[726] – e *(ii)* os casos em que a cedência envolve um trabalhador que não está sujeito à LGTFP, como sucede, por exemplo, com um trabalhador de uma entidade reguladora que seja cedido a uma entidade empregadora pública (nº 3 do artigo 241º).

Estas exceções não logram, no entanto, afastar as críticas conexas com a suscetibilidade de aplicação de uma multitude de sanções disciplinares por parte de uma entidade que não assume as vestes de empregadora, sabendo-se, para mais, em solução que não quadra *de pleno* com a irrelevância disciplinar em relação a comportamentos ofensivos de deveres perante outros sujeitos que é produzível com a suspensão do vínculo, que os comportamentos do trabalhador cedido que constituam infração disciplinar cometida durante a cedência têm, para *todos os efeitos legais*, relevância no âmbito do vínculo de origem (nº 7 do artigo 242º).

Acresce o facto de a cedência não aparecer enxertada na Secção da LGTFP que se ocupa da suspensão do vínculo de emprego público, mau grado a epígrafe atinar com "(o)utras situações de redução da atividade ou suspensão do vínculo de emprego público" e de o artigo 276º salvaguardar as situações de suspensão fundadas em acordo das partes, em segmento que, todavia, suscita, em espectro mais vasto, problemas conexos com uma alegada tipicidade das situações de suspensão negocial, convocando reflexão acerca do campo deixado às partes para, nesse domínio, forjarem situações de suspensão não reconduzíveis à licença sem remuneração[727].

Por fim, não se vislumbra suporte cientificamente adequado para justificar a recondução da cedência ao instituto da suspensão do contrato nos

---

[726] Já a cessação da cedência, no caso de suspensão do vínculo, tem os efeitos da suspensão por impedimento prolongado do trabalhador, regulado na LGTFP ou no Código do Trabalho, consoante a natureza do vínculo laboral de base. O preceito remete para o artigo 295º do CT, que, para este efeito, equipara a suspensão à redução, determinado a relevância do período subjacente na contagem da antiguidade.

[727] Caso se admita a possibilidade, surrge ainda a questão de saber quais folgas existentes quanto a uma eventual conformação por parte dos sujeitos dos efeitos produzíveis pela suspensão.

casos em que a remuneração subjacente é satisfeita, total ou parcialmente, pela cedente ou, em hipótese que não é rejeitável[728], nas situações em que a cedência opere de modo parcial[729].

A solução não deixa de ser tão mais desfasada quanto uma das formas prototípicas de suspensão negociada do vínculo – a licença sem remuneração – não releva para efeitos antiguidade (artigo 281.º da LGTFP), ao contrário do princípio genérico de que o tempo de suspensão conta para efeitos de antiguidade, o qual, encontrando recuada tradição, sobressai hoje artigo do n.º 4 do artigo 317.º do CT.

Confecionou-se, assim, em razão da variedade de previsões legais que a LGTFP alberga, um regime extremamente infixo quanto à caracterização da cedência: a figura ora determina a suspensão, ora constitui tão somente uma vicissitude modificativa, que, enquanto tal, não implica a suspensão do contrato de trabalho. O mesmo se verifica quanto aos efeitos produzíveis pelo instituto da suspensão que, no quadro da LGTFP, tanto implica a irrelevância do período subjacente quanto a sua relevância em termos de antiguidade, gerando-se, assim, um quadro materialmente fragmentário, que se revela causador de distopias.

Em verdade, e num plano mais vasto, as considerações críticas acerca da solução prevista na LGTFP são fazíveis não tanto pela infixidez operativa da cedência no que se refere à sua eventual recondução a uma situação de suspensão do contrato de trabalho (*summo rigore*, trata-se, em todo o caso, da suspensão de alguns dos efeitos do contrato de trabalho e não da suspensão do contrato de trabalho *qua tale*[730]), quanto pela gravosidade subjacente ao desconto do período de licença sem remuneração na antiguidade

---

[728] Veja-se a al./d do n.º 2 do artigo 92.º da LGTFP que prevê que a mobilidade pode ser a tempo inteiro ou a tempo parcial.

[729] Sobre esta hipótese, v. JOÃO ZENHA MARTINS, *Cedência de Trabalhadores e Grupos de Empresas*, Cadernos Laborais, n.º 2, Instituto de Direito do Trabalho, Almedina, 2002, 151, nota 292.

[730] Este enquadramento terminológico, embora a unidade dogmática da suspensão seja fragmentária e os efeitos associáveis às diferentes causas suspensivas se mostrem polimórficos, é reiteradamente salientado, uma vez que se mantém alguns deveres que não dependem da prestação efetiva de trabalho. Por exemplo, JEAN-EMMANUEL RAY, *Droit du Travail: Droit Vivant* (17ª ed.), Liaisons, Paris, 2008, 213, ROTONDI FRANCESCO, *Diritto del lavoro e delle relazioni industriali*, Ipsoa, Milão, 2014, 225, e, entre nós, JÚLIO VIEIRA GOMES, *Direito do Trabalho*, cit., 852 e RITA CANAS DA SILVA, *Suspensão Laboral - Ausência Temporária da Prestação de Trabalho*, cit., 19 e ss..

do trabalhador (suspensão por convergência de vontades, *a simile* com a *qualificação* prevista na LGTFP para a cedência de interesse público), solução que, contrastando também com o regime desenhado no CT, introduz uma fratura sistemática de relevo, que penaliza, de forma pouco racional, os trabalhadores em funções públicas.

A solução aparece num contexto multifactorial em que as poupanças com os custos salariais associados a quem exerce funções públicas demandariam solução contrária, produzindo-se, assim, uma convolação da figura da licença sem remuneração num mecanismo cuja utilização no quadro do trabalho em funções públicas é, em razão do vácuo introduzido, excessivamente castigador. Inviabilizando-se, na prática, a sua utilização como um mecanismo alternativo de mobilidade[731], a figura da mobilidade *in genere* é, no entanto, e em paradoxo, frequentemente prefigurada como um mecanismo otmizador de recursos, destinado a um aproveitamento racional dos trabalhadores. Também aqui, e ao contrário da possibilidade de pluriemprego que aflora o princípio da liberdade de trabalho no âmbito do contrato comum, importa não perder de vista que o dever de exclusividade é a regra no âmbito do exercício de funções públicas (artigo 269º, nº 5 da CRP), desenhando-se, em sequência, um sistema de incompatibilidades que, aparecendo alinhavado sob o signo das garantias de imparcialidade no artigo 19º e seguintes da LGTFP, restringe sobremaneira a possibilidade de exercício de qualquer outra atividade por parte de um trabalhador público, contexto em que a licença sem remuneração reganha proeminência. Sem prejuízo, esta é ainda uma especificidade do regime jurídico-constitucional da "função pública", que, para lá da proibição de acumulação de empregos ou cargos públicos (nº 4 do artigo 269º da CRP), logra alcance noutros aspetos, nuclearmente previstos na CRP: o acesso à função pública, que engloba o direito à carreira e o direito à promoção (nº 2

---

[731] Como faz notar ROSÁRIO PALMA RAMALHO, *Grupos empresariais e societários. Incidências laborais*, "(a) possibilidade de recurso à figura da licença sem retribuição para este efeito justifica-se ainda por um argumento de ordem prática. É que, como se sabe, é bastante frequente o recurso à licença sem retribuição para enquadrar deslocações temporárias mas estáveis do trabalhador para outras empresas, independentemente de qualquer contexto de grupo e mesmo fora da área de actividade que o trabalhador vinha desenvolvendo, permitindo-se assim ao trabalhador experimentar novas actividades ou equacionar um novo percurso profissional sem assumir à partida um grande risco, uma vez que o seu contrato de trabalho originário se mantém".

do artigo 47º da CRP), o regime disciplinar (nº 3 do artigo 269º da CRP), o regime de dependência hierárquica (nºs 2 e 3 do artigo 271º da CRP) e o regime de responsabilidade (artigo 22º e nº 1 do artigo 271º da CRP).

12. Independentemente de entidades excluídas do âmbito de aplicação da LGTFP figurarem como cedentes ou cessionários, o trabalhador cedido, nos termos do artigo 242º da LGTFP, tem direito

(i) à remuneração inerente às funções exercidas a abonar pelo empregador cessionário, salvo acordo em contrário,
(ii) à contagem na categoria de origem do tempo de serviço prestado em cedência,
(iii) e a optar pela manutenção do regime de proteção social de origem, ficando a cargo da entidade cessionária os descontos legalmente estabelecidos para a contribuição das entidades empregadoras no financiamento do respetivo regime de proteção social, e, sendo o caso, também nas despesas de administração de subsistemas de saúde da função publica nos termos legais aplicáveis.

Se o regime da cedência de um trabalhador, por força da fragmentação subjacente (com reflexo direto na bipartição do poder disciplinar), implica sempre limitações temporais importantes – eis porque, nos termos do nº 1 do artigo 243º da LGTFP, a cedência tem o prazo máximo de um ano no caso de trabalhadores cedidos a empregadores públicos[732], exceto se *(i)* se tratar de serviços temporários que não possam constituir relações jurídicas de emprego público por tempo indeterminado ou *(ii)* caso de cuide do exercício de um cargo –, cabe relevar a desnecessidade de prazo quanto a um acordo de cedência de interesse público em que a entidade empregadora fora do âmbito de aplicação da LGTFP intervenha como cessionária, i. e., como beneficiária da atividade a desenvolver pelo trabalhador. Isto, com base em interpretação *a contrario* do nº 1 do artigo 243º do CT.

Ora, sendo a limitação de um ano uma importante constrição à autonomia dos sujeitos, há fundadas razões para se entender que nas situações

---

[732] Nos termos do nº 3 do artigo 26º da LOE2017, "no caso do acordo de cedência de interesse público a que se refere o artigo 243º da LGTFP, a prorrogação a que se referem os números anteriores depende de parecer favorável dos membros do Governo responsáveis pelas áreas das finanças e da Administração Pública".

em que a entidade empregadora fora do âmbito de aplicação da LGTFP intervenha como cessionária não têm cabimento os limites de duração máxima que o legislador reservou para "o exercício de funções no âmbito de empregador público", cujo recorte conceitual se identifica com as entidades abrangidas pelo âmbito de aplicação traçado nos artigos 1º, 25º e 26º da LGTFP.

A indeterminação temporal da cedência justifica-se na medida em que as entidades empregadoras fora do âmbito de aplicação da LGTFP não constituem relações jurídicas de emprego público (no sentido que a lei lhe atribui) por tempo indeterminado, não havendo outro tanto qualquer possibilidade de consolidação nos termos em que a LGTFP a prefigura.

Nesse sentido, sendo permitidas cedências de interesse público a entidades que estão para lá do âmbito de aplicação da LGTFP sem que o acordo subjacente contenha qualquer prazo, parece legitimar-se *a fortiori* cedências de interesse público com aposição de termo, circunstância em que os sujeitos, delimitando *ex ante* a duração da cedência, não renunciam, todavia, ao direito de a fazer cessar a todo o tempo por iniciativa de qualquer das partes, incluindo o trabalhador, com aviso prévio de 30 dias (nº 5 do artigo 241º da LGTFP), em solução que não logra paralelo no âmbito do Código do Trabalho, lá onde se tem entendido que o trabalhador não pode, por si, pôr termo à cedência[733], ressalvando naturalmente os casos em que, por motivo imputável à cessionária, disponha, para tanto, de justa causa para actuar a resolução[734], pois o direito de resolução de qualquer con-

---

[733] Por exemplo: DIOGO VAZ MARECOS, *Código do Trabalho Anotado* (3ª ed.), Almedina, Coimbra, 2017, 801, utilizando, para o efeito, o artigo 406º do Código Civil.

[734] Em exemplo, perante falta grave imputável à cessionária relativa a deficientes condições de saúde e segurança no trabalho, o trabalhador poderá resolver o contrato de cedência e retornar à sua anterior estrutura produtiva, deixando incólume o contrato de trabalho. O direito de resolução do contrato de cedência deve ser actuado nos termos do artigo 432º do Código Civil, operando através de notificação ao cessionário (artigo 436º do Código Civil), devendo o trabalhador proceder de igual forma em relação ao cedente, avisando-o, para o efeito, da ocorrência, e comunicando-lhe o seu regresso, uma vez que o contrato de trabalho com este permanece intocado. Este direito do trabalhador fundamenta-se no domínio de protecção contratual subjacente, tendo ainda em consideração a inevitável perda de domínio factual por parte do cedente quanto à situação que envolve o trabalhador em estrutura produtiva diversa, razão que justifica, por princípio, a inexistência de uma justa causa de resolução do contrato de trabalho *qua tale*, uma vez que o fundamento vislumbrável radica em conduta de uma entidade estranha ao contrato de trabalho, não obstante a estreita envolvência de todos os agentes implicada pelo acordo de cedência (*non debet alteri per alterum iniqua condicio in ferri*).

trato é, por princípio, inafastável (aflorando a ordem pública[735]) e, apesar da triangularidade da figura, o trabalhador cedido não poderá deixar de fruir de proteção idêntica à que a lei concede a um contraente em negócios bilaterais[736].

Na LGTFP, o direito de fazer cessar a cedência mediante o aviso prévio é insuscetível de afastamento contratual, não se encontrando polarizado na esfera jurídica do trabalhador. Se quanto ao trabalhador não sobejam dúvidas acerca da irrenunciabilidade conexa com o direito de fazer cessar a cedência mediante denúncia – de contrário, negar-se-ia o carácter livre do trabalho, que é, por contraste com a escravidão ou a servidão contratuais, a própria essência de qualquer vínculo que implique uma atividade laboral[737], estando também aí, embora por via tecnicamente diversa, o sentido útil do direito de oposição do trabalhador à modificação da entidade empregadora que o nº 1 do artigo 285º do CT prevê[738], que mais não é do que "uma manifestação do direito constitucionalmente protegido à livre escolha de emprego", já que, como faz notar o BAG, um trabalhador não deve ser obrigado a laborar para quem não escolheu[739] –, também quanto ao cedente e ao cessionário a expressão do seu consentimento não se esgota ao tempo da celebração do acordo.

Implicando-se a presença desse consentimento no decurso da execução do vínculo, a previsão legal acerca da suscetibilidade de denúncia do

---

[735] Por todos: JOÃO BAPTISTA MACHADO, "Do princípio da liberdade contratual – Anotação: Acórdão de 7 de Dezembro de 1983", *Obra dispersa*, vol. I, SI, Braga, 1991, 644.

[736] No fundo, trata-se da regra de que as normas dos contratos devem sofrer as adaptações requeridas pelas especificidades dos negócios jurídicos plurilaterais, como referem CARLOS ALBERTO DA MOTA PINTO, *Cessão da posição Contratual*, Almedina, Coimbra, 1982, 520 e JOSÉ JOÃO ABRANTES, *A excepção de não cumprimento do contrato no direito civil português – conceito e fundamento*, Almedina, Coimbra, 1986, 56.

[737] Nestes termos: ALONSO OLEA, *Introdução ao Direito do Trabalho* (trad. Guilherme de Vasconcelos), Coimbra Editora, Coimbra, 1968, 239-240.

[738] Tratando-se, *hoc sensu*, de uma situação de resolução com justa causa objectiva enquadrável na al./b do nº 3 do artigo 394º, relativa à "alteração substancial e duradoura das condições de trabalho no exercício dos poderes do empregador". Com enquadramento semelhante, face à *sostanziale modifica* das condições de trabalho implicada pela transmissão, e reconhecendo a possibilidade de resolução do contrato ao abrigo do 2119 do *Codice*, v. PAOLO CENDON, *Commentario al codice civile. Artt. 2060-2134. Lavoro subordinato*, Giuffrè, Milão, 2011, 1021.

[739] Nestes exatos termos: BAG 2004.09.30 – 8 AZR 462/03, NZA 2005, 43-5. Ainda: KLAUS HÜMMERICH/WINFRIED BOECKEN/FRANZ JOSEF DÜWELL, *AnwaltKommentar Arbeitsrecht*: vol. I, Deutscher Anwaltverlag, Bona, 2008, 2246-52.

acordo de cedência de interesse público por qualquer dos sujeitos reveste natureza injuntiva, pois atina com o desaparecimento do interesse na subsistência de uma operação, que, provocando uma fragmentação da relação laboral subjacente, não deve ser prolongada.

13. Por último, e ainda neste plano, cumpre não perder de vista que as situações de mobilidade abstratamente possíveis não se esgotam na cedência.

Se, em geral, a mobilidade consiste numa modificação da situação funcional do trabalhador, dentro do mesmo órgão ou serviço, ou entre órgãos ou serviços diferentes, fundada em razões de interesse público, tendo em vista elevar a eficácia dos serviços através de um aproveitamento racional e de uma valorização dos recursos humanos da Administração Pública[740], exige-se que na mobilidade intercarreiras ou intercategorias *(i)* o trabalhador tenha que deter habilitação adequada e que *(ii)* esta mobilidade não pode modificar substancialmente a sua posição de origem.

Ora, se, em quadro subjetivo, a mobilidade é aplicável indistintamente a trabalhadores em efetividade de funções a tempo inteiro ou a tempo parcial[741], ressalta, porém, que, não obstante tratar-se da modalidade pre-

---

[740] No caso de uma entidade reguladora, a mobilidade no seu interior opera, com exceção do que disponham os respetivos Estatutos, nos termos do Direito laboral comum, no essencial, por mobilidade funcional e geográfica. A mobilidade funcional ou variação funcional traduz a exigência temporária ao trabalhador, quando o interesse da entidade o exija, de tarefas não compreendidas na atividade contratada, desde que tal não implique modificação substancial da sua posição laboral (nº 1 do artigo 120º do CT). A mobilidade geográfica, traduzida na modificação do local de trabalho de acordo com o fixado no clausulado do contrato, opera por transferência temporária ou definitiva do trabalhador resultante de decisão do empregador [artigos 106º, nº 3, alínea b), 129º, nº 1, alínea f), 142º, nº 2, 170º, nº 2, 193º a 196º, 207º, nº 2, alínea b), 215º, nº 1, alínea c), do CT].

[741] Anteriormente, a mobilidade abrangia trabalhadores em situação de requalificação, o que já não sucede no quadro do regime da valorização profissional trazido pela Lei nº 25/2017, de 30.05, em que, sumariamente, cada trabalhador poderá *(i)* optar por regressar à atividade, sendo, para tanto, integrado na secretaria-geral do seu Ministério de origem (e passando a receber a sua remuneração por inteiro), *(ii)* pedir uma revogação do contrato (se estiver a pelo menos cinco anos da idade legal da reforma), *(iii)* passar à situação de licença sem remuneração ou *(iv)* entrar num regime excecional, com manutenção do corte salarial, mas sem as obrigações anteriormente impostas pelo regime da requalificação, em opção, contudo, restrita a trabalhadores com pelo menos 55 anos de idade, em solução que, na prárica, se aproxima do regime da pré-reforma. Sem prejuízo, a al./c do nº 2 do artigo 92º da LGTFP continua a fazer alusão à possibilidade de a mobilidade operar em relação a trabalhadores

ferencial configurada na LGTFP para a mudança de entidade empregadora pública, este instrumento só é *prima facie* aplicável a trabalhadores com vínculo de emprego público por tempo indeterminado que desempenhem funções em órgão ou serviço abrangido pelo âmbito de aplicação da LGTFP.

Seria assim, uma vez que esse é o âmbito de aplicação subjetivo da LGTFP (artigo 1º) – que condiciona, por definição, a aplicabilidade dos instrumentos normativos cujo recorte opera em função da qualificação das entidades empregadoras –, como também porque um empregador fora do âmbito de aplicação da LGTFP, independentemente da sua natureza pública, está, à partida, excluída do âmbito de aplicação da LGTFP (artigo 2º), num cenário em que sempre se entendeu que uma "tal mobilização pressupõe a existência de comunicabilidade interdepartamental em matéria de pessoal"[742] e em que, perante a necessidade de envolver trabalhadores que possuam uma relação jurídica de emprego público por tempo indeterminado e a exigência de restrição a entidades públicas no âmbito da LGTFP, se está perante o conceito genérico de mobilidade interna, o qual, como se viu, compreende *(i)* a mobilidade na categoria e *(ii)* a mobilidade intercarreiras ou categorias.

Não havendo, por conseguinte, qualquer sinal legal quanto à possível extensão deste instrumentos às entidades que, por força do artigo 2º, se encontram expressamente excluídas do âmbito de aplicação da LGTFP – esse sinal, a existir, teria, por princípio, de estar legalmente explicitado, como acontece com o artigo 241º da LGTFP[743] –, não subsistiria *ipso jure* margem para outra interpretação que não fosse a de que a mobilidade não é aplicável às entidades públicas previstas no nº 1 do artigo 2º da LGTFP.

Essa diferença de regime entre a possível extensão da cedência de interesse público a trabalhadores vinculados a empregador fora do âmbito de aplicação da LGTFP e a inexistência de igual possibilidade quanto à concretização do instituto da mobilidade interna explicar-se-ia com base no

---

em situação de requalificação, em previsão que, face ao regime contido na Lei nº 25/2017, de 30.05, deve ser considerada revogada.

[742] Assim: JOÃO ALFAIA, *Conceitos fundamentais do regime jurídico do funcionalismo público*, cit., 226.

[743] O preceito prevê que "(m)ediante acordo de cedência de interesse público entre empregador público e empregador fora do âmbito de aplicação da presente lei pode ser disponibilizado trabalhador para prestar a sua atividade subordinada, com manutenção do vínculo inicial".

facto de, para este efeito, se ficcionar a configuração do Estado como um empregador unitário (mediante a delimitação do universo subjetivo estabelecida pela LGTFP) e não tanto com base na caracterização da cedência como uma operação temporária (manutenção do vínculo com entidade cedente, cuja não afetação da qualidade empregadora é um dado adquirido), já que a figura, podendo ser configurada como uma forma de mobilidade interna, é suscetível de implicar a consolidação do trabalhador em carreira ou categoria existentes na entidade cessionária, conquanto esssa entidade seja um empregador público (nº 9 do artigo 99º da LGTFP). Mas o que fazer com um trabalhador que, sendo titular de um contrato de trabalho em funções públicas, se encontra *ab initio* a trabalhar para uma entidade *ex ante* integrada na administração indireta e que entretanto foi reconfigurada como entidade reguladora[744]? Estará o trabalhador impedido de utilizar um mecanismo de mobilidade e de com isso poder consolidar em entidade empregadora pública coberta pela LGTFP?

Em adensamento da confusão de regimes que os âmbitos objetivo e subjetivo da LGTFP potencia, importa não perder de vista a alteração introduzida pela Lei nº 12/2007, de 02.05, à LQER, procurando saber-se se, por um lado, uma entidade reguladora deve receber tratamento autónomo em relação a outras pessoas coletivas que estejam para lá da LGTFP no que à concretização dos mecanismos de mobilidade aplicáveis a trabalhadores com contrato de trabalho em funções públicas diz respeito e, por outro, se qualquer pessoa coletiva que não esteja coberta pelo artigo 1º da LGTFP pode intervir como entidade *a quo* no âmbito de um processo de mobilidade que surja direcionado à consolidação de um trabalhador no quadro de outra entidade pública, ora configurável como entidade *ad quem*.

O nº 3 do artigo 8º da Lei nº 12/2007, de 02.05, veio dispor que "(s)em prejuízo da aplicação do regime do contrato individual de trabalho em tudo quanto respeite à prestação efetiva de trabalho, os trabalhadores que optarem, nos prazos fixados estatutariamente, pela manutenção do vínculo de contrato de trabalho em funções públicas continuam a pertencer ao mapa de pessoal da entidade reguladora, em lugares a extinguir quando vagarem, e são integrados nas carreiras dos restantes trabalhadores, em

---

[744] A questão vale, com as devidas adaptações, para toda e qualquer entidade que, em razão de reconfiguração legal, seja colocada para lá do perímetro aplicativo da LGTFP, de que se pode dar como exemplo a atribuição de estatuto fundacional.

igualdade de circunstâncias, garantias e direitos, mediante a adoção da figura de mobilidade intercarreiras".

Avultando, com justificação, o propósito de que a prestação efetiva de trabalho dos trabalhadores em funções públicas seja semelhante à dos trabalhadores sujeitos ao regime do contrato individual de trabalho – quaisquer diferenciações de tratamento de trabalhadores que laborem no âmbito da mesma organização devem ser, por princípio, excecionais –, a salvaguarda do vínculo de emprego público subjacente à opção atribuída aos trabalhadores logra, contudo, implicações, as quais, antes do mais, devem ser extraídas a partir dos traços essenciais do contrato de trabalho em funções públicas (supra), já que este, não obstante o intento de homogeneização subjacente à construção de um quadro materialmente unitário direcionado à prestação efetiva de trabalho, não se confunde com o contrato de trabalho reconduzível ao CT, onde a mobilidade é actuável através da cedência de trabalhadores ou da cessão da posição contratual[745], as

---

[745] A cessão da posição inerente a um contrato de trabalho é genericamente aplicável no quadro do CT, constituindo uma fórmula atípica de mobilidade. Aproximando-se da figura da cedência ocasional, a cessão da posição contratual consiste na transferência *ex negotio* por uma das partes contratuais (cedente), com consentimento do outro contraente (cedido), para um terceiro (cessionário), do complexo de posições ativas e passivas criadas por um contrato, cessionário que subingressa, assim, na posição da parte contratual cedente: "nos contratos com prestações recíprocas, qualquer das partes tem a faculdade de transmitir a terceiro a sua posição contratual, desde que o outro contraente, antes ou depois da celebração do contrato, consinta na transmissão". A relação contratual é a mesma de que passa a ser sujeito, após a efetivação do negócio, o cessionário. A cessão opera através da celebração de um contrato entre o primitivo empregador e a (futura) entidade cedente, exigindo-se o concurso anterior ou posterior da vontade do trabalhador para que o negócio fique perfeito. Neste plano, embora a tendencial definitividade da cessão da posição contratual contenda com a temporalidade característica da cedência, não parece, no entanto, que a definitividade seja uma característica inabalável da cessão da posição contratual. Há, assim, quem sustente a possibilidade de a entidade empregadora ceder contratualmente a sua posição contratual a outra pessoa coletiva sob condição resolutiva de o trabalhador regressar à cessionária quando a empresa cedente dele necessitar (artigos 270º e 276º do Código Civil), tratando-se, *in casu*, de uma cessão da posição contratual com uma condição resolutiva à qual se aplica o regime geral do Código Civil, com a contagem da antiguidade a ser calculada *ab initio* (artigo 434º *ex vi* do artigo 277º, ambos do Código Civil); verificada a condição, tal como na cedência, o trabalhador regressa à sua entidade empregadora originária. Ora, se a subordinação da cessão a condição ou a termo é um corolário lógico do princípio da liberdade contratual, a que nenhuma razão de interesse ou ordem pública se opõe, a diferença, face à cedência ocasional de trabalhadores, radicaria na ausência de substituição integral do cessionário ao cedente, não existindo, nesta ótica, razões para encarar com reserva a figura. Importa, não obstante, advertir que não existe

quais exigem, por definição, um tríplice concurso de vontades (trabalhador, cedente e cessionário)[746].

O regime de mobilidade desenhado na LGTFP será justamente um daqueles corolários, dado que se está perante um conjunto de mecanismos que, ficcionando o Estado como empregador unitário[747], surge amparado na natureza pública do vínculo subjacente e na necessidade de melhor

---

jurisprudência que se tenha pronunciado quanto à (in)admissibilidade de cessão da posição contratual sob condição ou a termo resolutivos, havendo que admitir a possibilidade de vir a ser sustentado que esta construção esvazia o propósito limitativo subjacente à cedência ocasional de trabalhadores – sujeita a pressupostos de aplicação apertados, que se poderá entender que resultariam assim, em certa medida, defraudados. Com a opção tipológica subjacente à al./b do artigo 289º do CT a fundamentar-se na necessidade de combate à precariedade laboral e com o estabelecimento de vínculos que assegurem uma ligação duradora e efetiva às entidades coletivas intervenientes e que não impliquem uma fragmentação da situação jurídica laboral, justifica-se que para a cessão da posição contratual não seja exigível qualquer forma associativa de carácter jurídico ou económico, por contraste com o que se encontra legalmente postulado para a cedência ocasional de trabalhadores na al./b do nº 1 do artigo 289º do CT.

[746] É questionável a aplicação do regime da cessão posição contratual a uma entidade pública que esteja subjetivamente excluída do âmbito de aplicação da LGTFP enquanto veículo de mobilidade definitiva. Por princípio, uma entidade pública excluída da LGTFP (v.g. entidade reguladora) pode intervir como cessionária, integrando trabalhadores de outras entidades que não estejam abrangidas pelo âmbito de aplicação objetivo da LGTFP, uma vez que, face a um princípio de tipicidade das formas de mobilidade previstas naquela Lei, não se afigura possível que uma pessoa coletiva de direito público, sujeita ao artigo 1º da LGTFP, possa ceder contratualmente a sua posição a uma entidade pública excluída da LGTFP. A cessão da posição contratual fica, nesta leitura, limitada a trabalhadores que não tenham um contrato de trabalho com pessoas coletivas inseridas no âmbito de aplicação objetivo da LGTFP, restando, ainda assim, um universo suficientemente amplo de entidades (desde logo, entidades públicas empresariais, entidades administrativas independentes ou pessoas coletivas de direito privado) com quem essa entidade pública excluída da LGTFP pode convencionar a cessão da posição subjacente ao contrato de trabalho, obtendo, para tanto, o consentimento dessas entidades e dos respetivos trabalhadores, individualmente considerados. Contudo, perante a desconhecida aplicação da figura por parte de entidades com natureza pública, não devem ser subestimados os riscos subjacentes a um potencial juízo de fraude à lei, tendo designadamente em atenção as limitações à contratação previstas nas sucessivas leis orçamentais e a pressuposta exigência concursal para a integração definitiva de um trabalhador nos quadros de uma entidade pública, seja qual for o seu estatuto jurídico.

[747] Embora, em paradoxo, o processo de consolidação traga consigo a ideia de que as entidades empregadoras são, enquanto tal, diversas, esta ideia não é infirmada pela aplicação a esta hipótese da expressão mobilidade interna, lá onde se entende que esta apenas abrange trabalhadores que possuam uma relação jurídica de emprego público por tempo indeterminado e só pode ser operada entre entidades públicas no âmbito da LGTFP.

organização da Administração Pública que o mecanismo de mobilidade presumidamente veicula, ao qual a LGTFP associa um princípio de prossecução do interesse público (*v.g.* nº 1 do artigo 92º da LGTFP).

Ora, se é incontroversa a aplicação dos mecanismos de mobilidade às entidades expressamente abrangidas pelo âmbito de aplicação da LGTFP, não existirá razão para afastar a concretização da mobilidade em relação a trabalhadores com contrato de trabalho em funções públicas que estejam integrados numa entidade reguladora, dado que um trabalhador com contrato de trabalho em funções públicas que esteja integrado em entidade subjetivamente excluída da LGTFP não pode ficar impedido de efetuar a transição profissional para um empregador público coberto pela LGTFP que o ordenamento reconhece *in genere* a quem é titular de um contrato de trabalho em funções públicas, considerando, ainda, que o nº 6 do artigo 1º da LGTP estende, embora com salvaguarda das necessárias adaptações, a sua aplicabilidade "a outros trabalhadores com contrato de trabalho em funções públicas que não exerçam funções nas entidades" expressamente cobertas pelo *âmbito de aplicação* recortado no artigo 1º da LGTFP.

Todavia, não se tratará de aplicar em bloco o artigo 92º e seguintes da LGTFP, uma vez que se impõe reconhecer, no seio do regime da mobilidade interna ali desenhado, mecanismos com características diferenciais que, refletindo o sentido útil da exclusão do âmbito de aplicação prevista no artigo 2º da LGTFP, suscitam um processo de interligação que alberga ordenações parciais de regime, de que é exemplo o artigo 96º da LGTFP. O preceito, que vem dispensar o acordo do órgão ou serviço de origem para a mobilidade sempre que (cumulativamente) esta (i) *opere para serviço ou unidade orgânica situados fora das áreas metropolitanas de Lisboa e do Porto* e (ii) *tiverem decorrido seis meses sobre recusa de acordo do órgão ou serviço de origem, numa situação de mobilidade relativa ao mesmo trabalhador, ainda que para outro serviço de destino,* encontra-se explicitamente restringido à administração direta e indireta do Estado, ficando, por isso, prejudicada a indagação da sua aplicabilidade a uma entidade que esteja para lá desse perímetro.

Isto significa que a desnecessidade de acordo, ora como configurada como proibição de recusa de pedido de mobilidade feito por um trabalhador com contrato de trabalho em funções públicas que tenha visto desatendido pedido anterior há mais de seis meses, não se impõe a todas as entidades abrangidas pelo âmbito subjetivo de aplicação da LGTFP que não são integráveis na administração direta e indireta do Estado, de que se pode levar como exemplo os serviços da administração regional e da administração autárquica, os órgãos e serviços de apoio do Presidente da República, dos tribunais e do Ministério Público e respetivos órgãos de gestão e outros órgãos independentes, os órgãos e serviços de apoio à Assembleia da República ou, para este efeito, as entidades administrativas independentes com funções de regulação.

Sendo assim, neste processo abstractivo de *genus proximum* – que, a partir da existência de um contrato de trabalho em funções públicas, caracteriza a forma como o regime de mobilidade é adaptável aos diferentes empregadores implicados –, já se vê que uma coisa é a aplicabilidade das modalidades de mobilidade a trabalhadores com contrato de trabalho de funções públicas que estejam integrados em entidades que estão para lá da administração direta e indireta do Estado – essa aplicabilidade deve ser acolhida, não havendo razão, bem ao contrário, para privar esses trabalhadores da possibilidade de trabalharem, com perspetiva de consolidação, em entidade coberta pela LGTFP –, e outra, que com aquela não se confunde, está no grau de vinculação que adstringe uma entidade fora do âmbito da LGTFP ao (segundo) pedido feito pelo trabalhador.

Assim, apesar de a ponderação de interesses subjacente à apreciação de um pedido de mobilidade feito por trabalhador dever ser acompanhada de uma política uniforme de apreciação por parte de uma entidade empregadora que esteja para lá do perímetro traçado no artigo 96.º da LGTFP – a qual, entre outros factores, e sem prejuízo do (omnipresente) interesse público, não pode desmerecer a falta de motivação de um trabalhador quanto à permanência em determinada organização –, nada obriga, bem ao contrário, uma entidade pública que não esteja situada na administração direta e indireta do Estado a deferir um pedido de mobilidade feito por um trabalhador com contrato de trabalho em funções.

Compreendendo-se que o regime de vinculação de uma entidade pública a pedido reiteradamente feito por um trabalhador com vista à mobilidade só exista lá onde se verifica um pressuposto de adstrição a um departamento ministerial (qual resquício de uma visão mais compactada do Estado), a mobilidade pode ademais ser concretizada através do recurso à cedência de interesse público, não existindo, em atenção ao concurso de vontades exigido para a concretização da figura, qualquer direito potestativo do trabalhador quanto à sua transferência para uma entidade pública. Neste caso, e uma vez que se trata de um trabalhador com contrato de trabalho em funções públicas que parte de uma entidade fora do âmbito da LGTFP para uma entidade incluída no seu perímetro de aplicação, exigir-se-á, em qualquer circunstância, autorização dos membros do Governo responsáveis pelas áreas das finanças e da Administração Pública (n.º 2 do artigo 241º), os quais, na eventualidade de consolidação, terão ainda de emitir parecer prévio favorável à efetivação do trabalhador na categoria correspondente na entidade *ad quem*, a par do necessário despacho de concordância do membro do Governo competente na respetiva área (n.º 10 do artigo 99º).

BIBLIOGRAFIA CONSULTADA E CITADA

Abrantes, José João
— *Do Contrato de Trabalho a Prazo*, Coimbra, Almedina, 1982.
— *A excepção de não cumprimento do contrato no direito civil português – conceito e fundamento*, Coimbra, Almedina, 1986.
— *A vinculação das entidades privadas aos direitos fundamentais*, AAFDL, Lisboa, 1990.
— *Direito do Trabalho. Ensaios*, Edições Cosmos, Lisboa, 1995.
— "Contrato de Trabalho e Direitos Fundamentais -Breves Reflexões", *II Congresso Nacional de Direito do Trabalho – Memórias* (coord. António Moreira), Almedina, Coimbra, 1999, 103-114 (= "Contrato de trabalho e direitos fundamentais", *Themis* 2001, nº 4, 23-39).
— *Contrat de Travail et Droits Fondamentaux. Contribution à une dogmatique commune européenne, avec référence spéciale au droit allemand et au droit allemand et au droit portugais*, Peter Lang GmbH, Francoforte sobre o Meno, 2000 (= *Contrato de trabalho e direitos fundamentais*, Coimbra, Coimbra Editora, 2005).
— "Sobre a Constituição e a crise do *favor laboratoris* em Direito do Trabalho", *Estudos de Homenagem ao Prof. Doutor Jorge Miranda*. Vol. II, Coimbra Editora, Coimbra, 2012, 269-284.

— "Trabalho", *Enciclopédia da Constituição Portuguesa* (coord. Jorge Bacelar Gouveia/Francisco Pereira Coutinho), Quid Iuris, Lisboa, 2013, 370-1.

Adomeit, Klaus (com Peter Hanau)
— *Arbeitsrecht*, Luchterhand, Munique, 2005.

Ahner, Francis (com Jean-Jacques Touati)
— *Inventions et créations des salariés: Du Code du travail au Code de la propriété intellectuelle*, Lamy, Paris, 2010.

Alarcón Caracuel, Manuel (com Esteban Legarreta)
— *Nuevas tecnologías de la información y la comunicación y derecho del trabajo*, Bomarzo, Albacete, 2004.

Albiol Montesinos, Ignacio (com Alfonso Mellado/Blasco Pellicer/Goerlich Peset)
— *Normas laborales – concordadas con la jurisprudencia de los Tribunales Constitucional y Supremo*, Tirant Lo Blanch Laboral, Valencia, 2000.

Alexy, Robert
— *Teoría de la argumentación jurídica. La teoria del discurso racional como teoría de la fundamentación jurídica* (trad. Manuel Atienza/Isabel Espejo), Centro de Estúdios Políticos y Constitucionales, Madrid, 2007.

ALEXANDRINO, JOSÉ DE MELO
— "Perfil constitucional da dignidade da pessoa humana : um esboço traçado a partir da variedade de concepções", *Estudos em honra do Professor Doutor José de Oliveira Ascensão. Vol. I*, Almedina, Coimbra, 2008, 481-511.

ALFAIA, JOÃO
— *Conceitos fundamentais do regime jurídico do funcionalismo público*, Almedina, Coimbra, 1985.

ALIMENA, FRANCESCO
— *Osservazioni sulla distinzione del diritto in pubblico e privato*, Societa Editrice del Foro Italiano, Roma, 1931.

ALLAIN, JEAN
— *Slavery in International Law: Of Human Exploitation and Trafficking*, Martinus Nijhoff, Leida, 2013.

ALLEVA, PIERGIOVANNI
— "Flessibilità del lavoro e unità – articolazione del rapporto contrattuale", LG 1994, nº 8, 777-792.

ALMEIDA, CARLOS FERREIRA DE
— *Contratos II. Conteúdo, Contratos de Troca*, Coimbra, Almedina, 2007.
— *Contratos III. Contratos de liberalidade, de cooperação e de risco*, Almedina, Coimbra, 2012.

ALMEIDA, FORTUNATO DE
— *História de Portugal. Volume III*, Bertrand Editora, Lisboa, 2005.

ALMEIDA, MÁRIO AROSO DE
— "Teoria Geral do Direito Administrativo", *O Novo regime do Código do procedimento Administrativo*, Almedina, Coimbra, 2015.

ALMEIDA, TATIANA GUERRA DE
— *Do período experimental no contrato de trabalho*, Almedina, Coimbra, 2007.

ALONSO OLEA, MANUEL
— *Introdução ao Direito do Trabalho* (trad. Guilherme de Vasconcelos), Coimbra Editora, Coimbra, 1968.

ALONSO OLEA, MANUEL (com CASAS BAAMONDE)
— *Derecho del Trabajo* (17ª ed.), Civitas, Madrid, 1999.

ALVAREZ DE LA ROSA, MANUEL
— *Pactos indemnizatórios en la extincion de contrato de trabajo*, Civitas, Madrid, 1990.

ÁLVAREZ GARCÍA, JAVIER (com QUERALT JIMÉNEZ)
— "European Convention Protection of the Right to Liberty and Security: A Minimum European Standard (Art. 5 ECHR)", *Europe of Rights: A Compendium on the European Convention of Human Rights* (org. Javier García Roca & Pablo Santolaya), Martinus Nijhoff, Leida, 2012, 107-152.

ALVES, MARIA LUÍSA TEIXEIRA
— "As fronteiras do tempo de trabalho", *Estudos de direito do trabalho* (org. António Monteiro Fernandes), Coimbra Editora, Coimbra, 2011, 165-257.

ALZAGA RUIZ, ICIAR
— *La Relación Laboral de los Artistas*, CES, Madrid, 2001.
— *Stock options un estúdio desde el punto de vista del derecho del trabajo y de la seguridad social* (1ª ed.), Civitas, Madrid, 2003.

AMADO, JOÃO LEAL
— *A protecção do salário*, Separata do Vol. XXXIX do Suplemento ao BFDVC, Coimbra, 1993.
— "Crédito Salarial, compensação e cessação (nótula sobre os artigos 270º e 271º do Código do Trabalho", PDT 2005, nº 72, 55-66.
— "Modificação substancial das condições de trabalho: o caso da mobilidade geográfica: ou a submissão do novo Direito do Trabalho ao "imperialismo do contrato", QL 2008, nº 32, 169-181.
— "Dinâmica das relações de trabalho nas situações de crise: em torno da flexibilização das regras juslaborais", RMP 2009, nº 120, 87-100.

— "O papel da jurisprudência no preenchimento de conceitos laborais indeterminados: *in dubio pro operario?*", *Estudos do Instituto de Direito do Trabalho. Vol. VI*, Almedina, Coimbra, 2012, 219-229.
— "O despedimento e a revisão do Código do Trabalho: primeiras notas sobre a Lei nº 23/2012, de 25 de Junho", RLJ 2012, nº 3974, 297-308.
— *Contrato de trabalho*, Almedina, Coimbra, 2016.
— "Tempo de trabalho e tempo de vida: sobre o direito à desconexão profissional", *Trabalho sem fronteiras? O papel da regulação* (coord. Manuel Roxo) Almedina, 2017, 113-129.

AMADO, JOÃO LEAL (com JOANA NUNES VICENTE)
— "Contrato de trabalho intermitente", *XI— XII Congresso nacional de direito do trabalho – Memórias*, coord. António Moreira, Almedina, Coimbra, 2009, 119-137.

AMIEL-DONAT, JACQUELINE
— *Les Clauses de non-concurrence en droit du travail*, Litec, Paris, 1998.

ARIAS DOMÍNGUEZ, ANGEL (com RUBIO SÁNCHEZ)
— *El derecho de los trabajadores a la intimidad*, Thomson-Aranzadi, Pamplona, 2006.

AMARAL, DIOGO FREITAS DO (com LUÍS FÁBRICA, CARLA AMADO GOMES e J. PEREIRA DA SILVA)
— *Curso de Direito Administrativo – Volume I* (3ª ed.), Almedina, Coimbra, 2006.

AMARAL, MARIA LÚCIA
— "O princípio da dignidade da pessoa humana na jurisprudência constitucional", JC 2007, nº 13, 4-17.

AMORIM, JOÃO PACHECO DE
— *A Liberdade de Escolha da Profissão de Advogado (Procedimento Administrativo de Concretização)*, Coimbra Editora, 1992.
— "A liberdade de profissão", *Estudos em Comemoração dos Cinco Anos (1995-2000) da Faculdade de Direito da Universidade do Porto*, Coimbra Editora, Coimbra, 2001, 595-782.
— "Liberdade de profissão e direito ao trabalho: contributo para uma distinção entre duas figuras afins", *Estudos jurídicos em Homenagem ao Professor António Motta Veiga*, Coimbra, Almedina, 2007, 113-137.
— "A liberdade de empresa", *Nos 20 anos do Código das Sociedades Comerciais: Homenagem aos Profs. Doutores A. Ferrer Correia, Orlando de Carvalho e Vasco Lobo Xavier*, Coimbra Editora, Coimbra 2007, 849-929.

AMOROSO, GIOVANNI (com VINCENZO DI CERBO/ARTURO MARESCA)
— *Diritto del lavoro. Volume I – La Costituzione, il Codice civile e le leggi speciali* (3ª ed.), Giuffrè, Milão, 2009.
— *Diritto del lavoro. Volume II, Lo Statuto dei Lavoratori e la disciplina dei licenziamenti* (3ª ed.), Giuffrè, Milão, 2009.

ANDRADE, JOSÉ CARLOS VIEIRA DE
— *Os Direitos Fundamentais na Constituição Portuguesa de 1976*, Almedina, Coimbra, 1987.

ANNEQUIN, JACQUES
— "L´esclavage en Grèce ancienne. Sur l`emergence d`un "fact social total", *Droits. Revue Francaise de Théorie, de Philosophie et de Culture Juridiques*, 2009, nº 50, 3-14.

ANTONMATTEI, PAUL-HENRI
— "NTIC et vie personnelle au travail", DS 2002, nº 1, 37-41.
— *Les clauses du contrat du travail* (2ª ed.) Liaisons, Paris, 2010.
— *L'année de droit social 2010: Textes, jurisprudence, commentaires*, ed. Lamy, Paris, 2011.

ANTUNES, CARLOS MORAIS ANTUNES (com AMADEU RIBEIRO GUERRA)
— *Despedimentos e outras formas de cessação do contrato de trabalho*, Almedina, Coimbra, 1984.

ANTUNES, VERA
— *O Contrato de Trabalho na Administração Pública*, Coimbra Editora, Coimbra, 2010.

ARAÚJO, ANTÓNIO DE
— "Princípio *pro operario* e interpretação de normas juslaborais", RJAAFDL 1991, nº 15, 29-48.

ARAÚJO, FERNANDO
— *Teoria Económica do Contrato*, Almedina, Coimbra, 2007.

ARBORIO-MELLA, FEDERICO
— *La misura del tempo nel tempo: dall'obelisco al cesio*, Ulrico Hoepli Editore, Milão, 1990.

ARENDT, HANNAH
— *A Condição Humana* (trad. Roberto Raposo), Relógio de Água, Lisboa, 2001.

ASCENSÃO, JOSÉ DE OLIVEIRA
— "A dignidade da pessoa e o fundamento dos direitos humanos" ROA 2008, nº 1, 97-124.
— "Pessoa, direitos fundamentais e direito da personalidade", RFDUL 2009, nºs 1 e 2, 9-31.

ASCHEID, REINER (com HARALD SCHLIEMANN)
— *Das Arbeitsrecht im BGB*: Kommentar. De Gruyter-Recht, Berlim, 2002.

ASKOLA, HELI
"Prohibition of Slavery and Forced Labour", The EU Charter of Fundamental Rights: A Commentary (Steve Peers/Tamara Hervey/Jeff Kenner/Angela Ward), Hart Publishing, Londres, 2014, 101-119.

ASSANTI, CECÍLIA
— *Corso di Diritto del Lavoro* (2ª ed.), Cedam, Pádua, 1993.
— "Le professioni intellettuali e il contratto d'opera", *Trattato di diritto privato. I*, 2ª ed (dir. Pietro Rescigno), Utet, Turim, 2001, 837-860.

ATIENZA, MANUEL
— *As Razões do Direito* (trad. Maria Cristina Guimarães Cupertino), 2ª ed., Landy, São Paulo, 2000.

ATLESON, JAMES B.
— *Labor and the Wartime State: Labor Relations and Law During World War II*, University of Illinois Press, Illinois, 1998.

AUBERT-MONPEYSSEN, THÉRÈSE
— "Les libertés et droits fondamentaux dans l'entreprise : brèves remarques sur quelques évolutions recentes", *Melanges Dedies au President Michel Despax*, Toulouse, Presses de L'Universite des Sciences Sociales de Toulouse, Toulouse, 2002, 297-321.

AUDIGIER, FRANÇOIS (com GUY LAGELÉE)
— *Les droits de l'homme*, ed. Conseil de l'Europe, Estrasburgo, 2000.

AUWERAERT PETER VAN DER (com TOM DE PELSMAKER/JEREMY SARKIN/ JOHAN VAN DE LANOTTE)
— *Social, Economic and Cultural Rights: An Appraisal of Current European and International Developments*, Maklu, Antuérpia, 2002.

AUZERO, GILLES
— «Obligation d'information de l'employeur et clause de dédit-formation: Soc. 16 mai 2007, pourvoi nº 05-16.647 F-D, Sté Transport aérien régionale "Star Airlines"», RDT 2007, 450-1.
— "La distinction entre clause pénale et clause de garantie d'emploi : Soc. 4 mars 2008, pourvoi nº 06-45.221", RDT 2008, 304-6.
— "L'exigence de loyauté appliquée au salarié : Soc. 24 mars 2010, pourvoi nº 08-45.552", RDT 2010, nº 6, 366-8.

AYNÈS, LAURENT
— "L'obligation de loyauté", APD 44, Dalloz, Paris, 2001, 195-204.

BACCHINI, FRANCESCO
— *Lavoro intermittente, ripartito e accessorio: subordinazione e nuova flessibilità* (3ª ed.), Wolter Kluwers, Milão, 2009.

Baylos Grau, Antonio
— *Derecho del Trabajo modelo para armar*, Trotta, Madrid, 1991.

Baldassarre, Antonio
— "Libertà", *Enciclopedia giuridica. XIX*, Treccani, Roma, 1990, 1-32.

Ballester Pastor, Inmaculada
— "El trabajador autónomo de la industria y de los servicios en el ordenamiento jurídico de la Seguridad Social", RTSS 1995, nº 17, 25-131.
— *El Contrato de Trabajo Eventual por Circunstancias de La Producción*, Tirant Lo Blanch, Valência, 1998.

Baptista, Albino Mendes
— "Tempo de trabalho efectivo, tempos de pausa e tempo de terceiro tipo", *Revista de Direito e Estudos Sociais* 2002, Ano XLIII, 29-53.

Baker, Aaron (com Ian Smith)
— *Employment Law*, Oxford University Press, Oxford, 2010.

Barassi, Lodovico
— *Il contratto di lavoro nel diritto positivo italiano* [a cura di Mario Napoli: 1ª ed.: 1901], Vita e Pensiero, Milão, 2003.

Barbieri, Ezio Maria
— "Sulla trasformazione di un contratto di lavoro a tempo parziale in uno a tempo pieno senza il consenso del lavoratore", *Rivista Italiana di Diritto Pubblico Comunitario* 2014, nº 5, Milano, 1089-1096.

Barnard, Catherine,
— *EU Employment Law* (4ª ed.), Oxford University Press, Oxford 2012.

Barnett, Daniel (com Timothy George)
— "Post-Employment Restrictive Covenants", NLJ 2002, nº 1849, 1-7.

Barraco, Enrico
— "Il diritto del lavoro a tutcla delle imprese: le clausole di fidelizzazione", LG 2006, nº 4, 313-8.

Barreto, Ireneu Cabral
— *A Convenção Europeia dos Direitos do Homem – Anotada* (4ª ed.), Coimbra Editora, Coimbra, 2010.

Barthèlémy, Jacques
— "Vers un nouveau droit du travail", *Futuribles* 1998, nº 237, 31-37.
— *Evolution du droit social : Une tendance à la contractualisation mais un rôle accru des droits fondamentaux du travailleu*, Lamy, Paris, 2010.

Bartole, Sergio (com Roberto Bin)
— *Commentario breve alla Costituzione* (2ª ed.), Cedam, Milão, 2008.

Basto, Nuno Cabral
— "Contratos Especiais de Trabalho: reflexões em torno do sistema positivo vigente", ESC 1969, nº 31, 69-94.

Bates, Ed
— *The Evolution of the European Convention on Human Rights: From Its Inception to the Creation of a Permanent Court of Human Rights*, Oxford University Press, Oxford, 2010.

Baudet-Caille, Véronique
— *Le droit du travail dans les associations*, ed. Liaisons, Rueil-Malmaison, 2007.

Beard, Mary (com John Henderson)
— *Antiguidade Clássica: o essencial* (trad. Maria Helena Cobeira), Gradiva, Lisboa, 1996.

Beck, Ulrich
— *Risk Society: Towards a New Modernity* (trad. Mark Ritter), Sage Publications, Londres/Nova Deli, 1992.
— *Che cos'è la globalizzazione. Rischi e prospettive della società planetaria* (trad. E. Cafagna/C. Sandrelli) Carocci Edit. Roma, 2009.

Bellivier, Muriel
— *Aide-mémoire – Droit du travail dans le secteur social et médico-social*, Dunod, Paris, 2016.

Benbouaziz, Léa
— *L'économie générale du contrat de travail*, Universite Paris II Pantheon-Assas, 2011.

BENDA, ERNST
— "Dignidad humana y derechos de la personalidad", ERNST BENDA/ WERNER MAIHOFFER/HANS-JOCHEN VOGEL/ KONRAD HESSE/WOLFGANG HEYDE, *Manual de Derecho Constitucional* (trad. Eduardo López Pina), Madrid, Marcial Pons, 1996, 117-145.
— "El Estado social de Derecho", ERNST BENDA/ WERNER MAIHOFFER/HANS-JOCHEN VOGEL/KONRAD HESSE/ WOLFGANG HEYDE, *Manual de Derecho Constitucional* (trad. Eduardo López Pina), Madrid, Marcial Pons, 1996, 487-531.

BERGER, ADOLF
— *Encyclopedic Dictionary of Roman Law*, Vol. 43, 609, The American Philosophical Society, Filadélfia, 1991.

BERTENS, HANS
— "The Sociology of Postmodernity", *International Postmodernism: Theory and Literary Practice* (ed. Johannes Willem Bertens/Douwe Fokkema) John Benjamins Publishing Co, Amesterdão, 1997, 103-120.

BIAGI, MARCO (com MICHELE TIRABOSCHI)
— *Istituzioni di diritto del lavoro* (4ª ed.), Giuffrè, Milão, 2007.
— *Istituzioni di diritto del lavoro* (5ª ed.), Giuffrè, Milão, 2012.

BICKEL, DIETRICH
"Zum Arbeitskampfrecht in Deutschland", *Arbeitsrecht und Zivilrecht in Entwicklung* (dir. Hyung Bae Kim) Duncker & Humblot, Berlim, 1995, 13-25.

BIFULCO, RAFFAELE (com ALFONSO CELOTTO e MARCO OLIVETTI)
— *Commentario alla Costituzione*. Vol. I (Artt. 1-54), Utet, Turim, 2006.

BIGI MAËLEZIG (com OLIVIER COUSIN, DOMINIQUE MÉDA, LAETITIA SIBAUD e MICHEL WIEVIORKA)
— *Travailler au XXI siècle. Des salariés en quête de reconnaissance* (coll. Le monde comme il va), Robert Laffont, Paris, 2015.

BISHARA NORMAN
— "Covenants not to compete in a knowledge economy: Balancing innovation from employee mobility against protection for human capital investment", *Berkeley Journal of Employment and Labor Law*, Vol. 27, 2006/2, 287-322.

BLOCH, MARC
— *A Sociedade Feudal*, Lisboa, Edições 70, 1998.

BONNECHÈRE, MICHÈLE
— *Le Droit du Travail*, La Découverte, Paris, 2008.

BLANKE, HERMANN-JOSEF
— "Flexibilierung und Deregulierung: Modernisierung oder Alternative?", *Festschrift für A. Gnade*, Bund Verlag, Colónia, 1992.

BONET, RÁMON
— "Las instituciones civiles", RDP 1953, nº 1, 1953, 197-214.

BORRAJO DA CRUZ, EFREN
— *Introducción al Derecho del Trabajo* (10ª ed.), Tecnos, Madrid, 1999.

BOWERS JOHN (com SIMON HONEYBALL)
— *Textbook on Labour Law*, Blackstone Press, Londres, 1998.

BRANCIARD, MICHEL (com MARCEL GONIN)
— *Le mouvement ouvrier: 1815-1976*, Montholon-Services, Paris, 1977.

BRÄMER, ANTJE (com FRIEDRICH L. EKEY)
— *Heidelberger Kommentar zum Wettbewerbsrecht*, C.F. Müller, Heidelberg, 2005, 197-9.

BRANCA, GIUSEPPE
— *Commentario della Costituzione*, Volume 53, Parte II, Zanichelli, Bolonha, 1975.

BRANAHL, UDO
— *Medienrecht (Eine Einführung)*, 4ª ed., Wetdeutscher Verlag, 2002.

Brill-Venkatasamy, Tara
— «La clause de non-concurrence en droit du travail: comparaison des droits anglais et français», RIDC 1998, nº 1, 141-157.

Brino, Vania
— "La clause de non concurrence: Italie", RDT 2007, nº 11, 682-684.

Brito, Miguel Nogueira de
— "O conceito constitucional de dignidade humana entre o absoluto e a ponderação: o caso da reprodução humana", *Estudos em Homenagem ao Prof. Doutor José Joaquim Gomes Canotilho. Vol. III*, Coimbra Editora, Coimbra, 2012, 151-178.

Brodie, Douglas
— "Mutual trust and the values of the employment contract", ILJ, Oxford, vol. 30, nº 1, March 2001, 84-100.

Buckland, William Warwick
— *A Text-Book of Roman Law: From Augustus to Justinian*, Cambridge University Press, Cambridge, Nova Iorque, 2010.

Bugada, Alexis
— "Droit constitutionnel appliqué. Aperçu sélectif de la jurisprudence de la Chambre sociale de la Cour de cassation (année 2000)", RFDT 2001/4, nº 48, 779-791.

Buoncristiano, Mario (com Stefania Maglienti)
— "Le rinunzie e le transazioni del lavoratore", *Trattato di Diritto Privato: Impresa e Lavoro*, Tomo I (2º ed.), dir. Pietro Rescigno, Utet, Turim, 2004, 717-730.

Burgorgue-Larsen, Laurence
— *La Convention européenne des droits de l'homme* (2ª ed.), LGDJ, Paris, 2015.

Burnett, Stuart (com James Holland)
— *Employment Law*, Oxford University Press, Oxford, 2008.

Butler, Des (com Sharon Christensen/Bill Dixon/Lindy Willmott)
— *Contract Law Casebook*, Oxford University Press, Oxford, 2009.

Caetano, Marcelo
— *A antiga organização dos mesteres da cidade de Lisboa*, Imprensa Nacional de Lisboa, 1942.

Cairo, Lorenzo
— "Ancora sul patto di non concorrenza: il limite territoriale nel nuovo mercato, le modalità di pagamento del corrispettivo, i limiti alla pattuizione e all'esercizio del potere di recesso", OGL 2005, vol. 54, T. II, 317-323.

Camanho, Paula Ponces
— "Contrato de trabalho a tempo parcial", *Estudos do Instituto de Direito do Trabalho – Vol. 4*, Almedina, Coimbra, 2003, 205-223.

Camerlynck, Guillaume Hubert
— *Droit du Travail. Le contrat de travail*, T. 1 (10ª ed.), Dalloz, Paris, 1982.

Campbell, Joan
— *European Labor Unions*, Greenwood, Westport, 1992.

Campos, Diogo Leite de
— *Lições de Direitos da Personalidade*, Coimbra Editora, Coimbra, 1992.

Canaris, Claus-Wilhelm
— *Pensamento Sistemático e Conceito de Ciência do Direito* (trad. Menezes Cordeiro), 2ª ed., Fundação Calouste Gulbenkian, Lisboa, 1996.
— «A Liberdade e a Justiça Contratual na "Sociedade de Direito Privado"», *Contratos: Actualidades e Evolução*, UCP, Porto, 1997, 49-66.
— *Direitos fundamentais e direito privado* (trad. Ingo Wolfgang Sarlet e Paulo Mota Pinto), Almedina, Coimbra, 2003.
— "A influência dos direitos fundamentais sobre o direito privado na Alemanha", RBDC 2005, nº 28, 3-29.

Canaris, Claus-Wilhelm (com Hermann Staub)
— *Handelsgesetzbuch: Grosskommentar*, Volume 1, Walter de Gruyter, Berlim, 1995.

CANOSA UNERA, RAÚL
— "European Convention Protection of the Right to Liberty and Security: A Minimum European Standard (Art. 5 ECHR)", *Europe of Rights: A Compendium on the European Convention of Human Rights* (org. Javier García Roca & Pablo Santolaya), Martinus Nijhoff, Leida, 2012, 93-106.

CANOTILHO, JOSÉ JOAQUIM GOMES
— "Anotação ao Ac. TC nº 70/90 – Processo nº 229/89", RLJ 1990-1991, nº 3972, 89-97.
— "Dizer a norma nas questões de trabalho", QL 1994, nº 2, 65-75.
— *Direito Constitucional e Teoria da Constituição* (7ª ed.), Almedina, Coimbra, 2013.
— "Direito Constitucional de Conflitos e Protecção e Direitos Fundamentais", RLJ 1992, nº 3815, ano 125º, 35-39.
— *Constituição dirigente e vinculação do legislador – Contributo para a compreensão das normas constitucionais programáticas* (2ª ed.), Coimbra Editora, Coimbra, 2001.
"Dogmática de Direitos Fundamentais e Direito Privado", *Estudos em Homenagem ao Professor Inocencio Galvão Telles. Vol. V*, Almedina, Coimbra, 2003, 63-83.
— "Dignidade e Constitucionalização da Pessoa Humana", *Estudos de Homenagem ao Prof. Doutor Jorge Miranda. Vol. II*, Coimbra Editora, Coimbra, 2012, 285-296.

CANOTILHO, J. J. GOMES (com JORGE LEITE)
— "A inconstitucionalidade da Lei dos Despedimentos", *Estudos em Homenagem ao Prof. Doutor Ferrer Correia*, vol. III, Coimbra editora, Coimbra, 1991, 501-580.

CANOTILHO, J. J. GOMES (com VITAL MOREIRA)
— *Fundamentos da Constituição*, Coimbra Editora, Coimbra, 1991.
— *Constituição Portuguesa da República Anotada* (3ª ed.), Coimbra Editora, Coimbra, 1993.
— *Constituição Portuguesa da República Anotada. Artigos 101º a 107º* (4ª ed.), Coimbra Editora, Coimbra, 2007.

CANOTILHO, MARIANA
— "Brevíssimos apontamentos sobre a não discriminação no Direito da União Europeia", *Julgar* 2011, nº 14, 101-111.

CANUT, FLORENCE
— *L'ordre public en droit du travail*, Bibliothèque de l'Institut André Tunc/ LGDJ, Paris, 2007.
— "Sanction d'une clause de non concurrence excessive: vers une evolution de la jurisprudence de la Chambre sociale de la Cour de cassation?", Dr. Ouvrier 2012, nº 762, 12-19.

CARINCI, FRANCO
— *Diritto del lavoro dell' Unione Europea*, Utet, Turim, 2010.

CARINCI, FRANCO (com RAFAELLE DE LUCA TAMAJO/PAOLO TOSI/TIZIANO TREU)
— *Diritto del Lavoro. 2. Il rapporto di lavoro subordinato* (3ª ed.), Utet, Turim, 1992.

CARMICHAEL, FIONA (com DENNIS THOMAS)
— "Bargaining in the Transfer Market: Theory and Evidence", AEL 1993, vol. 25, nº 25, 1467-1476.

CARNEIRO, JOANA
— "O contrato de trabalho intermitente: a relação laboral cimentada na segurança do emprego através do trabalho descontínuo", *Questões Laborais* 2010, ns. 35-36, 203-242.

CARNEIRO, MANUEL BORGES
— *Direito Civil de Portugal*. Tomo 1, Typografia Madre de Deus, Lisboa, 1858.

CARNELUTTI, FRANCESCO
— *Studi di diritto civile* (Collezione di opere giuridiche ed economiche), Athenaeum, Roma, 1916.
— "Il diritto di privativa nel contratto di lavoro", RDCom, 1910, II, 431-440.

CARQUEJA, BENTO
— *Filosofia do Trabalho*, Imprensa da Universidade de Coimbra, Coimbra, 1932.

CARVALHO, AMÉRICO TAIPA DE
— "Anotação ao artº 159º", *Comentário Conimbricense do Código Penal. Parte Especial: Tomo I* (dir. Jorge de Figueiredo Dias), Coimbra Editora, Coimbra, 1999, 421-6.
— *Direito Penal – Parte Geral. Questões Fundamentais*, UCP, Porto, 2003.

CARVALHO, ANTÓNIO NUNES
— "Sobre o dever de ocupação efectiva do trabalhador", RDES 1991, nºs 3/4, 261-327.
— "Ainda sobre a crise do Direito do Trabalho", *II Congresso Nacional de Direito do Trabalho. Memórias* (org. António Moreira), Almedina, Coimbra, 1999, 47-79.
— "O pluralismo do Direito do Trabalho", *III Congresso Nacional de Direito do Trabalho. Memórias* (org. António Moreira), Almedina, Coimbra, 2001, 267-294.
— "Reflexões sobre a categoria profissional (a propósito do Código do Trabalho)", *Estudos de Direito do Trabalho em Homenagem ao Professor Manuel Alonso Olea* (org. António Monteiro Fernandes), Almedina, Coimbra, 2004, 123-163.
— "Contrato de Trabalho a Tempo Parcial (Tópicos de Reflexão)", *IX e X Congresso Nacional de Direito do Trabalho – Memórias*, Coimbra, Almedina, 2007, 219-235.
— "Notas sobre o regime da retribuição no Código do Trabalho (conceito de retribuição e complementos retributivos)", RDES nº 14, 2010, 43-155.
— "Notas sobre o regime do tempo de trabalho na revisão do Código do Trabalho", *Código do Trabalho – A Revisão de 2009* (coord. Paulo Morgado de Carvalho), Coimbra Editora, 2011, 329-379.
— "Considerações sobre o trabalho intermitente", *Estudos dedicados ao Professor Doutor Bernardo da Gama Lobo Xavier* – Vol. I, UCP, Lisboa, 2015, 327-376.

CARVALHO, CATARINA DE OLIVEIRA
— *Da Dimensão da Empresa no Direito do Trabalho. Consequências práticas da dimensão da empresa na configuração das relações laborais individuais e colectivas*, Coimbra Editora, Coimbra, 2011.
— "A desarticulação do regime legal do tempo de trabalho", *Direito do trabalho + crise = crise do direito do trabalho?*, Coimbra Editora, 2011, 365-371.
— "A desarticulação do regime legal do tempo de trabalho", *O Tempo de Trabalho* (col. Jurisdição e Empresa), CEJ, Lisboa, 2014.
— "O impacto da jurisprudência do Comité Europeu de Direitos Sociais em matéria laboral no ordenamento jurídico português", *Revista Jurídica de los Derechos Sociales – Lex Social*, Monográfico 1 (2017), 211-243.

CARVALHO, CATARINA DE OLIVEIRA (com JÚLIO VIEIRA GOMES)
— "Sobre o Regime da Invalidade do Contrato de Trabalho", *II Congresso Nacional de Direito do Trabalho. Memórias* (org. António Moreira), Almedina, Coimbra, 1999, 147-176.

CARVALHO, ORLANDO DE
— "Negócio jurídico indirecto (teoria geral)", Separata do Vol. X do Suplemento do BFDVC, Coimbra, 1952.
— *Teoria Geral do Direito Civil* [sumários desenvolvidos para uso dos alunos do 2º ano (1º turma), do Curso jurídico de 1980/81, em curso de publicação], Coimbra, 1981.
— "Empresa e Direito do Trabalho", *Temas de Direito do Trabalho – Direito do Trabalho na crise. Poder empresarial. Greves atípicas. IV Jornadas Luso-Hispano-Brasileiras de Direito do Trabalho*, Coimbra Editora, Coimbra, 1990, 9-20.

— *Teoria Geral do Direito Civil* (coord. F. Liberal Fernandes/Mª Raquel Guimarães/Mª Regina Redinha), Coimbra editora, Coimbra, 2012.

CASAUX, LISE
— *La pluriactivité ou l'exercice par une même personne physique de plusieurs activités professionnelles*, LGDJ, Paris, 1993.

CASILLO, ROSA
— "La dignità nel rapporto di lavoro", RDC 2008, nº 5, 593-627.

CASOTTI, ALFREDO (com MARIA ROSA GHEIDO)
— *Orario di lavoro*, Ipsoa, Trieste, 2009.

CASSESE, SABINO
— "La cultura giuridica dagli anno sessanta ad oggi", RTDPC 2004, nº 2, 371-378.

CASTEL, ROBERT
— *From Manual Workers to Wage Laborers: Transformation of the Social Question*, Transaction Publishers, Nova Jersey, 2002.

CASTRONOVO, MARIEKE
— "Clause de clientéle et clause de non--concurrence", RDT 2010, nº 2, 507-9.

CATAUDELLA, MARIA CRISTINA
— *Contratti di lavoro e nullità parziale*, Giuffrè, Milão, 2008.

CAUPERS, JOÃO
— *Os direitos fundamentais dos trabalhadores e a Constituição*, Almedina, Coimbra, 1985.

CENDON, PAOLO
— *Commentario al codice civile. Artt. 2595-2642: Concorrenza, consorzi, disposizioni penali*, Giuffrè, Milão, 2009.
— *Commentario al codice civile. Artt. 2060-2134. Lavoro subordinato*, Giuffrè, Milão, 2011.

CESTER, CARLO
— *Il rapporto di lavoro subordinato: costituzione e svolgimento, vol. II* (Diritto del lavoro: Commentario diretto da F. Carinci), 2ª ed., Utet, Turim, 2007.
— "Rinunzie e transazioni", *Dizionari del Diritto Privato: Diritto del Lavoro* (org. Natalino Irti), Giuffrè, Milão, 2008, 191-195.

CHAGNY, YVES
— "Débauchage de salarié, nullité de la clause de non-concurrence: une prise de possession du droit du travail par le droit commercial", RDT 2008, 453-5.

CHANDLER, PETER
— *Waud`s Employment Law* (14ª ed.), Kogan Page, Londres, 2003.

CHARBONNEAU, ALEXANDRE
— "La contrepartie financière d'une clause de non-concurrence: indifference du mode de rupture du contrat quant à son montant. Sóc. 25 février 2012, nº 10-11.590", RDT 2012, nº 4, 216-219.

CHARBONNEAU, CYRILLE
— "Clause de dédit-formation: une validitè sous contrôle rapproché", CSBP, nº 142, 01.07.2002, 323-324.

CHARRO BAENA, PILAR
— "El pacto de no competencia postcontractual", *Relaciones Laborales. Revista Crítica de Teoría y Práctica*, 1995, nº 2, 9-44.

CHAUCHARD, JEAN-PIERRE
— "La clause de dédit-formation ou le régime de liberté surveillée appliqué aux salariés", DS 1989, nº 5, 388-393.

CHEVALLIER, JACQUES
— "Vers un droit postmoderne", *Les transformations de la régulation juridique. Tome V* (org. Jean Clam & Gilles Martin), LGDJ, Paris, 1998, 21-46.

CHOISEZ, STÉPHANE
— "La contrepartie financière de la clause de non-concurrence d'un contrat de travail", DS 1993, nºs 7-8, 662-675.

CHRISTOFFERSEN, JONAS
— *Fair Balance: A Study of Proportionality, Subsidiarity and Primarity in the European Convention on Human Rights*, Martinus Nijhoff, Leida, 2009.

CIAN, GIORGIO
— *Codice Civile e Leggi Collegate: Commento Giurisprudenziale Sistematico*, Cedam, Milão, 2010.

CIOLLI, INES
— "La tutela del diritti sociali in Francia e in Italia", *Studi in onore di Gianni Ferrara*, Giappichelli, Turim, 2005, 19-41.

CIRILLO, FRANCESCO MARIA
— "Commento all'art. 4". *Diritto del lavoro. Volume I – La Costituzione, il Codice civile e le leggi speciali* [dir. G. Amoroso, di cerbo, a. Maresca (3ª ed.)], Giuffrè, Milão, 2009, 57-88.

CLARENCE-SMITH, GERVASE
— *O Terceiro Império Português* (1825-1975), Teorema, Lisboa, 1985.

COCKS, RAYMOND
— *Sir Henry Maine: A Study in Victorian Jurisprudence*, Cambridge University Press, Cambridge, 1998.

COELHO, FRANCISCO MANUEL B. PEREIRA
— *A renúncia abdicativa no Direito Civil (Algumas notas tendentes à definição do seu regime)*, Studia Iuridica 8, Coimbra Editora, Coimbra, 1995.

COELHO, JOÃO VASCO
— *Uma anatomia do trabalho renovado*, Minerva, Coimbra, 2010.

COLLAÇO, ISABEL MAGALHÃES
— *Da qualificação em Direito Internacional Privado*, Lisboa, 1964.

COLLET-THIRY, NICOLAS
— "Le préavis de prise d'acte: le risqué disproportionné encouru par le salarié usant de son droit de provoquer une rupture immédiate, Dr. ouvrier 2012, nº 771, 625-629.

CONCEIÇÃO, J. APELLES DA
— *Dicionário de Segurança Social*, Ed. Rei dos Livros, Lisboa, 1999.

CONSENTINO, MARIAGIULIA
— "Il lavoro a tempo parziale", *Manuale del diritto europeo del lavoro e della sicurezza sociale* (a cura di Glauco Zaccardi), Edizioni Scientifiche Italiane, Nápoles, 2015, 277-318.

COOTER, ROBERT (com THOMAS ULEN)
— *Law and Economics*, Pearson Education, Limited, Essex, 2011.

CORBIN, ALAIN
— *História dos Tempos Livres* (trad. Telma Costa), Teorema, Lisboa, 1995.

CORBISIERO, FABIO
— "Il lavoro flessibile tra solidarietà e mercato", *Lavoro flessibile e forme contrattuali non standard nel terzo settore* (org. Fabio Corbisiero/Antonello Scialdone/Antonio Tursilli, Franco Angeli, Milão, 2009, 15-28.

CORDEIRO, ANTÓNIO MENEZES
— "Da situação jurídica laboral: perspectivas dogmáticas do Direito do Trabalho", ROA 1982, 89-149.
— *Teoria Geral do Direito Civil. volume I* (2ª ed.), AAFDL, Lisboa, 1992.
— *Direito das Obrigações*, Vol. I, AAFDL, Lisboa, 1994.
— *Direito das Obrigações*, Vol. II, AAFDL, Lisboa, 1994.
— *Da Boa Fé no Direito Civil*, Almedina, Coimbra, 1997.
— *Manual de Direito do Trabalho*, Almedina, Coimbra, 1997.
— "A Liberdade de expressão do trabalhador", *II Congresso Nacional de Direito do Trabalho. Memórias* (org. António Moreira), Almedina, Coimbra, 1999, 21-43
— "Direito do Trabalho e Cidadania", *III Congresso Nacional de Direito do Trabalho. Memórias* (org. António Moreira), Almedina, Coimbra, 2001, 29-42.

CORIATT-ATTIA, ISABELLE
— *Le statut de la pluriactivité en droit social*, PU Aix-Marseille, Marselha, 1998.

CORNESSE, ISABELLE
— *La proportionnalite en droit du travail*, Litec, Paris, 2001.

CORREIA, LUÍS BRITO
— *Direito do Trabalho*, Vol. I, Faculdade de Ciências Humanas, Universidade Católica Portuguesa, Lisboa, 1982.

CARCASSONNE, GUY
— *La Constitution* (pref. Georges Verdel), Points, Paris, 2011.

CARDOSO DA COSTA, JOSÉ MANUEL
— "O princípio da Dignidade da Pessoa Humana na Constituição e na Jurisprudência Constitucional Portuguesas", *Direito Constitucional – Estudos em Homenagem a Manoel Gonçalves Ferreira Filho* (dir. Sérgio Resende de Barros/Fernando Aurélio Zilveti), Dialética, São Paulo, 1999, 191-212.

CAVALARO, LUIGI
— "Costituzioni e diritto al lavoro. Un'interpretazione dell'art. 18 dello Statuto dei Lavoratori", RIDL 2003, nº 1, 227-257.

CIOLLI, INES
— "La tutela del diritti sociali in Francia e in Italia", *Studi in onore di Gianni Ferrara*, Giappichelli, Turim, 2005.

COSENTINI, CRISTOFORO
— "Libertini (Diritto Romano)", *Novissimo Digesto Italiano* IX, Utet, Turim, 1963, 881-2.

COSTA, MÁRIO JÚLIO DE ALMEIDA
— *Direito das Obrigações*, (7ª ed.), Almedina, Coimbra, 1998.

COSTELLO, CATHRYN
— "Migrants and Forced Labour: A Labour Law Response", *The Autonomy of Labour Law* (org. Alan Bogg|Cathryn Costello|Acl Davies|Jeremias Prassl), Hart Publishing, 2014, 189-227.

COUTURIER, GÉRARD
— "Les techniques civilistes et le droit du travail. Chronique d'humeur à partir de quelques idées reçues", Dalloz 1975 Chronique XXIV, 1975, 151-221.
— *Droit du Travail. Les relations individuelles de travail*, T. I (3ª ed.), PUF, Paris, 1994.

CREMER, HANS-JOACHIM
— *Human Rights and the Protection of Privacy in Tort Law: A Comparison Between English and German Law*, Routledge, Londres, 2011.

CRISAFULLI, VEZIO
— "Appunti preliminari sul diritto al lavoro nella Costituzione", RGL 1951, I, 97-172.

CRUZ, SEBASTIÃO
— *Direito romano (ius romanum)* (4ª ed.), Almedina, Coimbra, 1984.

CRUZ VILLALÓN, JESÚS (com RAMOS VELASCO/GÓMEZ GORDILLO)
— *Estatuto de los Trabajadores Comentado*, Tecnos, Madrid, 2003.

D'ANTONA, MASSIMO
— "Il diritto al lavoro nella Costituzione e nell'ordinamento comunitário", *Opere di Massimo D'Antona, Vol. I. Scritti sul metodo e sulla evoluzione del diritto de lavoro. Scritti sul diritto del lavoro comparato e Comunitário* (dir. Caruso/Sciarra), Giuffrè, Milão, 2000, 263-271.
— "Diritto del lavoro di fine secolo: una crisi di identità?", *Contratto e Lavoro Subordinato. Il diritto privato alle soglie del 2000*, Cedam, Milão, 2000, 127-145.

D'ÁVILA, LOBO
— *Da Concorrência Desleal*, Coimbra, 1910.

DARMAISIN, STÉPHANE
— *Le contrat moral*, LGDJ, Paris, 2000.

DÄUBLER, WOLFGANG
— *Arbeitsrecht – Ratgeber für Beruf, Praxis und Studium* (6ª ed.), Bund-Verlag, Francoforte sobre o Meno, 2006.

DAVIES, ANNE C. L.
— *Perspectives on Labour Law*, Cambridge University Press, Cambridge, 2004.

DEAKIN, SIMON
— "Travail, contrat", *Dictionnaire historiue de l'économie-droit XVII-XX siécles* (dir. Alessandro Stanziani), LGDJ, Paris, 2007, 289-295.

DE ROBERTIS, FRANCESCO MARIA
— *Lavoro e lavoratori nel mondo romano*, Adriatica editrice, Bari, 1963.

Denis, Henri
— *História do Pensamento Económico* (trad. António Borges Coelho), Horizonte, Lisboa, 2000.

Díez-Picazo, Luis María
— "Notas sobre la renuncia a los derechos fundamentales", *Persona y Derecho* 2001, nº 45, 133-138.

Dockès, Emmanuel
— *Droit du Travail* (3ª ed.), Dalloz, Paris, 2007.
— "Le pouvoir dans les rapports de travail, essor juridique d'une nuisance économique", *Droit Social* 2004, 620-628.

Dray, Guilherme Machado
— "O ideal de justiça contratual e a tutela do contraente mais débil", *Estudos em Homenagem ao Prof. Doutor Inocêncio Galvão Telles. Vol. I*, Almedina, Coimbra, 2002, 75-105.

Dreifuss-Netter, Frédérique
— "Renonciation", *Enciclopédie Dalloz – Civil*. Vol. VIII, 1989, 1-8.

Duarte, Maria Luísa
— "A União Europeia e o sistema europeu de protecção dos direitos fundamentais – a chancela do Tratado de Lisboa", *Dir.* 2010, nº 5, 169-189.

Durán López, Federico
— "Pacto de no concurrencia", *El Estatuto de los Trabajadores. Comentarios a las Leyes Laborales*, Tomo V, Edersa, Madrid, 1985.

Dzehtsiarou, Kanstantsin
— *European Consensus and the Legitimacy of the European Court of Human Rights*, Cambridge University Press, Cambridge, 2015.

Eco, Umberto
— *O pêndulo de Foucault* (trad. de J. Barreiros), Difel, Lisboa, 1989.

Esposito, Marco
— "Distacco e prestazione di lavoro a favore del terzo", *Giornale di diritto del lavoro e delle relazioni industriali*, n. 69, 1996-1, 119-153.

Evensky, Jerry
— *Adam Smith's Moral Philosophy. A Historical and Contemporary Perspective on Markets, Law, Ethics, and Culture*, Cambridge University Press, Cambridge, 2005.

Fabre-Magnan, Muriel
— "Le forçage du consentement du salarié", Dr. Ouvrier 2012, nº 7, 459-470.

Fabrica, Luis
— "A natureza das funções e modalidades de constituição do vínculo de emprego público", *Estudos dedicados ao Professor Doutor Bernardo da Gama Lobo Xavier*, UCP, Lisboa, 2015, 375-385.

Fabris, Piera
— *Il patto di non concorrenza nel diritto del lavoro*, Giuffrè, Milão, 1976.

Falasca, Giampero
— *Manuale di Diritto del Lavoro: Costituzione, svolgimento e risoluzione del rapporto dio lavoro*, IlSole24Ore, Milão 2011.

Faria, Jorge Ribeiro de
— *Direito das Obrigações, Vol. II*, Almedina, Coimbra, 1990.
— *Estudos de Direito das Obrigações e Discursos Académicos*, U. Porto Editorial, Porto, 2009.

Fernandes, António Monteiro
— *Temas Laborais*, Almedina, Coimbra, 1984.
— "Reflexões acerca da boa fé na execução do contrato de trabalho", *V Congresso Nacional de Direito do Trabalho – Memórias* (org. António Moreira), Almedina, Coimbra, 2003, 109-126.
— "A reforma laboral de 2012 – observações em torno da Lei nº 23/2012, de 25 de Junho", ROA 2012, T. II/III, 545-574.
— *Direito do Trabalho* (18ª edição), Almedina, Coimbra, 2017.

Fernandes, Francisco Liberal
— "Transmissão do estabelecimento e oposição do trabalhador à transferência do

contrato: uma leitura do art. 37º da LCT conforme o direito comunitário", QL 1999, nº 14, 213-240.
— *Liberdade de circulação dos trabalhadores na Comunidade europeia*, Coimbra Editora, Coimbra, 2002.
— *O tempo de trabalho*, Coimbra Editora, Coimbra, 2012.
— "O tempo de trabalho num mundo em transformação", *Transformações recentes do Direito do trabalho ibérico – Livro Razão* (coord. F. Liberal Fernandes e M. Regina Redinha), Universidade Porto edições, Porto, 2016, 103-108.

FERRAJOLI, LUIGI
— *Diritti Fondamentali, Un dibattito teórico*, Laterza (col. Libri del Tempo), Bari, 2008.

FERRARO, GIUSEPPE
— *Diritto dei contratti di lavoro*, Il Mulino, Bolonha, 2011.

FERREIRA, JOSÉ DIAS
— *Código Civil portuguez anotado*. Vol. III, Lisboa, Imprensa Nacional, 1872.

FERREIRA, SILVESTRE PINHEIRO
— *Projecto de Associação para o Melhoramento da Sorte das Classes Industriosas*, Rey e Gravier/J. P. Aillaud, Paris, 1840.

FLECKER, JÖRG
— "La flessibilità: una via obligata? Riorganizzazione dell'impresa e forme di occupazione flessibili", *Dentro e oltre i post-fordismi. Impresa e lavoro in mutamento tra analisi teórica e ricerca empírica* (dir. Rosangela Lodigiani & Monica Martinelli), Vite e Pensiero, Milão, 2002, 235-261.

FITZSIMMONS, MICHAEL P.
— "The Debate on Guilds under Napoleon", *Western Society for French History* 2008, vol. 36, 121-131.

FLAMENT, LUCIEN
— "Le raisonnable en droit du travail", DS 2007, nº 1, 16-24.

FLOUR, JACQUES (com JEAN-LUC AUBERT)
— *Droit Civil – Tome I*, (8ª éd.), Armand Colin, Paris, 1998.

FORD, KAREN E. (com KERRY E. NOTESTINE/RICHARD N. HILL)
— *Fundamentals of Employment Law* (2ª ed.), Aba Publishing, Chicago, 2000.

FRADA, MANUEL CARNEIRO DA
— "A ordem pública no domínio dos contratos", *Ars Iudicandi – Estudos em Homenagem ao Professor Doutor António Castanheira Neves*, Vol. II – Direito Privado, Coimbra Editora, Coimbra, 2009, 255-269.

FREEDLAND, MARK
— *The personal employment contract*, Oxford University Press, Oxford, 2006.

FUDGE, JUDGY (com KENDRA STRAUSS)
— *Migrants at Work: Immigration and Vulnerability in Labour Law* (org. Cathryn Costello & Mark Freedland), Oxford University Press, Oxford, 2014, 160-179.

GAC-PECH, SOPHIE LE
— *La proportionnalité en droit privé des contrats*, LGDJ, Paris, 2000.

GALANTINO, LUISA
— *Diritto del Lavoro* (5ª ed.), Giappichelli Editore, Turim, 1995.
— "Le politiche formative e la qualità del lavoro", *Studi in onore di Mattia Persiani. Diritto del lavoro, I nuovi problemi, vol. I*, Cedam, Pádua, 2005, 985-1000.

GALLART FOLCH, ALEXANDRO
— *Derecho Español del Trabajo* (prólogo del Excmo. Sr. Don Pedro Sangro y Ros de Olano), Labor, Barcelona, 1936.

GARCÍA MURCIA, JOAQUÍN (com MARTÍN VALVERDE/RODRIGUEZ-SANUDO GUTIÉRREZ)
— *Derecho del Trabajo* (15ª ed.), Tecnos, Madrid, 2006.

GARCIA VIÑA, JORDI
— *La buena fe en el contrato de trabajo*, CES, Madrid, 2001.

Garofalo, Domenico
— *Formazione e lavoro tra diritto e contratto. L'occupabilità*, Cacucci, Bari, 2004.
— "Insolvenza dell'Impresa e Tutela Previdenziale del Reddito" *in* Michel Martone, *Trattato di diritto del lavoro*, Vol. IV (dir. Mattia Persinani/Franco Carinci), Cedam, Pádua, 2012, 2306-2435.

Gaudemet, Yves
— "Une nouvelle dimension du principe d'égalité devant la contribution publique?", DS 1986, nº 5, 372-378.

Gaudu, François
— *Droit du Travail*, 2ª ed., Dalloz, Paris, 2007.

Gaudu, François (com Raymonde Vatinet)
— *Les contrats du travail: contrats individuels, conventions collectives et actes unilatéraux*, LGDJ, Paris, 2001.

Gavalda, Christian
— "Le secret des affaires", *Mélanges offerts à René Savatier*, Dalloz, Paris, 1965, 291-316.

Gavalda, Natacha
— "Les critères de validité des clauses de non-concurrence en droit du travail", DS 1999, nº 6, 582-590.

Giddens, Anthony
— *Capitalismo e Moderna Teoria Social* (trad. Maria do Carmo Cary), Presença, Lisboa, 1990.
— *A Europa na Era Global* (trad. Alberto Gomes), Ed. Presença, Lisboa, 2007.

Gierke, Otto Von
— *Las raíces del contrato de trabajo* (trad. Barreiro González), Civitas, Madrid, 1982.

Giudice, Federico Del
— *Compendio di Istituzioni di Diritto Romano*, Simone, Nápoles, 2010.

Gurevitch, Aron
— *As Categorias da Cultura Medieval* (trad. João Gouveia Monteiro), Caminho, Lisboa, 1990.

Goerlich Peset, José María
— *Contratación laboral y tipos de contrato: Criterios jurisprudenciales*, Lex Nova, Valladolid, 2010.

Goldin, Adrián
— "Global Conceptualizations And Local Constructions of the Idea of Labour Law", *The Idea of Labour Law* (ed. Guy Davidov & Brian Langille) Oxford University Press, Oxford, 2011, 69-88.

Gomes, Júlio Vieira
— "As Cláusulas de Não Concorrência no Direito do Trabalho", *Juris et de Jure* (org. Manuel Afonso Vaz e José Azeredo Lopes), UCP, Porto, 1998, 933-968.
— "Do uso e abuso do período experimental", RDES 2000, nºs 1 e 2/ 3 e 4, 37-74; 245-276.
— "Da fábrica à fábrica de sonhos – primeiras reflexões sobre o regime dos contratos de trabalho dos profissionais de espectáculos", *Estudos dedicados ao Professor Mário Fernando de Campos Pinto. Liberdade de Compromisso— Volume II*, UCP, Lisboa, 2009, 247-281.
— "Algumas novas questões sobre as cláusulas ou pactos de não concorrência em Direito do Trabalho", RMP 2011, nº 127, 77-99.
— "Algumas reflexões sobre as alterações introduzidas no Código do Trabalho pela Lei nº 23/2012, de 25 de Junho", ROA 2012, T. II/III, 575-618.

Gomes, Júlio Vieira (com Catarina Carvalho)
— "Sobre o Regime da Invalidade do Contrato de Trabalho", *II Congresso Nacional de Direito do Trabalho. Memórias* (org. António Moreira), Almedina, Coimbra, 1999, 147-176.

Gomes, Maria Irene
— "Primeiras reflexões sobre a revisão do regime jurídico do contrato de trabalho a termo pelo novo Código do Traba-

lho", *Scientia Iuridica* – Tomo LVIII, 2009, nº 318, 281-310.

GÓMEZ GORDILLO, RAFAEL
— "Trabajo a tiempo parcial, jubilación y prohibición de discriminación sexual: revisión de la normativa española a la luz del Derecho de la Unión Europea y la jurisprudencia del TJUE y del Tribunal Constitucional", *Revista de Derecho Comunitario Europeo* 2014, nº 47, 157-179.

GONÇALVES CUNHA, LUÍS
— *Tratado de Direito Civil – em comentário ao Código Civil Português*, Vol. IV, Coimbra Editora, Coimbra, 1932.

GONZÁLEZ MOLINA, Mª DOLORES
— "Algunas reflexiones sobre el posible retorno del contrato de trabajo al código civil", RFDUC 1999, nº 23, 89-107.

GRAES, ISABEL
— "Estatuto Jurídico dos escravos em Roma", *Estudos em honra do Professor Ruy de Albuquerque*, Coimbra Editora, Coimbra, 2006, 533-620.

GRABER, ALEXANDER
— *Dynamic Interpretation in International Criminal Law: Striking a Balance between Stability and Change*, Herbert Utz Verlag, Munique, 2014.

GUEDES, LUÍS MARQUES
— *Uma Constituição Moderna para Portugal*, Lisboa, 1997.

GUTWIRTH, SERGE (com PAUL DE HERT)
— "Data Protection in the Case Law of Strasbourg and Luxemburg: Constitutionalisation in Actions", *Reinventing Data Protection?* (ed. Serge Gutwirth|Yves Poullet|Paul de Hert|Cécile de Terwangne|Sjaak Nouwt), Springer, Heidelberg, 2009.

HALPÉRIN, JEAN-LOUIS
— *Histoire des Droits en Europe*, Flammarion, Paris, 2004, 130.

HAMMARBERG, THOMAS
— *Droits de l'homme en Europe: la complaisance n'a pas sa place*, Conselho da Europa, Estrasburgo, 2011.

HANAU, PETER (com KLAUS ADOMEIT)
— *Arbeitsrecht*, Luchterhand, Munique, 2005.

HARRIS, DAVID (com MICHAEL O'BOYLE, EDWARD BATE e CARLA BUCKLEY)
— *Law of the European Convention on Human Rights* (3ª ed.), Oxford University Press, Oxford, 2014.

HÉAS, FRANCK
— "Bref état des lieux juridiques des systèmes de formation professionnelle continue dans l'Union européenne", *Les évolutions de la formation professionnelle: regards croisés* (dir. A. Pelage/N. Maggi-Germain), Paris, 2003, 127-140.

HENDRICKX, FRANK
— "Employment Privacy", *Comparative Labour Law and Industrial Relations in Industrialized Market Economies* (ed. Roger Blanpain), Kluwer Law International, The Netherlands, 2007, 419-438.

HENDRICKX, FRANK (com ALINE VAN BEVER)
— "Article 8 ECHR: judicial patterns of employment privacy protection", *The European Convention on Human Rights and the Employment Relations*, Hart Publishing, Oxford, 2013, 183-208.

HESPANHA, ANTÓNIO MANUEL
— *História das Instituições – Épocas Medieval e Moderna*, Almedina, Coimbra, 1982.
— *Caleidoscópio do Direito – o Direito e a Justiça nos Dias e no Mundo de Hoje* (2ª ed.), Almedina, Coimbra, 2009.

HOLLAND, JAMES (com STUART BURNETT)
— *Employment Law 2008*, Oxford University Press, Oxford, 2008.

HONDIUS, EWOUD (com HANS CHRISTOPH GRIGOLEIT)
— *Unexpected Circumstances in European Contract Law*, Cambridge University Press, Cambridge, 2011.

Hromadka, Wolfgang (com Frank Maschmann)
— *Arbeitsrecht Band 1: Individualarbeitsrecht*, Springer, Heidelberg, 2012.
Huchet, Marc-Olivier
— "La clause de dédit formation", RJO 2000, nº 4, 373-408.
Hufen, Friedhelm
— "Berufsfreiheit – Erinnerung an ein Grundrecht (Mainzer Antrittsvorlesung)", NJW 1994, 2913-6.
Hümmerich, Klaus (com Winfried Boecken e Franz Josef Düwell)
— *AnwaltKommentar Arbeitsrecht*: vol. I, Deutscher Anwaltverlag, Bona, 2008.
Ichino, Pietro
— *Il Contratto di Lavoro. I,* Giuffrè, Milão, 2000.
Jayasuryia, Kanishka
— "Autonomy, Liberalism and the New Contractualism", *Contractualism and Citizenship* [col. Law in Context: vol. 18, nº 2 (org. Terry Ross Carney/Gaby Ramia/Anna Yeatman)], The Federation Press, Annandale, 2001, 57-79.
Jeammaud, Antoine
— *Des oppositions de normes en droit privé interne*, Thése, Lyon III – Jean Moulyn, 1973.
— "Le droit constitutionnel dans les relations du travail", *AJDA* 1991, 612-622.
— Le droit du travail dans le capitalisme, question de fonctions et de fonctionnement, dans Le droit du travail confronté
Jorge, Fernando Pessoa
— "Contrato de Trabalho – Anteprojecto de Diploma Legal", ESC 1965, nº 13, 247-268.
Justo, A. Santos
— "A escravatura em Roma", BFDUC 1997, v. 73, 19-33.
— "Locatio-conductio operis", *Estudos em Homenagem ao Prof. Doutor Manuel Henrique Mesquita. Vol. I* (org. Diogo Leite de Campos), Coimbra Editora, Coimbra, 2009, 1023-1057.
Kaczorowska, Alina
— *European Union Law* (3ª ed.), Routledge, Londres/Nova Iorque, 2013.
Kahn-Freund, Otto
— "L'incidenza delle Costituzioni sul diritto del lavoro", DLRI 1979, nº 1, 77 -92.
Kaplan, Steven L.
— *La fin des corporations*, Fayard, Paris, 2001.
Kanovitz, Jacqueline R.
— *Constitutional Law* (13ª ed.), Anderson Publishing, Elsevier, 2012.
Kaser, Max
— *Direito Privado Romano* (trad. Samuel Rodrigues/Ferdinand Hämmerle), Fundação Calouste Gulbenkian, 1999.
Kern, Gangolf
— "Arbeit auf Abruf", *Variationen im Recht: Festbeigabe für Franz Jürgen Säcker* (Katharina V Boesche/Jens Th Füller/Maik Wolf), BWV, Berlin, 2007, 279-284.
La Macchia, Carmen
— *La pretesa al lavoro*, Giappichelli, Turim, 2000.
Lambertucci, Pietro
— *Diritto del Lavoro* (col. Dizionario del Diritto Privato), Giuffré Editore, Milão, 2010.
— "Il diritto al lavoro tra principi costituzionali e discipline di tutela: brevi apunti", RIDL 2010, nº 1, 91-120.
Lavigne, Pierre
— *Les bases constitutionnelles du droit du travail: le travail dans les constitutions françaises, 1789-1945,* Recueil Sirey, Paris, 1948.
Larenz, Karl
— *Metodologia da Ciência do Direito* (trad. José Lamego), 3ª ed., Fundação Calouste Gulbenkian, Lisboa, 1989.
Le Crom, Jean-Pierre
— "La liberté du travail en droit français. Essai sur l'évolution d'une notion

à usages multiples", DRA 2006, n.º 15, 139-162.
— «"La profession aux professionnels": la loi du 4 octobre 1941 sur l'organisation sociale des professions, dite Chartre du travail», *Deux siècles de droit du travail: l'histoire par les lois* (dir. Jean-Pierre Le Crom), Éditions de l'Atelier, Paris, 1998, 142-164.

LE GOFF, JACQUES
— *Du silence à la parole, Une histoire du droit du travail des années 1830 à nos jours*, Presses universitaires de Rennes, Rennes, 2004.

LEAL, ANTÓNIO SILVA
— "O princípio constitucional da liberdade de trabalho", RGEC 1961, 143-157.

LECCESE, VITO
— *La disciplina dell'orario di lavoro nel d.lgs. n. 66/2003, come modificato dal d.lgs. n. 213/2004*, Facoltà di Giurisprudenza – Università di Bari, Centro Studi di Diritto del Lavoro Europeo "Massimo D'Antona", 2006.

LEFRANC, GEORGES
— *História do Trabalho e dos Trabalhadores* (trad. Elisa Amado Bacelar: *Histoire du Travail et des Travaillers*), Europress, Lisboa, 1988.

LEITE, JORGE
— *Direito do Trabalho, da Cessação do Contrato de Trabalho. Notas de acordo com as lições ao ciclo complementar da Faculdade de Direito de Coimbra*, Coimbra, 1978.
— "O Direito do Trabalho na crise (Relatório geral)", *Temas de Direito do Trabalho – Direito do Trabalho na crise. Poder empresarial. Greves atípicas (IV Jornadas Luso-Hispano-Brasileiras de direito do trabalho)*, Coimbra Editora, Coimbra, 1990, 21-49.
— *A Extinção do Contrato de Trabalho por Vontade do Trabalhador*, Coimbra, polic., 1990.
— "Crédito Remunerado para desempenho de funções sindicais", QL 1994, n.º 1, 3-15.

— *Direito do Trabalho*, vol. I, Serviço de textos da U. C., Coimbra, 1998.
— "Trabalho é trabalho, descanso é descanso ou o modo de ser do direito", *Questões Laborais* 1998, n.º 12, 205-220.
— *Direito do Trabalho*, vol. II, Serviço de textos da U. C., Coimbra, 1999.
— "Comissão de serviço", QL; 2000, n.º 16, 152-161.
— "Notas para uma teoria da suspensão do contrato de trabalho", QL 2002, n.º 20, 121-138.

LEITÃO, LUÍS MENEZES
— *Direito do Trabalho* (2.ª ed.), Almedina, Coimbra, 2010.

LEWIS, DAVID
— "Mill and Milquetoast", *Mill's On Liberty: Critical Essays* (ed. Gerald Dworkin), Rowman § Littlefield Publishers, Maryland, 1997, 1-29.

LEVENTHAL, ZOË
— "Focus on Article 4 of the ECGR", *Judicial Review* 2005, Vol. 10, 237-243.

LIMA, ADOLPHO
— *O Contrato de Trabalho*, Antiga Casa Bertrand, Lisboa, 1909.

LINDBECK, ASSAR (com DENNIS J. SNOWER)
— "Insiders versus Outsiders", JEP 2001, vol. 15, 165-188.

LINDAHL, LARS
— "On Robert Alexy's Weight Formula for Weighing and Balancing", *Liber Amicorum de José de Sousa Brito*, Almedina. Coimbra, 2009, 355-376.

LIPARI, NICOLÒ
— "Diritto e mercato della concorrenza", RDCom 2000, n.ºs 7-10, 315-332.

LYON-CAEN, GÉRARD
— "Les clauses restrictives de la liberté du travail (Clauses de non-concurrence ou de non réembauchage)", DS 1963, n.º 2, 88-99.
— "La crise du droit du travail", *In Memoriam Sir Otto Kahn-Freund*, C.H. Beck, Munique, 1980, 517-524.

— "Défense et illustration du contrat du travail", APD T. XIII, 1968, 59-69.
— "Permanence et renouvellement du droit du travail et mondialisation", *Le Droit Ouvrier* 2004, nº 2, 49-56.

LOCKTON, DEBORAH J.
— *Employment Law*, 4ª ed., Palgrave Law Masters, Londres, 2003.

LOFFREDO, ANTONIO
— "Considerazioni su diritto alla formazione e contratto di lavoro", *Problemi giuridici del mercato del lavoro* (dir. Rusciano), Jovene, Nápoles, 2004, 127-146.

LOKIEC, PASCAL
— "L`accord du salarié", DS 2010, nº 2, 140-143.

LOY, GIANNI
— "Professionalita e rapporto di lavoro", RGLPS 2003, nº 4, 763-781.
— "Contratti formativi", *Dizionari del Diritto Privato: Diritto del Lavoro* (org. Natalino Irti), Giuffrè, Milão, 2008, 128-135.

LOWRY-FRITZ, MAUREEN (com ARTEMUS WARD)
— "So Long, Stakeout? GPS Tracking and the Fourth Amendment", *Privacy in the Digital Age: 21st-Century Challenges to the Fourth Amendment. Vol. I* (ed. Nancy S. Lind & Erik T. Rankin), ABC-Clio, Santa Bárbara, 2015, 221-242.

LOUFRANI, YVAN
— *Droit du travail – Tome 3: Travail, rémunération, repos et congés*, col. Tripalium, Editions Management et Société, Caen, 2016.

LUQUE PARRA, MANUEL
— "Pactos típicos, nuevas tecnologias y relación laboral", *Relaciones Laborales y Nuevas Tecnologias*, La Ley, Madrid, 2005, 153-185.

MACCORMICK, NEIL
— *Legal Reasoning and Legal Theory*, Oxford, Oxford University Press, 1997.

MACHADO, JOÃO BAPTISTA
— "A resolução por incumprimento e a indemnização", *João Baptista Machado. Obra Dispersa*, SI, Braga, 1991, 195-215.

— "A Cláusula do Razoável", *Obra dispersa, Vol. I*, SI, Braga, 1991, 457-623.
— "Do princípio da liberdade contratual – Anotação: Acórdão de 7 de Dezembro de 1983", *Obra dispersa*, vol. I, SI, Braga, 1991, 623-646.

MACHADO, JÓNATAS
— *Liberdade de Expressão*, Coimbra Editora, Coimbra, 2002.

MACHETE, PEDRO
— "Incompatibilidades e Impedimentos no novo Estatuto do Gestor Público", *Estudos dedicados ao Professor Mário Fernando de Campos Pinto. Liberdade e Compromisso – Volume II*, UCP, Lisboa, 2009, 281-321.

MACIOCE, FRANCESCO
— *Il negozio di rinuncia nel diritto privato*, Edizioni Scientifiche Italiane, Nápoles, 1992.

MAC CRORIE, BENEDITA
— "O recurso ao princípio da dignidade da pessoa humana na jurisprudência do Tribunal Constitucional", *Estudos em comemoração do 10º aniversário da licenciatura em direito da Universidade do Minho*, Almedina, Coimbra, 2004, 151-174.

MAGGI-GERMAIN, NICOLE (com PASCAL CAILLAUD)
— "Vers un droit personnel à la formation?", DS 2007, nº 5, 574-591.

MAINE, HENRY SUMMER
— *L`Ancien droit. Considéré dans ses rapports avec l'histoire de la société primitive et avec les idées modernes* (trad. Courcelle Seneuil), Guillaumin/A. Durand et Pedone Lauriel, Paris, 1874.

MALAURIE, PHILIPPE (com LAURENT AYNÈS)
— *Cours de Droit Civil. Les Contrats Spéciaux*, LGDJ, Paris, 2000.

MANCINI, G. FEDERICO
— *Comentario della Costituzione. Principi Fondamentali* (dir. Giuseppe Branca), Nicola Zanichelli Editore, Bolonha, 1975, 199-276.

MARECOS, DIOGO VAZ
— *Código do Trabalho Anotado* (3ª ed.), Almedina, Coimbra, 2017.

MARIMPIETRI, IVANA
— "La «categoria» giurisprudenziale della fedeltà aziendale, nota a Cassazione, 16 Gennaio 1990, nº 299", *Foro Italiano*, 1990, I, 991-5.

MARQUES, OLIVEIRA
— "O Trabalho", *A Sociedade Medieval Portuguesa. Aspectos da vida quotidiana* (4ª ed.), Lisboa, 1981.

MARSHALL, T. H
— *Citizenship and Social Class*, Univiversity of Michigan Press, Michigan, 1992.

MARTIN, XAVIER
— "Fondements politiques du Code Napoléon", RTDC 2003, nº 2, 247-264.

MARTÍN VALVERDE, ANTONIO
— *El período de prueba en el contrato de trabajo*, ed. Montecorvo, Madrid, 1976.

MARTÍN VALVERDE, ANTONIO (com RODRIGUEZ-SANUDO GUTIÉRREZ/GARCÍA MURCIA)
— *Derecho del Trabajo* (15ª ed.), Tecnos, Madrid, 2006.

MARTINEZ, PEDRO ROMANO
— "Direito do Trabalho – Relatório", *Separata da RFDUL*, Coimbra editora, Coimbra, 1999.
— "Considerações gerais sobre o Código do Trabalho", RDES 2003, nºs 1 e 2, 5-28 [= *VI Congresso Nacional de Direito do Trabalho. Memórias* (Coord. António Moreira), Almedina, Coimbra, 2004, 41-60].
— "O Código do Trabalho Revisto", *O Direito*, nº 141, ano 2009, 245-267.
— "Trabalho e Direitos Fundamentais (compatibilização entre a Segurança no Emprego e a Liberdade Empresarial)", *Estudos em Homenagem ao Prof. Doutor Sérvulo Correia*, Vol. III, Coimbra Editora, Coimbra, 2010, 241-285.
— *Direito do Trabalho* (5ª ed.), Almedina, Coimbra, 2010.

MARTINEZ, PEDRO ROMANO (com LUÍS MIGUEL MONTEIRO/JOANA VASCONCELOS/PEDRO MADEIRA DE BRITO/GUILHERME DRAY/LUÍS GONÇALVES DA SILVA)
— *Código do Trabalho Anotado* (1ª ed.), Almedina, Coimbra, 2003
— *Código do Trabalho Anotado* (8ª ed.), Almedina, Coimbra, 2010.
— *Código do Trabalho Anotado* (10ª ed.), Almedina, Coimbra, 2016.

MARTÍNEZ GAYOSO, MARÍA
— "Relación de trabajo y nuevas tecnologías: algunos aspectos problemáticos del uso del correo electrónico por parte de los trabajadores en la empresa", *Tribuna Social* 2007, nº 203, 27-42.

MARTINEZ GIRON, JESÚS
— "La dimisión del trabajador", AL 1990, nº 20, 227-241.

MARTÍNEZ GIRÓN, JESÚS (com ARUFE VARELA/CARRIL VÁZQUEZ) *Derecho del trabajo* (2ª ed), Netbiblo, Madrid, 2006.

MARTINS, ANA MARIA GUERRA
— "A protecção da dignidade humana no Tratado de Lisboa", *Estudos em Homenagem ao Prof. Doutor José Joaquim Gomes Canotilho. Vol. III*, Coimbra Editora, Coimbra, 2012, 473-498.

MARTINS, JOÃO ZENHA
— *Cedência de Trabalhadores e Grupos de Empresas*, Almedina, Coimbra, 2002.
— "Neoconstitucionalismo e interpretação conforme", *Teoria da argumentação e neo-constitucionalismo: um conjunto de perspectivas* (org. António Manuel Hespanha/Teresa Pizarro Beleza), Almedina, Coimbra, 2011, 191-213.
— «Da convivência entre as cláusulas de exclusividade e o trabalho a tempo parcial: reflexão a propósito da proibição de exclusividade no Reino Unido para os contratos "zero horas"», *Revista do Ministério Público* 2015, nº 142, 59-77.

"A transformação dos vínculos de emprego público e as vicissitudes modificativas associadas à mobilidade laboral no contexto das entidades reguladoras", *Revista de Direito e Estudos Sociais* 2016, nº 1-4, 107-157.
— *Dos pactos de limitação à liberdade de trabalho*, Almedina, Coimbra, 2016.
— "A onerosidade dos pactos de exclusividade laboral", *Obra comemorativa dos 20 anos da Faculdade de Direito da Universidade do Porto – Volume I*, 2017, Almedina, Coimbra, 691-710.

MARTINS, JOÃO ZENHA (com CATARINA SAMPAIO VENTURA)
— "The Charter of Fundamental Rights of the European Union: a Landmark in the European Landscape in the European Landscape and the Prospect for a Dynamic Role of the Ombudsman", Yearbook (7), *International Ombudsman Institute*, Brill Academic Publishers, Leiden/Boston, 2004, 129-146.

MARTINS, PEDRO FURTADO
— "Rescisão pelo trabalhador; comunicação escrita", RDES 1993, nºs 1-4, 337-347.
— "A crise do contrato de trabalho", RDES 1997, nº 4, 335-368.
— "O Pluriemprego no Direito do Trabalho", *II Congresso Nacional de Direito do Trabalho. Memórias* (org. António Moreira), Almedina, Coimbra, 1999, 191-210.
— *A Cessação do contrato de trabalho* (3ª ed.), Principia, Cascais, 2012.

MATTOSO, JOSÉ
— *Fragmentos de uma composição medieval*, Editorial Estampa, Lisboa, 1990.

MAZEAUD, DENIS
— *La notion de clause pénale*, LGDJ, Paris, 1992.

MAZZIOTTI, FABIO
— "Estinzione del rapporto di lavoro", *Trattato di Diritto Privato: Impresa e Lavoro*, Tomo I (2º ed.), dir. Pietro Rescigno, Utet, Turim, 2004, 467-490.

MAZZIOTTI, MANLIO
— *Il diritto al lavoro*, Giuffré, Milão, 1956.

MAYER-MALY, THEO
— *Ausgewählte Schriften zum Arbeitsrecht*, Böhlau, Colónia, 1991.

MÉDA, DOMINIQUE
— *O Trabalho – Um valor em vias de extinção*, Fim de Século, Lisboa, 1999.

MEDEIROS, RUI (com JORGE MIRANDA)
— *Constituição Portuguesa Anotada – Tomo I*, Coimbra Editora, Coimbra, 2005.
— *Constituição Portuguesa Anotada – Tomo II*, Coimbra Editora, Coimbra, 2006.
— *Constituição Portuguesa Anotada – Tomo III*, Coimbra Editora, Coimbra, 2007.

MELIADÓ, GIUSEPPE
— *Il rapporto di lavoro nei gruppi di società – subordinazione e imprese a struttura complessa*, Doot. A. Giuffrè Editore, Milão, 1981.

MENDES, EVARISTO FERREIRA
— "Anotação ao artigo 61º da CRP", *Constituição Portuguesa Anotada – Tomo I*, Coimbra Editora, Coimbra, 2005, 1179-1238.

MENDES, JOÃO DE CASTRO
— *Introdução ao Estudo do Direito*, Editora Danúbio, Lisboa, 1984.

MENDES, J. M. AMADO
— *História económica e social dos séculos XV a XX*, Gulbenkian, Lisboa, 1993.

MENEGATTI, EMANUELE
— *I limiti alla concorrenza del lavoratore subordinato*, Cedam, Pádua, 2012.

MENGONI, LUIGI
— "Autonomia privata e Costituzione", BBTC 1997, nº 1 (v. 50), 1-20.

MEYER, HENDRIK
— *Die arbeitsvertragliche Bezugnahme auf Tarifverträge*, Grin Verlag, Norderstedt, 2011.

MESQUITA, JOSÉ ANDRADE
— "O direito a férias", *Separata da Obra Estudos do Instituto de Direito do Trabalho*, Almedina, Coimbra, 2002, 65-153.

— *Direito do Trabalho*, AAFDL, Lisboa, 2004.

MILLER, ROGER LEROY
— *Economics Today* (16ª ed.), Addison-Wesley, Boston, 2001.

MILL, JOHN STUART
— *On Liberty and Other Essays*, Digireads, Kansas, 2010.

MINARD, PHILIPPE
— "Les corporations en France au XVIIIe siècle: métiers et institutions", *La France, malade du corporatisme? XVIIIe-XXe siècles* (dir. Steven L. Kaplan & Philippe Minard), Belin, Paris, 2004, 39-51.

MINÉ, MICHEL (com DANIEL MARCHAND)
— *Le droit du travail en pratique* (24ª ed.), Eyrolles, Paris, 2012.

MIRANDA, JORGE
— *A Constituição de 1976,* Petrony, Lisboa, 1978.
— "Liberdade de trabalho e profissão", RDES 1986, nº 2, 145-162.
— *Manual de Direito Constitucional. Constituição e Inconstitucionalidade,* Tomo II (3ª ed.), Coimbra Editora, Coimbra, 1992.
— *Escritos Vários sobre Direitos Fundamentais,* Principia, Estoril, 2006.
— *Direito Internacional Público*, Principia, Cascais, 2006,
— *Manual de Direito Constitucional. Direitos Fundamentais.* Tomo IV (5ª ed. reimp.), Coimbra Editora, Coimbra, 2012.

MIRANDA, JORGE (com RUI MEDEIROS)
— *Constituição Portuguesa Anotada – Tomo I,* Coimbra Editora, Coimbra, 2005.
— *Constituição Portuguesa Anotada – Tomo II,* Coimbra Editora, Coimbra, 2006.
— *Constituição Portuguesa Anotada – Tomo III,* Coimbra Editora, Coimbra, 2007.

MODERNE, FRANK
— "La dignité de la personne comme principe constitutionnel dans les constitutions portugaise et française", *Perspectivas Constitucionais. Nos 20 anos da Constituição. Vol. I* (org. Jorge Miranda), Coimbra Editora, Coimbra, 1996, 197-230.

MOLL, WILHELM
— *Arbeitsrecht*, C.H. Beck, Munique, 2005.

MONTEIRO, ANTÓNIO PINTO
— *Cláusulas limitativas e de exclusão de responsabilidade civil*, Almedina, Coimbra, 2003.

MONTEIRO, CRISTINA LÍBANO
— "Anotação ao artigo 358º", *Comentário Conimbricense do Código Penal. Parte Especial: Tomo III* (dir. Jorge de Figueiredo Dias), Coimbra Editora, Coimbra, 2001, 437-449.

MONTOYA MELGAR, ALFREDO
— "Los derechos fundamentales en materia laboral", RPS 1979, nº 121, 315-346.
— "Sobre el derecho del trabajo y su ciência", *Funciones y fines del derecho: homenage al profesor Mariano Hurtado Bautista*, Universidade de Murcia, Murcia, 1992, 213-227.
— *Derecho y Trabajo*, Civitas, Madrid, 1997.
— "El trabajo en la Constitutión (la experiencia española en el marco iberoamericano", *El Trabajo y la Constitución. Estudios en Homenaje al Profesor Alonso Olea*, MTAS, Madrid, 2003, 463-490.

MOREIRA, ADRIANO
— *Direito Corporativo*, Lisboa, Instituto Superior de Estudos Ultramarinos, 1950.

MOREIRA, ANTÓNIO
— "Formas atípicas de trabalho e segurança social", *Estudos jurídicos em homenagem ao Prof. Doutor António Motta Veiga*, Almedina, Coimbra, 2007, 73-95.

MOREIRA, TERESA COELHO
— *Da esfera privada do trabalhador e o controlo do empregador,* Coimbra Editora, Coimbra, 2004.
— "As novas tecnologias de informação e comunicação e o poder de controlo electrónico do empregador", *Scientia Ivridica* 2010, nº 323, 553-579.

— "A privacidade dos trabalhadores e o controlo electrónico da utilização da internet", *Questões Laborais* 2010, ns.35-36, 23-82.
— "Controlo do messenger dos trabalhadores: anotação ao Acórdão do Tribunal da Relação de Lisboa de 7 de março de 2012", *Prontuário de direito do trabalho* 2012, 135-142.
MORIN, GASTON
— *La révolte du droit contre le Code. La révision nécessaire des concepts juridiques (Contrat, responsabilité, propriété)*, Sirey, Paris, 1945.
MORTATI, COSTANTINO
— "Il lavoro nella Costituzione", *Il Diritto del Lavoro*, vol. XXVIII, Roma, 1954, 148-198.
— "Il diritto al lavoro secondo la Costituzione della Repubblica (1953)", *Raccolta di scritti*, vol. III, Giuffrè, Milão, 1972.
MOULY, JEAN
— "Une nouvelle création prétorienne à la charge de l'employeur: l'obligation de protection juridique du salarié", *D.* 10/2007 (8 mars 2007), 695-9.
— *Droit du Travail* (4ª ed.), Bréal, Paris, 2008.
MOURA, JOSÉ BARROS
— *Notas para uma Introdução ao Direito do Trabalho*, Lisboa, 1980.
— *A Convenção Colectiva de Trabalho entre as Fontes de Direito do Trabalho. Contributo Para a Teoria da Convenção Colectiva de Trabalho no Direito Português*, Almedina, Coimbra, 1984.
MOURA, PAULO VEIGA E
— *A Privatização da Função Pública*, Coimbra Editora, Coimbra, 2004.
MOURA, PAULO VEIGA E (com CÁTIA ARRIMAR)
— *Os Novos Regimes de Vinculação, de Carreiras e de Remunerações dos Trabalhadores da Administração Pública*, Coimbra Editora, Coimbra, 2008.

— *Comentários à Lei Geral de Trabalho em Funções Públicas – I volume*, Coimbra Editora, Coimbra, 2014.
MOURITSEN, HENRIK
— *The Freedman in the Roman World*, Cambridge University Press, Cambridge, 2011.
MÜLLER, OLAF (com PETER RIELAND)
— *Arbeitsrecht: Tipps und Taktik*, CF Müller, Munique, 2006.
MÜLLER-GLÖGE, RUDI (com THOMAS DIETERICH/PETER HANAU & GÜNTER SCHAUB)
— *Erfurter Kommentar zum Arbeitsrecht* (8ª ed.), C.H. Beck, Munique, 2008.
MUNDLAK, GUY
— "Generic or Sui-generis Law of Employment Contracts?", IJCLLIR 2000, nº 16, 309-335.
MUNCK, RONALDO
— *Globalization and Labour: The New 'Great Transformation'*, Zed Books, Londres, 2002.
MUSCHIOL, THOMAS
— *Praxiswissen Arbeitsrecht* (2ª ed.) Haufe, Friburgo, 2015.
NAPOLI, MARIO
– "Disciplina del mercato del lavoro ed esigenze formative", RGLPS 1997, 263-271.
NASCIMENTO, AUGUSTO
— "O *ethos* dos roceiros: pragmático ou esclavagista e, ainda e sempre, avesso à liberdade", *Revista Africana Studia* 2010, nº 14, 141-162.
NEVES, ANA FERNANDA
— «Os "Desassossegos" de Regime da Função Pública», *Revista da Faculdade de Direito de Lisboa*, vol. 41, 2000, 49-69.
— "O Direito da Função Pública", *Tratado Administrativo Especial. Volume IV* (coord. Paulo Otero/Pedro Gonçalves), Almedina, Coimbra, 2010, 359-556.
NEVES, ANTÓNIO CASTANHEIRA
— *Questão-de-facto-questão-de-direito ou o problema metodológico da juridicidade (Ensaio*

de uma reposição crítica) I – A crise, Coimbra, 1967.
NICOLINI, GIOVANNI
— *Compendio di Diritto del Lavoro*, Cedam, Pádua, 2004.
NIVARD, CAROLINE
— "La contribution de la France a la Charte Sociale Europeenne", *Droits fondamentaux*, n° 15, janvier 2017 – décembre 2017 [http://droits-fondamentaux.u-paris2.fr]
NOVAIS, JORGE REIS
— "Renúncia a direitos fundamentais", *Perspectivas constitucionais: nos 20 anos da Constituição de 1976. Volume I* (org. Jorge Miranda), Coimbra Editora, Coimbra, 1998, 263-337.
— *As restrições aos direitos fundamentais não expressamente autorizadas pela Constituição*, Coimbra Editora, Coimbra, 2003.
— *Os princípios constitucionais estruturantes da República Portuguesa*, Coimbra Editora, Coimbra, 2004.
— *Direitos Fundamentais – Trunfos contra a Maioria*, Coimbra Editora, Coimbra, 2006.
— "A intervenção do Provedor de Justiça nas relações entre privados", *O Provedor de Justiça -Novos Estudos*, Lisboa, 2008, 227-291.
— *Direitos sociais: teoria jurídica dos direitos sociais enquanto direitos fundamentais*, Coimbra Editora, Coimbra, 2010.
NYSSEN, BERNARD
— "Les aménagements conventionnels du droit de démissioner: la clause d'écolage", *Quelques propos sur la rupture du contrat de travail: hommage à Pierre Blondiau*, Anthemis, Louvain, 2008, 383-395.
NUMHAUSER-HENNING, ANN
— "EU sex equality law post-Amsterdam", *Equality Law for an Enlarged European Union: Understanding the Article 13 Directives* (ed. Helen Meenan), Cambridge University Press, Cambridge, 2007, 145-177.

NUNES, ADÉRITO SEDAS
— *História dos factos e das doutrinas sociais*, Presença, Lisboa, 1992.
OMRANI, FEYROUZE
— "La vie privée du travailleur: question choisies, regrad critique", *Droits de la personnalité* (ed. Marc Isgour|Feyrouze Omrani|Jean-Marc Van Gyseghem), Anthemis, Limal, 2013.
ORTIGÃO, RAMALHO
— *As Farpas. Tomo IV*, David Corazzi, Lisboa, 1888.
OTERO, PAULO
— "Disponibilidade do próprio corpo e dignidade da pessoa humana", *Estudos em honra do Professor Doutor José de Oliveira Ascensão. Vol. I*, Almedina, Coimbra, 2008, 107-138.
PAPALEONI, MARCO
— *Il nuovo part-time. Nel settore privato e pubblico*, Cedam, Pádua, 2004.
PEDROSA ALQUÉZAR, SONIA
— *La vigilancia de la salud en el ámbito laboral*, CES, Madrid, 2005.
PÉLISSIER, JEAN
— "La liberté du travail", DS, 1990, nº 1, 19-26.
— "Existe-t-il un principe de faveur en droit du travail?", *Melanges Dedies au President Michel Despax*, Toulouse, Presses de L'Université des Sciences Sociales de Toulouse, Toulouse, 2002, 437-458.
— "Pour un droit des clauses du contrat du travail a partir de l'arrêt Société Leviel", RJS 2005, nº 5, 499-502.
PÉLISSIER, JEAN (com ALAIN SUPIOT/ ANTOINE JEAMMAUD)
— *Droit du Travail* (20ª ed.), Dalloz, Paris, 2000.
— *Droit du Travail* (24ª ed.), Dalloz, Paris, 2008.
PERA, GIUSEPPE
— "Professione e lavoro (libertà di)", *Enciclopedia del Diritto XXXVI*, Giuffrè, Milão, 1987, 1033-8.

Pérez Rey, Joaquín
— "El contrato de apoyo a los emprendedores: una nueva vuelta de tuerca a la precariedad como fórmula de fomento de empleo", RDS 2012, nº 57, 51-66.

Perone, Giancarlo
— *Lineamenti di diritto del lavoro: evoluzione e partizione della materia, tipologie lavorative e fonti*, G. Giappichelli, Turim, 1999.

Persiani, Mattia
— "Diritto del lavoro e autorità del punto di vista giuridico", *Contratto e impresa* 2000, nº 3, 1252-1296.

Perulli, Adalberto
— "Rationalité et controle des pouvoirs de l`employeur", RDT 2006, nºs 7/8, 85-91.

Pessi, Roberto
— "L'efficacite du droit du travail et l'autonomie privee collective", Valutare il diritto del lavoro-Evaluer le droit du travail-Evaluate labour law (dir. Adalberto Perulli, Antoine Lyon-Caen), 2010, Cedam, Milão, 26-46.

Petersen, Anne C. (com Jeylan T. Mortimer)
— *Youth Unemployment and Society* (ed. By Anne C. Petersen & Jeylan T. Mortimer), Cambridge University Press, Cambridge, 2006.

Pilati, Andrea
— "Sulla nullità del patto di non concorrenza per esiguità del compenso corrisposto nel corso del rapporto di lavoro", *RIDL* 2000/II, nº 4, 728-732.

Pinheiro, Alexandre Sousa (com Mário João Fernandes)
— *Comentário à IV Revisão Constitucional*, AAFDL, Lisboa, 1999.

Pinto, Carlos Alberto da Mota
— *Cessão da posição contratual (reimpressão)*, Almedina, Coimbra, 1982.
— *Teoria Geral do Direito Civil* (3ª ed.), Coimbra Editora, Coimbra, 1992.

Pinto, Mário
— *Direito do Trabalho. Introdução e Relações Colectivas de Trabalho*, UCP, Lisboa, 1996.

Pinto, Mário (com Pedro Furtado Martins e António Nunes De Carvalho)
— *Comentário às leis do trabalho*, Vol. I, Lex, Lisboa, 1994.
— *Glossário de Direito do Trabalho e Relações Industriais*, Lisboa, UCP, 1996.

Pinto, Paulo Mota
— "O direito à reserva sobre a intimidade da vida privada", BFDUC 69, Coimbra Editora, Coimbra, 1993, 479-586.
— – "O direito ao livre desenvolvimento da personalidade", *Portugal-Brasil ano 2000: tema direito*, Studia Iuridica 40, Coimbra Editora, Coimbra, 1999.

Pires, Miguel Lucas
— *Os Regimes de Vinculação e a Extinção das Relações Jurídicas dos Trabalhadores da Administração Pública*, Almedina, Coimbra, 2013.

Podlech, Adalbert
— "Anmerkungen zu Art. 1 Abs I GG", *Kommentar zum Grundgesetz der Bundesrepublik Deutschland. Alternativkommentar*, Vol. I (org. R. Wassermann), 2ª ed., Luchterhand, Neuwied, 1989, 207-220.

Radé, Christophe
— "Nouvelles technologies de l'information et de la communication et nouvelles formes de sobordination", *Droit Social* 2002, nº 1, 26-36.

Ray, Jean-Emmanuel
— *Droit du Travail: Droit Vivant* (17ª ed.), Liaisons, Paris, 2008.
— "Les Libertés dans L'entreprise", Pouvoirs 2009, nº 130, 127-142.

Ramalho, Maria Do Rosário Palma
— *Do fundamento do poder disciplinar laboral*, Almedina, Coimbra, 1993.
— *Da Autonomia Dogmática do Direito do Trabalho*, Almedina, Coimbra, 2000.

— "Ainda a crise do Direito Laboral: a erosão da relação de trabalho «típica» e o futuro do Direito do Trabalho", *III Congresso Nacional de Direito do Trabalho. Memórias* (org. António Moreira), Almedina, Coimbra, 2001, 251-266.
— "Contrato de trabalho e direitos fundamentais da pessoa", Estudos em homenagem à Professora Doutora Isabel de Magalhães Collaço, Almedina, Coimbra, 2002, 393-415 (= "Contrato de Trabalho e Direitos Fundamentais da Pessoa", Estudos de Direito do Trabalho, Vol. I, Almedina, Coimbra 2003, 157-178).
— "Intersecção entre o Regime da Função Pública e o Regime Laboral", *Estudos de Direito do Trabalho, vol. I*, Almedina, Coimbra, 2003, 69-94.
— «"De la servidumbre al contrato de trabajo", deambulações em torno da obra de Manuel Alonso Olea e da singularidade dogmática do contrato de trabalho», *Estudos de direito do trabalho em Homenagem ao Prof. Manuel Alonso Olea* (coord. António Monteiro Fernandes), Almedina, Coimbra, 2004, 529-545.
— *Grupos Empresariais e Societários. Incidências Laborais*, Almedina, Coimbra, 2008.
— *Direito do Trabalho, Parte I – Dogmática Geral* (2ª ed.), Almedina, Coimbra, 2009.
— *Direito Social da União Europeia*, Almedina, Coimbra, 2009.
— *Direito do Trabalho. Parte II – Situações Laborais Individuais* (3ª ed.), Almedina, Coimbra, 2010.
— "Comentário ao artigo 31º", *Carta dos Direitos Fundamentais da União Europeia Comentada* (coord. Alessandra Silveira e Mariana Canotilho), Almedina, Coimbra, 2013, 375-383.
— "Delimitação do contrato de trabalho e presunção de laboralidade no novo Código do Trabalho – breves notas", *Trabalho subordinado e trabalho autónomo: presunção legal e método indiciário*, 2016, CEJ, Lisboa.

RAMALHO, MARIA DO ROSÁRIO PALMA (com PEDRO MADEIRA DE BRITO)
— *Contrato de Trabalho na Administração Pública*, Almedina, Coimbra, 2004.

RANOUIL, VERONIQUE
— *L'autonomie de la volonté. Naissance et évolution d'un concept* (1ª ed.), P.U.F., Paris, 1980.

RAWLS, JOHN
— *Political Liberalism*, Columbia, New York, 2005.

REBOUL, OLIVIER
— *Introduction à la rhétorique, Théorie et pratique* (2ª ed.), PUF, Paris, 1994.

REDINHA, MARIA REGINA GOMES
– *A Relação laboral fragmentada – estudo sobre o trabalho temporário*, BFDUC 1995, nº 12, Coimbra, 1995.

REDINHA, MARIA REGINA GOMES (com MARIA RAQUEL GUIMARÃES)
— "O uso do correio electrónico no local de trabalho: algumas reflexões", *Estudos em homenagem ao Professor Doutor Jorge Ribeiro de Faria*, Coimbra Editora, Coimbra, 2003, 647-671.

REID, KAREN
— *A Practitioner's Guide to the European Convention on Human Rights* (4ª ed.), Sweet & Maxwell, Londres, 2011.

RÉMY, PHILIPPE
— «La Jurisprudence des Contrats Spéciaux quarante ans de chroniques à la Revue Trimestrielle de Droit Civil», BFDVC, Vol. LX, 1984, Coimbra Editora, Coimbra, 151–168.

RENUCCI, JEAN-FRANÇOIS
— *Droit Européen des Droits de L'Homme – Droits et Libertés Fondamentaux Garantis par la CEDH* (5ª ed.), LGDJ, Paris, 2013.

RESCIGNO, PIETRO
— "Condizione (diritto privato)", *Enciclopedia del Diritto*, VIII, Milão, 1961, 768-787.

— *Impresa e lavoro*. Vol. IV, Utet/Wolters Kluwer Italia, Turim, 2009.

REY GUANTER, SALVADOR DEL
— *Estatuto de los trabajadores: Comentado y con jurisprudência*, La Ley, Madrid, 2007.

RIBEIRO, JOÃO SOARES
— "Formação contínua dos trabalhadores", *Minerva. Revista de estudos laborais* 2007, nº 10, 21-53.

RIBEIRO, JOAQUIM DE SOUSA
— *O Problema do Contrato. As Cláusulas Contratuais Gerais e o Princípio da Liberdade Contratual*, Almedina, Coimbra, 1999.

RIBEIRO, MARIA FÁTIMA
— "Breves notas críticas sobre a evolução de alguns aspectos do regime da duração e organização do tempo de trabalho", *Questões Laborais* 2006, nº 28, 219-240.

RIOUX, JEAN-PIERRE
— *A Revolução Industrial* (trad. António Pinto Ribeiro), Dom Quixote, Lisboa, 1996.

RIVERO, JEAN
— "Les libertés publiques dans l'entreprise", DS 1982, nº 5, 421-430.

RIZOS-VIGNAL, FABIENNE
— *Le droit du travail au quotidian*, Editions du Moniteur des pharmacies, Paris, 2009.

RODRIGUES, FERREIRA (com AMADO MENDES)
— *História da Indústria Portuguesa. Da Idade Média aos Nossos Dias*, Europa-América, Mem Martins, 1999.

RODRÍGUEZ PIÑERO, MIGUEL
— *Flexibilidad y Anticipación en la Edad de Jubilación*, Relaciones Laborales, Tomo I, Madrid, 1992.
— "Costituzione, diritti fondamentali e contratto di lavoro", DLRI 1995, nº 65 (I), 29-42.

RODRIGUEZ-PIÑERO, MIGUEL (com BRAVO-FERRER)
— "La libertad de trabajo y la interdicción del trabajo forzoso", RCTP 2011, nº 1, 3-16.

RODRIGUEZ-SANUDO GUTIÉRREZ, FERMÍN (com MARTÍN VALVERDE/ GARCÍA MURCIA)
— *Derecho del Trabajo* (15ª ed.), Tecnos, Madrid, 2006.

ROMAGNOLI, UMBERTO
— "Sub. Art. 13", *Commentario del Codice Civile, Statuto dei diritti dei lavoratori* (Umberto Romagnoli/Luigi Montuschi/Giorgio Ghezzi/Giuseppe F. Mancini), Zanichelli Editore, Bolonha, 1972, 174-180.
— "La déréglementation et les sources du droit du travail", RIDC 1990, nº 1, 9-25.
— "Due leggi, due commenti. Picole imprese e grandi traumi", LD 1990, nº 4, 17-531.
— *El derecho, el trabajo y la historia* (trad. Marina Tomadini), CES, Madrid, 1997.
— "Il diritto del secolo. E poi?", Il *diritto del mercato del lavoro*. T. II, Esi, Nápoles, 1999, 233-241.
— "Il diritto del lavoro nell'età della globalizzazione", LD 2003, nº 4, 569-580.
— "Las desigualdades en el mundo del trabajo", RDS 2010, nº 52, 13-25.
— "El Derecho del Trabajo ante la crisis", RDS 2012, nº 58, 13-29.

ROMAGNOLI, UMBERTO (com GIORGIO GHEZZI)
— *Il rapporto di lavoro* (3ª ed.), Zanichelli, Bolonha, 1995.

RUBIO DE MEDINA, MARIA DOLORES
— *El pacto de permanencia en la empresa*, Bosch, Madrid, 2005.

RUFFERT, MATTHIAS
— *Vorrang der Verfassung und Eigenständigkeit des Privatrechts*, Mohr Siebeck, Tubinga, 2001.

RUSCH, KONRAD
— *Gewinnhaftung Bei Verletzung Von Treuepflichten*, Mohr Siebeck (109), Tubinga, 2003.

RUSSO, ALBERTO
— *Problemi e prospettive nelle politiche di fidelizzazione del personale. Profili giuridici*, Giuffrè, Milão, 2004.

— «Le tecniche giuridiche di fidelizzazione del personale: dagli strumenti "difensivi" agli strumenti "offensivi" nella prospettiva del nuovo "mercato del lavoro"», *Lo sviluppo del «capitale umano» tra innovazione organizativa e tecniche di fidelizzazione* (dir. Stefano Malandrini/Alberto Russo), Collana Adapt – Fondazione "Marco Biagi" nº 9, Giuffrè, Milão, 2006, 167-188.

RÜTHERS, BERND (com HANS BROX/ MARTIN HENSSLER)
— *Arbeitsrecht* (17ª ed.), GmbH, Estugarda, 2007.

SACHS-DURAN, CORINNE
— *"Comparaison de la Charte sociale européenne et des règles sociales de l'Union européenne"*, Les droits sociaux dans les instruments européens et internationaux. Défis à l'échelle mondiale *(coord. Nikitas Aliprantis)*, Bruylant, Bruxelas, 2008, 253-265.

SAID, CHRISTIAN
— "Réflexions sur les garanties concrètes des droit fondamentaux au travail", Dr. ouvrier 2001, nº 750, 93-98.

SALMON, JEAN-MARC
— *Um mundo a grande velocidade* (trad. Luís Cabral), Ambar, Porto, 2002

SANTELMANN, PAUL
— *La formation professionnelle, nouveau droit de l'homme?*, Gallimard, Paris, 2001.

SANTORO-PASSARELLI, GIUSEPPE,
— "Le nuove frontiere del diritto del lavoro ovvero il diritto dei lavori", ADL 2002, vol. VII, nº 2, Milão, 233-261.

SANTORO-PASSARELLI, FRANCESCO
— "Lavoro (Contratto di)", *Digesto Italiano* IX, Utet, Turim, 1963, 493-519.
— *Nozioni di diritto del lavoro* (26ª ed.), Jovene, Nápoles, 1973.

SAVATIER, JEAN
— "La liberté dans le travail", DS 1990, nº 1, 49-58.

SCHAUB, GÜNTER
— *Arbeitsrechts-Handbuch* (12ª ed), C.H. Beck, Munich, 2007.

SCHNAPPER, DOMINIQUE
— *Contra o fim do trabalho* (trad. Pedro Lopes d`Azevedo), Terramar, Lisboa, 1997.

SCHLIEMANN, HARALD (com REINER ASCHEID)
— *Das Arbeitsrecht im BGB: Kommentar*, Walter de Gruyter, Berlim, 2002.

SHULTZ, DAVID
— *The Encyclopedia of the Supreme Court*, Nova Iorque, 2005.

SCHUTTER, OLIVIER DE
— "Human rights in employment relationships: contracts as power", *The European Convention on Human Rights and the Employment Relations*, Hart Publishing, Oxford, 2013.

SCROPE, HENRY (com DANIEL BARNETT)
— *Employment Law Handbook* (4th ed.), Law Society, Londres, 2008.

SEN, AMARTYA
— *Development as freedom*, Oxford University Press, Oxford, 2001.

SERENS, M. NOGUEIRA
— "As cláusulas (ou obrigações) de não--concorrência na jurisprudência francesa oitocentista", *Estudos em Homenagem ao Prof. Doutor Manuel Henrique Mesquita*, Coimbra Editora, Coimbra, 2009, 797-833.

SERRA, ADRIANO VAZ
— "União de contratos. Contratos mistos", BMJ 1960, nº 91, 11-145.

SERRÃO, JOEL
— "Adscrição", *Dicionário de História de Portugal*, Livraria Figueirinhas, Porto, 1985, 29-31.

SILVA, CRISTINA NOGUEIRA DA
— "Conceitos oitocentistas de cidadania: liberalismo e igualdade", *Análise Social 2009*, nº 192, 533-563.

— "Escravidão e direitos fundamentais no séc. XIX", *Revista Africana Studia* 2010, nº 14, 231-254

SILVA, JORGE PEREIRA DA
— "Os Direitos Sociais e a Carta dos Direitos Fundamentais da União Europeia", DJ 2001, Tomo XV, vol. 2, UCP, 147-163.

SILVA, MARIA DA CONCEIÇÃO TAVARES DA
— *Direito do Trabalho* (copiogr.), Lisboa, 1964-65.

SILVA, RITA CANAS DA
— *Suspensão Laboral – Ausência Temporária da Prestação de Trabalho*, Almedina, Coimbra, 2017.

SIRCHIA, FRANCESCO
— "Lavoro", *Novissimo Digesto Italiano* IX, Utet, Turim, 1963, 524-5.

SLINGENBERG, LIENEKE
— *The Reception of Asylum Seekers under International Law: Between Sovereignty and Equality*, Hart Publishing, Oxford/Portland, 2014.

SOMMA, ALESSANDRO
— *Introduzione critica al diritto europeo dei contratti*, Giuffrè, Milão, 2007.

SOMMARIV, GISELLA BASSANELLI
— *Lezioni di diritto privato romano*. Vol. III, Maggioli, Dogana, 2012.

SOUSA, RABINDRANATH CAPELO DE
— *O Direito Geral de Personalidade*, Coimbra Editora, Coimbra, 1995.

SOUZA, JOSÉ FERREIRA MARNOCO E
— *História das Instituições do Direito Romano, Peninsular e Português* (3ª ed.), França Amado, Coimbra, 1910.

SPADAFORA, PILERIO
— "Note a sentenza: Il decreto legislativo 80/92 ritorna alla Corte di Giustizia Europea", *Informazione previdenziale*, (1), 2001, 69-75.

STAMBAUGH, JOHN E.
— *The Ancient Roman City*, Johns Hopkins University Press, Baltimore, 1988.

SUDRE, FRÉDÉRIC
— "Esclavage domestique" et Convention européenne des droits de l'homme" – JCP Général, 2005, nº 42, 19.10.2005, 1956-1957.

SUPIOT, ALAIN
— "Porquoi un droit du travail?", DS 1990, nº 6, 485-492.
-"Le travail, liberté partagée", DS 1993, nºs 9/11, 715-724.
— *Critique du Droit du Travail*, PUF, Paris, 1994.
— "La loi dévorée par la convention ?", *Droit négocié, droit imposé?* (org. Ph. Gérard/F. Ost/M. van de Kerchove), Publications des Facultés Universitaires Saint-Louis, Bruxelas, 1996, 631-642.
— "Du bon usage des lois en matière d'emploi", DS 1997, nº 3, 229-242.
— "Les nouveaux visages de la subordination", DS 2000, nº 2, 131-145.
— "Travail, droit et technique", DS 2002, 13-25
— *Le Droit du Travail* (8ª ed.), PUF, Paris, 2004.
— *Homo Juridicus. Ensaio sobre a função antropológica do Direito* (trad. Joana Chaves), Piaget, Lisboa, 2006.

SUPIOT, ALAIN (COM MARIA EMILIA CASAS/JEAN DE MUNCK/PETER HANAU/ANDERS JOHANSSON/PAMELA MEADOWS/ENZO MINGIONE/ROBERT SALAIS/PAUL VAN DER HEIJDEN)
— *Transformações do Trabalho e futuro do Direito do Trabalho na Europa*, Coimbra Editora, Coimbra, 2003.

TAMPIERI, ALBERTO
— *"La tutela dei crediti di lavoro in caso di insolvenza del datore"*, *Guida al Lavoro*, vol. 40, 2005, 12-15.

TELES, MIGUEL GALVÃO
— "Espaços marítimos, delimitação e colisão de direitos", *Estudos em Homenagem*

ao Prof. Doutor Armando Marques Guedes, Coimbra Editora, Coimbra, 2004, 617-647.

TEYSSIÉ, BERNARD
— *Code du Travail*, Lexis Nexis, Paris, 2014.

THIBIERGE-GUELFUCCI, CATHERINE
— "Libres propos sur la transformation du droit des contrats", R.T.D. civ. 1997, nº 2, 357-385.

THOLEN, GERBRAND
— *The Changing Nature of the Graduate Labour Market: Media, Policy and Ploitical discourses in the UK*, The Palgrave, Hampshire, 2014.

TOCQUEVILLE, ALEXIS DE
— *O Antigo Regime e a Revolução* (trad. Laurinda Bom), Fragmentos, Lisboa, 1989.

TORRE-SCHAUB, MARTA
— "Liberté de commerce et libre concurrence", *Dictionnaire historiue de l`économie-droit XVII-XX siécles* (dir. Alessandro Stanziani), LGDJ, Paris, 2007, 213-222.

TREU, TIZIANO
— *Onerosità e corrispettività nel rapporto* (dir. Arturo Dalmartello/Luigi Mengoni), Giuffrè, Milão, 1968.

TSOULFIDIS, LEFTERIS
— *Competing schools of economic thought*, Springer, Heidelberg, 2010.

TURLEY, DAVID
— *História da Escravatura* (trad. Maria Augusta Júdice), Teorema, Lisboa, 2000.

UMBACH DIETER C. (com THOMAS CLEMENS)
— *Grundgesetz: Mitarbeiterkommentar und Handbuch*, C. F. Muller, Heidelberg, 2002.

VALLEBONA, ANTONIO
— *Istituzioni di Diritto di Lavoro* (6ª ed.), Giuffrè, Milão, 2008.

VARELA, JOÃO ANTUNES (com FERNANDO PIRES DE LIMA)
— *Código Civil Anotado*, Volume I (4ª ed), Coimbra Editora, Coimbra, 1987.

— *Código Civil Anotado*, Volume II (3ª ed), Coimbra Editora, Coimbra, 1998.

VASCONCELOS, JOANA
— *A Revogação do Contrato de Trabalho*, Almedina, Coimbra, 2011.
— "Pacto de permanência, liberdade de trabalho e desvinculação do trabalhador", *Estudos em Homenagem a Miguel Galvão Teles*, Almedina, Coimbra, 2012, 821-839.

VASCONCELOS, PEDRO PAIS DE
— *Direito de personalidade*, Almedina, Coimbra, 2006.
— *Teoria Geral do Direito Civil*, Almedina, Coimbra, 2010.

VATINET, RAYMONDE
— "Les principes mis en oeuvre par la jurisprudence relative aux clauses de non--concurrence en droit du travail", *DS* 1998, nº 6, 534-546.

VAZ, MANUEL AFONSO
— *Direito Económico. A ordem económica portuguesa* (3ª ed.), Coimbra Editora, Coimbra, 1994.

VENTURA, CATARINA SAMPAIO
— "Os direitos fundamentais à luz da quarta revisão constitucional", BFDUC 1998, vol. LXXIV, 493-527.

VENTURA, CATARINA SAMPAIO (com JOÃO ZENHA MARTINS).
— "The Charter of Fundamental Rights of the European Union: a Landmark in the European Landscape in the European Landscape and the Prospect for a Dynamic Role of the Ombudsman", Yearbook (7), *International Ombudsman Institute*, Brill Academic Publishers, Leiden/Boston, 2004, 129-146.

VENTURA, RAÚL
— *Teoria da Relação Jurídica de Trabalho. Estudo de Direito Privado*, Imprensa Portuguesa, Porto, 1944.
— "Extinção das relações jurídicas de trabalho", ROA 1950, nºs 1-2, 1950.

— "Regime das nulidades do contrato de trabalho", ESC 1963, n.º 6, 9-64.
— "Lições de Direito do Trabalho", *Estudos em Homenagem ao Prof. Doutor Raúl Ventura*. Vol. II, Edição da Faculdade de Direito da Universidade de Lisboa, Coimbra Editora, Coimbra, 2003, 551-668.

VIANA, CLÁUDIA
— "A Laboralização do Direito da Função Pública", *Sciencia Iuridica*, 2002, n.º 292, 81-95.

VICENTE, JOANA NUNES
— "Cláusulas de mobilidade geográfica: vias de controlo possíveis", QL 2006, n.º 27, 61-90.

VICENTE, JOANA NUNES (com JOÃO LEAL AMADO)
— "Contrato de trabalho intermitente", *XI-XII Congresso nacional de direito do trabalho – Memórias*, coord. António Moreira, Almedina, Coimbra, 2009, 119-137.

VIGORITA, VINCENZO SPAGNUOLO
— "Professione e Lavoro (Libertà di)", *Novissimo Digesto Italiano* XIV, Utet, Turim, 1967, 14-21.

VINCENT, JEAN
— *Droits des arts visuels: Contrats d'auteurs*, ed. Lamy, Paris, 2010.

VINCENT, XAVIER
— "La théorie prétorienne des périodes de garantie d'emploi, après dix ans de jurisprudence", RJS 2009, n.º 2, 91-8.

VITAL, FEZAS
— *Curso de Direito Corporativo*, Lisboa, 1940.

VOLPELIER, MARIE-FRANÇOISE (com ANNE LE NOUVEL)
— *Droit du travail*, Nathan, Paris, 2011.

WALVIN, JAMES
— *Uma História da Escravatura* (trad. Jorge Palinhos), Tinta da China, Lisboa, 2008.

WAQUET, PHILIPPE
— "Le temps de repôs", DS 2000, n.º 3, 288-294

— "Le principe d'égalité en droit du travail", DS 2003, n.º 3, 276-282.
— *L'entreprise et les libertés du salarié – Du salarié-citoyen au citoyen salarié*, Liaisons, Paris, 2003.
— "Paradoxe n.º 7: Pouvoirs Libertés", *13 paradoxes en droit du travail*, Lamy, Paris, 2012, 239-241.

WEBER, MARTINA
— *Arbeitsrecht für Pflegeberufe: Handbuch für die Praxis*, Verlag W. Kohlhamer, Estugarda, 2007.

WEBER-FAZ, RUDOLF
— *Der Verfassungsstaat des Grundgesetzes*, Mohr Siebeck, Tubinga, 2002.

WEDDERBURN, LORD
— "Common Law, labour law, global law", *Social and labour Rights in a global Context – International and Comparative Perspectives*, (ed. Bob Hepple) Cambridge University Press, Cambridge, 2002, 19-55.

WIEACKER, FRANZ
— *História do Direito Privado Moderno* (3ª ed.), Fundação Calouste Gulbenkian, 2004.

XAVIER, BERNARDO LOBO
— "Direito do Trabalho", *Polis. Vol. II: Enciclopédia Verbo da Sociedade e do Estado*, Verbo, Lisboa, 1984, 579-601.
— "A extinção do contrato de trabalho", RDES 1989, n.ºs 3-4, 399-482.
— *O Despedimento Colectivo no dimensionamento da empresa*, Verbo, Lisboa, 2000.
— "A matriz constitucional do Direito do Trabalho", *III Congresso Nacional de Direito do Trabalho. Memórias* (org. António Moreira), Almedina, Coimbra, 2001, 97-105.
— "A Constituição Portuguesa como fonte do Direito do Trabalho e os direitos fundamentais dos trabalhadores" *Estudos de Direito do Trabalho em Homenagem ao Professor Manuel Alonso Olea* (Coord. António Monteiro Fernandes), Almedina, Coimbra, 2004, 163-203.

— *Iniciação ao Direito do Trabalho* (3ª ed.), Verbo, Lisboa, 2005.
— "A jurisprudência constitucional portuguesa e o direito do trabalho", *XXV anos de jurisprudência constitucional portuguesa: Colóquio comemorativo do XXV aniversário do Tribunal Constitucional, 24 e 25 de Outubro de 2008*, Coimbra Editora, Coimbra, 2009, 209-254.

XAVIER, BERNARDO LOBO (com a colaboração de PEDRO FURTADO MARTINS, ANTÓNIO NUNES DE CARVALHO, JOANA VASCONCELOS e TATIANA GUERRA DE ALMEIDA)
— *Manual de Direito do Trabalho*, Verbo, Lisboa, 2011.

ZACHERT, ULRICH
— *Lecciones de Derecho del Trabajo Alemán* (trad. de Fernando Martínez Rodríguez, excepto o capítulo VIII, traduzido por Natividad Mendoza Navas), MTAS, Madrid, 1998.

ZIMMERMANN, REINHARD
— *The Law of Obligations: Roman Foundations of the Civilian Tradition*, Oxford University Press, Oxford, 1996.

ZOLI, CARLO
— "Clausole di fidelizzazione e rapporti di lavoro", RIDL 2003, nº 4, 449-473.

ÍNDICE

INDICAÇÕES DE LEITURA	7
RELAÇÃO DE ABREVIATURAS E SIGLAS	9
NOTA INTRODUTÓRIA	19

Anotação ao Caso *Bărbulescu contra a Roménia, de 12 de janeiro de 2016*, proc. nº 61496/08 (Artigo 8º da CEDH – Direito à intimidade da vida privada – Proteção da correspondência – Limitações a direitos de personalidade – Políticas de controlo empresarial das tecnologias da informação e da comunicação) — 21

A relevância da data de propositura da ação de insolvência do empregador para a tutela dos créditos salariais por parte do Fundo de Garantia Salarial à luz da jurisprudência do Tribunal de Justiça — 51

Em torno da (in)admissibilidade de pactos de permanência anteriores ao contrato de trabalho — 61

Tempo de trabalho e tempo de repouso: qualificação e delimitação de conceitos — 81

Convivência entre cláusulas de exclusividade e trabalho a tempo parcial e alguns aspetos do critério *pro rata temporis*: reflexões sobre a proibição genérica de exclusividade no Reino Unido para os contratos "zero horas" e a jurisprudência do Tribunal de Justiça sobre o tempo parcial — 123

A proibição de trabalho forçado ou obrigatório, em particular à luz da *Convenção Europeia dos Direitos do Homem*, e o princípio da liberdade de trabalho   159

A cedência de interesse público e a mobilidade no âmbito da Lei Geral do Trabalho em Funções Públicas   217

BIBLIOGRAFIA   263